Weiden flechten

Grundlagen, Techniken & Projekte

Anne Gokeler

WERKSTATT

Weiden flechten

Grundlagen, Techniken & Projekte

Inhalt

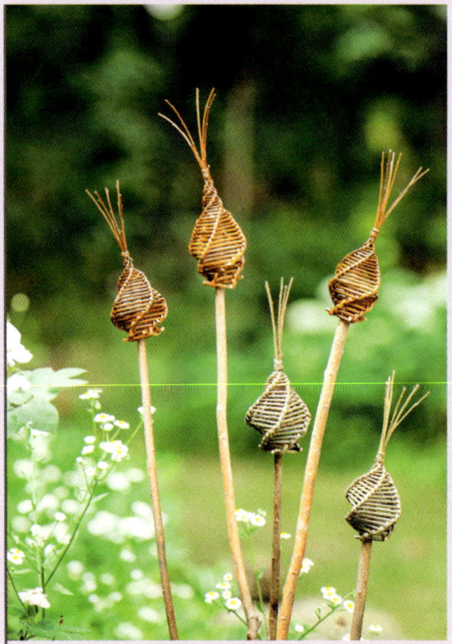

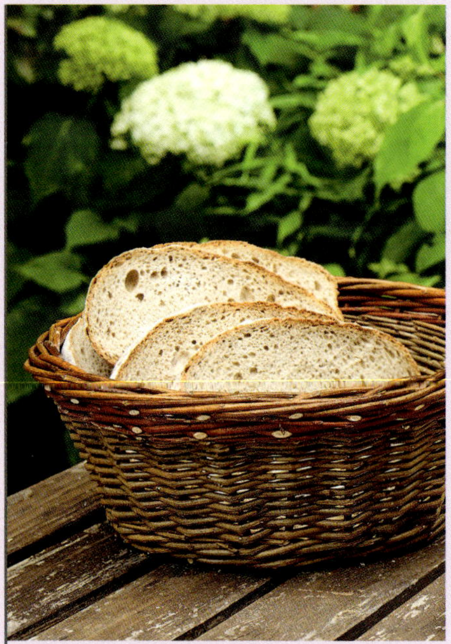

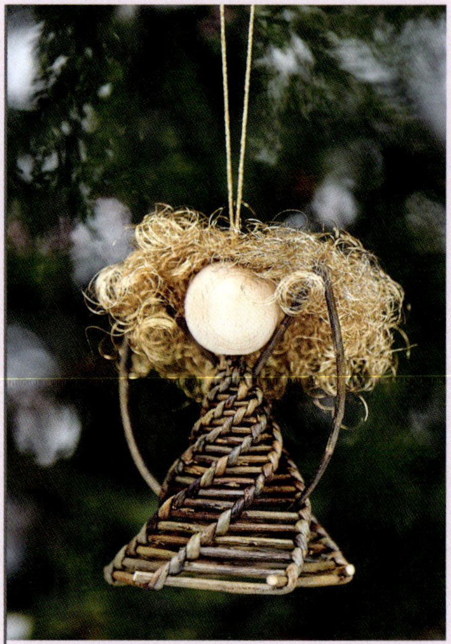

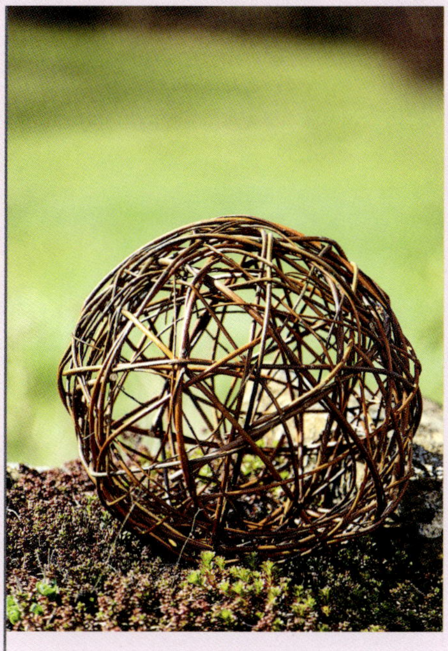

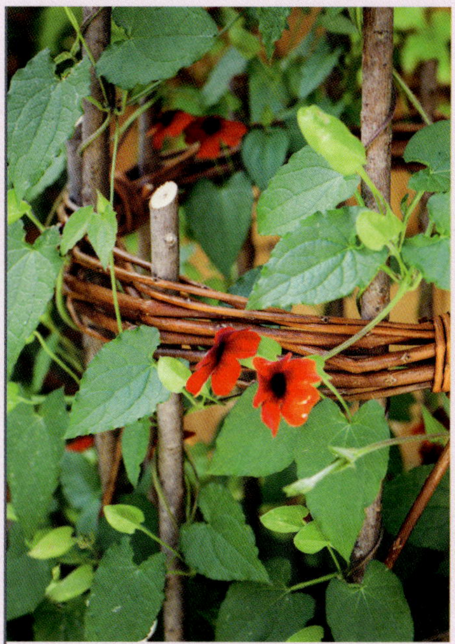

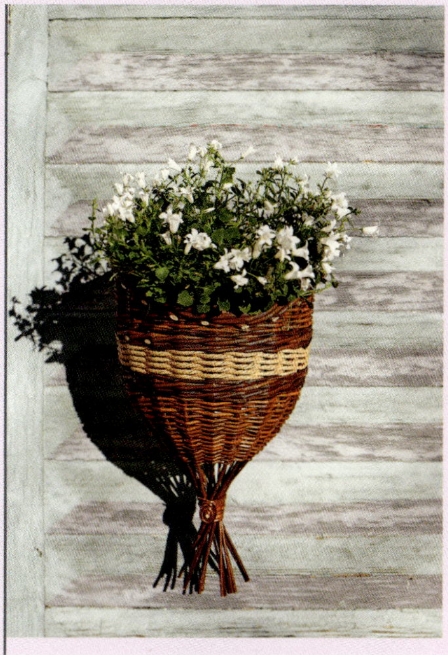

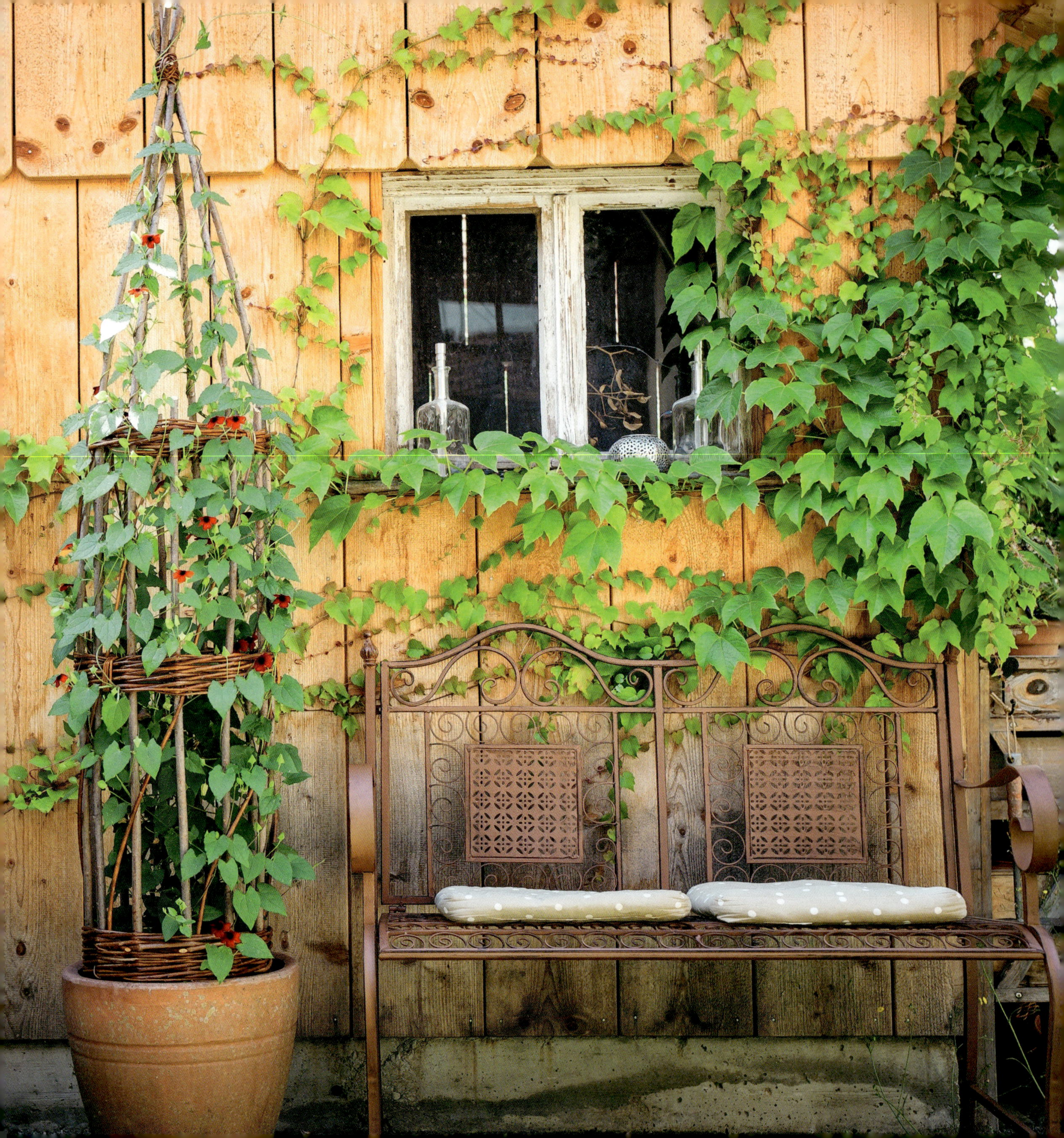

„Das erstaunlichste Werkzeug sind doch die zehn Finger."

Mongolisches Sprichwort

Vorwort

Das Flechten mit Weide übt schon seit mehr als zwanzig Jahren eine große Anziehungskraft auf mich aus. Beruflich beschäftige ich mich mit diesem Handwerk seit rund zehn Jahren – und das mit sehr viel Spaß!

Es ist die Faszination für den Werkstoff Weide. Das Abtauchen in die Tätigkeit Flechten. Das Endprodukt, das ich am Schluss in den Händen halte. Die lange Geschichte, die in diesem Handwerk steckt. Die Nähe zur Natur. Die Arbeit mit den Händen. Die Begegnung mit verschiedensten Menschen bei Kursen und auf Märkten. Und es sind die unzähligen Möglichkeiten, die in der Verbindung von traditioneller Handwerkskunst und der Öffnung hin zu Neuem stecken.

Bei der Entstehung dieses Buches war mir besonders wichtig, dass Sie die einzelnen Schritte in den Anleitungen gut nachvollziehen können. Und ich Ihnen das Flechten damit näherbringen kann – egal, ob Sie schon geflochten haben oder es mit diesem Buch das erste Mal tun. Die Auswahl ist vielfältig: Es gibt kleine und große Projekte, anspruchsvolle und einfache, Projekte für Draußen und Drinnen, Praktisches und rein Dekoratives, Altbekanntes und neu Kreiertes – und jede Menge Grundlagen und Tipps für die Umsetzung eigener Ideen.

Haben Sie Geduld und lassen Sie sich Zeit, um sich mit dem Werkstoff Weide und den verschiedenen Techniken vertraut zu machen. Ich hoffe sehr, dass die Weide auch Sie in Ihren Bann zieht und Ihnen der Umgang damit viel Freude bereitet.

Tauchen Sie ein in die Welt des Weidenflechtens!

Ihre

Anne Goedes

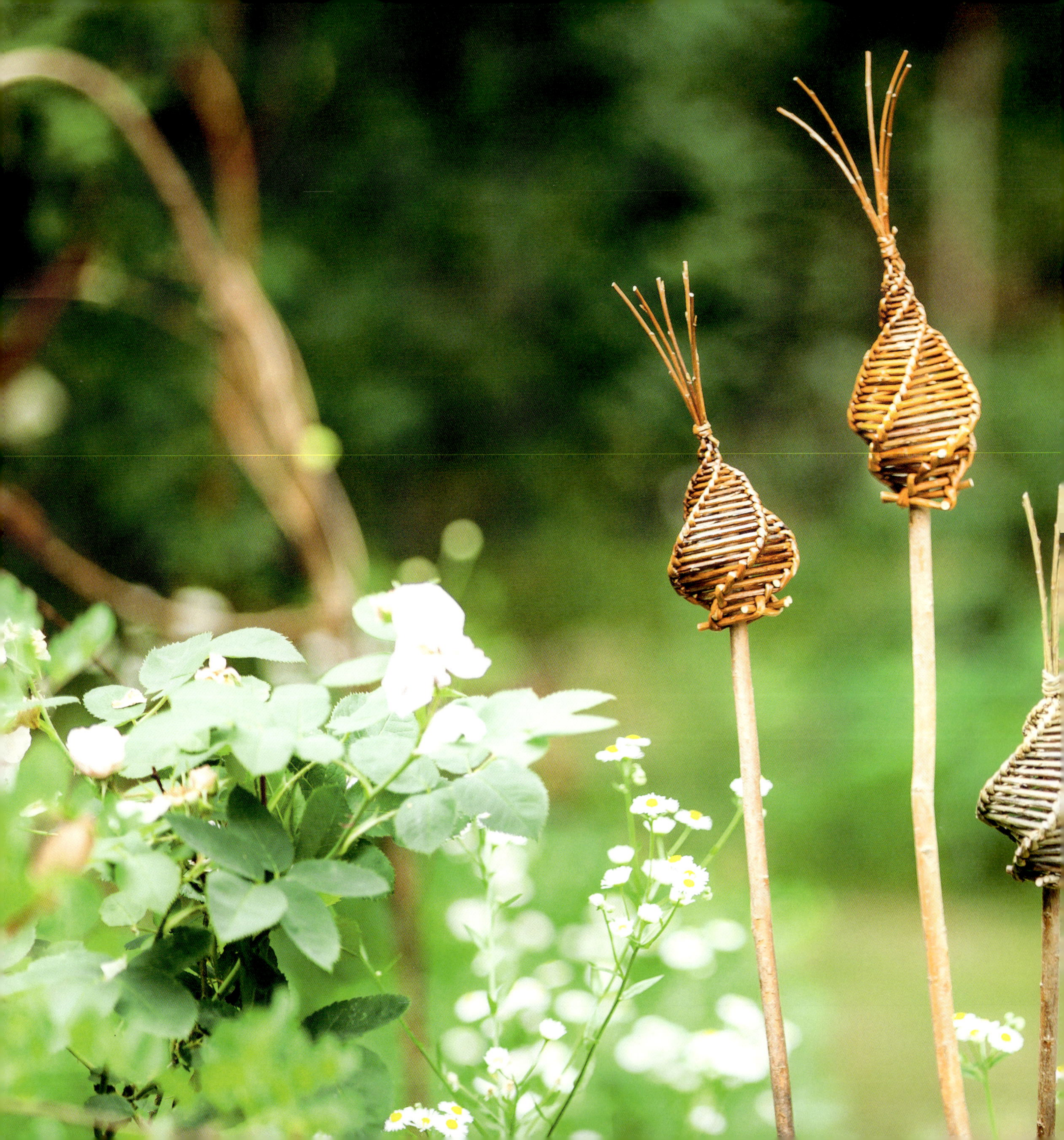

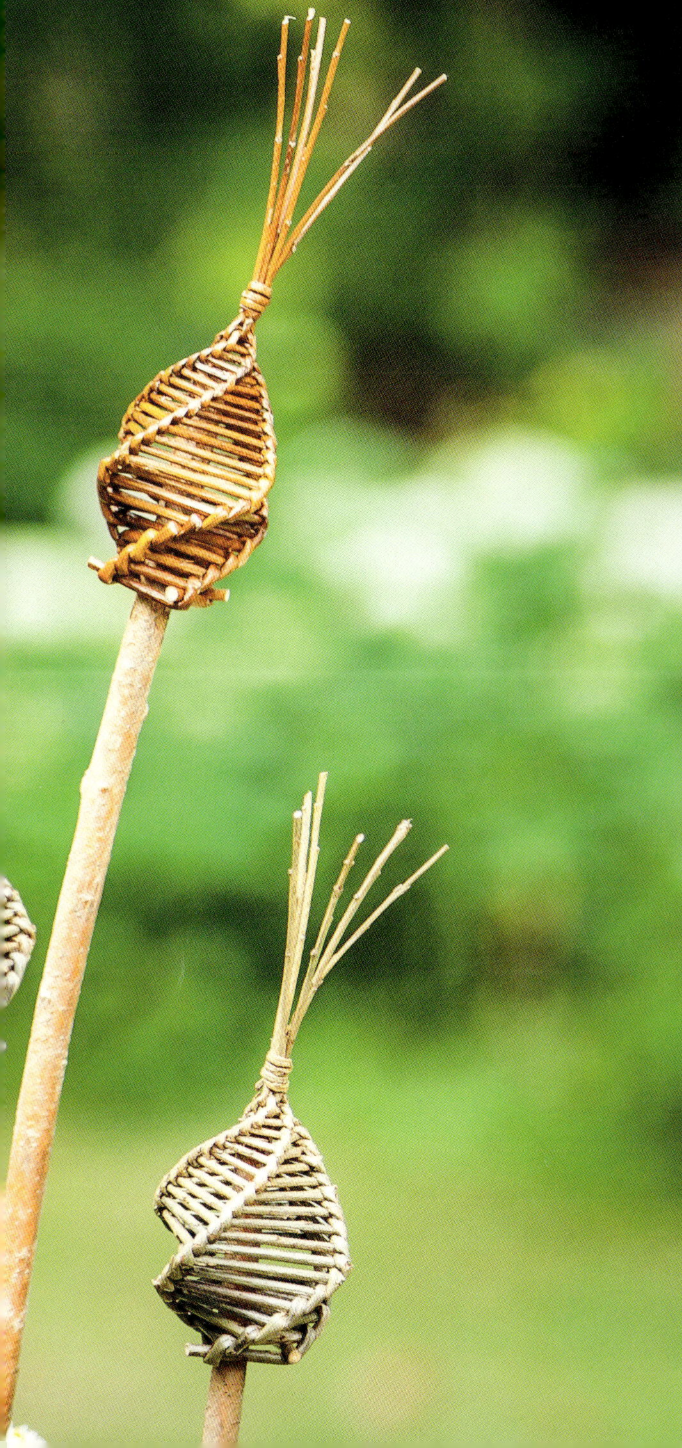

Material und Techniken

In diesem Kapitel möchte ich Ihnen zunächst die Besonderheiten des Werkstoffes Weide etwas näherbringen. Schon sehr früh wurde erkannt, wie vielfältig dieses Material ist. Und so kam die Weide auch in Deutschland in allen möglichen Bereichen zum Einsatz.
Heute hat sie nicht mehr diesen Stellenwert. Ihre Bedeutung in der Geschichte, die unterschiedlichen Einsatzmöglichkeiten, die Auswahl an wunderschönen Naturfarbtönen und ihr ganz besonderer Duft üben aber nach wie vor eine große Faszination aus! Damit auch Sie in die einzigartige Welt des Flechtens eintauchen oder Ihr Wissen vertiefen können, erkläre ich Ihnen in diesem Kapitel zunächst, welche Weidensorten sich zum Flechten eignen, welche Materialien Sie benötigen und welche Vorbereitungen Sie treffen sollten. Verschiedene Techniken, Begrifflichkeiten und nützliche Informationen für eigene Projekte schließen die Einführung ab.

Die Weide – ein besonderer Werkstoff

Naturmaterial geflochten wird schon sehr lange und auf allen Kontinenten – je nach Bedarf und vorhandenem Material in ganz unterschiedlichen Techniken.
Die ersten Funde stammen aus der Zeit von ca. 10.000 v. Chr., geflochten haben die Menschen sicherlich vorher schon. Sie stellten überwiegend Gegenstände her, die sie für ihren Alltag benötigten: Körbe für den Transport oder für die Lagerung, Matten, Zäune, Wohnstätten oder Kleidungsstücke. Verwendet wurde, was da war: Gräser, Schilf, Ried, Palmblätter, Bambus, Rattan, Rinde oder verschiedene Zweige.
In Europa waren und sind die Weiden das am häufigsten verwendete Flechtmaterial.

Bedeutung der Weide früher

Die Weide ist ein wahres Wunder. Ihre Robustheit, die geringen Ansprüche an ihre Umgebung, ihre Schnellwüchsigkeit sowie die sehr biegsamen und je nach Sorte und Schnitt unterschiedlich dicken Zweige trugen dazu bei, dass sie in allen Lebensbereichen der Menschen zum Einsatz kam. Aus ihr wurden verschiedenste Körbe und Transportmittel, Zäune, Fischreusen, Möbel, Särge oder Fachwerkfüllungen geflochten. Sie wurde für den Deichbau, als Bindematerial oder zum Drechseln und Schreinern verwendet. Auch als Brennholz und Tierfutter war die Weide wichtig. Außerdem wurden Astgabeln der Weide als Wünschelrute verwendet, um Wasseradern oder Quellen aufzuspüren.
Außerdem hatte und hat die Weide einen großen Stellenwert als Heilmittel. Das in der Weidenrinde enthaltene Salicin wird im Körper zu Salicylsäure umgewandelt und wirkt fiebersenkend, entzündungshemmend und schmerzlindernd, was den Menschen schon seit Jahrtausenden bekannt ist. Seit Ende des 19. Jahrhunderts wird Salicylsäure synthetisch hergestellt und befindet sich in chemisch veränderter Form als Acetylsalicylsäure in schmerz- und fiebersenkender Arznei.

Die Kopfweiden

Früher waren es zumeist Kopfweiden, deren Holz vielseitig verwendet wurde. Kopfweiden entstehen aus gestutzten Weidenbäumen, deren nachwachsende Triebe regelmäßig abgeschnitten werden. Sie können aus verschiedenen Weidensorten gezogen werden. Mit der Zeit verdicken sich die Enden der Stämme bei vielen Bäumen und werden knorrig. Gepflanzt und gezogen wurden sie vor allem an Bachläufen und dienten zum einen der Uferbefestigung, zum anderen lieferten sie Flecht- oder Baumaterial und Brennholz.
Auch heute noch findet man Kopfweiden. Im Sinne der Landschaftspflege werden sie mancherorts regelmäßig geschnitten, da sie einen großen Beitrag zum Natur- und Artenschutz leisten. Sie bieten wichtigen Lebensraum für viele Insekten, Säugetiere und Vögel. Darüber hinaus hat die Kultivierung von Weiden in dieser Form an Bedeutung verloren.
Zum Flechten sind die Ruten vieler Kopfweiden aus heutiger Sicht insbesondere für feinere Arbeiten nur mäßig geeignet. Oft sind sie verzweigt oder haben einen zu starken Wuchs.

Weidenmythen

Aufgrund ihrer Beschaffenheit und Vielfältigkeit ranken sich sehr viele Mythen und Geschichten um die Weide. Das Verhältnis der Menschen zur Weide war im Verlauf der Geschichte dabei allerdings sehr unterschiedlich.
In manchen Kulturen und Epochen war sie ein Symbol der Trauer, des Unglücks, der Unfruchtbarkeit oder ein Ort der Hexen und Geister. Andernorts wurde sie gefeiert und aufgrund ihrer botanischen Eigenschaften als Symbol für Fruchtbarkeit, Harmonie, Vitalität oder Weiblichkeit gesehen.

Heute hat die Weide nicht mehr den Stellenwert von früher. Es gibt nur noch wenige Menschen, die sich ihr beruflich widmen.
Sie schätzen die einzigartigen Eigenschaften des Baumes. Als Flechtmaterial werden die störrischen, aber trotzdem unglaublich biegsamen Zweige gewiss auch in Zukunft an vielen Orten der Welt weiterhin verarbeitet werden.

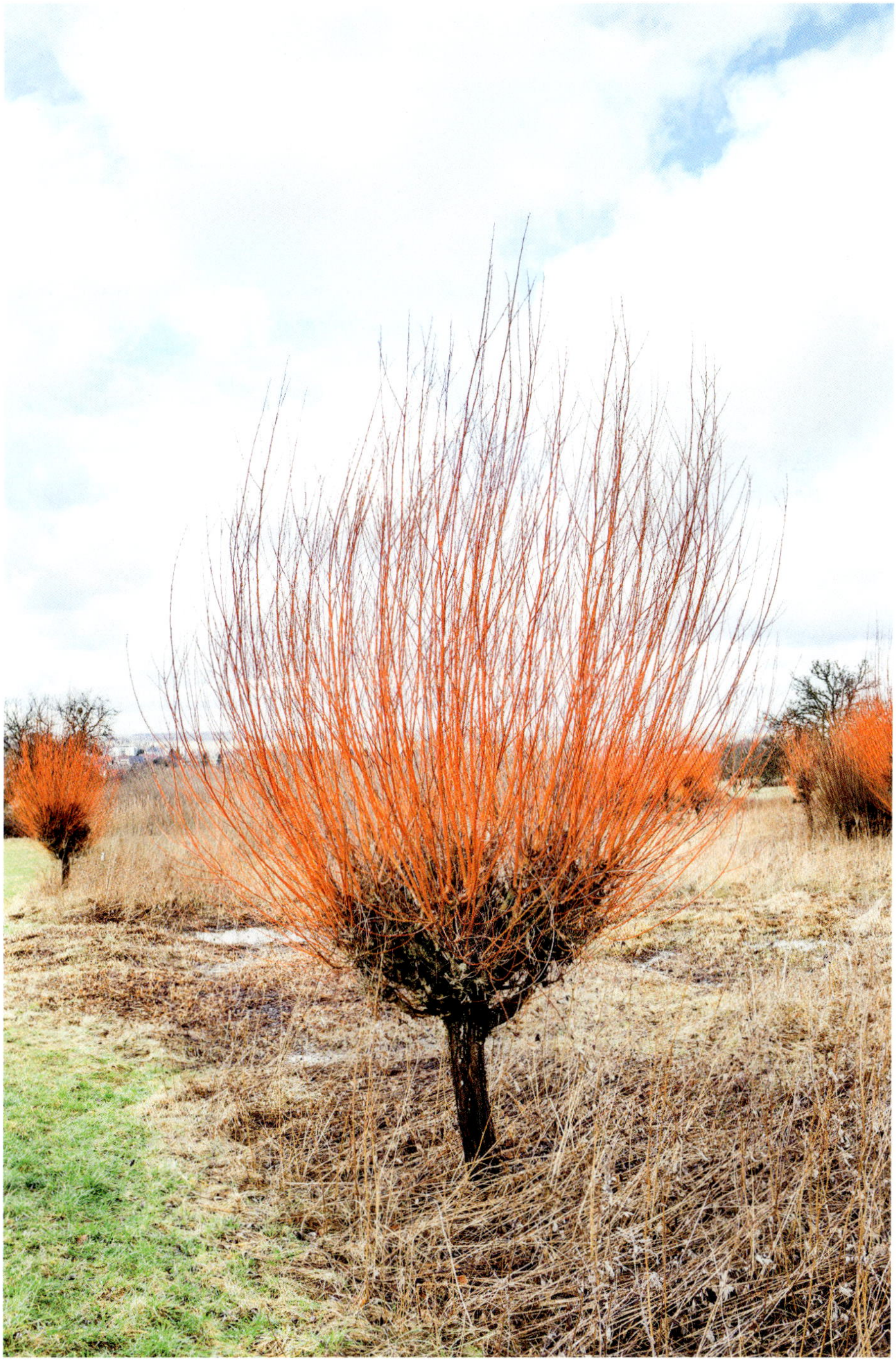

Verschiedene Weidensorten

Es gibt etwa 400 – 500 verschiedene Weidenarten und viele Kreuzungen. Sie können strauchartig wachsen oder zu rund 30 Meter hohen Bäumen werden. Die Farbe der Rinde kann ganz verschieden sein, ebenso die Blattformen. Sie kommen auf nahezu allen Kontinenten vor. Ihr bevorzugter Standort sind allerdings feuchte Gebiete in der nördlichen gemäßigten Zone.
In Mitteleuropa gibt es etwa 40 verschiedene Arten.
Der Name stammt vermutlich vom altdeutschen Wort wīda ab, was so viel wie „die Biegsame" bedeutet.

Übersicht von Flechtweiden, die im Buch verwendet werden

Es eignen sich nicht alle Sorten gleich gut zum Flechten. Selbst bei Weidensorten, die nicht so leicht brechen, gibt es große qualitative Unterschiede. Grundsätzlich gilt: Je weniger Mark eine Weidenrute hat, desto biegsamer ist sie. Welche Weidensorte sich am besten eignet, hängt zudem stark davon ab, wofür man sie verwenden möchte.

Im Folgenden werden diejenigen Weidensorten genauer beschrieben, die bei den Projekten im Buch verwendet werden. Es gibt natürlich noch viele mehr, mit denen sich schöne Ergebnisse erzielen lassen. Bei meinen Beschreibungen beschränke ich mich auf die Informationen, die mir für das Flechten für Sie zu Hause am wichtigsten erscheinen. Die meisten der hier aufgeführten Weidensorten sind im Fachhandel erhältlich.

Amerikanerweide (Salix americana)

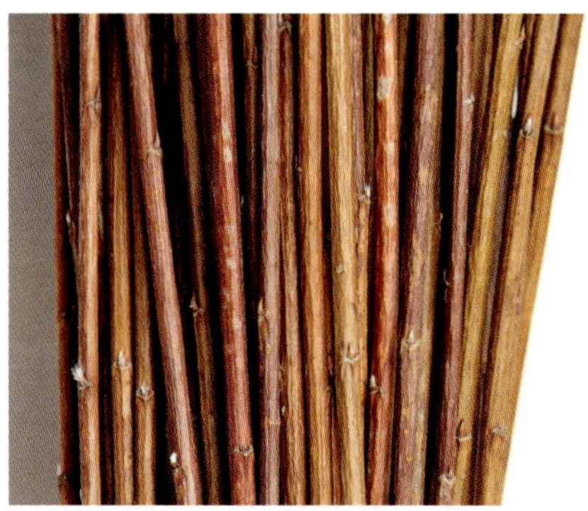

Eigenschaften: Die Rinde ist zunächst grün mit rötlicher Spitze, nach dem Trocknen dann häufig braun oder rötlich-braun. Ihre Ruten sind sehr zäh, manche hart, dennoch biegsam.

Trivia: Wird gerne zum Schälen verwendet und ist die meistverwendete Flechtweide im deutschsprachigen Raum.
Verwendung: Sie eignet sich sehr gut für den Außenbereich, da sie der Witterung gut standhält. Für feinere Arbeiten wie das Glockengeflecht nur in besonders guter Qualität geeignet.

Geschichte

Die Amerikanerweide ist botanisch keine definierte Form. Sie stammt aus Amerika und soll von einem Korbmacher namens Ernst Hoedt ca. 1888 nach Deutschland gebracht worden sein.

Zur damaligen Zeit war die Ausfuhr von Pflanzen jeglicher Art aus Amerika verboten. Der Korbmacher war aber von der biegsamen und geschmeidigen Weide wohl so begeistert, dass er sich etwas einfallen ließ: Aus der frisch geschnittenen Weide flocht er sich einen Korb, den er während der Überfahrt beständig wässerte. Zuhause, in seiner Heimat Posen, zerlegte er den Korb wieder und verwendete die Weidenruten als Stecklinge, die er in die Erde pflanzte.

Wegen der hohen Qualität dieser Weidesorte verbreitete sie sich von Posen aus rasch über ganz Europa.

Purpurweide (Salix purpurea)

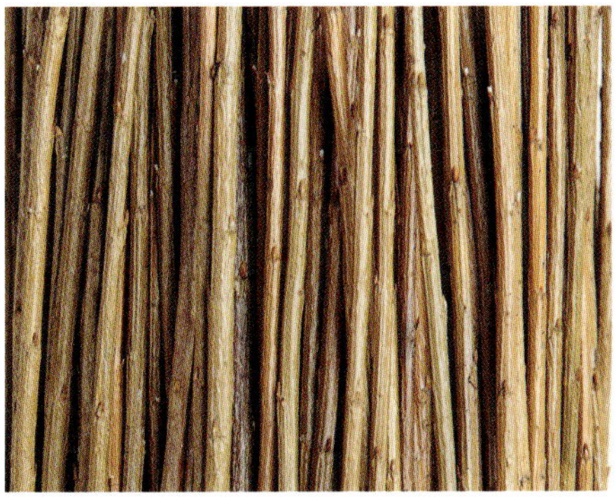

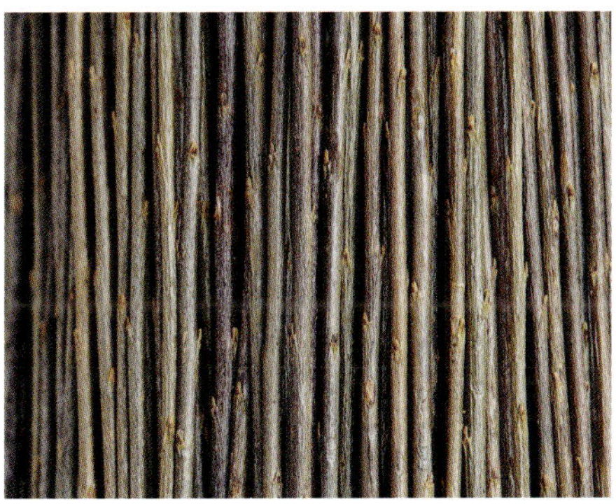

Eigenschaften: Die Farbe kann je nach Unterform variieren zwischen helleren Grau-/Grüntönen oder einem dunklen Olivgrün mit bläulichem Schimmer, manchmal einseitig rötlich. Ihre Ruten sind sehr schlank und biegsam.
Trivia: Sie ist meine Lieblingsweide. Sie setzt wunderschöne Farbakzente und ist sehr weich in der Verarbeitung.
Verwendung: Sie ist für alles Feinere im Innenbereich besonders gut geeignet. Für gröbere Dinge und große Projekte im Außenbereich ist sie eher zu dünn.

Reifweide (Salix daphnoides)

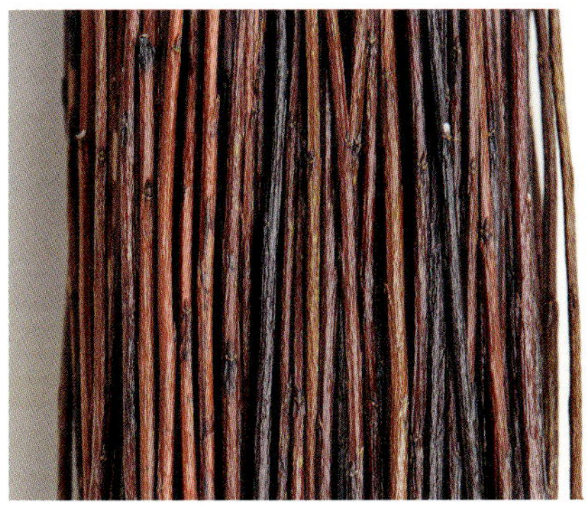

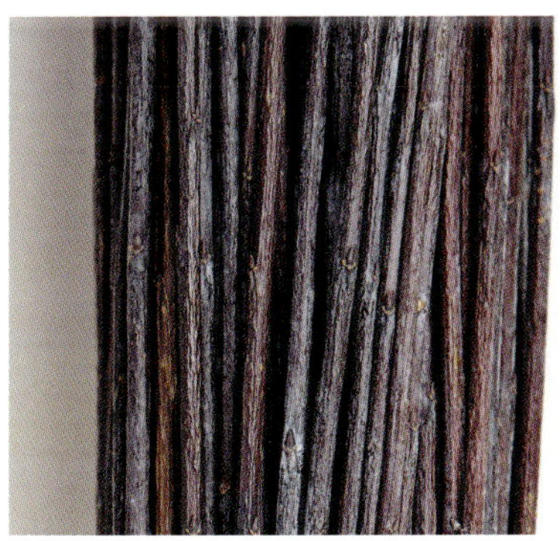

Eigenschaften: Ihre jungen Triebe sind tiefrot, ältere und getrocknete Ruten sind bläulich schwarz und weiß bereift. Kurze Triebe sind sehr fein und biegsam, dickere Weidenruten brechen leider leicht.
Trivia: Ihre Rinde ist wachsbeschichtet und glänzt im getrockneten Zustand schön.
Verwendung: Sie ist beispielsweise für das Seitengeflecht von Körben o.ä. geeignet. Mit ihr können schöne, farbliche Akzente gesetzt werden. Als Staken und für die Glockengeflecht-Technik ist sie zu brüchig.

Dotterweide (Salix alba var. vitellina)

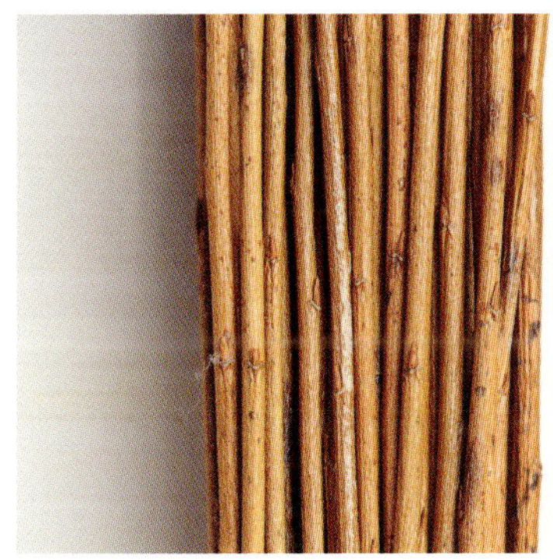

Eigenschaften: Ihre Rinde ist zunächst gelb oder orange, häufig mit rötlicher Spitze, nach dem Trocknen ocker oder braun. Ihre Ruten sind eher kräftig und hart, dennoch biegsam. Häufig sind sie jedoch verästelt.
Trivia: Frisch geschnitten lässt sich die Dotterweide sehr gut verflechten. Wird sie direkt nach dem Schneiden verarbeitet, hat man am längsten etwas von ihrer leuchtenden Farbe.

Verwendung: Feine dünne Ruten lassen sich zu allerlei Geflecht verarbeiten, gröbere Ruten eignen sich hervorragend für beispielsweise Kugeln oder Kränze.

Belgische Rotweide (Salix var. Belgisch Rot)

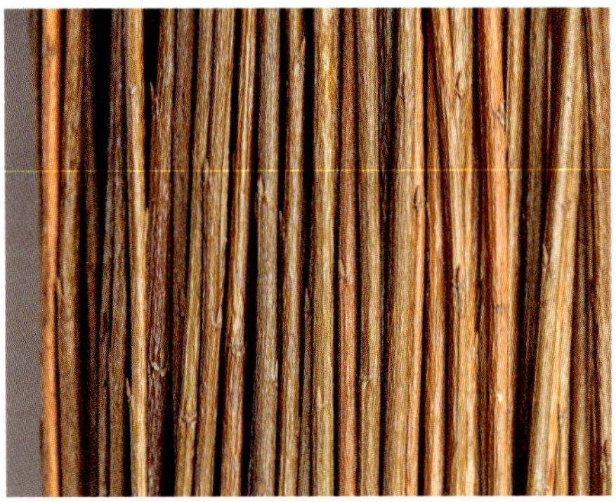

Eigenschaften: Sie kann verschiedene Brauntöne haben, oftmals auch rötlich. Ihre Ruten sind sehr biegsam.
Trivia: Sie lässt sich sehr gut verarbeiten, da selbst die stärkeren Ruten schön biegsam sind.
Verwendung: Diese Sorte eignet sich wirklich für alle Flechtarbeiten. Feine dünne Ruten lassen sich auch im Glockengeflecht verarbeiten, gröbere Ruten eignen sich hervorragend als beispielsweise Korbstaken.

Geschälte weiße Weide (z. B. von Salix americana)

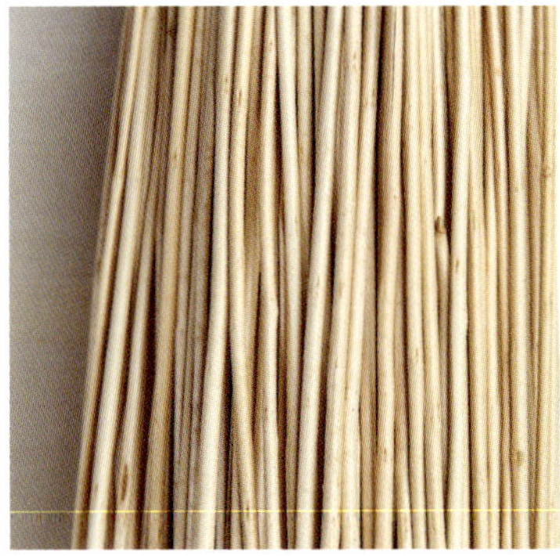

Eigenschaften: Entrindete Weidenruten, oft Amerikanerweiden. Geschälte Weiden trocknen schneller aus und müssen deshalb beim Flechten immer wieder feucht gemacht werden. In guter Qualität sind sie sehr biegsam, allerdings etwas empfindlicher in der Verarbeitung.
Trivia: Die Weidenruten werden nach der Ernte ins Wasser gestellt. Wenn sie anfangen, Wurzeln zu treiben, werden sie geschält und anschließend getrocknet.
Verwendung: Mit ihr können fast alle Flechtarbeiten im Innenbereich gemacht werden. Ich verwende sie am liebsten, um Farbkontraste zu Weidensorten mit Rinde zu erzielen. Für die Glockengeflecht-Technik eignet sie sich meiner Erfahrung nach nicht.

Hinweis

Es gibt noch zwei weitere geschälte Weidenarten: Die gesottene Weide und eine Variation in Schwarzgrau.
Die gesottene Weide ist rotbraun. Sie wird vor dem Schälen gekocht. Der in der Rinde enthaltene Gerbstoff Tannin färbt beim Kochvorgang das Holz gleichmäßig ein.

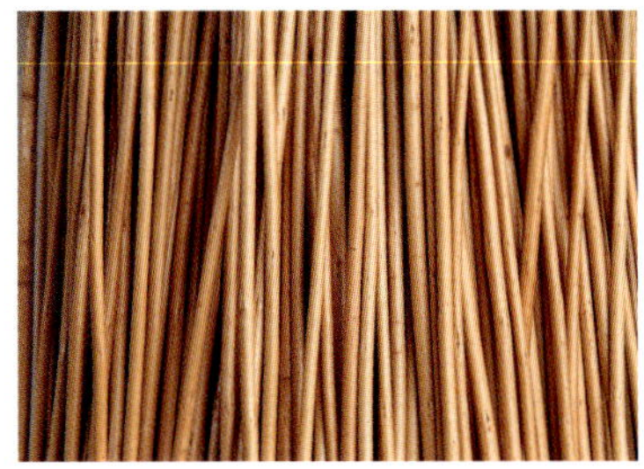

Die schwarzgraue Sorte wird ebenfalls nach dem Kochvorgang geschält, anschließend aber nochmals gekocht. Sie hat einen schönen, fast schon silbrigen Schimmer. Ob dem Wasser beim Kochen noch Zusätze beigefügt werden, scheint ein Betriebsgeheimnis zu sein.

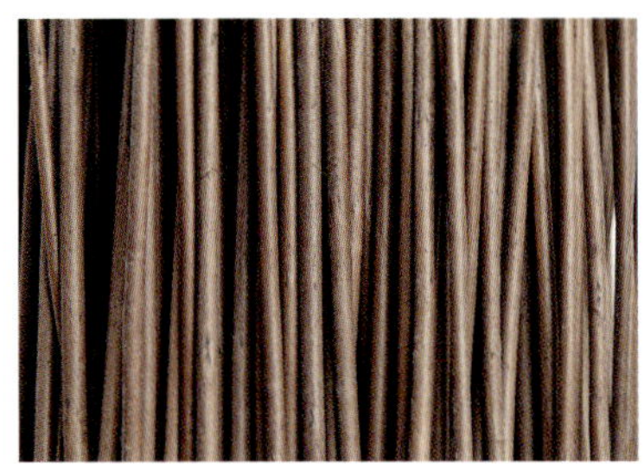

Im Buch vorkommende Weiden, unbestimmt

Hellgrüne Weide (beim Weidenhändler erhältlich)

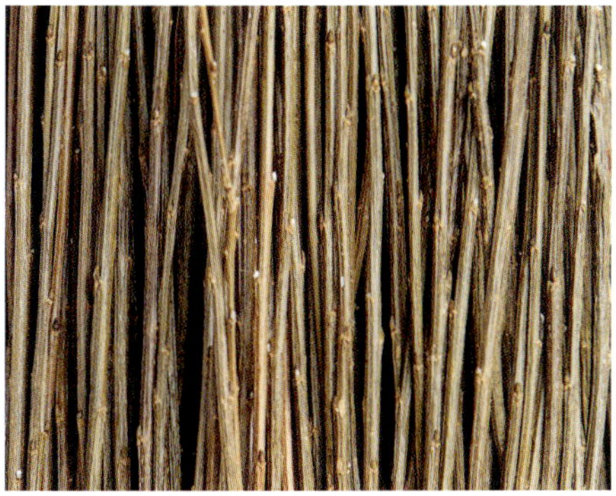

Eigenschaften: Ihre Rinde hat einen hellen gräulichen Grünton. Die Ruten sind sehr weich und biegsam.
Verwendung: Sie eignet sich für alle möglichen Arbeiten. Da sie zudem mitunter sehr feine, dünne Ruten hat, lassen sich mit ihr auch gut Projekte im Glockengeflecht herstellen.

Gelbliche Weide (beim Weidenhändler erhältlich)

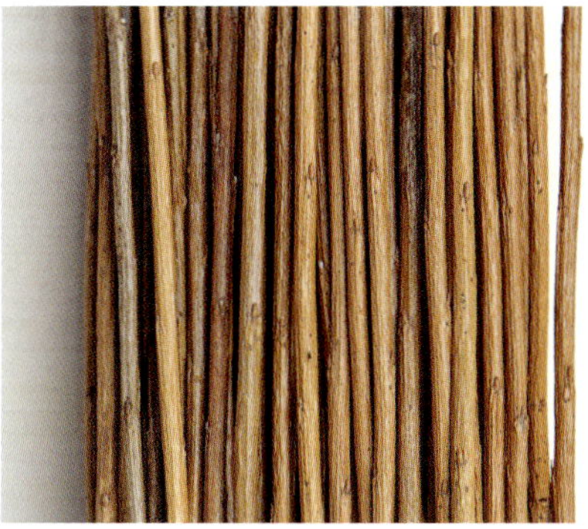

Eigenschaften: Die Farbe variiert zwischen grünlichen oder bräunlichen Gelbtönen. Die Ruten sind sehr weich und biegsam, manchmal leider etwas verästelt.
Verwendung: Sie eignet sich für alle möglichen Arbeiten. In guter Qualität lassen sich dünnere Ruten im Glockengeflecht verarbeiten. Dickere Ruten eignen sich sehr gut für gröbere Arbeiten wie beispielsweise Kugel oder Kranz.

Rötliche Weide (selbst geschnitten)

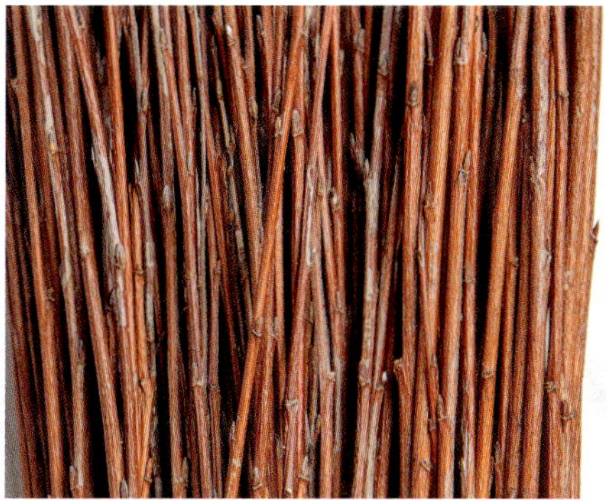

Eigenschaften: Die Rinde hat einen wunderschönen rötlichen Farbton, der auch nach dem Trocknen erhalten bleibt. Leider ist sie sehr stark verästelt, sodass sich nur manche Ruten verarbeiten lassen. Die sind allerdings schön weich und biegsam.
Verwendung: Sie eignet sich für alle möglichen Arbeiten.

Andere populäre Flechtweiden

Mandelweide (Salix triandra)

Sie ist je nach Unterform grünlich gelb bis rötlich, nach dem Trocknen grünbraun bis grau. Bei älteren Ruten blättert die Rinde manchmal ab, darunter zeigt sich ein kräftiges Orangebraun. Sie hat einen recht schlanken Wuchs und ist sehr biegsam, neigt aber zur Verästelung.

Stockweide (Salix dasyclados)

Sie ist grün und hat zur Spitze hin eine gräuliche Behaarung. Da sie einen sehr kräftigen Wuchs hat, eignet sie sich vor allem für grobe Arbeiten.

Korb- oder Hanfweide (Salix viminalis)

Sie ist je nach Unterform gelblich, graubraun, rötlichbraun oder grün und hat zur Spitze hin einen grauen Flaum. Sie kann sehr hoch werden und eignet sich daher besonders gut für den Bau lebender Objekte. Kürzere Ruten sind aber auch hervorragend für feinere Arbeiten geeignet.

Bruchweide (Salix fragilis)

Die Rinde kann gelb, bräunlich-grau, olivgrün oder rostbraun sein. In guter Qualität ist sie sehr biegsam und für alle möglichen Arbeiten geeignet.

Andere flechtbare Gehölze

Es gibt in der Natur natürlich noch viele weitere Flechtmaterialien zu finden. Die jungen Triebe von beispielsweise Hartriegel, Apfelbaum, Haselnuss, Flieder, Jasmin, Liguster, Esche oder Ulme können verflochten werden. Die meisten davon sind nur frisch geschnitten zu verarbeiten, weswegen sie für viele Flechtarbeiten nur bedingt geeignet sind (s. Seite 24).
Grundsätzlich gilt, dass einjährige Triebe verarbeitet werden können, die nicht brechen, wenn Sie sie um Ihr Handgelenk wickeln. Die Triebe sollten in der Saftruhe, also im Winter zwischen November und Februar, geschnitten werden. Fragen Sie bei Stadt oder Gemeinde nach, ob Sie Zweige abschneiden dürfen.

Sonstige Flechtmaterialien

Es können natürlich noch viele andere Materialien verfochten werden. Im Buch habe ich bei manchen Projekten neben der Weide Binse, Papierschnur oder Rinde verflochten.

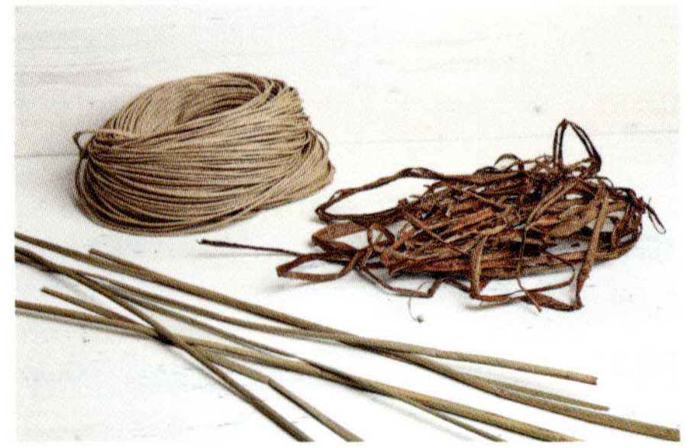

Diese Materialien sind alle im Fachhandel erhältlich.

Hinweis

Sie können Weidenrinde selbst „herstellen". Einfach Weidenstöcke nach der Ernte im Winter mit den dickeren Enden in ein Gefäß stellen, das ca. 20 cm hoch mit Wasser bedeckt ist. Sobald die Stöcke Wurzeln schlagen, ist die optimale Schälreife erreicht. Die Rinde kann jetzt mit einem Messer vorsichtig vom Holz gelöst und in langen Bahnen abgezogen werden. In der Sonne oder an einem trockenen, gut durchlüfteten Ort ausgebreitet trocknen lassen.

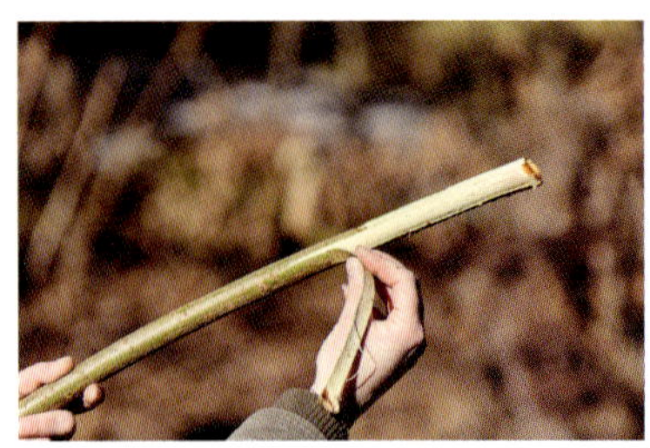

Vorbereitungen

Im Folgenden erfahren Sie, wie Sie sich Flechtmaterial beschaffen, wie die Weidenruten schön biegsam werden, was Sie dabei beachten und wissen sollten und wann frisch geerntete Weide verarbeitet werden kann.

Weidenruten kaufen

Eine Möglichkeit an Flechtweiden zu kommen, ist Weidenruten zu kaufen. Ich beziehe meine Weiden überwiegend beim Weidenhändler. Vielleicht wohnt aber auch jemand bei Ihnen in der Gegend, der selbst angebaute Weiden zum Verkauf anbietet.

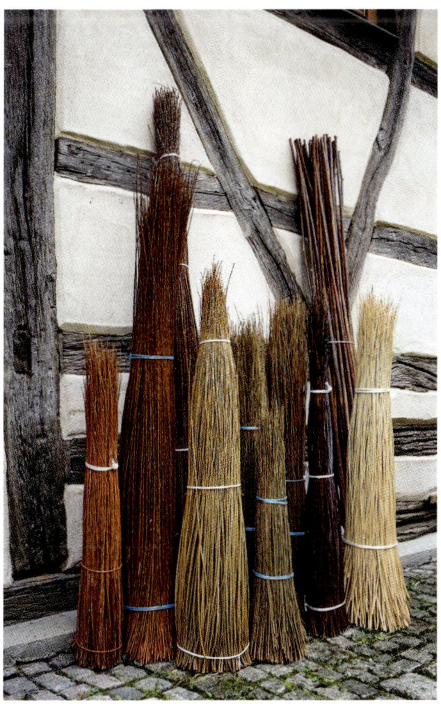

Beim Weidenhändler bekommen Sie verschiedene Sorten getrockneter Weidenruten, vorsortiert in unterschiedlichen Längen. Die Weidenruten werden je nach Länge in ca. 2,5 kg bis 10 kg Bunden angeliefert.
Sie stammen aus Weidenkulturen. Bei dieser Art des Anbaus werden diejenigen Weidensorten, die einen schlanken Wuchs haben und sehr biegsame, unverzweigte Weidenruten hervorbringen, durch Stecklinge vermehrt. Die Stecklinge werden in dichten Reihen gepflanzt, sodass die Ruten gerade nach oben zum Licht wachsen wollen. Jährlich bodennah abgeschnitten erhält man so tolles Flechtmaterial. Allerdings sind die Erträge nicht in jedem Jahr gleich gut. Für eine erfolgreiche Ernte spielen verschiedene Faktoren eine Rolle: darunter die Bodenbeschaffenheit, das richtige Düngen, die Bekämpfung von Schädlingen oder das Wetter.

Weiden einweichen

Um getrocknete Weidenruten wieder biegsam zu machen, müssen sie in Wasser eingeweicht werden (s. Arbeitsplatz Seite 25). Wie lange die Ruten im Wasser liegen sollten, ist je nach Weidensorte und Stärke der Ruten sehr unterschiedlich. Bei ungeschälten Weiden kann die Weichdauer zwischen drei Tagen und drei Wochen variieren. Geschälte Weiden dagegen müssen im Vergleich dazu nur sehr kurz eingeweicht werden.

Einweichzeiten bei ungeschälten Weidenruten

Ein zu kurzes Einweichen führt dazu, dass die Weiden beim Verflechten brechen. Zu langes Einweichen macht sich allerdings auch bemerkbar. Die Weidenruten können dann so übersättigt sein, dass die Rinde sich löst oder dass die Weiden ebenfalls brechen.
Eine einfache Regel dafür, wann der optimale Zeitpunkt erreicht ist, um sie aus dem Wasser zu holen, gibt es leider nicht. Bei jeder Weidensorte und -länge muss neu getestet werden. Dafür am besten einige Weidenruten ins Wasser legen und jeden Tag überprüfen. Fühlt die Weide sich geschmeidig an; lässt sich also auch am Stammende biegen und knicken, ohne zu brechen; ist der richtige Zeitpunkt erreicht.
Als sehr groben Richtwert können Ihnen meine Erfahrungswerte weiterhelfen: Weidenruten mit einer Länge von 1 m oder 1,20 m können nach 3 Tagen schon fertig sein. Weidenruten mit 1,40 m oder 1,60 m Länge ab 6 Tagen und noch längere Weidenruten

ab 12 Tagen. Ab diesem Zeitpunkt lohnt es sich also, täglich zu testen.
Wenn Sie Weidenruten einweichen, die eine sehr lange Einweichzeit haben, ist es wichtig, dass Sie das Wasser wenigstens einmal in der Woche wechseln.

> Tipp
>
> Der Vorgang kann beschleunigt werden: Je wärmer das Wasser, desto kürzer die Einweichzeit.

Wenn ungeschälte Weiden vor der Verarbeitung noch für einige Stunden oder über Nacht ruhen können, sind sie noch geschmeidiger. Dafür die Ruten nach dem Wässern für ein paar Minuten aufstellen, damit das Wasser ablaufen kann. Danach in ein Tuch oder eine Folie wickeln und an einen kühlen und trockenen Ort legen.

Einweichzeiten bei geschälten Weidenruten

Die geschälten Weidenruten müssen wesentlich kürzer eingeweicht werden. Ruten bis 1,40 m Länge müssen nur 1 bis 3 Stunden eingeweicht werden, längere Ruten bis zu 4 Stunden.

Einweichzeiten bei anderen Materialien

Rinde wird für ungefähr eine Stunde in Wasser gelegt und mit Steinen beschwert. Danach ist sie sehr geschmeidig und kann direkt verarbeitet werden.

Binsen werden nicht ins Wasser gelegt, da sie sich ansonsten zu sehr mit Wasser vollsaugen würden. Damit sie geschmeidig werden, Binsen auf einer Folie auslegen und mit einem mit Wasser befüllten Pflanzenbestäuber besprenkeln. Die Binsen umdrehen und auf der anderen Seite auch befeuchten. Anschließend sollten sie mindestens eine, besser drei Stunden, in der Folie eingewickelt ziehen können.

Weiden verarbeiten

Ungeschälte Weidenruten

Weidenruten mit Rinde können entweder direkt, nachdem sie aus dem Waser genommen wurden verarbeitet werden besser aber noch, wenn sie zuvor einige Stunden ruhen konnten (s.o.). Wenn nach dem Flechten noch Material übrig ist oder das Projekt am geplanten Tag nicht fertig wird, können Sie die Ruten auch in den nächsten zwei bis drei Tagen, manche Sorten sogar bis zu einer Woche später noch verarbeiten. Dafür werden die Weidenruten wieder in ein Tuch oder eine Folie gewickelt und an einem kühlen und trockenen Ort aufbewahrt.
Bei längerer Aufbewahrung die Weiden immer wieder belüften, damit sie nicht anfangen zu schimmeln. Auch ein erneutes Befeuchten der Ruten kann dann nötig sein.
Sobald die Weiden zu trocken und brüchig werden oder anfangen zu schimmeln, müssen sie entsorgt werden. Bereits eingeweichte Weide noch einmal in Wasser zu legen mindert die Qualität.

Geschälte Weidenruten

Weidenruten ohne Rinde sollten nach dem Einweichen in ein Tuch oder eine Folie gewickelt und relativ rasch verarbeitet werden. Am besten ist es, sie noch am gleichen Tag zu verflechten. Auch am nächsten Tag ist es manchmal noch möglich sie zu verarbeiten. Durch das Feuchthalten in Tuch oder Folie bekommen sie aber leicht Stockflecken.

Weiden lagern

Weidenruten aus getrockneten Weidenbündeln sind jahrelang verwertbar. Wichtig ist, dass sie an einem kühlen und trockenen Ort lagern.

Weiden selber schneiden

Weiden ernten

Die andere Möglichkeit an Flechtmaterial zu kommen ist, sich selbst Material zu schneiden. Früher wurden von Korbmachern oft die Weidenruten von Kopfweiden zum Flechten verwendet. Auch ich schneide jährlich im Sinne der Landschaftspflege alte Kopfweidenbestände.

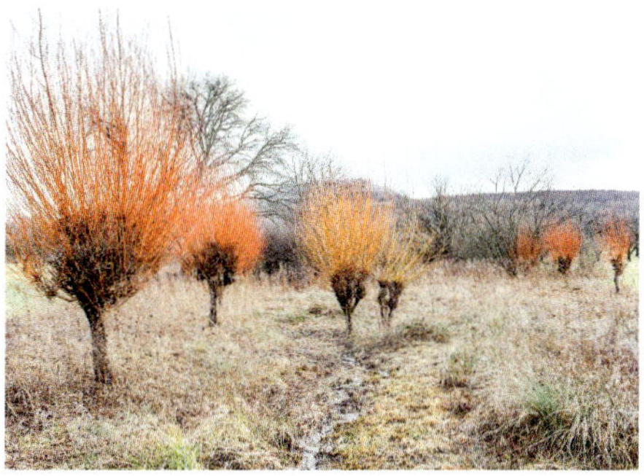

Was sich davon verflechten lässt, verwende ich sehr gerne für meine Arbeiten. Weil aber die Weidenruten oft verzweigt sind oder einen zu starken Wuchs haben, manchmal auch die Rinde durch Hagel beschädigt wurde, ist ein großer Teil davon zum Flechten für meine Zwecke leider nicht geeignet. Das Gleiche gilt für Weiden, die beispielsweise irgendwo an Bachläufen entlang wachsen.
Wenn Sie selbst Weiden in Ihrer Umgebung entdecken, lohnt es sich, sie auf ihren Wuchs und die Biegsamkeit hin zu untersuchen. Allerdings sollten Sie selbstverständlich bei Stadt oder Gemeinde nachfragen, bevor Sie Zweige davon abschneiden!
Weiden sollten in der Saftruhe, also im Winter zwischen November und Februar, geschnitten werden. Beim Schneiden von Kopfweiden gilt: Um im nächsten Jahr auch wieder ernten zu können, müssen alle Weidenruten kurz oberhalb des Ansatzes abgeschnitten werden. Lässt man die einjährigen Triebe stehen, sind sie bis zum nächsten Winter bei den meisten Sorten so dick gewachsen, dass sie sich als Flechtruten nicht mehr eignen. Verwendung finden sie dann eventuell noch als Weidenstöcke.

Frische Weiden sortieren

Nach der Ernte muss erst einmal sortiert werden. Was sich zum Flechten eignet, sortieren Sie in verschiedene Bündel nach Länge – am besten in etwa 20 cm-Schritten – und Stärke. Wenn Sie verschiedene Weidensorten geerntet haben, ist es hilfreich, die Bündel mit unterschiedlich farbigen Schnüren zu versehen.

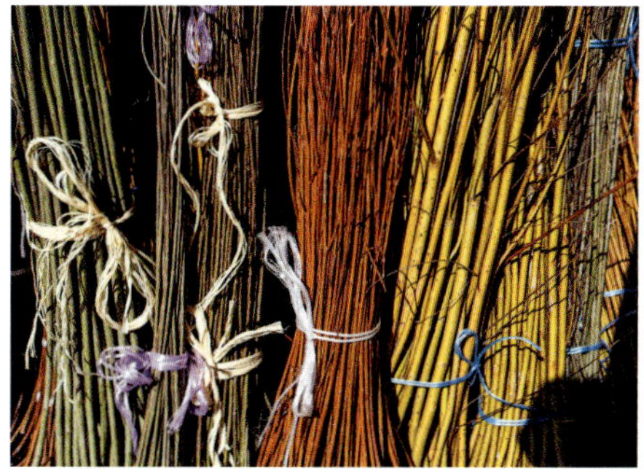

Da viele Weidensorten beim Trocknen ihre Farben verändern, kann man sie so später leichter auseinander halten.

Frische Weiden verarbeiten

Nachdem Sie die Weiden geerntet und sortiert haben, sollten sie zunächst ein bis zwei Wochen ruhen. Danach sind sie wesentlich biegsamer und können verflochten werden.
Die vielen verschiedenen Farben, die direkt nach dem Ernten noch am schönsten leuchten, machen richtig Lust aufs Flechten! Probieren Sie aus, welche Weide sich für welches Projekt eignet.

Frische Weiden lagern

Die frisch geerntete Weide kann je nach Lagerung und Witterung ein bis zwei, manchmal sogar drei Monate verwendet werden. Danach ist sie meist zu trocken und brüchig. Wenn Sie sie möglichst lange verarbeiten wollen können, legen Sie sie am besten draußen an einen schattigen Ort. Ich lege meine Weiden am liebsten unter einen großen Busch. Dort bleiben sie schön feucht und trocknen von der Sonne nicht ganz so schnell aus.
In einem sehr sonnigen und niederschlagsarmen Frühjahr ist der Zeitpunkt, an dem die Weiden bei der Verarbeitung anfangen zu brechen, schneller erreicht. Dann lasse ich die Weidenruten vollends durchtrocknen. Dafür werden die Weidenbündel an einen möglichst trockenen und gut durchlüfteten Ort gestellt, beispielsweise in einen Schuppen oder eine Scheune. Eine gute Belüftung ist wichtig, da die Weiden ansonsten anfangen zu schimmeln. Die Weidenbündel auf Paletten zu stellen hilft zusätzlich, Schimmel vorzubeugen.
Bis die Weidenruten tatsächlich ganz durchgetrocknet sind und dann wieder eingeweicht werden können, dauert es mehrere Monate. Frisch geerntete Weide, die Sie nicht gleich verarbeiten wollen, können Sie auch direkt zum Trocknen aufstellen.

Frisch geschnittene oder geweichte Weide?

Die Vorteile bei der Verarbeitung von frisch geschnittener Weide liegen ganz klar auf der Hand: Es ist kein Einweichen nötig. Dadurch wird zum einen keine Einweichwanne benötigt. Zum anderen eröffnet frisch geerntetes Material die Möglichkeit, ganz spontan zu flechten, verschiedene Dinge auszuprobieren und kreativer mit dem Material umzugehen. Es kann dann geflochten werden, wenn gerade Zeit und Muße dafür ist. Und die verschiedenen Farben leuchten in diesem Zustand einmalig!
Der Nachteil ist, dass in den frischen Weidenruten noch sehr viel Wasser steckt und der Trocknungsprozess erst im fertigen Geflecht stattfindet. Das bedeutet, dass das Endprodukt nach dem Trocknen deutlich lockerer wird, Lücken im Geflecht entstehen können und es instabil wird. Je früher die Weidenruten nach der Ernte verflochten werden, umso mehr Wasser enthalten sie noch und umso instabiler werden die geflochtenen Dinge später.

> **Hinweis**
> Frisch geschnittene Weide, die Kontakt zu Erde hat, kann sich wieder bewurzeln. Auch noch Wochen, nachdem sie geerntet wurde! Beim Verwenden von Weidenstöcken für beispielsweise Rankgerüst oder Gartenstecker sollten die Weidenstöcke deswegen mehrere Monate getrocknet worden sein, bevor sie in die Erde gesteckt werden. Außer Sie möchten gerne, dass die Weide wieder austreibt!

Für meine Arbeiten kombiniere ich in den Wochen nach der Ernte ganz gerne eingeweichte Weide mit der frisch geschnittenen. Beispielsweise kann ein Streifen im Korb aus frisch geschnittenen Weidenruten geflochten werden oder beim Stern (s. Seite 106) das Grundgerüst aus geweichter Weide, das Ausflechten zu Teilen mit frischer Weide umgesetzt werden.
Es gibt aber auch Projekte im Buch, die problemlos mit nur frisch geschnittenem Material geflochten werden können: Die Kugel im Chaosgeflecht beispielsweise oder der Kranz im Kapitel Allerlei Geflechte.

Der Arbeitsplatz

Arbeitsort

Grundsätzlich kann fast überall geflochten werden. Wichtig sind eine gute Beleuchtung, ein unempfindlicher Boden (oder eine Unterlage als Schutz vor eventuellen Wassertropfen) und ausreichend Platz. Wenn Sie zu Hause in einem sehr warmen Raum flechten, sollten Sie zumindest die Weidenruten an einen kühlen Ort und auf keinen Fall in heizungsnähe legen, bis Sie sie verarbeiten. Die Ruten trocknen ansonsten zu schnell aus. Wenn Sie im Freien flechten, ist es deshalb bei hohen Temperaturen besser, im Schatten zu arbeiten.

Arbeitsfläche

Viele KorbmacherInnen flechten gerne auf einem Arbeitsbrett, das auf der einen Seite auf dem Schoß, der Werkbank oder einem Holzbock aufliegt. Die andere Seite steht auf dem Boden, sodass die Arbeitsfläche schräg ist. Das ermöglicht eine gute Seitenansicht auf das geflochtene Werk, was für die Formgebung hilfreich ist.
Ich selbst habe am liebsten ein kleines rundes Tischchen als Arbeitsfläche. Es ist höhenverstellbar, sodass ich trotz unterschiedlich hohen Flechtwerken immer aufrecht daran sitzen kann. Bei Bedarf kann ich es mit der einen Seite auf meinem Schoß auflegen.

Für das Flechten im Hobbybereich reicht es aus, wenn Sie einen ganz normalen, alten Tisch als Arbeitsfläche nehmen. Wenn Sie keinen haben, können Sie auch einfach ein Brett auf einen Tisch legen, das als Unterlage dient.
Eine gerade Arbeitsfläche hat den Vorteil, dass das Werkstück – z. B. der Korbboden – einfach mit einem Gewicht oder Stein beschwert werden kann (s. Seite 54).

Hinweis

Üblicherweise befestigen KorbmacherInnen den Boden auf der Arbeitsfläche mit einem Pfriem, der in der Mitte des Bodens wie ein Nagel eingeschlagen wird. Um diese Achse kann das Werkstück beim Flechten gedreht werden. Vorraussetzung dafür ist ein sehr gleichförmig geflochtener Boden.

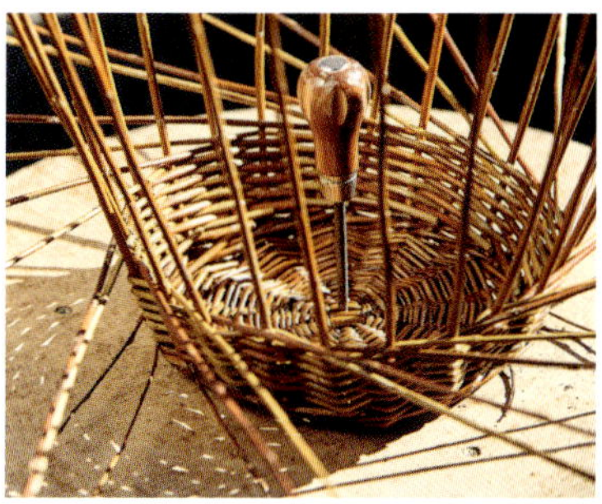

Einweichwanne

Idealerweise ist die Einweichwanne aus nicht rostendem Material, sehr geräumig und hat einen Wasserzufluss und -ablauf. Für HobbyflechterInnen, die nur ab und zu einmal flechten wollen, lohnt sich diese Anschaffung vermutlich nicht. Stattdessen könnten Sie eine alte Zinkwanne, eine Badewanne, ein Kinderplanschbecken oder ein dickes Kunststoffrohr nehmen. Manche FlechterInnen graben auch ein längliches Loch in den Garten, das mit Teichfolie ausgelegt wird. Im Freien sollten Sie zum Einweichen einen Schattenplatz wählen. Dann muss das Wasser weniger oft ausgewechselt werden. Wenn Sie im Winter draußen weichen wollen, müssen Sie bedenken, dass die Einweichzeiten in der Kälte länger sind und die Weidenruten gegebenenfalls aus dem Eis geschlagen werden müssen!

Allen Varianten gemeinsam ist, dass die Weidenruten komplett bedeckt im Wasser liegen sollten. Das geht am einfachsten, wenn sie mit Steinen beschwert werden.

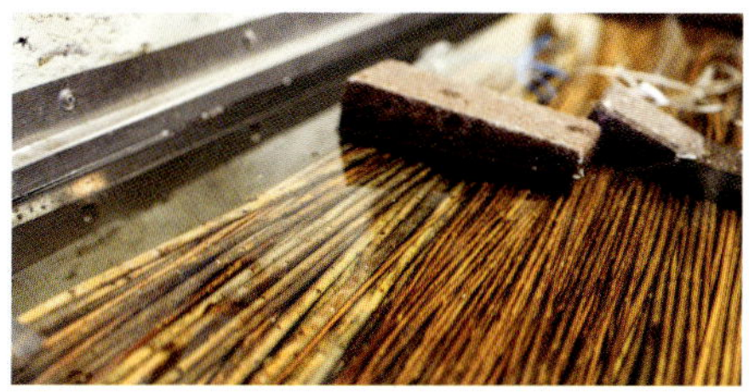

Werkzeug und Zubehör

Das Werkzeug

Für das Flechten mit Weiden werden nur wenige Werkzeuge benötigt. Ich stelle im Folgenden die Werkzeuge vor, die zur Grundausrüstung der Korbmacherei gehören. Diese sind für die im Buch beschriebenen Flechtwerke ausreichend.

Pfriem (auch Ahle oder Vorstecher genannt)

Der Pfriem hat verschiedene Aufgaben. Zum einen wird mit ihm Platz geschaffen, wenn eine neue Weidenrute in schon bestehendes Geflecht geschoben werden soll. Zum anderen kann mithilfe des Pfriems eine Weidenrute an dafür vorgesehenen Stellen einfacher abgeknickt werden. Auch um das Flechtwerk auf der Arbeitsfläche zu befestigen kann er Verwendung finden.
Es gibt ihn in verschiedenen Ausführungen. Für die im Buch beschriebenen Arbeiten ist ein dünnerer, eher stumpfer Pfriem mit einem Durchmesser von ca. 4,5 mm ausreichend. Für größere Geflechte ist auch ein etwas dickerer Pfriem mit ca. 7 mm Durchmesser möglich.

Schlageisen

Ein Schlageisen ist ein spezielles Korbmacherwerkzeug. Mit dem Schlageisen wird das Geflecht bei vielen Arbeiten immer wieder herunter geklopft und somit fest zusammengeschoben. Dadurch bekommt das Geflochtene mehr Stabilität.

Schnitzmesser

Das Messer wird in der Korbmacherei überwiegend verwendet, um das dickere Ende einer Weidenrute abzuflachen, damit es besser ins Geflecht geschoben werden kann.
Dafür kann jedes scharfe Taschenmesser, ein Schnitzmesser oder eine Hippe verwendet werden.

Gartenschere

Die Gartenschere sollte sehr scharf sein. Eine stumpfe Klinge führt dazu, dass die Weidenruten beim Abschneiden ausfransen.

Gewicht

Wenn die Seitenwand eines Korbes oder anderen Werkstückes geflochten wird, ist es gut, den Boden auf der Arbeitsfläche zu fixieren. Am einfachsten geht das mit einem großen Stein oder Gewicht.

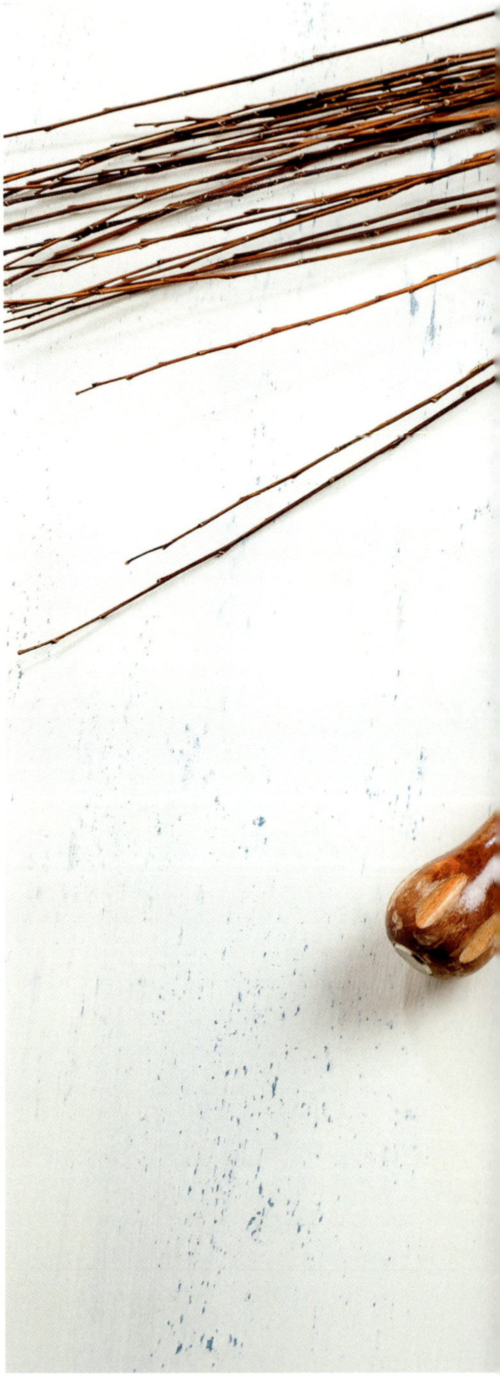

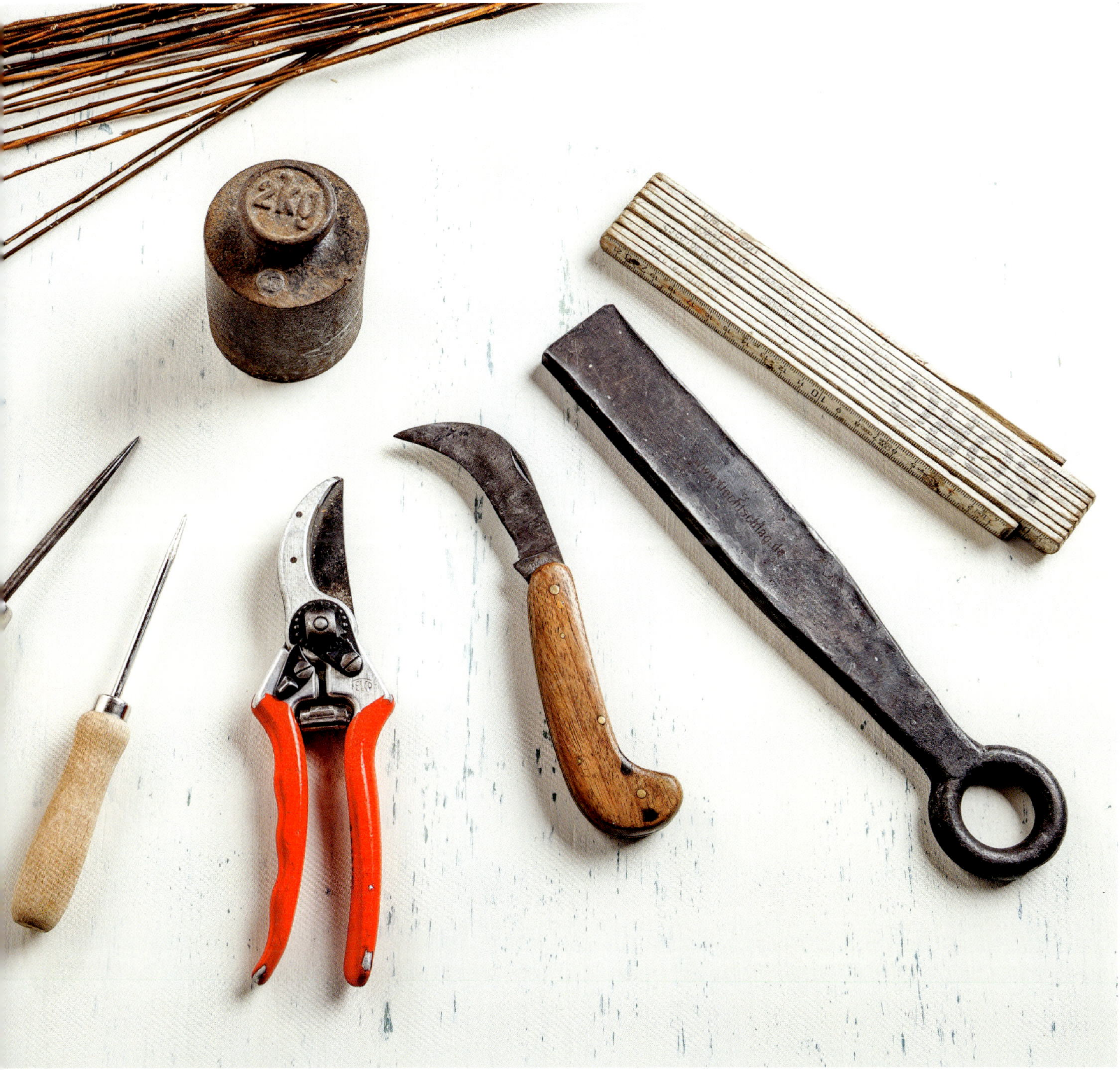

Meterstab

Ein Meterstab ist wichtig, wenn eine bestimmte Größe oder Höhe beim Flechten eingehalten werden soll.

> **Hinweis**
> Für manche Arbeiten benötigen Sie weitere Werkzeuge wie einen Hammer, eine Kombizange oder einen Akkubohrschrauber. Dies können Sie der jeweiligen Materialliste entnehmen.

Zubehör

Große Steine

Um die Weidenruten beim Einweichen ganz unter Wasser zu halten ist es am einfachsten, sie zunächst mit einer Schnur zusammenzubinden. Dann werden die Bündel mit großen Steinen, z.B. Back- oder Pflastersteinen, an mehreren Stellen beschwert.

Mehrfarbige Schnüre

Mehrfarbige Schnüre oder verschiedenfarbige, dicke Wolle erleichtern das Arbeiten mit Weiden. Gerade frisch geschnittene Weiden binde ich gerne mit unterschiedlich farbigen Schnüren zusammen, um sie später gut auseinanderhalten zu können. Doch auch beim Einweichen nutze ich gerne verschiedenfarbige Schnüre. Viele Weidensorten haben in eingeweichtem Zustand eine ganz andere Farbe als in getrocknetem. Durch die Markierung können Sie die unterschiedlichen Weidensorten beim Flechten besser auseinanderhalten.

Folie oder Tuch

Um die Weidenruten nach dem Einweichen über Nacht ziehen lassen zu können und übriges Material auch am nächsten Tag noch verarbeiten zu können (s. Seite 22), benötigen Sie eine große Folie oder Plane. Auch in ein feuchtes Tuch können die Ruten eingeschlagen werden.

Pflanzenbestäuber

Wenn Sie mit geschälter Weide arbeiten, brauchen Sie auf jeden Fall einen Pflanzenbestäuber. Weide ohne Rinde trocknet sehr schnell aus und wird dann brüchig. Sie muss während dem Flechten regelmäßig befeuchtet werden. Auch beim Flechten mit ungeschälter Weide sollten Sie einen Pflanzenbestäuber bereithalten, wenn Sie an einem sehr warmen Ort oder über mehrere Tage verteilt flechten.

Alte Handtücher

Ich habe beim Flechten immer zwei Handtücher in der Nähe. Eines zum Händeabtrocknen, eines lege ich mir als Schutz auf den Schoß. Manche Weidensorten färben ab, wenn sie feucht sind.

Zusätzliche Materialien und Hilfsmittel

Für manche Flechtwerke werden noch zusätzliche Dinge wie beispielsweise Wäscheklammern, Schnur oder Draht benötigt. Alle erforderlichen Materialien finden Sie immer in der jeweiligen Materialliste.

Wissenswertes

Bevor Sie mit dem Flechten loslegen, möchte ich Ihnen noch einiges an Erfahrungswerten und Wissen rund um das Flechten mit auf den Weg geben. Auch die Hinweise zum Umgang mit diesem Buch sollen Ihnen das Flechten leichter machen.

Vorbereitungen und Flechten

Immer etwas mehr Material einweichen

Es kommt immer wieder vor, dass eine Rute beschädigt ist und bricht, dass Sie eine sehr stark verzweigte Rute beim Sortieren oder Abzählen nicht bemerkt haben oder sich eine besonders kurze Rute eingeschlichen hat. Beim Flechten dann keinen Ersatz zu haben und das angefangene Werk schlimmstenfalls nicht fertigstellen zu können, ist extrem ärgerlich! Weichen Sie also unbedingt immer ein paar Ruten mehr ein, als in der Materialliste angegeben sind. Sollten am Schluss Ruten übrigbleiben, ist der Gartenstecker (s. Seite 84) bei geeigneten Weidesorten ein guter „Resteverwerter".

Längen und Stärken der Weiden in den Materiallisten sind nur ein Richtwert

Nahezu jedes Bündel mit vorsortierten Weidenruten (egal, ob Sie sie selbst geschnitten haben oder die Weide fertig sortiert gekauft haben) besteht aus unterschiedlich dicken und langen Ruten. Zudem variiert je nach Ernte und Sorte die Stärke der Ruten. Deswegen macht es Sinn, sich das Material genau anzuschauen, bevor Sie mit dem Flechten loslegen. Dickere Ruten können Sie beispielsweise gut für Staken oder das Gerüst beim Chaosgeflecht verwenden, dünnere eignen sich oftmals eher als Flechtruten oder für Wicklungen.
Wichtig ist auch, dass die Weidenruten nicht zu dick sind, um sie noch verarbeiten zu können. Außerdem muss das Verhältnis der Flechtruten zu den Staken stimmen.
Am Anfang ist es sinnvoll, wenn Sie diejenigen Weidenruten aus Ihrem Bündel aussuchen, die der angegebenen Länge in der Materialliste am ehesten entsprechen.

Staken sollten immer etwas dicker sein als Flechtruten

Beachten Sie dies grundsätzlich bei der Auswahl der Weidenruten aus Ihrem Weidenbündel. Das Verhältnis zwischen Stake und Flechtrute ist sehr entscheidend. Wenn die Staken zu dick sind, ist es sehr schwierig und nur mit großem Kraftaufwand überhaupt möglich, sie in die gewünschte Form zu bringen. Sind die Staken andererseits zu dünn, werden sie von den Flechtruten beim Flechten verformt. Das gleiche gilt für das Verhältnis der Weidenruten beim Chaosgeflecht.

Kürzen geht immer

Wenn in der Materialliste beispielsweise angeben ist, dass Sie eine Rute benötigen, die 60 cm lang ist, können Sie einfach das Stammende einer Rute mit z. B. 1 m Länge entsprechend abschneiden.
Flechten Sie viel, lohnt es sich, Weidenruten in unterschiedlichen Längen zu besorgen. So vermeiden Sie viel von den Ruten abschneiden und wegwerfen zu müssen. Ich habe deswegen alle Längen zwischen 0,60 m und 2,50 m vorrätig.

Wenn Sie aber am Anfang des Flechtens stehen und sich erst einmal nur wenig Material beschaffen wollen, können Sie sich beispielsweise aus einem Bund Weidenruten mit 1,60 m Länge bei Bedarf auch Ruten mit 1,40 m und 1,20 m Länge zurechtschneiden.

Flechten bedeutet immer Kraftaufwand für die Finger

Beim Flechten haben beide Hände eine wichtige Aufgabe. Die linke Hand ist meist diejenige, die das Flechtwerk formt, dem Korb also beispielsweise seine bauchige oder gerade nach oben verlaufende Seitenwand gibt. Die rechte Hand ist dafür zuständig, dass das Geflecht schön straff und gleichmäßig wird, die Flechtruten also mit leichtem Zug ganz eng um Staken oder andere Ruten herumgeführt werden.
Am Anfang ist das oft noch schwierig und auch anstrengend für Finger und Hände und führt vielleicht auch dazu, dass eine gewünschte Form nicht gleich klappt. Aber mit der Zeit entwickeln die Finger immer mehr Kraft und Routine und der Umgang mit dem Material Weide wird von Mal zu Mal einfacher.

Umgang mit diesem Buch

Hinweis für LinkshänderInnen

Alle Angaben in diesem Buch sind für RechtshänderInnen gemacht. Sind Sie eine linkshändige Person, müssen Sie vermutlich entsprechend umdenken. Viele meiner KursteilnehmerInnen arbeiten dann in die entgegengesetzte Richtung, also spiegelverkehrt. Anderen fällt es leichter, genau gleich zu arbeiten wie die RechtshänderInnen. Probieren Sie aus, wie es für Sie am besten passt!

Projekte auswählen

Ohne Vorkenntnisse macht es generell Sinn, jeweils zuerst das erste Modell eines Kapitels herzustellen. Im Kapitel Glockengeflecht beispielsweise ist das erste Modell, der Gartenstecker, einfacher herzustellen als die nachfolgenden Modelle Knödelhäuschen und Engel. Wenn eine bestimmte Reihenfolge empfohlen wird, finden Sie Hinweise darauf im jeweiligen Einleitungstext eines Kapitels. Mit welchem Kapitel Sie beginnen, können Sie selbst entscheiden.
Für geübte FlechterInnen, die gleich bei schwierigeren Projekten einsteigen wollen, ist es sicherlich hilfreich, trotzdem hier und da Einzelheiten bei vorangegangenen Modellen nachzuschlagen. Wenn die Flechtwerke aufeinander aufbauen, habe ich immer das erste Modell ausführlicher beschrieben.

Maßangaben einhalten

Grundsätzlich empfehle ich Ihnen, die Projekte zunächst in der vorgesehenen Größe zu flechten. Für andere Größen ist anderes Material nötig, was bei manchen Modellen ganz einfach durch längere oder kürzere Weidenruten zu lösen ist. Einen entsprechenden Hinweis finden Sie am Ende der Anleitungen.
Wenn Sie genügend Erfahrungen gesammelt haben und mit Ihrem Ergebnis zufrieden sind, macht es Spaß eigene Ideen auszuprobieren. Bestimmt hilft Ihnen dabei das Wissen für eigene Projekte auf Seite 45 weiter.

Drei Lesebänder

Die drei Lesebänder sollen Ihnen das Zurechtfinden im Buch erleichtern. Bei vielen Projekten wird in den Anleitungen auf Techniken oder Tipps verwiesen, die schon an anderer Stelle ausführlich erklärt wurden. Oft wird dabei gleich auf mehrere Stellen im Buch Bezug genommen. Wenn Sie die verschiedenen Seiten mit einem Band markieren, können Sie ganz einfach zwischen dem eigentlichen Text und den anderen Hinweisen hin- und herblättern.

Pflege und Schutz

Langsames Trocknen

Wenn Sie ein Projekt fertig geflochten haben, ist es zunächst noch feucht. Bis ein Flechtwerk aus geweichten Weiden vollständig trocken ist, dauert es in etwa eine Woche. Wenn Sie frisch geschnittenes Material verflochten haben, dauert dieser Prozess mehrere Wochen bis Monate – abhängig davon, wie bald nach der Ernte Sie die Ruten verflochten haben. Lassen Sie Ihr Flechtwerk nicht direkt in heizungsnähe oder in der prallen Sonne trocknen, damit die Weidenruten nicht zu schnell trocknen und spröde werden.

Regelmäßig befeuchten

Damit Sie möglichst lange Freude an Ihren geflochtenen Kunstwerken haben ist es gut, Geflochtenes im Innenraum regelmäßig zu befeuchten. Stellen Sie beispielsweise einen Korb etwa jedes halbe Jahr in einer Nacht mit hoher Luftfeuchtigkeit auf Balkon oder Terrasse, oder besprühen Sie ihn stattdessen mit einem Pflanzenbestäuber. So kann die Weide immer wieder Wasser in sich aufnehmen und wird nicht so schnell spröde und brüchig. Außerdem kommen Duft und Leuchtkraft unterschiedlicher Farben so wieder besser zur Geltung! Danach gilt auch hier: Geflochtenes nach dem Befeuchten nicht in heizungsnähe oder direkter Sonne trocknen lassen.

Oberflächenbehandlung

Ich selbst behandle meine Flechtwerke nur selten. Grundsätzlich können Sie die gleichen Mittel verwenden, die sich auch für Holz eignen. Sie können Geflochtenes beispielsweise lackieren, einölen, lasieren oder wachsen.
Klarlack sorgt dafür, dass das Geflecht unnatürlich glänzt, weswegen ich Lack nur auf Wunsch bei Auftragsarbeiten auftrage. Im Außenbereich schützt er zwar vor Regen, zieht dafür aber die Sonne an und sorgt dafür, dass die Weide sehr stark austrocknet. Manche KorbmacherInnen ölen ihre Flechtwerke gerne ein. Hierfür gibt es im Fachhandel viele verschiedene Öle zur Auswahl. Ein Gemisch aus Leinöl und Terpentin ist für den Außenbereich beispielsweise ganz gut geeignet, färbt allerdings die Weiden oft dunkel ein. Manche KorbmacherInnen verwenden deshalb auch im Außenbereich lieber ein weiches Holzöl mit geringem Terpentinanteil oder eine Holzlasur, was beides gut von den Weidenruten aufgesaugt werden kann.

Hinweis

Wenn Sie Ihr Flechtwerk behandeln wollen, sollte es vorher durchgetrocknet sein.

Bedenken Sie außerdem, dass Sie vor allem dann, wenn das Geflochtene in Kontakt mit Lebensmitteln (und Vogelfutter) kommt, ein möglichst natürliches Mittel wählen.

Die Haltbarkeit der Weiden im Außenbereich kann durch verschiedene Hilfsmittel verlängert werden. Sie sollten dann allerdings einplanen, den Anstrich einmal im Jahr zu erneuern.

Techniken

Als Teil der Grundlagen werden einige Geflechtstechniken und damit verbundene Arbeitsschritte vorgestellt, die beim Flechten mit Weiden immer wieder vorkommen. Ich habe mich darauf beschränkt, hier diejenigen Techniken zu erklären, die für die vorgestellten Projekte wichtig sind. Bereits diese Auswahl an Techniken ermöglicht es Ihnen, ganz viele unterschiedliche Dinge herzustellen. Sie bietet Ihnen eine tolle Grundlagen-Palette, um mit Farben, Größen, Formen und eigenen Ideen zu experimentieren! Die anschließenden Hinweise zum Ende der Einführung sollen Sie dabei noch unterstützen.

1 Flechttechniken

Das Zäunen

Ruten und Staken:
Beim Zäunen wird immer nur mit einer Rute geflochten. Bei runden Geflechten ist eine ungerade Anzahl an Staken notwendig.

Flechtschlag:
vor 1 hinter 1

Anleitung:
Die erste Rute wird – meist mit der Spitze – zwischen zwei Staken gelegt, sodass das Ende ca. 1 cm hinter einer Stake liegt. Geflochten wird *vor 1 hinter 1*, bis die Rute aufgebraucht ist. Das Ende der Flechtrute sollte dabei immer nach innen zeigen.

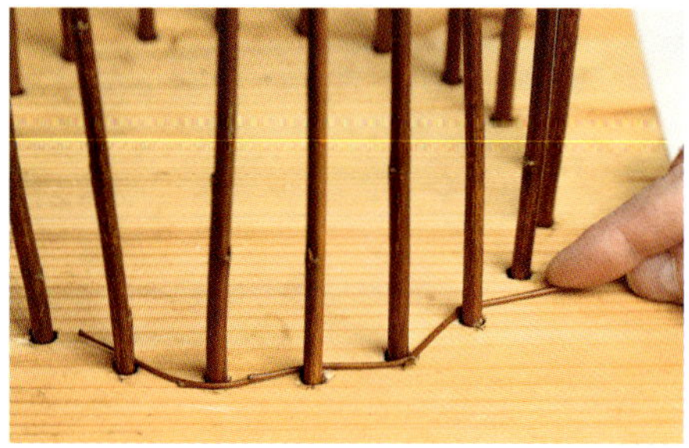

Es können so viele Ruten verarbeitet werden, bis das Geflecht die gewünschte Höhe erreicht hat. Läuft eine Rute aus, wird mit einer neuen verlängert und im gleichen Flechtschlag weitergearbeitet.

Verlängern:
Wenn eine Flechtrute mit dem Stammende ausläuft, wird sie mit dem Stammende der neuen Flechtrute verlängert, also „dick mit dick". Dafür wird das Ende der alten Weidenrute hinter einer Stake auf der Innenseite des Geflechts abgelegt. Das Stammende der neuen Rute wird einfach daraufgelegt. Mit ihr wird im gleichen Flechtrhythmus weitergeflochten.

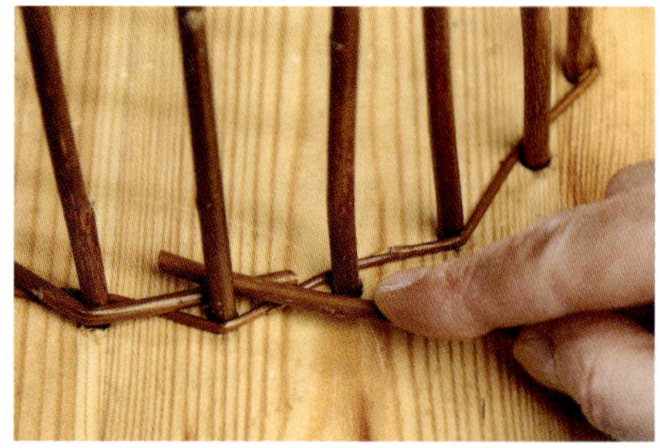

Neigt sich eine Weidenspitze dem Ende, wird „dünn mit dünn" verlängert. Die alte und die neue Flechtrute werden dabei drei bis vier Flechtschläge gemeinsam verflochten. Dann bleibt die Spitze der alten Flechtrute innen liegen, während mit der neuen weitergeflochten wird.

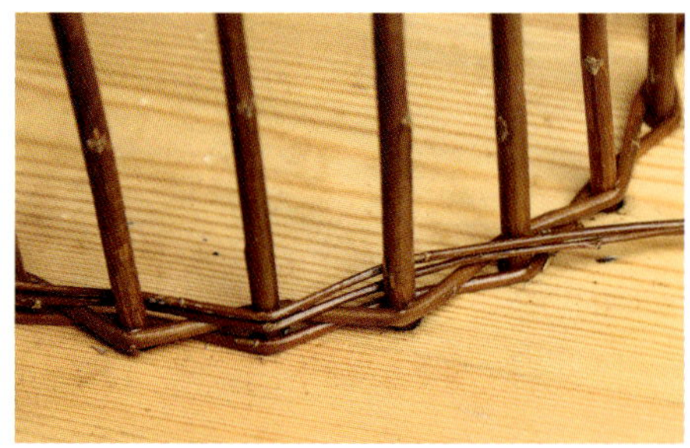

Variante des Verlängerns:
Bei manchen Flechtarbeiten im Zäunergeflecht wird auf eine andere Weise verlängert. Die Weidenruten werden alle vom Stammende Richtung Spitze verflochten. Läuft die Spitze einer Rute aus und wird zu dünn zum Verflechten, wird sie hinter einer Stake innen abgelegt.

An der gleichen Stelle wird das Stammende der neuen Rute daraufgelegt und weiterverflochten.

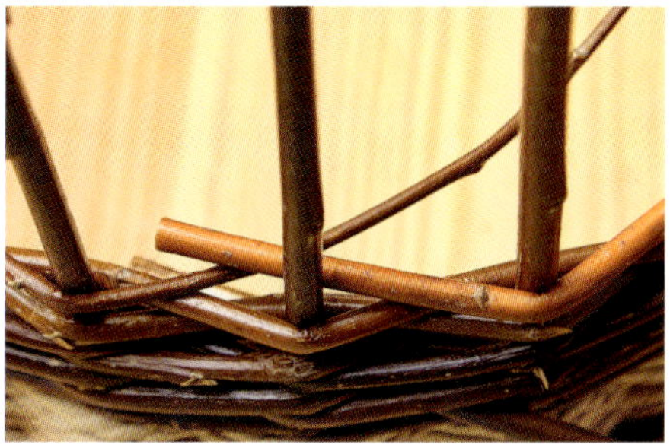

Die Fitze

Ruten und Staken:

Die Fitze (auch doppeltes Kreuzgeflecht genannt) ist eine Flechtart, bei der zwei Weidenruten miteinander verschlungen werden. Die Flechtruten sollten dabei stets die gleiche Länge haben. Die Stakenanzahl ist beliebig.

> **Hinweis**
>
> Bei manchen Flechttechniken wird mit mehreren Weidenruten gleichzeitig geflochten. Um ein gleichmäßiges Ergebnis zu erzielen, sollten die Ruten dabei die gleiche Länge haben. Sortieren Sie die Spitzen auf gleiche Länge und kürzen dann die Stammenden entsprechend ein.

Flechtschlag:

vor 1 hinter 1

Anleitung:

Die beiden Flechtruten werden mit den Spitzen hinter zwei nebeneinanderliegende Staken gelegt. Die linke Rute beginnt. Sie wird vor eine Stake geführt, hinter eine Stake geführt und nach vorne zeigend abgelegt.

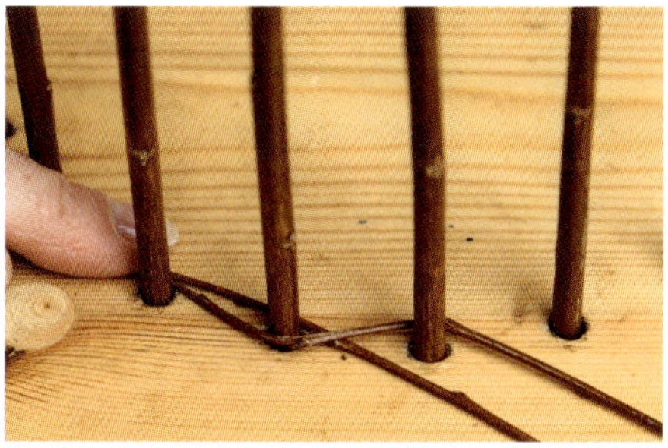

Den gleichen Flechtschlag führt anschließend die zweite Rute aus – und immer so weiter.
Wichtig ist, dass sich die Ruten im Zwischenraum der Staken jedes Mal überkreuzen und nicht parallel nebeneinander her geflochten werden. Dadurch erhält man ein stabileres Geflecht und die Staken können nur so beim Flechten in die gewünschte Position gebracht werden.

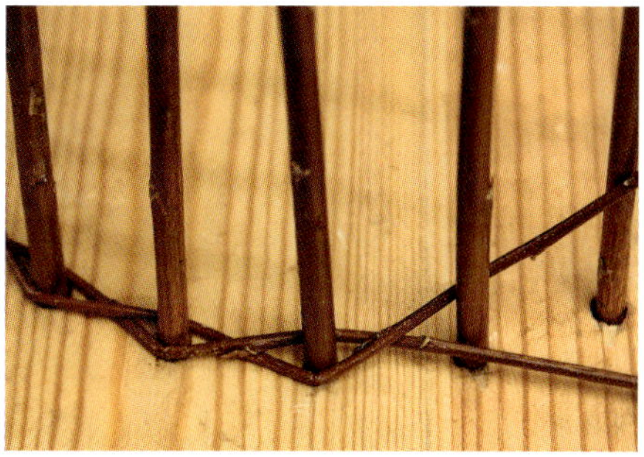

Verlängern:

Beim Ansetzen wird immer Stammende mit Stammende und Spitze mit Spitze verlängert. Bei „dick mit dick" lässt man die erste Rute hinter einer Stake auslaufen. Die neue Flechtrute wird mit dem Stammende auf die alte gelegt.

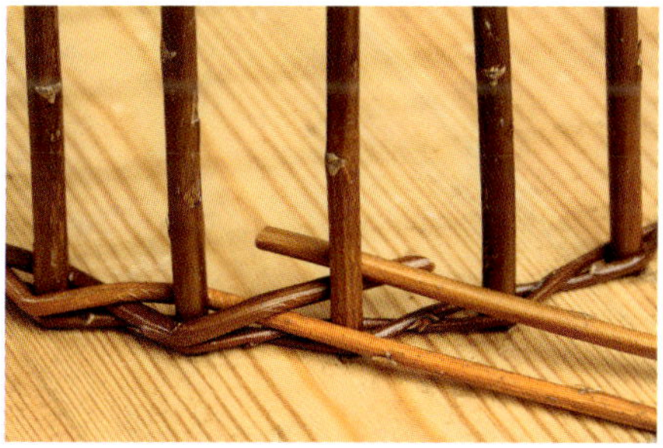

Sie wird fixiert, indem die andere Rute im gewohnten Rhythmus darüber geflochten wird.

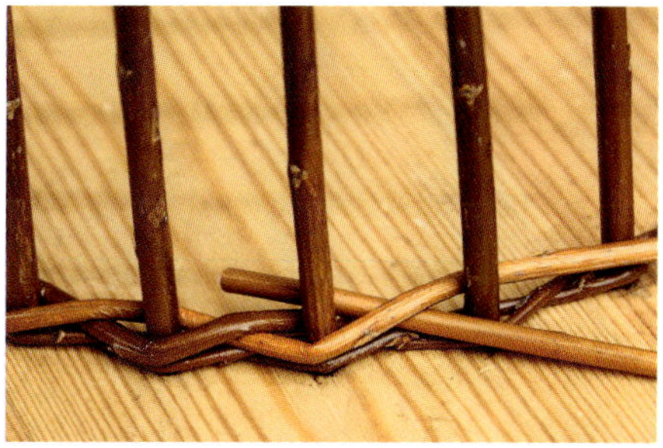

Bevor auch die zweite Rute verlängert wird, werden noch zwei Flechtschläge ausgeführt und dann wird auf die gleiche Weise angesetzt.
Bei der Verlängerung „dünn mit dünn" werden die Spitzen der alten und der neuen Flechtruten drei bis vier Flechtschläge lang gemeinsam verflochten. Dann bleiben die Spitzen der alten Flechtruten innen liegen, während mit den neuen weiter geflochten wird.

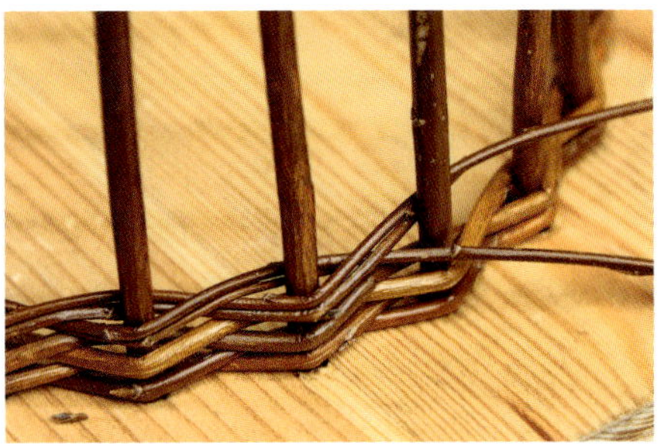

Die Dreierkimme

Ruten und Staken:
Die Kimme ist ein besonders stabiles Geflecht und gibt den Staken in der richtigen Position Halt. Deswegen wird beim Flechten der Seitenwand klassischer Körbe meist mit einer Kimme begonnen und auch aufgehört. Es gibt sie in verschiedenen Varianten mit unterschiedlich vielen Weidenruten.

Für die Projekte hier im Buch lernen Sie die Dreierkimme kennen. Die einfache Dreierkimme wird aus sechs gleich langen Ruten geflochten, wobei immer nur drei gleichzeitig an der Reihe sind. Die Ruten sollten so lang sein, dass mit ihnen etwas mehr als eine Runde geflochten werden kann. Die Stakenanzahl ist beliebig.

Flechtschlag:
vor 2 hinter 1

Anleitung:
Bringen Sie alle sechs Ruten auf gleiche Länge (s. Hinweis Seite 33). Die ersten drei Ruten werden mit den Spitzen an drei nebeneinanderliegenden Staken von links nach rechts eingehängt. Sowohl die Spitzen als auch die langen Enden der Flechtruten laufen dabei nach vorn. Die Spitzen haben etwa einen Überstand von 5 bis 10 cm.

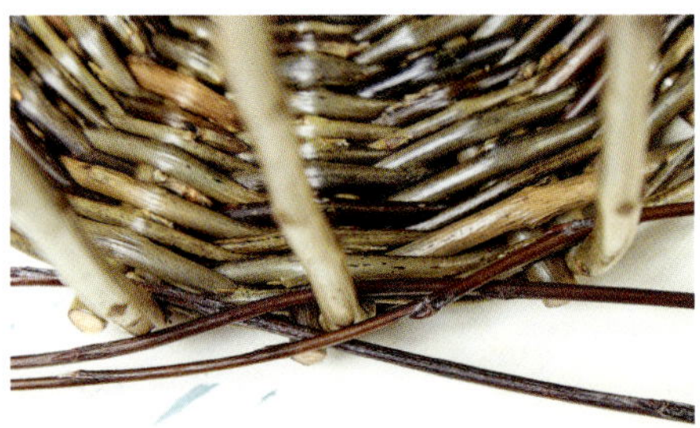

Die Weidenrute ganz links wird vor zwei Staken vorbeigeführt (Achtung: Die Stake, neben der die Rute von hinten her kommend nach vorne verläuft, wird schon als erste Stake gezählt!), geht hinter einer Stake entlang und wird nach außen zeigend abgelegt.

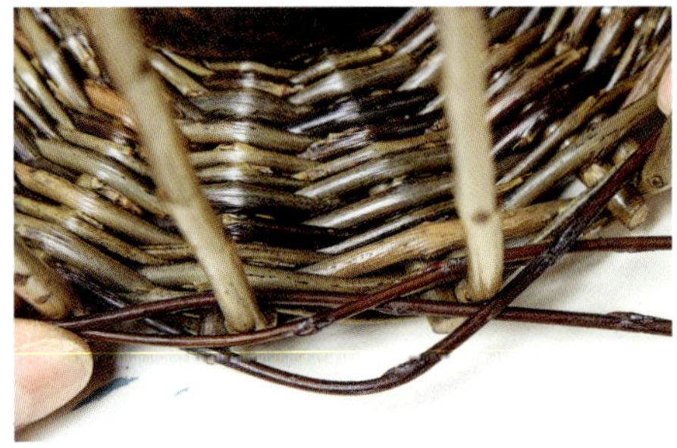

Anschließend wird mit der zweiten Weidenrute, jetzt die ganz links liegende, der gleiche Flechtschlag ausgeführt. Ebenso mit der Dritten.

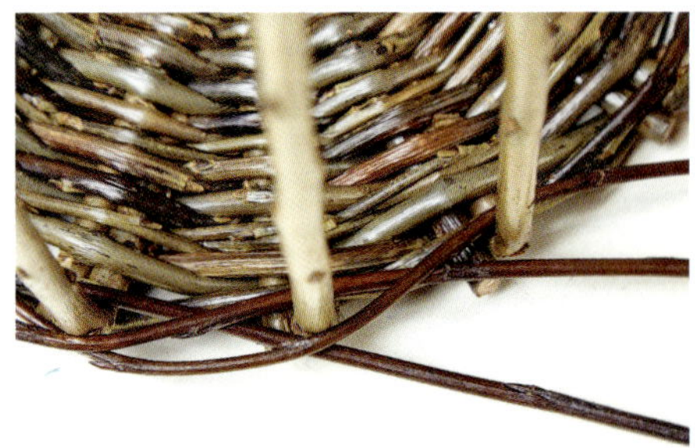

In diesem Rhythmus flechten Sie weiter bis zu den Stammenden. Die drei Enden sollten am Schluss mit etwas Überstand nach außen zeigen. Mit den restlichen zurechtgeschnittenen drei Ruten wird nun verlängert.

Verlängern:
Das linke Stammende der bereits geflochtenen Kimme wird zuerst verlängert. Dieses wird etwas nach vorne gezogen und die neue Flechtrute – mit dem Stammende voraus – in den so entstandenen Raum geschoben. Achten Sie darauf, dass die neue Rute neben der alten liegt, die beiden Stammenden sollten nicht übereinander rutschen.

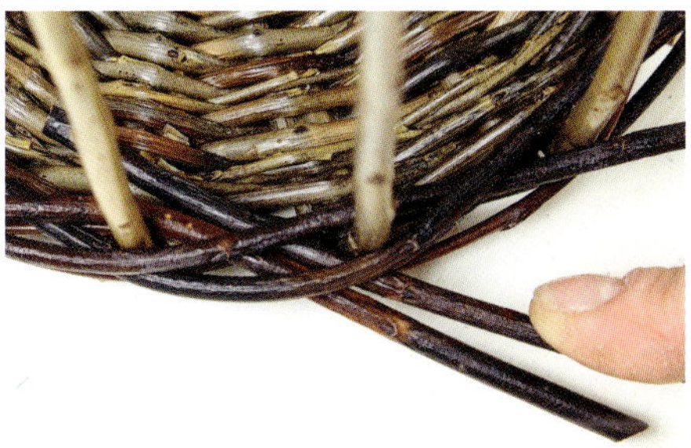

Mit der neu eingesetzten Weide wird gleich einmal *vor 2 hinter 1* geflochten.
Auf die gleiche Weise verlängert man dann die zweite und dritte Rute, wobei immer sofort nach dem Ansetzen ein Flechtschlag ausgeführt wird. Die neu angesetzten Weiden können dann im gleichen Rhythmus weiter verflochten werden. Zum Schluss werden die Spitzen so abgelegt, dass sie nach vorne zeigen. Die Dreierkimme ist beendet.

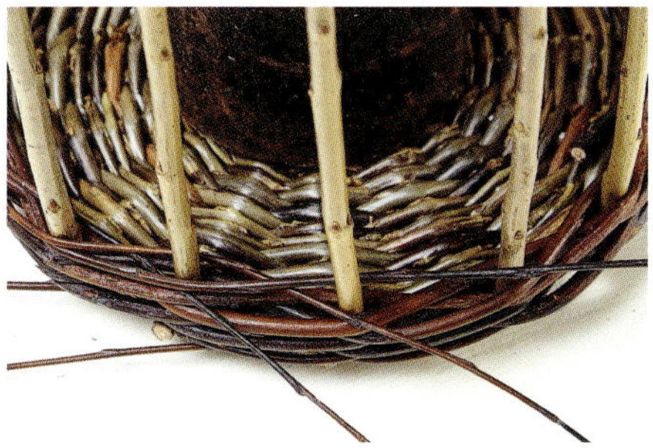

Variante Doppelte Dreierkimme:
Immer dann, wenn die Ruten nicht lange genug sind, um mit ihnen etwas mehr als eine Runde zu flechten, wird eine doppelte Dreierkimme geflochten. Dabei wird an zwei gegenüberliegenden Stellen eines Korbes oder anderen Projekts je eine Kimme eingesetzt. Diese beiden Kimmen verfolgen sich beim Flechten gegenseitig, ohne sich dabei zu überholen. Sie benötigen für eine doppelte Dreierkimme also insgesamt 12 Ruten in gleicher Länge (s. Hinweis Seite 33).
Die ersten drei Ruten werden mit den Spitzen wie oben beschrieben an drei nebeneinanderliegenden Staken von links nach rechts eingehängt und im Flechtschlag *vor 2 hinter 1* ein kleines Stück verflochten. Bevor man auf der gegenüberliegenden Seite ankommt, werden dort die nächsten drei Ruten eingehängt.

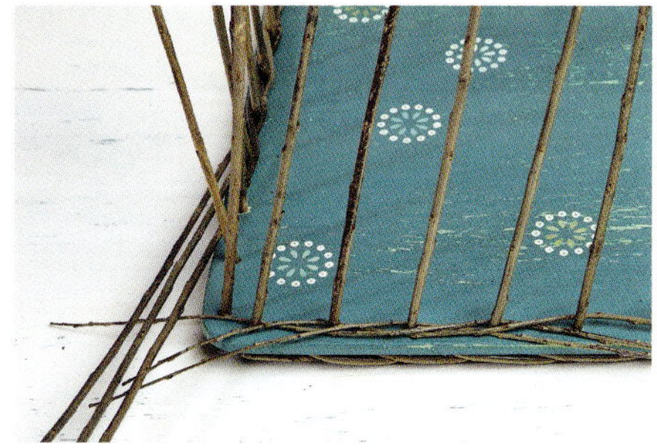

Mit den neu eingelegten Ruten kann jetzt die zweite Kimme geflochten werden. Es wird ab sofort immer zwischen den beiden Kimmen hin- und hergewechselt, wobei sie sich nie überholen dürfen.

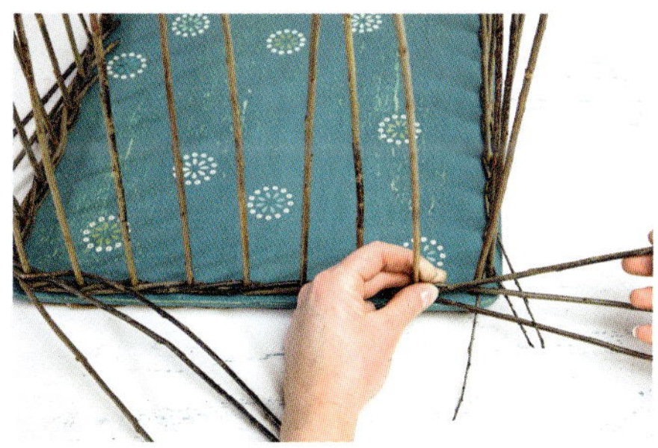

Bei den Stammenden angekommen, werden die Ruten wie zuvor beschrieben mit den Stammenden der neuen Ruten verlängert – dieses Mal jedoch an beiden gegenüberliegenden Stellen.
Die doppelte Dreierkimme endet, indem alle Spitzen nach außen zeigen.

Das Schichtgeflecht

Ruten und Staken:
Das Schichtgeflecht (auch französisches Seitengeflecht, französisches Zäunen oder französisches Zäunergeflecht) wird sehr häufig für die Seitenwände von Körben genutzt. Beim Schichtgeflecht werden genauso viele Ruten benötigt, wie Staken vorhanden sind. Die Ruten sollten die gleiche Länge haben (s. Hinweis Seite 33). Sie werden alle gleichzeitig eingelegt und verflochten. Die Stakenanzahl ist beliebig.

Flechtschlag:
vor 1 hinter 1

Anleitung:
Die erste Rute wird mit dem Stammende mit ca. 1 cm Überstand hinter eine beliebige Stake gelegt, sofort *vor 1 hinter 1* verflochten und nach außen zeigend abgelegt. Auf die gleiche Weise wird die zweite Rute hinter die links daneben stehende Stake gelegt und verflochten.

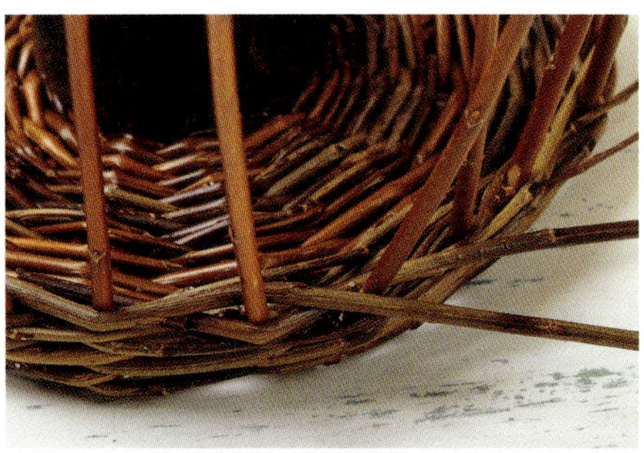

Nacheinander werden alle restlichen Ruten auf die gleiche Weise verarbeitet. Wichtig ist, dass jedes Mal mit dem Stammende begonnen wird und die Ruten immer eine Stake nach links versetzt eingelegt werden. Dazu wird das Geflecht beim Arbeiten immer wieder ein Stückchen weitergedreht.
Die beiden letzten Ruten legt man unter die bereits verflochtenen. Dafür werden die erste und zweite Rute des Geflechts, die zu Beginn eingelegt wurden, etwas angehoben. Zunächst wird die vorletzte Rute darunter eingelegt und an den nach oben geschobenen Ruten vorbeigeflochten.

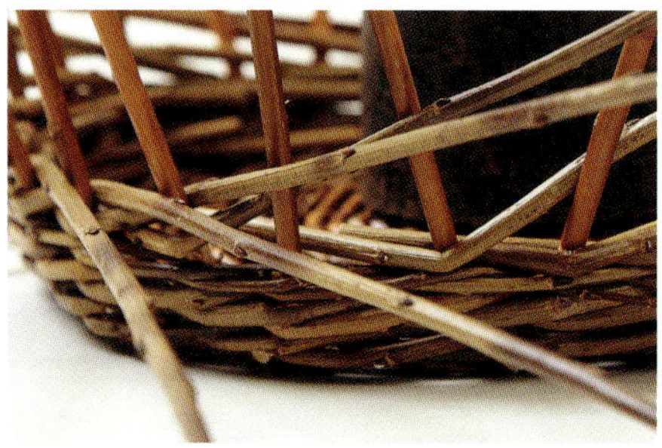

Abschließend wird auf die gleiche Weise auch die letzte Rute eingelegt und verflochten.

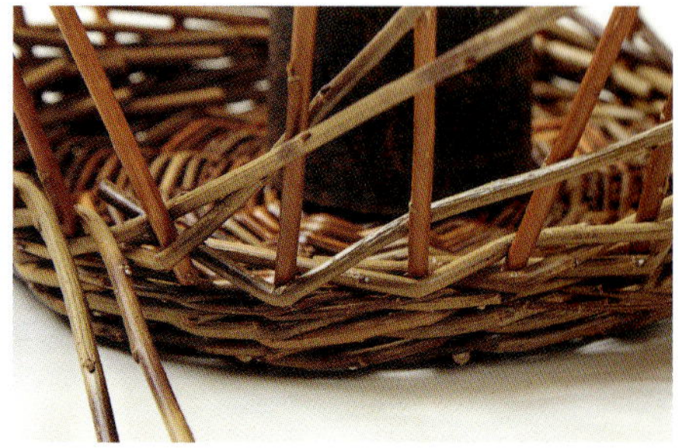

Dann können die angehobenen Ruten wieder nach unten geschoben werden. Die erste Runde ist abgeschlossen und es sollte hinter jeder Stake eine Flechtrute liegen. In jedem Zwischenraum sollte eine Rute herausstehen.

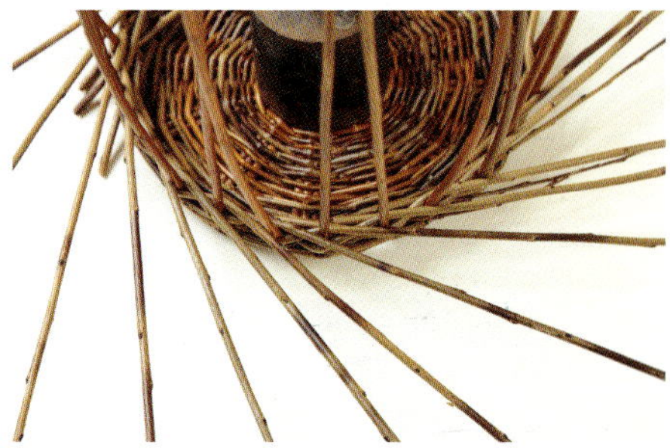

Die zweite Runde kann an einer beliebigen Stelle begonnen werden. Die erste Rute wird wieder *vor 1 hinter 1* verflochten und nach vorne zeigend abgelegt. Dann folgt die Rute, die links daneben liegt, im gleichen Flechtschlag. Es haben sich so zwei Rutenpaare gebildet, die nach vorne zeigen.

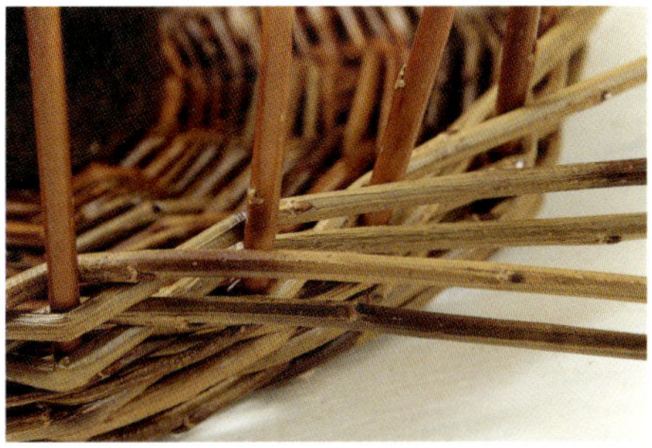

Die nächste Rute links daneben wird auf die gleiche Weise verflochten. Sie und auch die nachfolgenden Ruten zeigen einzeln im jeweils nächsten Zwischenraum nach vorne. Wichtig ist, dass immer die links daneben liegende Weidenrute als nächstes verflochten wird.
Kommt man wieder bei den beiden Rutenpaaren an, ist die Runde fast abgeschlossen. Die oben liegenden Ruten der beiden Paare werden wieder etwas nach oben geschoben. Die unteren beiden Flechtruten können so nacheinander an den oberen vorbei geflochten werden.

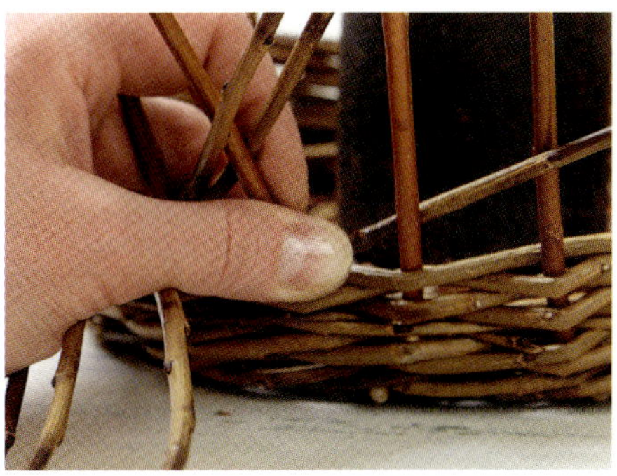

Abschließend werden die nach oben geschobenen Weiden wieder nach unten gelegt. Mit Beenden der Runde zeigt in jedem Zwischenraum jeweils eine Weidenrute nach außen.

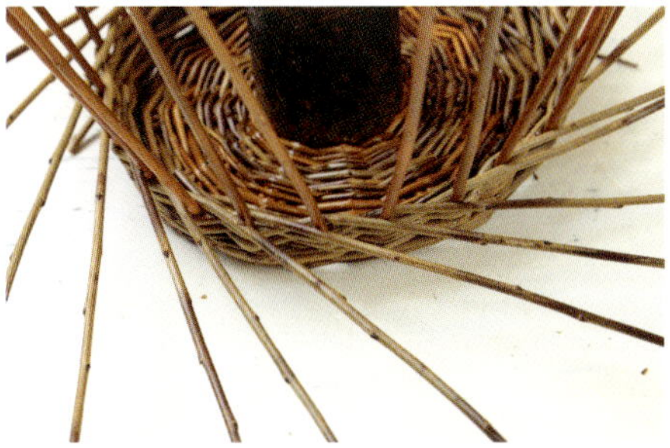

Wie für die zweite Runde beschrieben, werden jetzt alle anderen Runden geflochten. Immer nach zwei bis drei Runden sollte das Geflecht mit einem Schlageisen nach unten geklopft werden. So wird es fest zusammen gedrückt und dadurch noch stabiler.

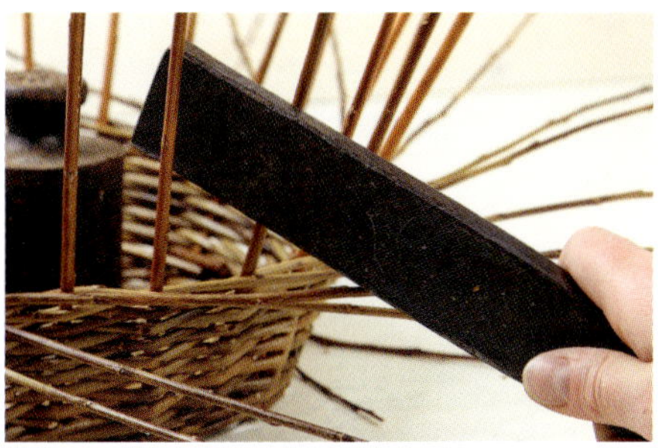

Die Schicht ist beendet, wenn die Spitzen nicht mehr lange genug sind, um verflochten zu werden.

Am Schluss zeigen alle Weidenspitzen nach außen.

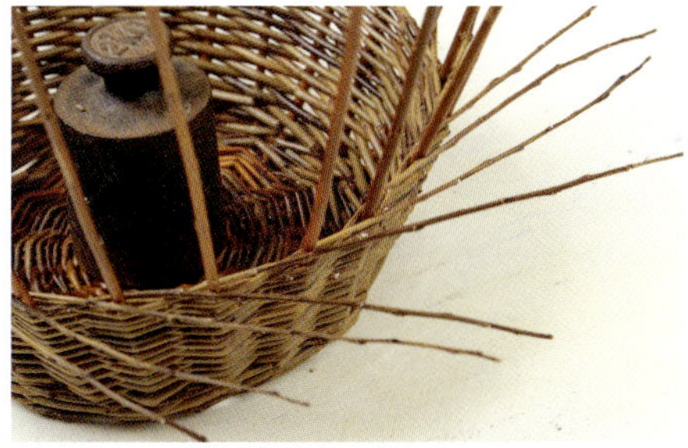

Verlängern:
Verlängert werden muss bei dieser Technik nicht. Wenn die Ruten bis zu den Spitzen verflochten sind, ist die Schicht beendet. Wenn die gewünschte Höhe schon früher erreicht ist, kann bei dieser Flechttechnik jederzeit – nach Abschluss einer Runde – mit dem Flechten aufgehört werden. Die restlichen Ruten schneiden Sie ab.
Soll das Geflecht höher sein, können zwei oder mehr Schichten aufeinander gesetzt werden. Die neue Schicht muss dabei nicht mit den Ruten der alten Schicht verbunden werden. Es werden lediglich die Stammenden der neuen Ruten wie in der Anleitung beschrieben hinter jeweils eine Stake gelegt, um dann die nächste Schicht zu flechten.

2 Böden

Runder geflochtener Boden (auch Sternboden)

Dieser Boden ist der bei uns häufigste Flechtboden für runde Körbe. Das Grundgerüst des Bodens bildet das Bodenkreuz: ein Kreuz aus Staken, die auch Bodenstöcke genannt werden. Das Kreuz wird in der Fitztechnik ausgeflochten.
Die Anzahl der Bodenstöcke, aus denen das Bodenkreuz gebildet wird, kann variieren und hängt von der Größe und auch der Art des Flechtwerks ab.

Bodenkreuz 3 auf 3
Dieser Boden wird ausführlich ab Seite 50 beschrieben.

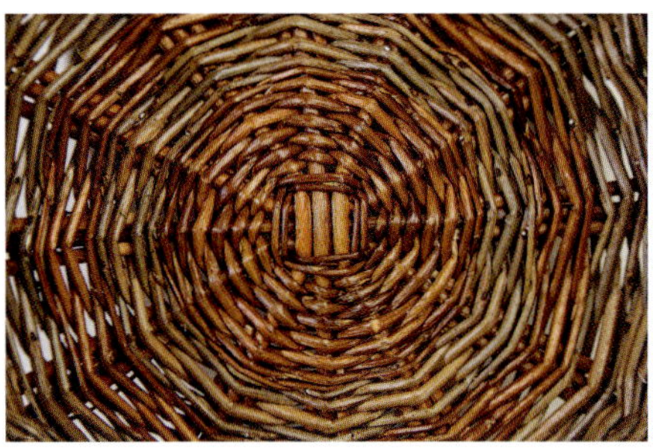

Bodenkreuz 4 auf 4
Dieser Boden wird ausführlich ab Seite 112 beschrieben.

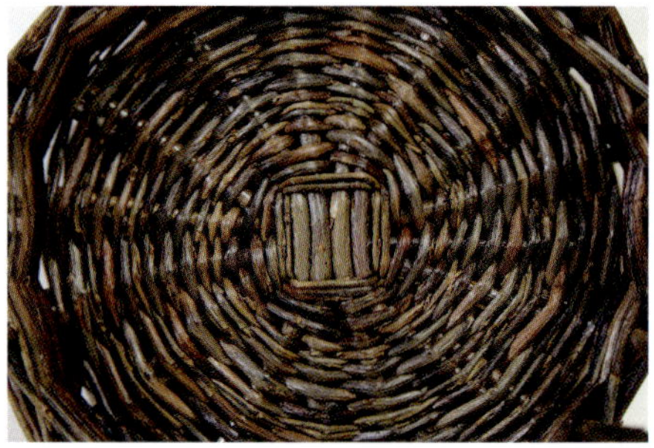

Bodenkreuz 6 auf 6
Dieser Boden wird ausführlich ab Seite 69 beschrieben.

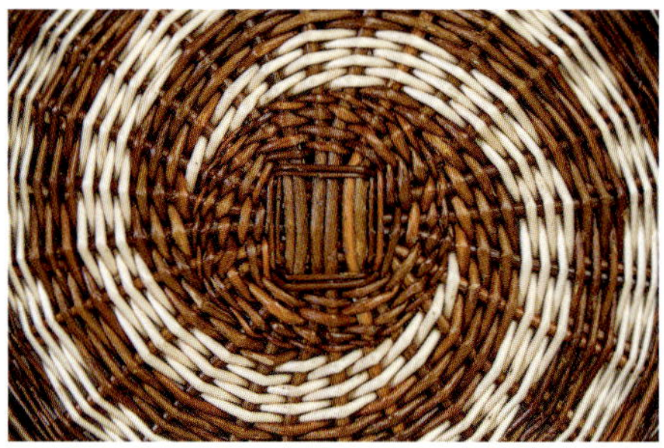

All diesen Böden ist gemeinsam, dass sie mit einer leichten Wölbung geflochten werden. Die Staken, die später in den geflochtenen Boden gesteckt werden und das Gerüst für die Seitenwand bilden (s. Seite 39), üben eine so große Kraft aus, dass ein eben geflochtener Boden nach unten gewölbt werden würde und somit keine ebene Standfläche hätte. Damit der Boden die nötige Wölbung bekommt, sind zwei Dinge wichtig. Zum einen die linke, formende Hand, die die Staken ausrichtet. Immer die Stake, die als nächstes umflochten werden soll, wird zuerst durch leichtes Biegen in die gewünschte Position gebracht und dort gehalten, während die Stake umflochten wird.

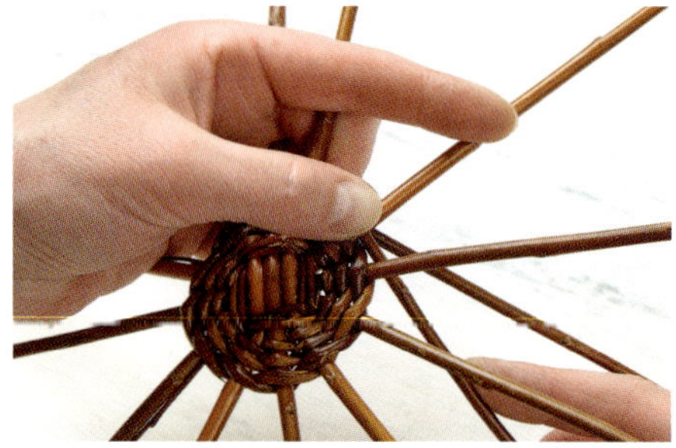

Außerdem wird der Boden alle paar Runden übers Knie gebogen.

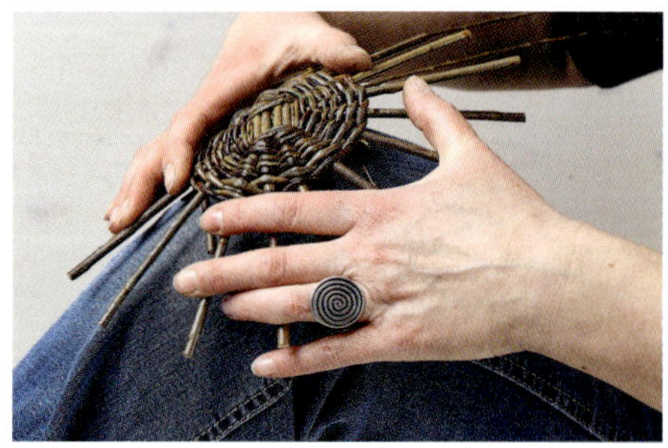

Holzboden

Für manche Flechtwerke ist es sinnvoll, statt einem geflochtenen Boden einen Holzboden zu verwenden. Beim Vogelhäuschen zum Beispiel, um es besser reinigen zu können oder beim Tablett, damit Gegenstände darauf eine gute Standfläche haben.

Die Holzböden werden in der gewünschten Größe und Form zugesägt (oder gegebenenfalls im Fachhandel gekauft) und anschließend nahe am Rand in der entsprechenden Stakenstärke und in passendem Abstand mit einem Bohrer mit Löchern versehen.
Wie die Staken am Boden befestigt werden, wird beim Vogelhäuschen ab Seite 118 ausführlich gezeigt.

3 Aufstaken geflochtener Böden

Um die Verbindung von geflochtenem Boden und Seitenwand eines Geflechts zu schaffen, werden Staken in das Bodengeflecht gesteckt und nach oben umgeknickt. Diese bilden das Gerüst für die Seitenwand des Geflechts.

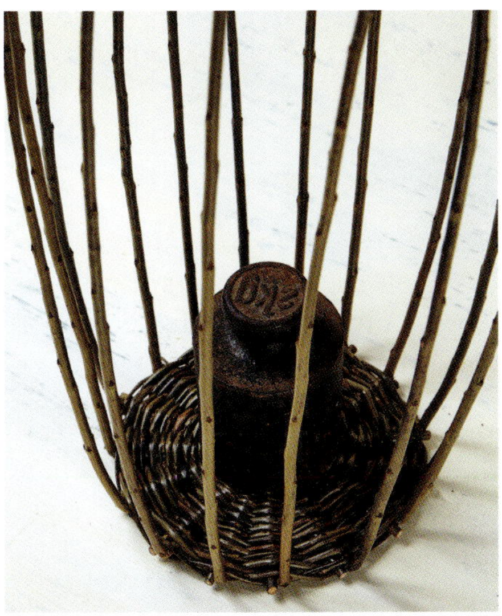

Üblicherweise werden pro Bodenstock zwei Staken eingeschoben. Für manche Projekte ist es aber besser, nur eine Stake zur bereits vorhandenen zu ergänzen. Dies ist zum Beispiel sinnvoll, wenn der Stakenabstand ansonsten zu klein wird (wie bei der Musterschale) oder wenn das Flechtwerk unten nur einen schmalen geflochtenen Streifen hat, der es schwierig macht, innerhalb von nur wenigen Runden zwei eingeführte Staken in einen gleichmäßigen Abstand zu bekommen (wie beim Windlicht).
Um die richtige Stakenanzahl für eine gewünschte Größe zu erhalten, ist es manchmal auch nötig, immer abwechselnd eine bzw. zwei Staken beizustecken.

Vorbereitung der Staken – Das Anschalmen

Bei allen Staken wird an den Stammenden das manchmal ausgefranste Stück zunächst weggeschnitten. Damit die Staken in das Geflecht geschoben werden können, werden sie anschließend mit dem Messer etwas abgeflacht, beim Flechten anschalmen genannt. Der Schalm sollte 1,5 bis 2 cm lang sein.

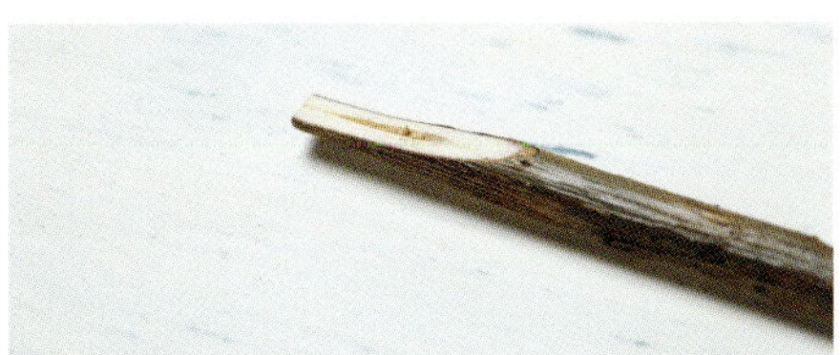

Um sich nicht zu verletzen, ist es wichtig, mit dem Messer stets weg vom Körper zu arbeiten.
Die meisten Weidenruten haben aufgrund ihres Wuchses eine leichte Biegung an den Stammenden.

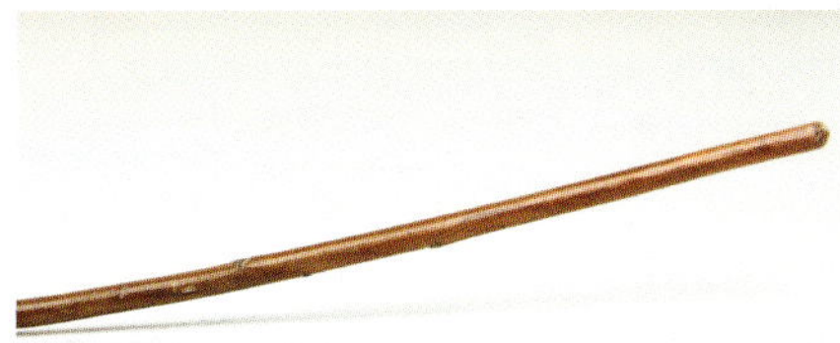

Für Ihre Flechtwerke ist es hilfreich, diese Biegung beim Anschalmen zu berücksichtigen. Will man eine eher bauchige, runde Form, wird die Weidenrute an der konvexen Seite angeschalmt.

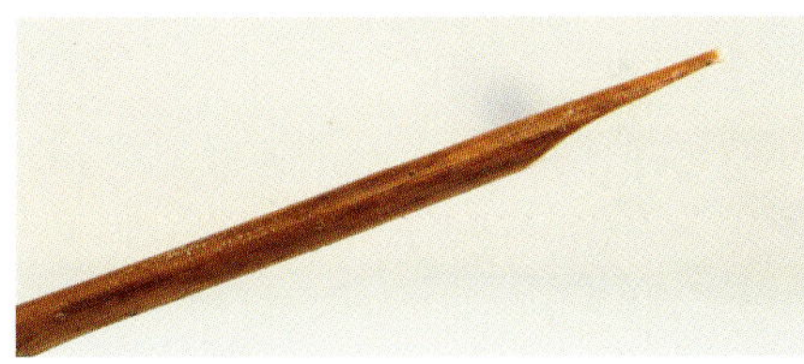

Bei Projekten, deren Seitenwand gerade nach oben oder leicht schräg nach außen gehen soll, wird der Schalm am besten auf der anderen Seite angebracht.

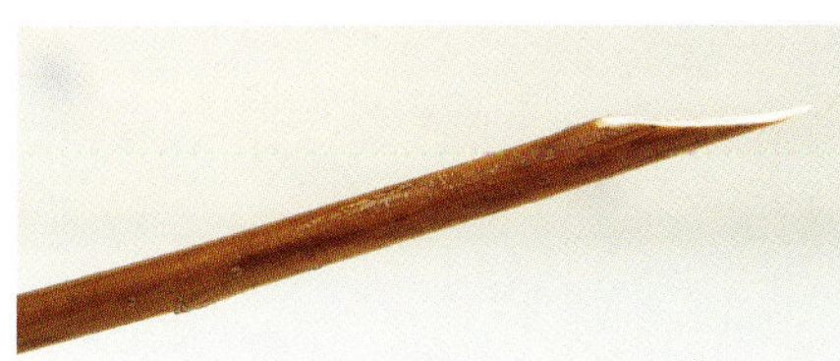

Eine Stake pro Bodenkreuzstake

Anzahl der Staken
Es werden genauso viele Staken benötigt, wie das ausgeflochtene Bodenkreuz „Strahlen“ hat. Bei einem Bodenkreuz 4 auf 4 beispielsweise sollten 16 Staken eingeplant werden.

Staken ins Geflecht schieben
Der Überstand einer beliebigen Bodenstake wird direkt am Geflecht abgeschnitten. Anschließend wird der Boden mit der Wölbung nach oben auf die Arbeitsfläche gelegt. Rechts neben dem abgeschnittenen Bodenstock wird mit dem Pfriem Platz geschaffen.

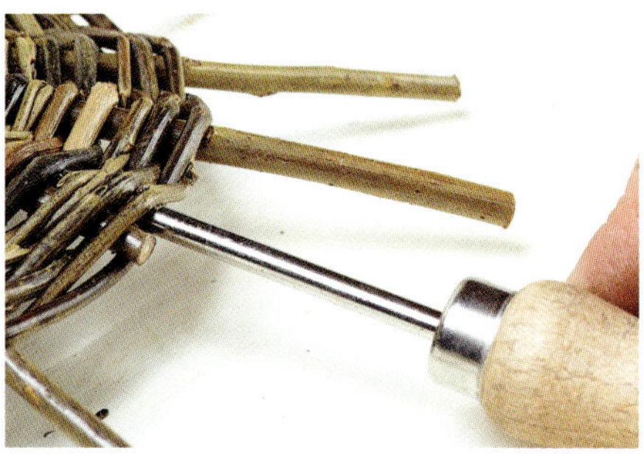

Direkt nachdem der Pfriem wieder entfernt wurde, schiebt man die erste angeschalmte Stake so weit wie möglich in das Geflecht. Der Schalm zeigt dabei nach unten, damit er von oben betrachtet nicht sichtbar ist.

Dieser Vorgang wird solange wiederholt, bis alle Staken aufgebraucht sind und man eine strahlende Sonne erhält.

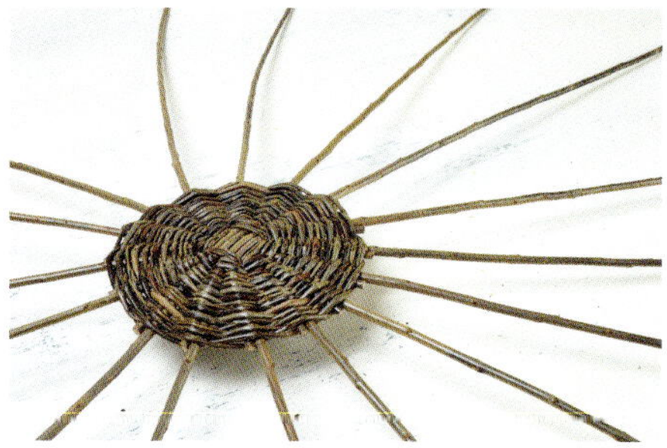

Nach oben biegen
Die eingeführten Staken werden danach alle nach oben gebogen. Um ein Brechen der Staken möglichst zu vermeiden, steckt man den Pfriem direkt neben dem Geflecht vorsichtig in eine beliebige Stake und lässt ihn in dieser Position, während die Stake langsam nach oben gebogen wird. Danach die Stake wieder loslassen, in die alte Position zurückführen und den Pfriem herausziehen. Wiederholen Sie das Vorgehen für alle Staken.

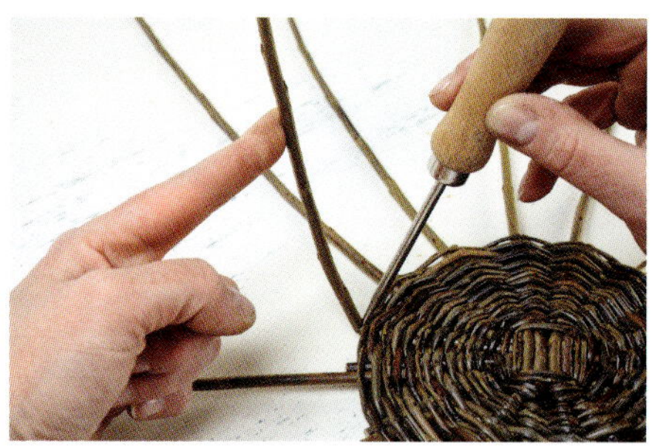

Zwei Staken pro Bodenkreuzstake

Es werden doppelt so viele Staken benötigt, wie der Sternboden „Strahlen“ hat. Bei einem Bodenkreuz 4 auf 4 beispielsweise sollten 32 Staken eingeplant werden.

Beim Aufstaken mit zwei Staken gehen Sie zunächst so vor wie bei einer Stake. Es wird jetzt allerdings nicht mehr nur rechts neben dem abgeschnittenen Bodenstock eine angeschalmte Stake ins Geflecht geschoben, sondern eine zweite links daneben. Beide Staken so weit wie möglich einführen und so, dass der Schalm auf die Unterseite des Bodens zeigt.

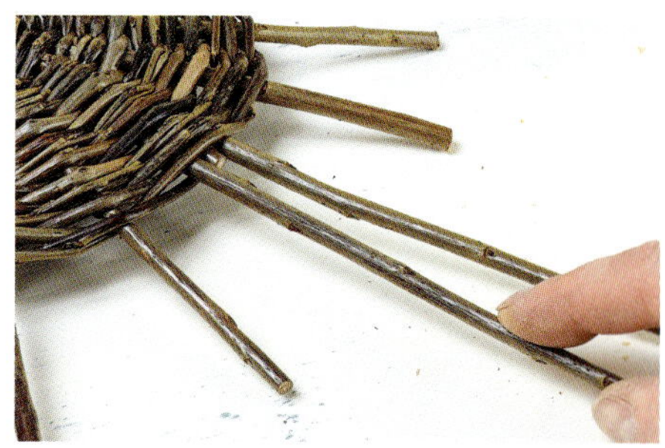

Abwechselnd eine bzw. zwei Staken pro Bodenkreuzstake

Es werden für die Hälfte der „Strahlen" des Bodenkreuzes genau so viele Staken benötigt, für die andere Hälfte doppelt so viele Staken. Bei einem Bodenkreuz 3 auf 3 beispielsweise sollten 18 Staken eingeplant werden.

Bei dieser Art des Aufstakens gehen Sie zunächst so vor wie bei einer Stake. Es wird jedoch immer abwechselnd eine angeschalmte Stake rechts neben dem abgeschnittenen Bodenstock, beim nächsten Mal eine links und eine rechts des Bodenstocks ins Geflecht geschoben.

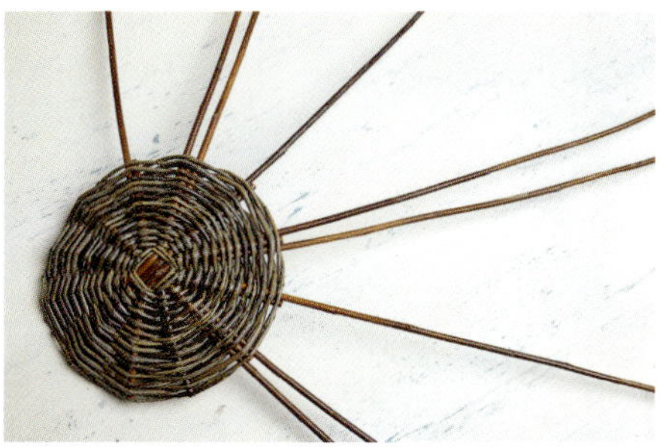

4 Ausputzen

In der Korbmacherei wird das Abschneiden der abstehenden Reste Ausputzen genannt. Dabei werden Stammenden und Spitzen aller Ruten leicht angeschrägt abgeschnitten, sodass sie noch auf der nächst liegenden Stake aufliegen und nicht auf die Vorderseite des Geflechts durchrutschen können.

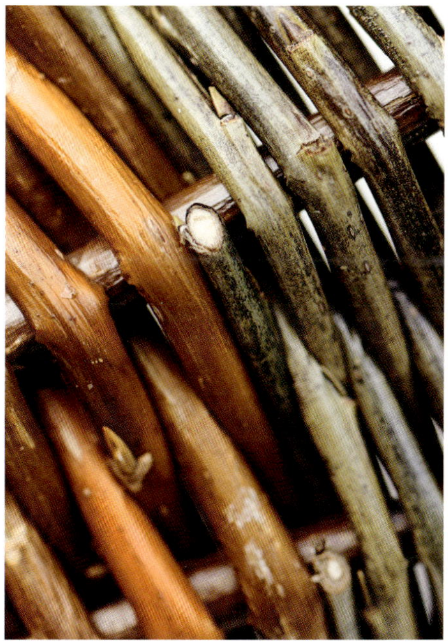

Die Schere wird dabei – wenn vorhanden – mit der flachen Seite am Geflecht angelegt.

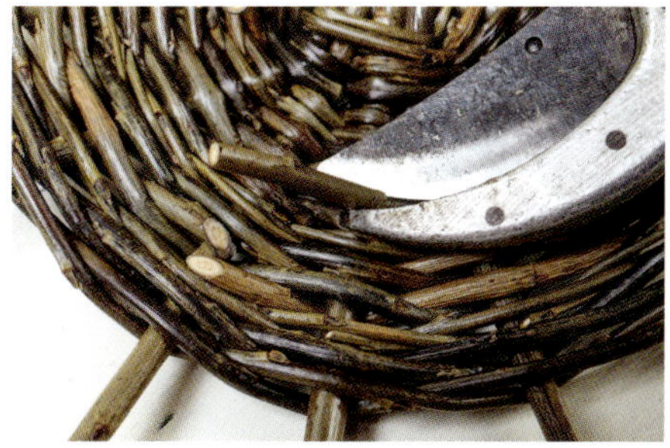

Einzige Ausnahme hiervon bilden die Stammenden der Kimmen. Durch die Art des Ansetzens stützen sich die Ruten gegenseitig. Deswegen müssen die Stammenden der Kimmen nicht auf einer Stake aufliegen, sondern können auf der Vorder- und Rückseite bündig schräg abgeschnitten werden.

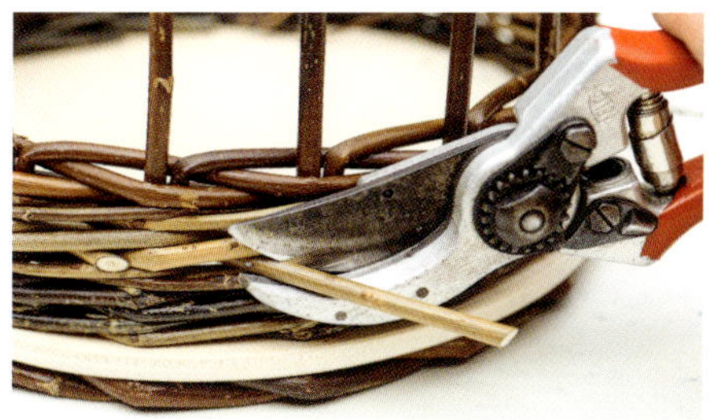

5 Vernähen

Bei manchen Arbeiten ist es notwendig, die Weidenruten am Ende zu vernähen. Dies verhindert, dass sich das Geflecht wieder auflösen kann. Damit kein Absatz entsteht, wird das Geflecht mit den Spitzen beendet. Diese werden an der Stelle, an der sie nach innen geflochten werden würden, durch die vorherige Geflechtsrunde gezogen. Dort, wo sehr eng geflochten wurde, muss mit einem Pfriem Platz geschaffen werden.

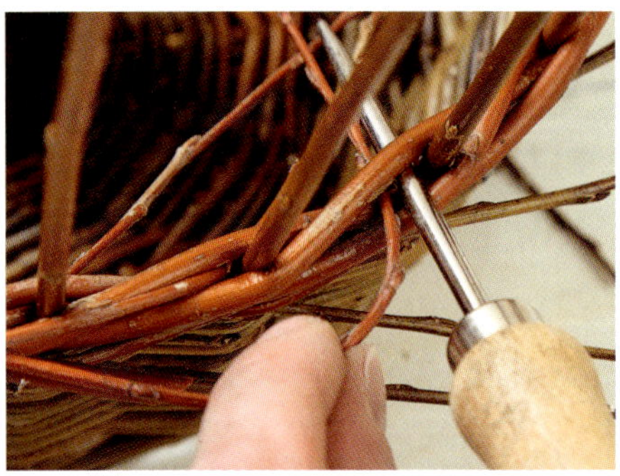

Die restliche Weidenspitze nun mit etwas Sicherheitsabstand abschneiden.
An Stellen, wo das Geflecht endet, ohne dass es nochmals durch ein anderes fixiert werden würde, ist es sinnvoll, die Weidenspitzen mehrmals zu vernähen. Nachdem die Spitze wie zuvor beschrieben durch die letzte Geflechtsrunde gezogen wurde, sie noch ein- bis zweimal in den nächsten Stakenzwischenräumen von innen nach außen bzw. in die Gegenrichtung durch das Geflecht ziehen und dann abschneiden.

6 Der Zuschlagrand

Der Zuschlagrand ist ein häufig vorkommender Rand bei allerlei Körben. Die Seitenstaken werden dabei nach unten gebogen und zum Rand verflochten.
Der Name (z. B. *3 hinter 1*) bezeichnet dabei den Flechtschlag, mit dem der Rand begonnen wird. Dies variiert je nach Größe des Korbes sowie Dicke und Abstand der Staken.
Im Folgenden werden diejenigen Ränder beschrieben, die bei den Projekten im Buch vorkommen – es gibt natürlich noch sehr viel mehr Variationen.

Zuschlagrand *3 hinter 1*

Dieser Rand ist eher schmal. Er sollte nur eingesetzt werden, wenn die Staken nicht zu eng stehen. Sind die Staken sehr dick, ist es fast nicht möglich, diesen Rand zu flechten. Ausführlich wird er beim Kleinen Henkelkorb ab Seite 61 beschrieben.

Zuschlagrand *4 hinter 2*

Dieser Rand ist etwas breiter. Die Staken können dadurch etwas enger stehen. Wenn der Stakenabstand zu groß ist, wird dieser Rand allerdings zu locker.
Ausführlich wird er beim Brotkorb ab Seite 55 beschrieben.

4 hinter 2 für eckige Projekte mit abgerundeten Ecken

Dieser Rand wird grundsätzlich gleich wie der reguläre geflochten. Neu sind die abgerundeten Ecken, die Übung erfordern. Bevor der Rand geflochten wird, ist es hilfreich, schon Körbe mit runden Rändern geflochten zu haben.
Ausführlich wird er beim Tablett ab Seite 137 beschrieben.

7 Der schlichte Rand

Diesen vereinfachten Rand gibt es in verschiedenen Ausführungen. Ab Seite 121 wird beim Vogelhäuschen eine mögliche Variation gezeigt.

8 Die Wicklung

Wicklungen sind eine einfache Möglichkeit, Weidenruten an einer bestimmten Stelle zu fixieren. Sie verhindern zum Beispiel, dass sich etwas Geflochtenes wieder lösen kann oder abrutscht. Nebenbei sind sie auch ein schmückendes Element.
Hier wird die Wicklung am Beispiel eines Gartensteckers gezeigt. Sie ist aber genauso zum Umwickeln von Stöcken oder

Fixieren eines geflochtenen Streifens anwendbar.
Die Wickelrute wird mit dem Stammende nach links oben zeigend hinter der Stelle angelegt, die umwickelt werden soll.

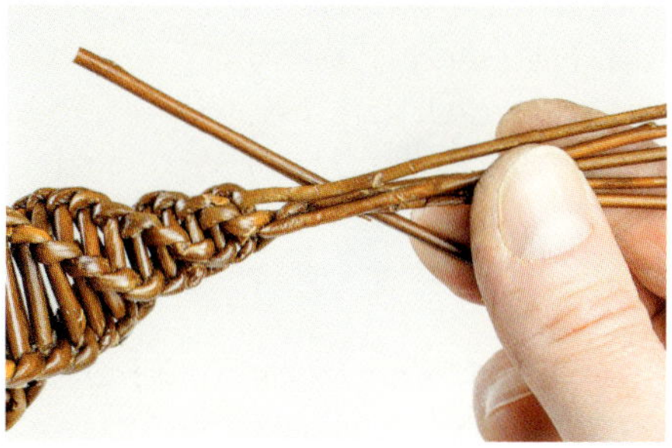

Dann wird die Rute so stramm wie möglich von rechts nach links gewickelt. Dafür die Weide zunächst von unten nach oben vorne über die Stelle führen und beim weiteren Umwickeln darauf achten, dass das Stammende der Wickelrute mit eingeflochten wird.

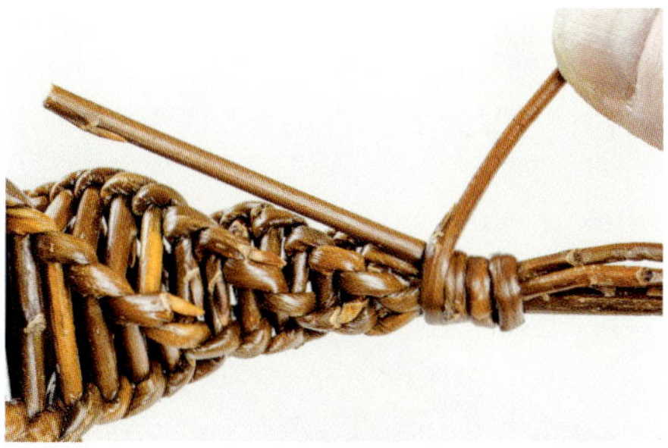

Bei kleinen Wicklungen sind drei bis vier Umwicklungen ausreichend, bei größeren Objekten kann fünf bis sechs Mal umwickelt werden.

Sind ausreichend Umwicklungen gemacht worden, wird direkt neben dem Stammende mit dem Pfriem Platz geschaffen.

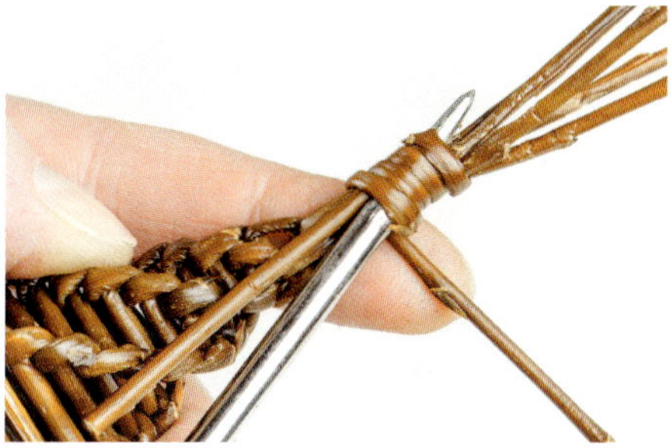

Nachdem der Pfriem wieder entfernt wurde, zieht man die Spitze der Wickelrute durch die gesamte Wicklung.

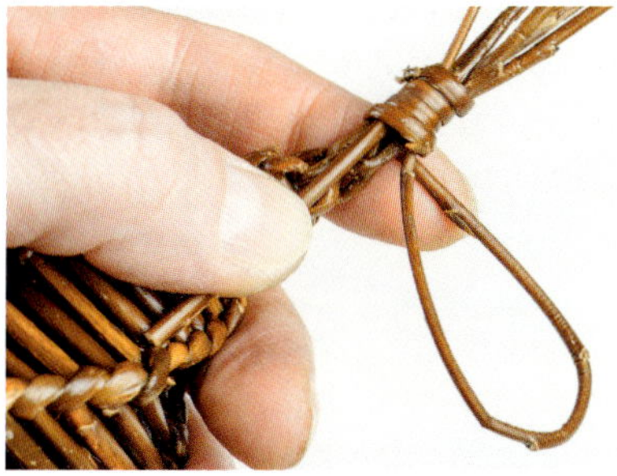

Zum Schluss gleichzeitig Stammende und Spitze gut festziehen und beide mit etwas Sicherheitsabstand zum Geflecht abschneiden.

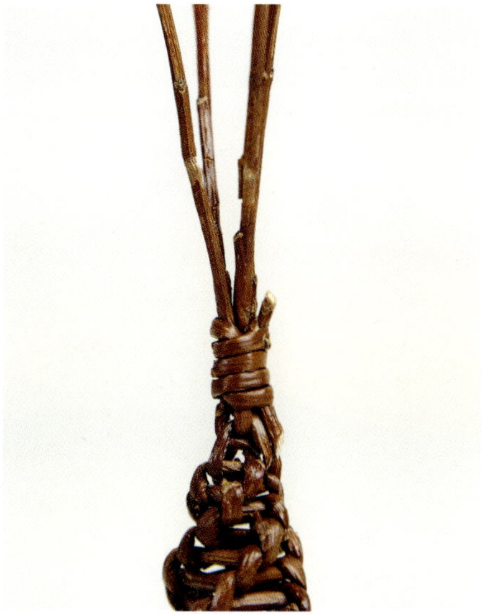

9 Das japanische Auge

Das japanische Auge ist sehr dekorativ, sodass es an passenden Stellen einfach als Zierde geflochten werden kann.

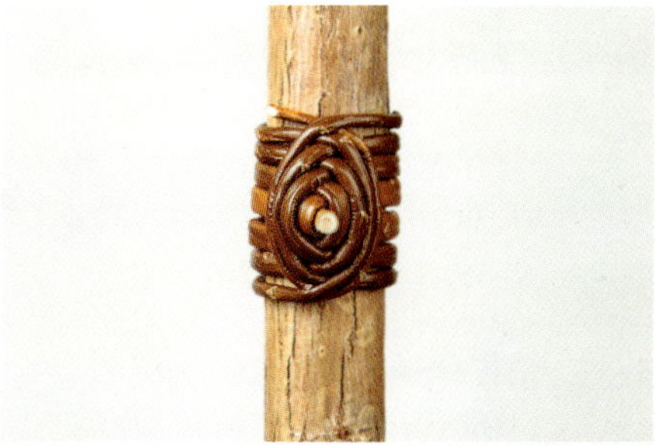

Gleichzeitig kann es allerdings auch Teile eines Geflechts fixieren. Zur besseren Darstellung wird es hier an einem Stock gezeigt.
Eine Weidenrute wird so hinter den Stock gelegt, dass das Stammende mit ca. 15 cm Über-

stand nach links zeigt (bei dünneren Stöcken oder Flechtwerken ist weniger Überstand ausreichend).

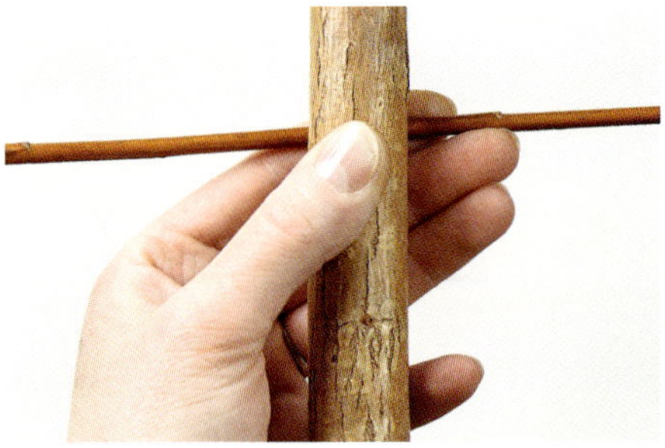

Dann werden sowohl Stammende als auch Spitze nach vorne gebogen.

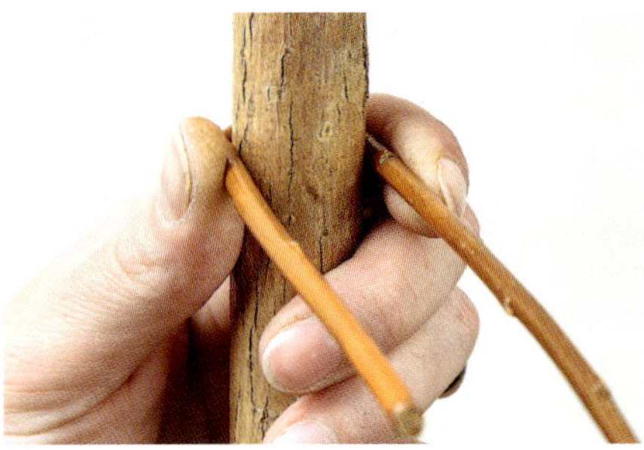

Dabei sollte die Rute hinten möglichst keinen Knick bekommen, sondern eng am Stock anliegen. Das Stammende bleibt ab sofort in dieser Position, während die restliche Rute abwechselnd um Stammende und Stock gewickelt wird.
Als erstes legt man die Weidenrute so stramm und eng anliegend wie möglich um das Stammende, von rechts oben nach rechts unten.

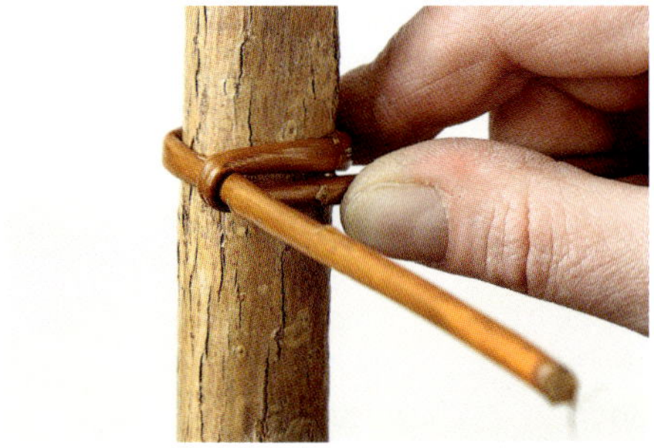

Dann die Rute nach hinten und einmal um den Stock legen. Dabei sollte man darauf achten, dass die Rute nicht die dort bereits liegende Umwicklung überkreuzt, sonder parallel zu ihr verläuft. Vorne angekommen wird die Weidenrute wieder um das Stammende gelegt, dieses Mal von links unten nach rechts oben.

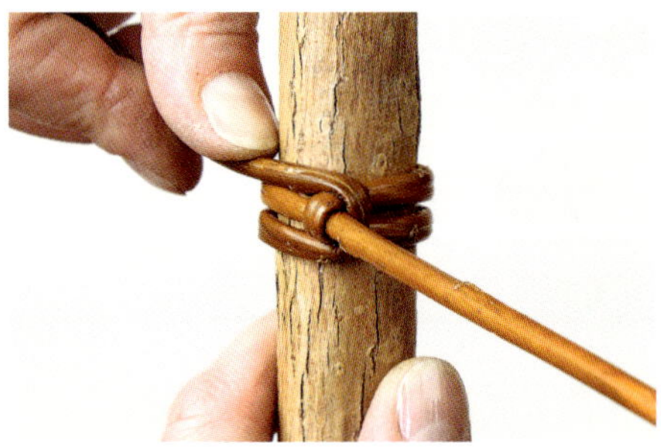

Beim Wenden um das Stammende sollte jedes Mal darauf geachtet werden, dass die Weide hinten am Stock entlang geführt wird und dort flach aufliegt, die Wendung also nicht vorne am Stammende ausgeführt wird. Nun wird die Weide wieder nach hinten geführt und um den Stock gelegt. Vorne angekommen, wird sie – von rechts oben nach rechts unten – um das Stammende gewendet.

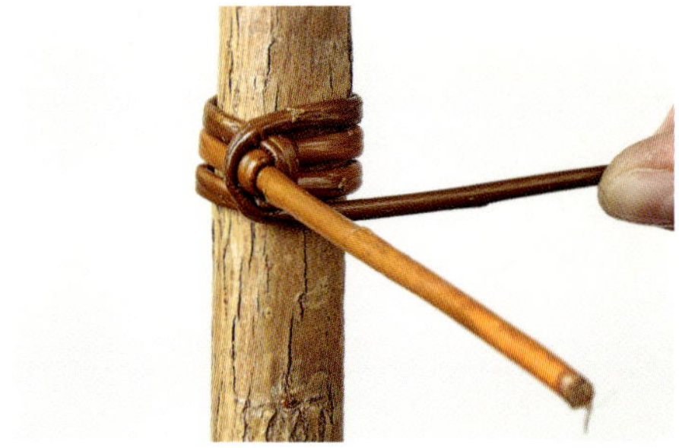

Auf diese Weise wird immer weiter geflochten, bis von der Weidenrute nur noch ein Stück von ca. 25 cm übrig ist.
Damit sich das japanische Auge nicht wieder auflösen kann, muss die Weidenspitze zum Schluss zweimal fixiert werden. Das erste Mal an der Stelle, an der die Weide nach dem Wenden um das Stammende wieder nach hinten geführt werden würde. Dort wird mit dem Pfriem Platz geschaffen und anschließend die Weidenspitze durch die letzte geflochtene Runde gezogen.

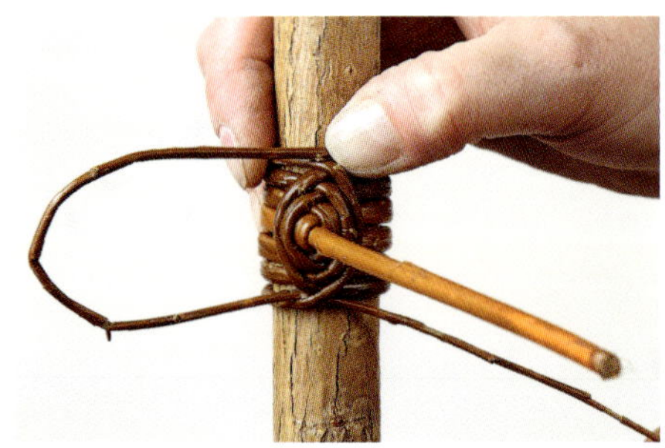

Das kann je nach Länge der Weidenrute oben oder auch unten am japanischen Auge sein. Für die zweite Fixierung wird die Spitze nun nicht mehr hinten um den Stock geführt, sondern vorne auf der gegenüberliegenden Seite nochmal durch die letzte Runde gezogen.

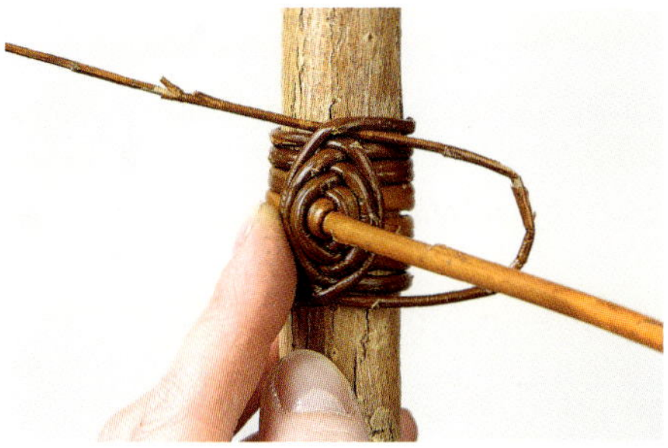

Vorher wieder mit dem Pfriem Platz schaffen, gut festziehen und die Spitze mit etwas Sicherheitsabstand abschneiden. Das Stammende kann bündig am Geflecht abgeschnitten werden.

Eigene Projekte

Wenn Sie eines der im Buch beschriebenen Modelle in einer anderen Größe flechten wollen, ist das bei einigen Projekten leicht zu lösen. Für eine größere Kugel im Chaosgeflecht werden beispielsweise einfach etwas längere Ruten genommen. Für andere Projekte allerdings muss zunächst gerechnet werden.

Besonders dann, wenn Sie noch keine Erfahrungen mit dem Flechten haben, ist es gut, die Projekte zunächst in der vorgesehenen Größe zu flechten. Bevor Sie sich an andere Größen, Formen oder ganz eigene Ideen wagen, macht es Sinn, zuvor schon Erfahrungen im Umgang mit Material, Kraftaufwand oder Techniken gesammelt und ein Gespür für das Flechten entwickelt zu haben.

Runde Objekte mit geflochtenem Boden

Wollen Sie beispielsweise einen Korb wie den Brotkorb größer flechten, überlegen Sie sich zunächst den gewünschten Durchmesser des Korbes an der weitesten Stelle, z. B. 32 cm. Um die Anzahl der Staken berechnen zu können, brauchen Sie den Umfang des Korbes 2π x r, also 2 x 3,14 x 16 cm = 100,48 cm. Der Stakenabstand bei kleineren und mittleren Körben sollte ungefähr 3 cm betragen. Der Umfang von 100,48 cm wird also durch 3 cm geteilt. Das ergibt 33,49.

Annährend an diese Zahl ist es sinnvoll, 32 Staken zu verwenden. Ein Bodenkreuz mit 4 auf 4 Bodenstöcken eignet sich für diese Größe eines Korbes hervorragend (mehr zum Thema Aufstaken ab Seite 39). Wenn der Korb bauchig oder nach oben hin etwas weiter geflochten werden soll, wählen Sie den Durchmesser des Bodens entsprechend kleiner, beispielsweise 25 cm.

Bei der Überlegung, welches Material Sie für einen größeren Korb einweichen, sollten Sie einige Dinge bedenken: Je größer der Korb, desto dicker und länger sollten die Weiden für Bodenkreuz und Staken sein. Außerdem werden für einen größeren Boden ein paar Flechtruten mehr zum Ausflechten benötigt; insbesondere für die letzten Runden sollten sie je nach Umfang eventuell auch etwas länger sein. Auch die Ruten für die Kimmen müssen dem Umfang entsprechend eventuell länger sein (s. Seite 34). Genauso die Ruten für das Schichtgeflecht. Wären die Ruten so lang wie diejenigen für einen kleinen Korb, würde die Schicht aufgrund des größeren Umfangs deutlich niedriger werden. Außerdem muss die Anzahl von Schichtruten und Staken abgestimmt sein. Je nach gewünschter Höhe sollte Material für zwei oder mehr Schichten eingeplant werden.

Die gleichen Überlegungen gelten umgekehrt für kleinere Körbe. In dem Fall sind dünnere Ruten besser geeignet und die Anzahl sowie die Länge der Ruten verringern sich.

Stakenabstand bei verschiedenen Projekten

Der Stakenabstand bei kleineren und mittleren Projekten wie einem Korb, Wandkorb oder Windlicht beträgt üblicherweise 2,5 bis 3 cm. Bei größeren Objekten wie einem großen Korb ist ein Stakenabstand bis zu zwei oder maximal drei Fingerbreit möglich. Für eckige Projekte mit abgerundeten Ecken ist ein etwas größerer Stakenabstand besser geeignet, weil die Ecken dann schöner werden.
Für ganz große Modelle wie Rankgerüst, Sichtschutz oder Zaun ist es empfehlenswert, den Abstand bis zu fünfmal so groß, wie Stake oder Weidenstock dick sind, zu wählen.

Anfertigung von Schablonen oder Holzböden

Mit dem Wissen, welcher Stakenabstand für welches Projekt sinnvoll ist und der Formel zur Berechnung des Umfangs eines Kreises, können Sie Holzböden oder Schablonen für Vogelhäuschen, Rankgerüst, Wandkorb oder auch eigene Flechtwerke in unterschiedlichen Größen ganz einfach selbst herstellen. Die Löcher sollten genügend Abstand zum Rand haben, damit sie beim Flechten nicht ausreißen.
Bedenken Sie außerdem, dass Sie eine ungerade Anzahl an Staken brauchen, wenn Sie wie beim Wandkorb im Zäunergeflecht arbeiten (s. Seite 32).

Flecht-ABC

Anschalmen – Anschrägen einer Weidenrute am Stammende, um sie besser ins Geflecht schieben zu können
Ansetzen – s. Verlängern
Aufbrechen – strahlenförmiges Auseinanderbiegen der Staken beim Bodenkreuz
Aufstaken – Einführen der Staken in den Boden und das anschließende nach oben Biegen
Ausputzen – Abschneiden aller überstehenden Weidenreste nach dem Flechten
Ausrichten – Formen und in Position bringen der Staken, beispielsweise bei der Seitenwand eines Korbes
Bodenkreuz – kreuzartige Anordnung von mehreren Staken (Bodenstöcken), mit denen ein klassischer Korbboden begonnen wird
Bodenstock (auch Bodenstake) – kräftige Staken, aus denen das Bodenkreuz hergestellt wird
Doppelte Kimme – s. Kimme, die doppelte Kimme wird in zwei Gruppen geflochten
Dreierkimme – s. Kimme, bei der Dreierkimme wird mit drei Flechtruten gleichzeitig geflochten
Fischgrätenbindung – eine Möglichkeit, den Abschluss eines Henkels zu gestalten
Fitze – Geflechtstechnik mit zwei Weidenruten
Flechtrute – Weidenrute, die zum Flechten eingesetzt wird, dünner als Staken

Flechtschlag – sich immer wiederholender Rhythmus, in dem eine Flechtrute um Staken herumgeführt wird
Flechtschlag.de – meine Internetseite
Geschälte Weide – Weidenruten, deren Rinde entfernt wurde, es gibt sie in drei Variationen: weiß, rotbraun und schwarzgrau; s. Weiße Weide und Gesottene Weide
Gesottene Weide – geschälte Weide, die zuvor mit der Rinde gekocht wurde und dadurch einen rotbraunen Farbton erhält
Henkelstock (auch Henkeleinlage) – Stock oder dicke Rute, der/die in die entsprechende Henkelform gebogen und umflochten wird
Kimme – sehr stabile Geflechtstechnik mit drei oder mehr Weidenruten; beim klassischen Korb meist am Anfang und Ende der Seitenwand
Pfriem – Werkzeug, mit dem im Geflecht Platz für Weidenruten geschaffen wird
Schalm – angeschrägtes Stück am Stammende einer Weidenrute, s. Anschalmen
Schichtgeflecht – Geflechtstechnik, bei der die Anzahl der Staken der Anzahl der Flechtruten entspricht, bei klassischen Körben meist das Geflecht für die Seitenwand
Schlageisen – schweres Metallwerkzeug, mit dem das Geflecht regelmäßig nach unten geklopft wird, um es dichter und damit noch stabiler zu machen
Schlichter Rand (auch Vereinfachter Rand) – schlichte Variante des Randes, bei der die Staken auf einfache Art und Weise zum Rand verflochten werden
Spitze – nach oben hin dünn auslaufender Teil einer Weidenrute
Staken (auch Aufsteller) – stärkere Weidenruten, die das Gerüst eines Geflechts bilden, meist aufrecht stehend
Stammende – dickeres Ende einer Weidenrute
Ungeschälte Weide – Weidenrute mit Rinde
Verlängern – Ansetzen einer neuen Weidenrute, wenn die alte Rute zu Ende geht
Vorbiegen – eine Rute durch das Biegen über den Daumen geschmeidig machen
Weichen – Einweichen von Weidenruten in Wasser, um sie biegsam zu machen
Weidenrute – allgemeine Bezeichnung für einen Weidentrieb oder Weidenast, kann als Stake oder als Flechtrute verwendet werden
Weidenstock – mindestens zweijährige Weide, je nach Erntezeitpunkt unterschiedlich dick
Weiße Weide – geschälte Weide, durch das Entfernen der Rinde kommt das weiße Holz zum Vorschein
Zäunen – Geflechtstechnik mit nur einer Weidenrute
Zuschlag – gängiger Abschluss bei Körben, bei dem aus den Staken der Rand gebildet wird

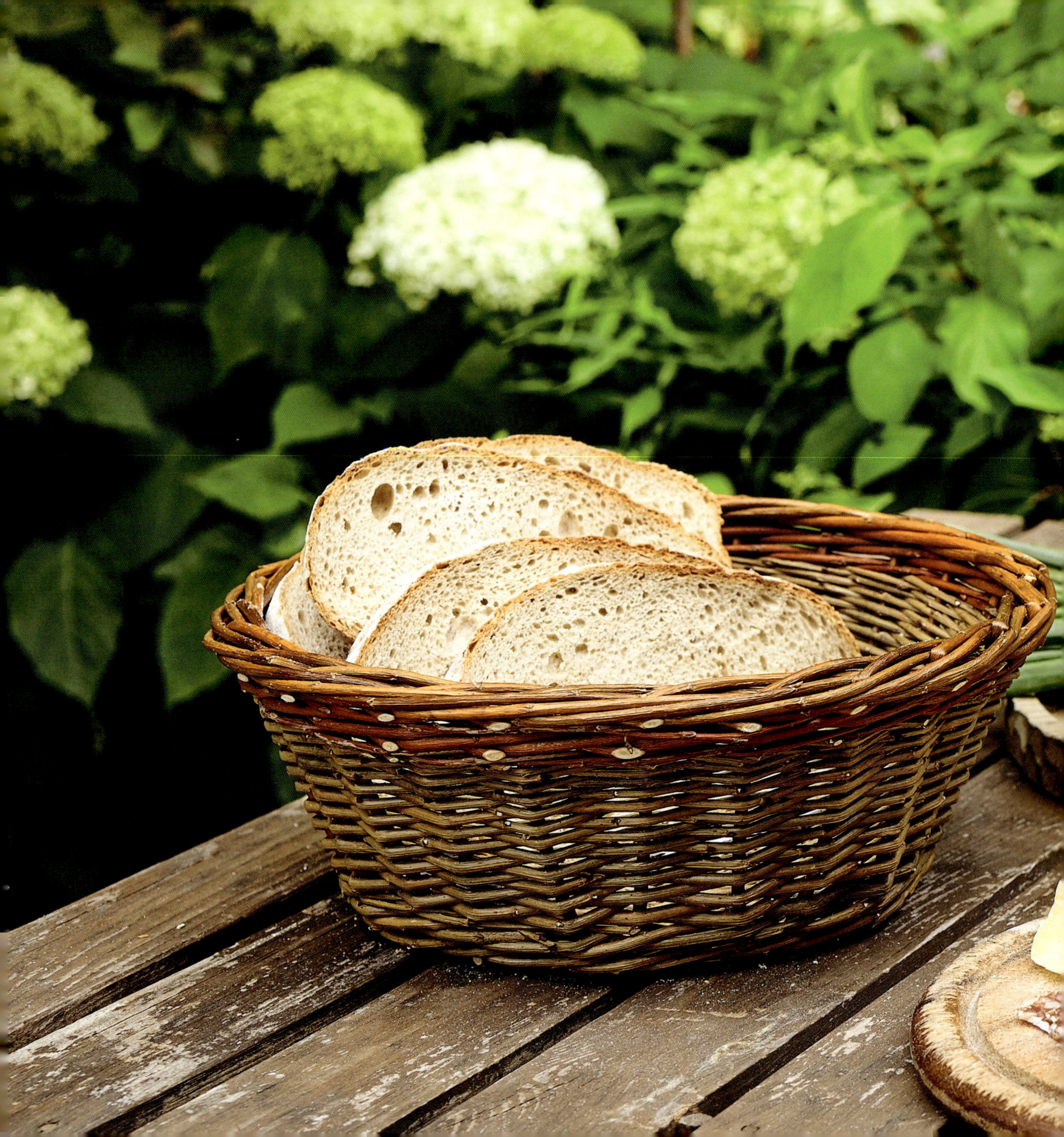

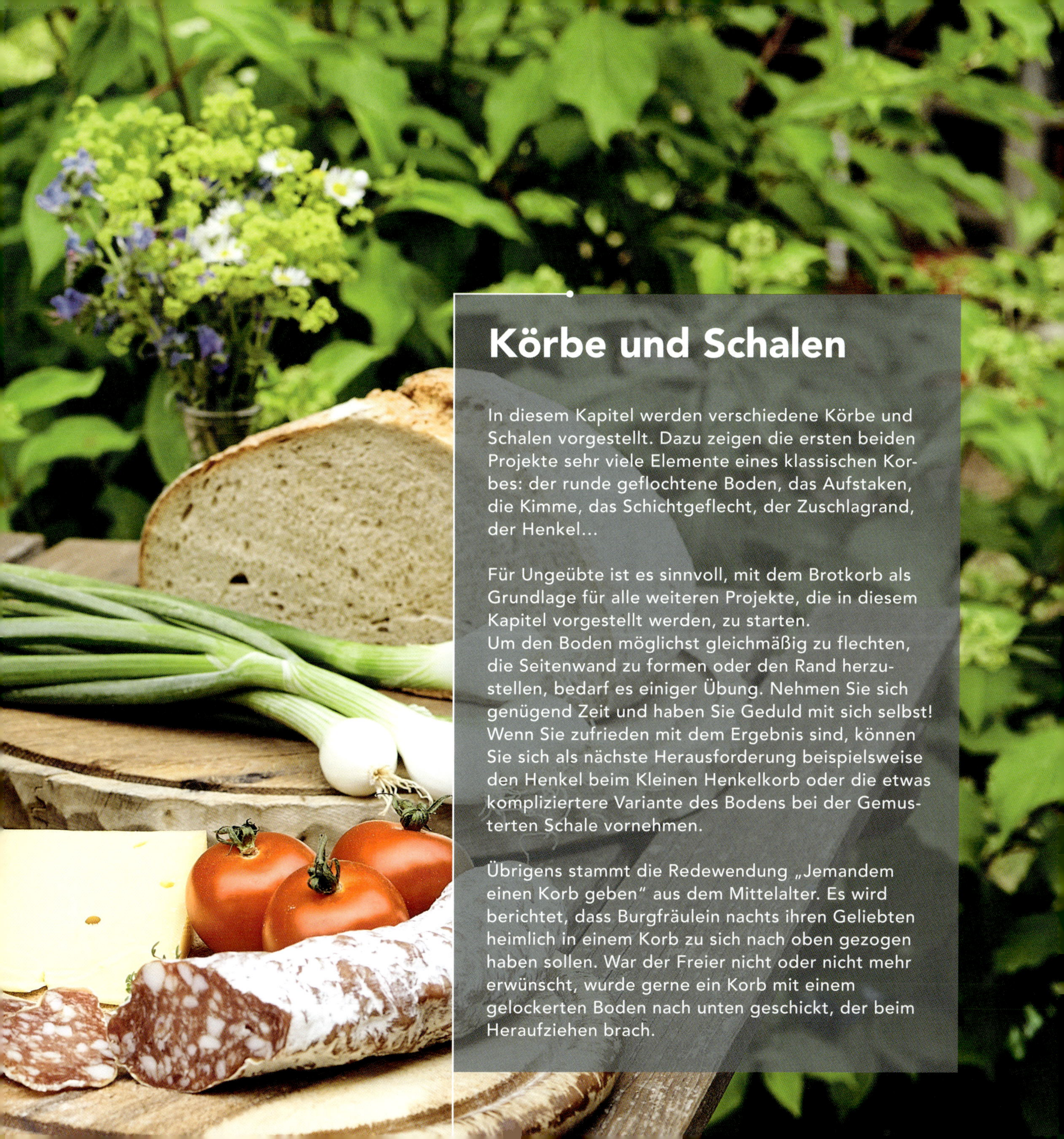

Körbe und Schalen

In diesem Kapitel werden verschiedene Körbe und Schalen vorgestellt. Dazu zeigen die ersten beiden Projekte sehr viele Elemente eines klassischen Korbes: der runde geflochtene Boden, das Aufstaken, die Kimme, das Schichtgeflecht, der Zuschlagrand, der Henkel...

Für Ungeübte ist es sinnvoll, mit dem Brotkorb als Grundlage für alle weiteren Projekte, die in diesem Kapitel vorgestellt werden, zu starten.
Um den Boden möglichst gleichmäßig zu flechten, die Seitenwand zu formen oder den Rand herzustellen, bedarf es einiger Übung. Nehmen Sie sich genügend Zeit und haben Sie Geduld mit sich selbst! Wenn Sie zufrieden mit dem Ergebnis sind, können Sie sich als nächste Herausforderung beispielsweise den Henkel beim Kleinen Henkelkorb oder die etwas kompliziertere Variante des Bodens bei der Gemusterten Schale vornehmen.

Übrigens stammt die Redewendung „Jemandem einen Korb geben" aus dem Mittelalter. Es wird berichtet, dass Burgfräulein nachts ihren Geliebten heimlich in einem Korb zu sich nach oben gezogen haben sollen. War der Freier nicht oder nicht mehr erwünscht, wurde gerne ein Korb mit einem gelockerten Boden nach unten geschickt, der beim Heraufziehen brach.

Brotkorb

Größe

ø Boden ca. 20 cm, ø oben ca. 30 cm, Höhe ca. 10 cm

Material

- 30 Staken in Braun, ca. 1,40 m lang, mittlere Stärke
- 6 Ruten in Grün, ca. 1,40 m lang, dünn
- 6 Ruten in Rotbraun, ca. 1,40 m lang, dünn
- 8 Ruten in Grün, ca. 1,20 m lang, dünn
- 4 Ruten in Braun, ca. 1,20 m lang, dünn
- 24 Ruten in Grün, ca. 1 m lang, mittlere Stärke
- 8 Ruten in Braun, ca. 1 m lang, dünn
- Gartenschere
- Messer
- Pfriem
- Schnur
- Schlageisen
- Gewicht oder großer Stein

Der runde geflochtene Boden

Wie auf Seite 38 beschrieben, wird der Boden mit einer leichten Wölbung geflochten. Der Grundstein für die Wölbung wird mit dem Bodenkreuz durch die Anordnung der Staken gelegt.

Das Bodenkreuz

1 Für das Bodenkreuz mit 3 auf 3 Ruten benötigen Sie sechs Staken. Kürzen Sie diese, von den Stammenden der Weide her gemessen, auf ca. 30 cm.

2 Legen Sie den ersten Bodenstock quer vor sich auf die Arbeitsfläche. Falls die Stake leicht gebogen ist, diese so platzieren, dass sie flach auf der Arbeitsfläche liegt.

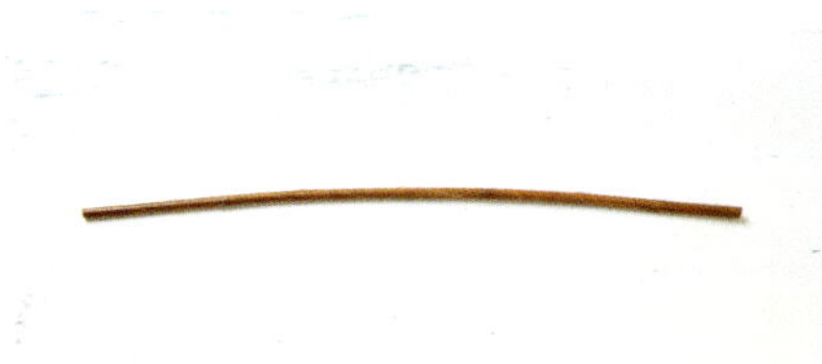

3 Stechen Sie nun mit einem Messer in der Stakenmitte längs durch die Weide.

4 Nehmen Sie die Stake samt Messer nach oben und vergrößern Sie den entstandenen Schlitz durch vorsichtiges Hin- und Herbewegen der Klinge.

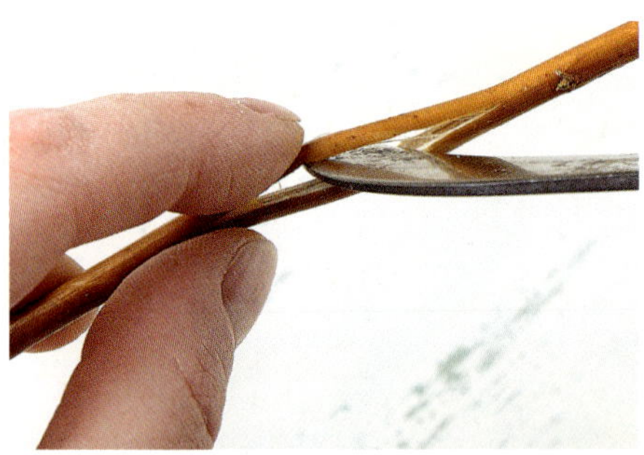

5 Schieben Sie den zweiten Bodenstock durch den Schlitz bis zur Mitte durch. Achten Sie stets auf die Biegung. Damit eine Wölbung entsteht, sollten die Biegungen aller Staken in die gleiche Richtung zeigen.

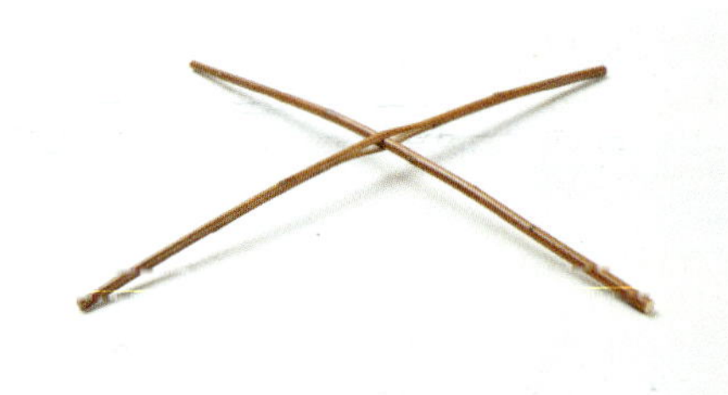

6 Nun den dritten Bodenstock auf die gleiche Weise wie den ersten in der Mitte aufschlitzen. Diese Stake wird auf den zweiten Bodenstock gesteckt und neben die erste geschlitzte Stake geschoben. Dabei sollte generell der dickere Teil der Stake neben dem dünneren Teil der vorangehenden Stake liegen. Würden alle dünneren Stakenenden nebeneinanderliegen, wäre es schwierig, an dieser Stelle beim Ausflechten des Bodens gleichmäßig zu arbeiten.

7 Wiederholen Sie für den nächsten Bodenstock Schritt 6.

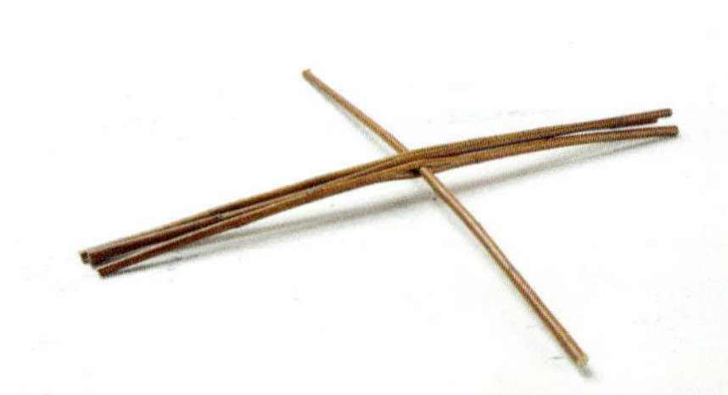

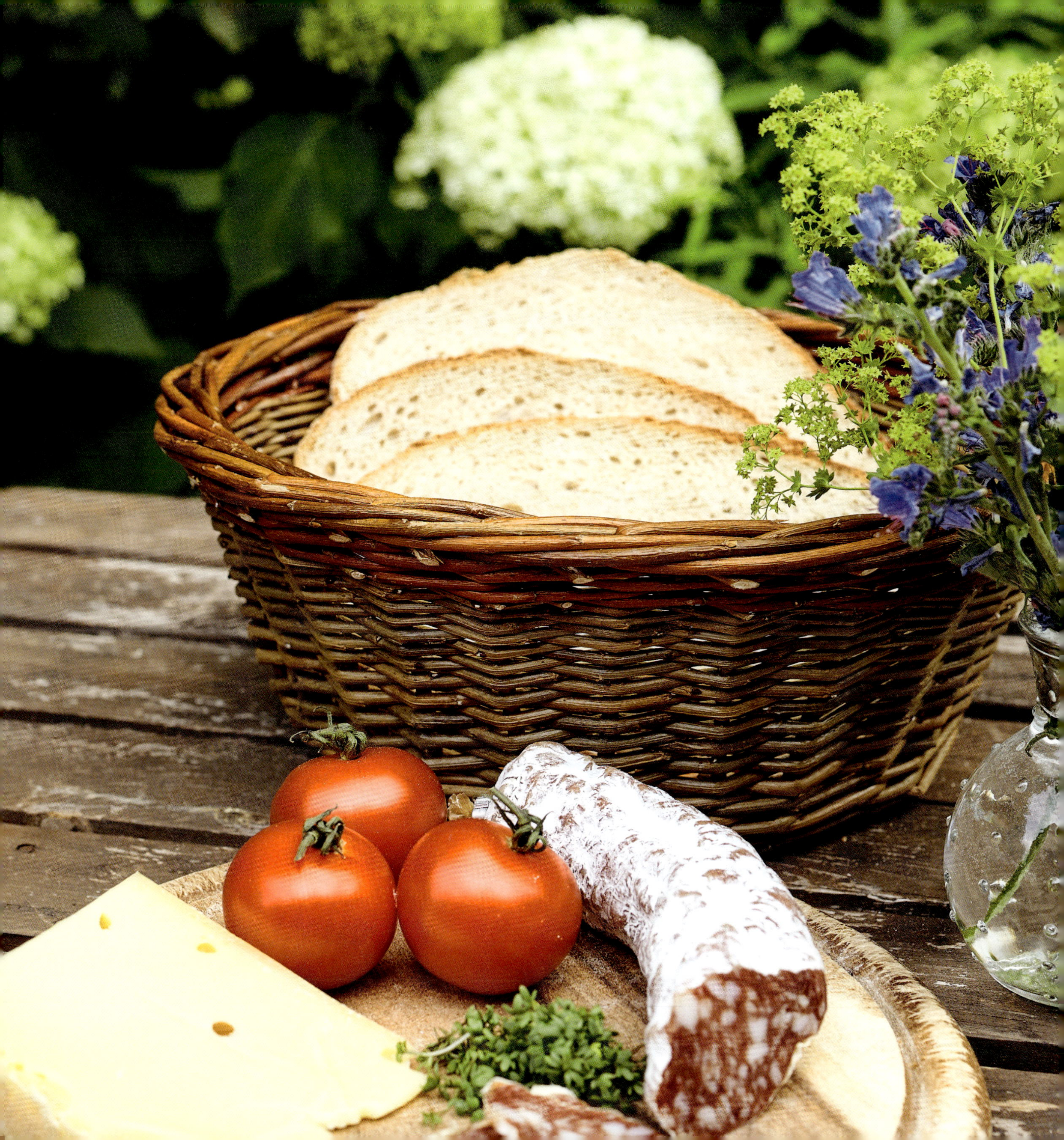

8 Nun werden die restlichen zwei Bodenstöcke durch die drei geschlitzten Staken geführt. Achten Sie auch hier auf die Wölbung und auf die abwechselnde Anordnung von dickerem und dünnerem Teil.

9 Überprüfen Sie zum Schluss, ob das Kreuz mittig liegt.

Ausflechten des Bodens

Der Boden wird mit einer Fitze – wie auf Seite 33 beschrieben – ausgeflochten. Immer vier Ruten sollten dabei stets die gleiche Länge haben. Verflechten Sie um die Mitte zunächst 8 braune Ruten mit ca. 1 m Länge.

1 Das Bodenkreuzes ist nach oben gewölbt. Beim Ausflechten des Bodens wird die erste Weidenrute mit der Spitze voraus links neben die drei durchgesteckten Staken des Bodenkreuzes, die zweite Rute, ebenfalls mit der Spitze voraus, rechts neben die drei Staken gesteckt. Die Spitzen haben ein paar Zentimeter Überstand.

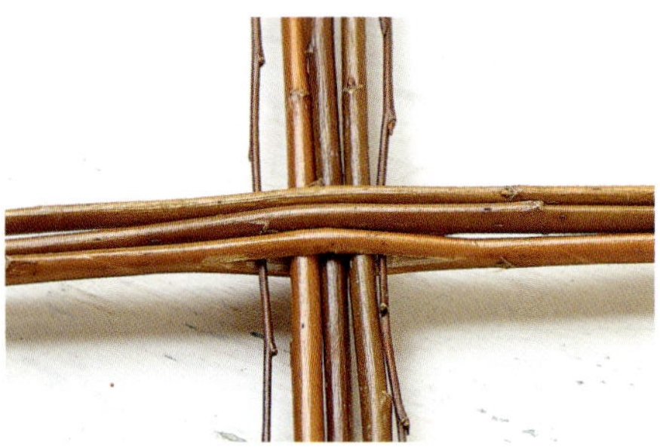

2 Die linke Rute wird über die drei Bodenstöcke geführt (diese werden zunächst als eine Stake gezählt) und rechts daneben nach hinten abgelegt.

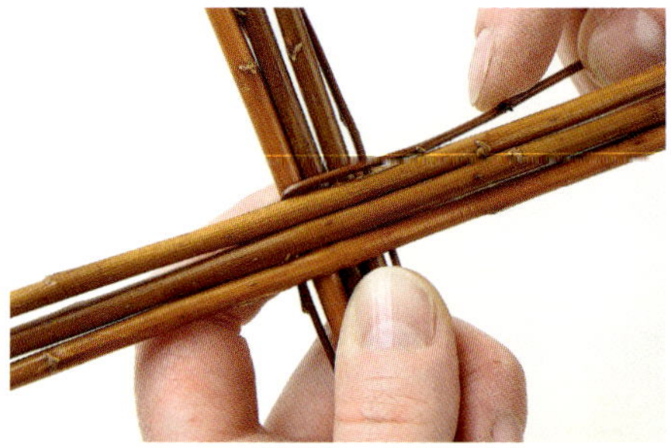

3 Die zweite Rute führen Sie über die abgelegte Rute und über die nächsten drei Bodenstöcken nach vorne und legen sie im nächsten Zwischenraum ebenfalls nach hinten ab.

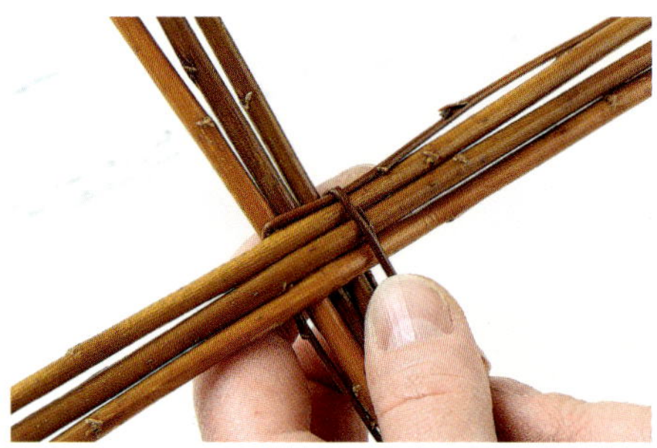

4 Die erste Rute geht hinter den drei Bodenstöcken vorbei und wird dann über die abgelegte zweite Rute und über die nächsten drei Bodenstöcke geführt.

5 Diesen Flechtschlag wiederholen Sie so oft, bis Sie zwei Runden vollendet haben. Die Ruten sollten sich stets im Zwischenraum der Staken überkreuzen. Achten Sie also darauf, dass die Rute, die von hinten nach vorne geflochten wird, stets über die bereits abgelegte Rute geführt wird. Die Spitzen der eingesteckten Weiden werden mit umflochten.
Das Bodenkreuz wird beim Flechten ständig gedreht, sodass die Flechtposition immer gleich bleibt.

> **Hinweis**
> Wenn die zwei Ruten auslaufen, muss verlängert werden, es werden also zwei neue Ruten angesetzt. Wie das geht, wird auf Seite 33 gezeigt.

6 Wenn Sie zwei Runden geflochten haben, wird das Bodenkreuz aufgebrochen, d.h. die Bodenstöcke voneinander getrennt. Ab sofort wird jede Stake einzeln umflochten.

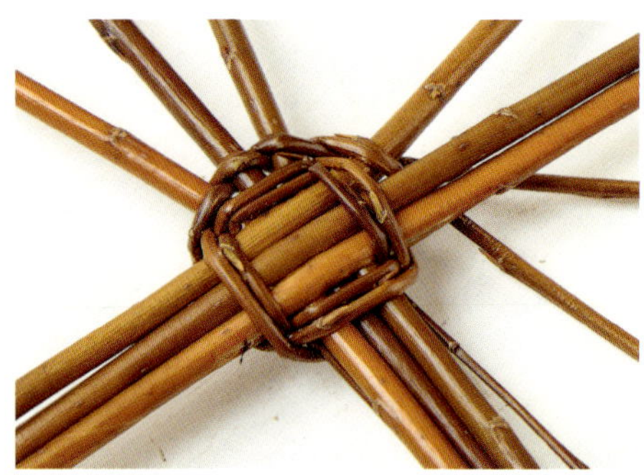

Hinweis

Achten Sie darauf, dass die Staken gleichmäßig strahlenförmig verteilt werden. Dazu immer die Stake, die als nächstes umflochten wird, zuerst durch leichtes Biegen in die gewünschte Position bringen und in dieser Position halten, während Sie die Stake umflechten.

Außerdem sollte der Boden eine leichte Wölbung bekommen. Wie das am besten geht, wird in auf Seite 38 gezeigt!

Beim Aufteilen der Staken ist es wichtig, diese vor dem Umflechten richtig stark auseinander zu biegen. So verschaffen Sie sich den nötigen Platz zum Flechten.

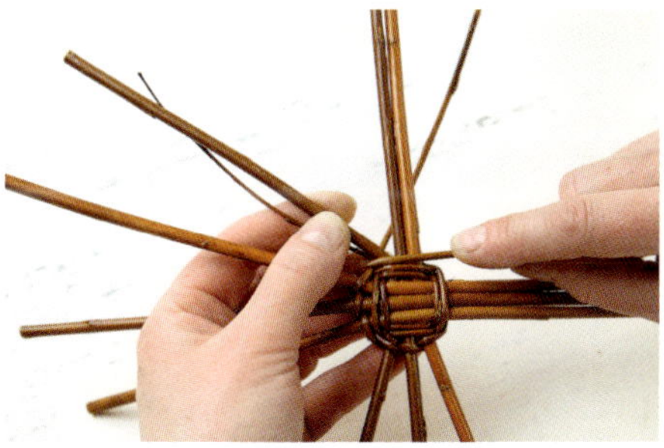

Schieben Sie die Flechtruten möglichst weit nach unten neben das bereits entstandene Geflecht, um Lücken zu vermeiden.

7 Sind alle Staken einzeln umflochten, wird der ganze Boden vollends in der Fitztechnik ausgeflochten. Nachdem die kürzeren Flechtruten aufgebraucht sind, benötigen Sie noch 12 Ruten mit ca. 1,20 m Länge. Ich habe hier 4 grüne, dann 4 braune und nochmal 4 grüne Ruten verflochten.

8 Hat der Boden die gewünschte Größe erreicht, beenden Sie das Geflecht mit den Spitzen. Diese werden wie auf Seite 42 gezeigt am Schluss vernäht.

Tipp

Der Boden sollte nicht größer als 20 cm werden, da ansonsten der Abstand der Staken zu groß und damit das Geflecht zu locker wird. Da Sie den Boden auf jeden Fall mit den Spitzen der Flechtruten abschließen sollten, beenden Sie den Boden im Zweifel lieber schon etwas früher.

9 Nun folgt das Ausputzen. Drehen Sie die Rückseite des Bodens nach oben und schneiden Sie alle Stammenden und Spitzen so ab, wie auf Seite 41 beschrieben.

Die Seitenwand

Für die Seitenwand des Korbes brauchen Sie als Gerüst doppelt so viele Staken, wie Ihr Sternboden „Strahlen" hat, also 24 Stück.

Aufstaken mit zwei Staken pro Bodenkreuzstake

1 Bereiten Sie alle 24 Staken wie auf Seite 39 unter Anschalmen beschrieben vor.

2 Stecken Sie rechts und links zu jedem Bodenstock eine angeschalmte Stake dazu. Dieser Vorgang wird auf Seite 40 genauer beschrieben.

3 Dann werden die Staken wie auf Seite 40 beschrieben reihum nach oben gebogen. Sollte Ihnen dabei einmal eine Stake brechen, nehmen Sie diese einfach wieder aus dem Bodengeflecht heraus. Schneiden Sie die Bruchstelle ab und schieben Sie die Stake angeschalmt erneut ins Geflecht.

4 Binden Sie die Staken im oberen Drittel mit einer Schnur fest zusammen. Anschließend stellen Sie Ihr Werk vor sich auf die Ar-

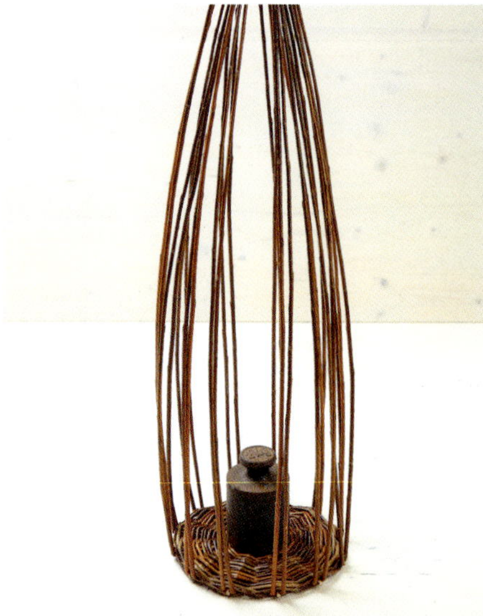

beitsfläche und beschweren es mit einem Gewicht oder einem großen Stein.

Die Dreierkimme

Hierfür benötigen Sie die 6 grünen Ruten mit ca. 1,40 m Länge.

1 Flechten Sie eine Kimme wie auf Seite 34 gezeigt. Starten Sie mit den ersten drei Ruten, indem Sie diese mit den Spitzen an drei beliebigen, nebeneinanderliegenden Staken von links nach rechts einhängen.

2 Wenn Sie bei den Spitzen ankommen, ist die Kimme beendet. Die drei Rutenspitzen zeigen am Schluss nach außen. Um das Geflecht zu stabilisieren, klopfen Sie es in jedem Stakenzwischenraum mit einem Schlageisen nach unten.

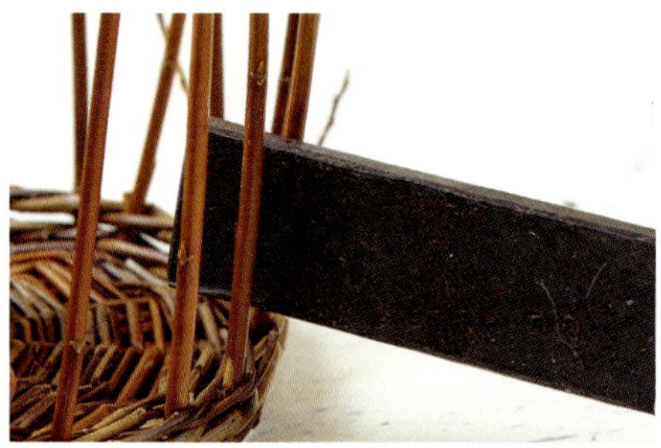

Tipp

Achten Sie wieder auf das gleichmäßige Ausrichten der Staken. Immer vor dem Umflechten die Stake in die richtige Position bringen.

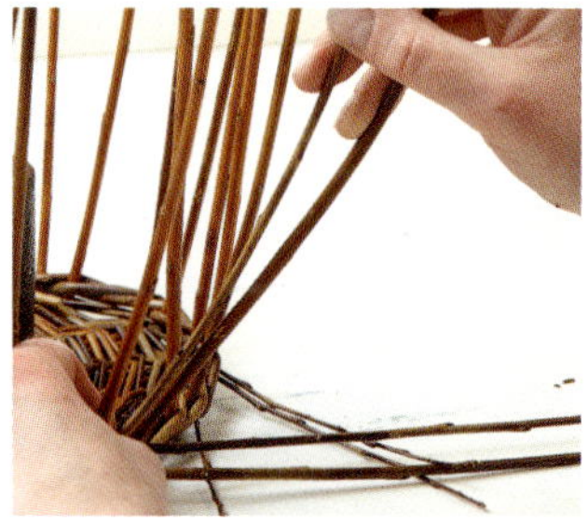

Die Staken sollten nach ein paar Runden alle den gleichen Abstand haben. Außerdem entscheiden Sie bereits mit der ersten Kimme, ob die Seitenwand Ihres Korbes gerade nach oben geht, oder wie bei dem hier gezeigten Korb nach oben hin etwas weiter werden soll. Wenn der Korb weiter werden soll, ziehen Sie jede einzelne Stake beim Umflechten nach außen.

Das Schichtgeflecht

Für das Schichtgeflecht benötigen Sie die 24 grünen Ruten mit ca. 1 m Länge.

1 Legen Sie die Ruten mit den Stammenden ein und verflechten Sie sie wie auf Seite 36 gezeigt. Nach zwei Runden können Sie die Schnur oben je nach gewünschter Form entfernen (s. Tipp).

Tipp

Behalten Sie auch beim Schichtgeflecht stets die Ausrichtung der Staken im Auge. Je nach gewünschter Form sollten auch hier die Staken in die entsprechende Position gebracht werden, bevor sie umflochten werden.

Die oben um die Staken gebundene Schnur ist beim Ausrichten ein guter Helfer. Wenn Ihr Korb nach oben hin weiter werden soll, ist es besser, die Schnur möglichst bald zu entfernen. Wenn Sie gerade nach oben flechten wollen, lassen Sie die Staken oben lieber zusammengebunden und entfernen die Schnur erst, bevor der Rand geflochten wird.

Die Abschlusskimme

Für die obere Dreierkimme benötigen Sie die 6 rotbraunen Ruten mit ca. 1,40 m Länge.

1 Flechten Sie die obere Kimme genau gleich wie die Kimme unten. Am Ende angekommen, werden die Spitzen vernäht.

2 Klopfen Sie das Geflecht mit dem Schlageisen nach unten.

3 Der Korb sollte am Schluss überall die gleiche Höhe haben. Wenn er an einer Stelle etwas höher geworden ist, dort einfach das Geflecht noch einmal herunterklopfen.

Der Rand

Der Rand wird aus den 24 Staken hergestellt. Für den Brotkorb eignet sich am besten der Zuschlagrand *4 hinter 2*.
Spätestens jetzt sollte die Schnur, die die Staken zusammen gehalten hat, entfernt werden.

Der Zuschlagrand *4 hinter 2*

1 Biegen Sie an einer beliebigen Stelle sechs nebeneinanderstehende Staken um. Setzen Sie hierfür den Pfriem an der Stelle an, wo die Stake geknickt werden soll. Da die Staken dieses Mal nach rechts umgeknickt werden sollen, setzen Sie den Pfriem an der rechten Seite der Weide an, und zwar 1½ Stakenstärken oberhalb des Geflechts (Bsp: Ist Ihre Stake 0,5 cm dick, setzen Sie den Pfriem ca. 0,75 cm oberhalb des Geflechts an).

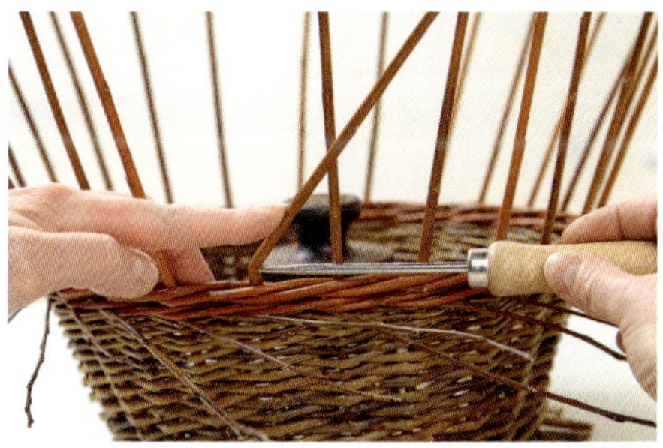

2 Zur besseren Verständlichkeit werden die Staken nummeriert. Die vorgebogene Stake ganz links hat die Nummer 1, weil mit ihr begonnen wird. Führen Sie diese Stake hinter zwei Staken vorbei wieder nach außen. Wiederholen Sie diesen Schritt mit Stake Nummer 2, 3 und 4. Da nun insgesamt 4 Staken hinter 2 Staken gelegt wurden, wird der Rand als *4 hinter 2* Rand bezeichnet.

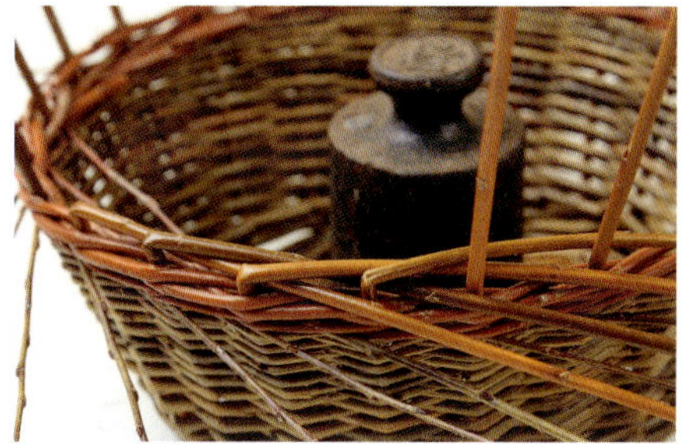

3 Dann wird Stake Nummer 1 im Flechtschlag *vor 3 hinter 1* wieder nach außen geführt. Beachten Sie dabei, dass bei „vor 3" die erste Stake, die gezählt wird, umgebogen ist, die zweite und dritte Stake stehen aufrecht.

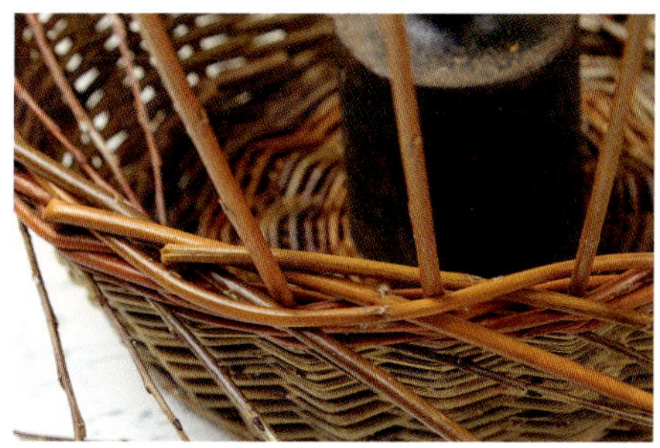

Die noch stehende Stake Nummer 5 wird von innen kommend zu Stake 1 gelegt, sodass das erste Paar entsteht. Die beiden abgelegten Staken sollten dabei parallel nebeneinanderliegen und sich nicht verdrehen.

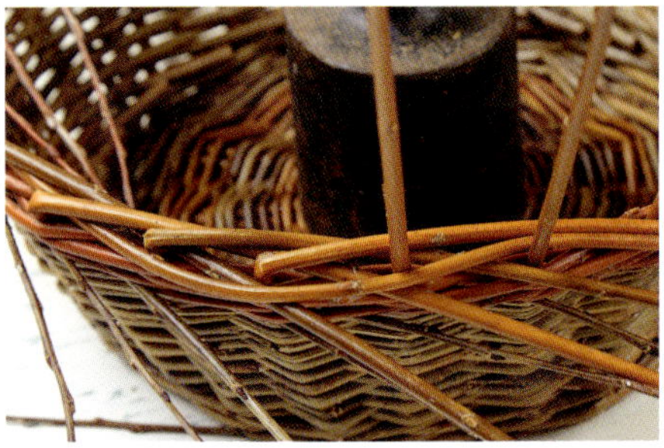

4 Führen Sie nun Stake Nummer 2 vor drei Staken und hinter einer Stake wieder nach außen, Nummer 6 legt sich von innen kommend dazu. Achten Sie auch hier – sowie bei allen folgenden Paaren – darauf, dass die Staken flach nebeneinanderliegen.

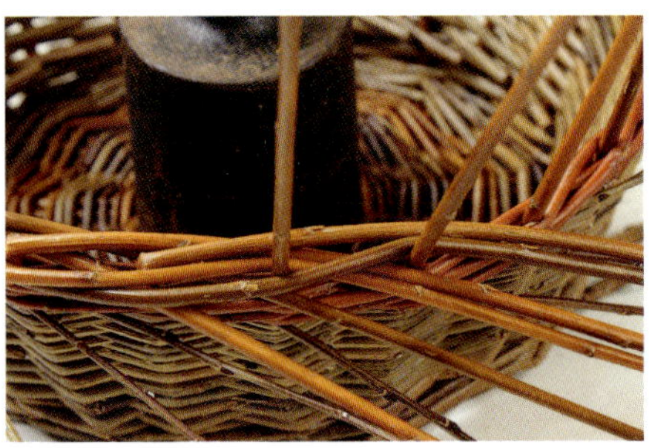

5 Wiederholen Sie diese Schritte noch zweimal, sodass vier Paare nach außen zeigen.

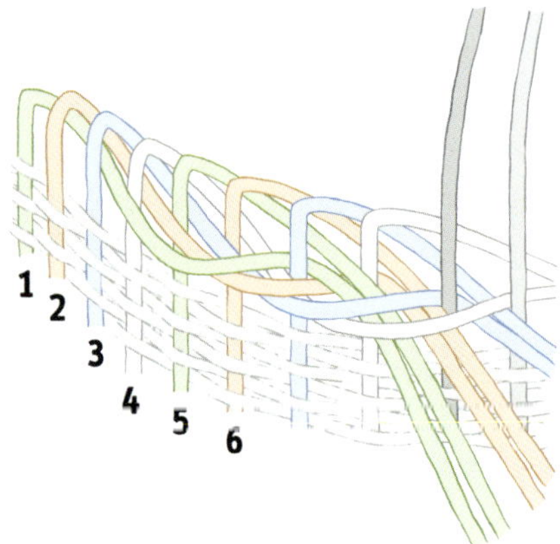

6 Ab jetzt wird bis kurz vor Schluss immer im gleichen Flechtrhythmus weitergeflochten. Von dem Paar, das am weitesten links liegt, nehmen Sie die rechte Stake und führen mit ihr den Flechtschlag *vor 3 hinter 1* aus.

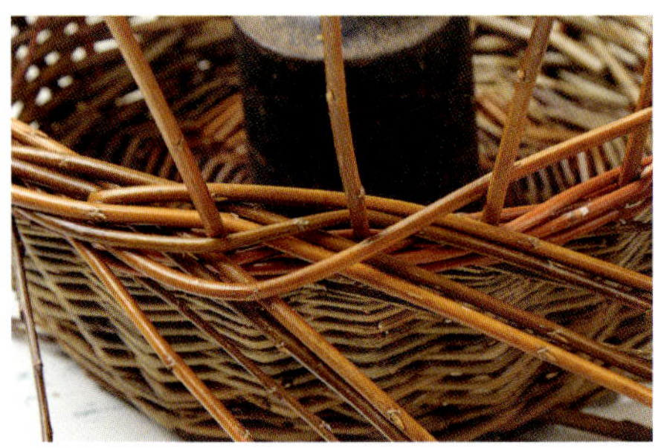

Die Stake, die am weitesten links aufrecht steht, legt sich von innen kommend dazu.

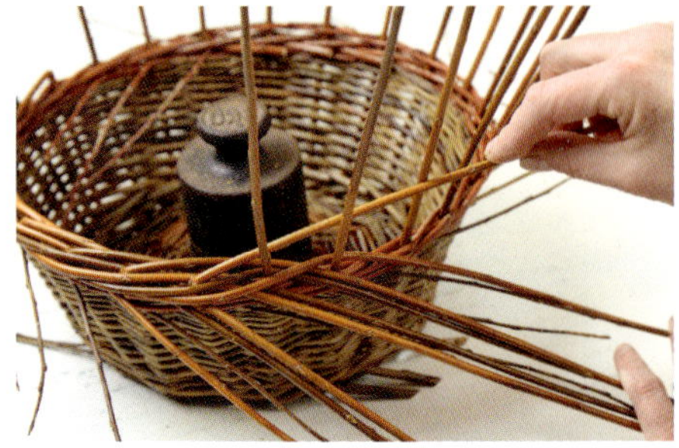

7 Flechten Sie den Rand wie in Schritt 6 beschrieben so lange weiter, bis nur noch zwei stehende Staken übrig bleiben.

Tipp

Sollte Ihnen eine Stake beim Umbiegen brechen, kann diese ganz einfach ersetzt werden. Flechten Sie dafür bis zu der Stelle, an der die Stake gebrochen ist, zurück. Die kaputte Stake wird bündig zum Geflecht abgeschnitten. Die neue Stake wird links daneben angeschalmt ins Geflecht geschoben. Mit ihr kann jetzt weitergeflochten werden.

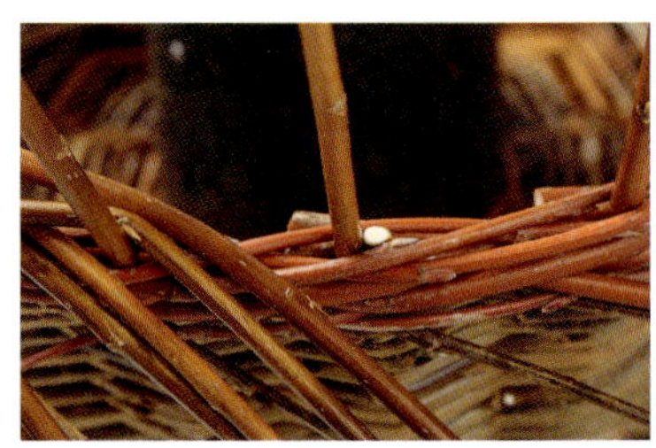

8 Damit Anfang und Ende des Randes nicht sichtbar sind, werden die letzten Staken folgendermaßen verflochten: Die rechte Rute des linken Paares verläuft wieder *vor 3 hinter 1*, wobei „hinter 1" bedeutet, dass sie unter der bereits umgeknickten Stake Nummer 1 von innen nach außen durchgezogen werden muss. Verwenden Sie – auch bei den restlichen Schritten – einen Pfriem, um sich Platz zu verschaffen. Führen Sie die Stakenrute in einem großen Bogen unter der umgeknickten Stake nach außen durch.
Die vorletzte stehende Stake wird in einem großen Bogen geführt, dazu gelegt. Auch sie muss unter der umgeknickten Stake Nummer 1 nach außen durchgezogen werden.

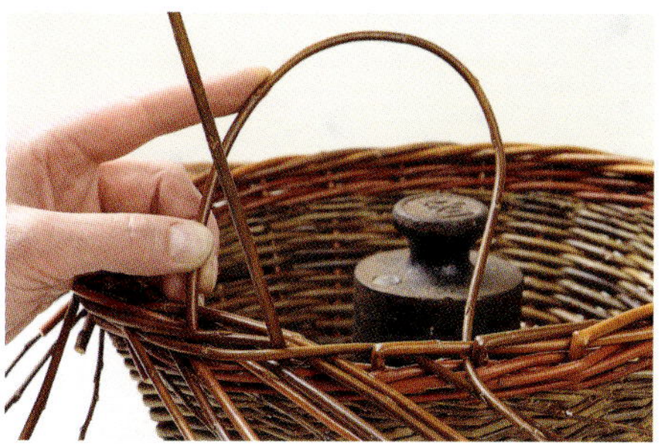

9 Das gleiche machen Sie mit der nächsten rechten Stake des Paares ganz links. Diese Stake wird wieder in einem großen Bogen hinter der nächsten umgeknickten Stake, also Stake Nummer 2, nach außen geführt.

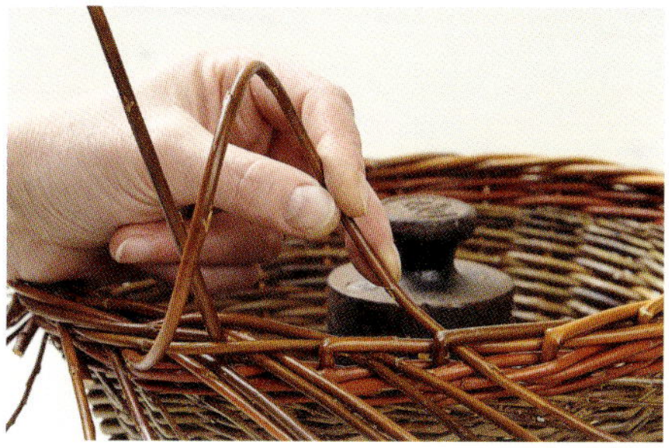

Die letzte stehende Stake wird dazu gelegt, dabei aber nicht nur unter der abgeknickten Stake, sondern auch unter der bereits abgelegten Stakenrute auf die Außenseite geführt. Der Pfriem zeigt im Bild die Position an.

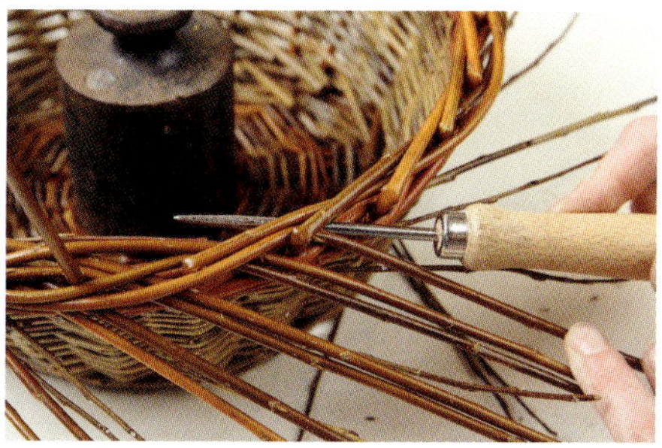

10 Nun liegen alle Staken und es zeigen vier Paare nach außen. Nehmen Sie vom linken Paar wieder die rechte Stake und führen Sie diese vor drei umgeknickten Staken vorbei und unter Stake Nummer 3 wieder auf die Außenseite. Beachten Sie dabei, dass die Weide nach dem Durchziehen tatsächlich auch zunächst vor 3 Staken verläuft, also nicht schon zu früh nach innen geht.

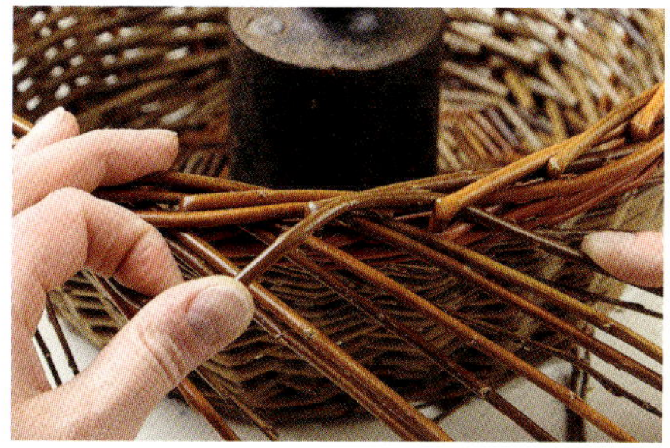

11 Vom linken Paar wieder die rechte Stake nehmen und unter Stake Nummer 4 und zusätzlich der davor verlaufenden Stake auf die Außenseite führen (s. Position Pfriem). Achten Sie sowohl hier als auch bei den nächsten beiden Schritten wieder darauf, dass die Stakenrute außen vor den drei Staken zum Liegen kommen soll.

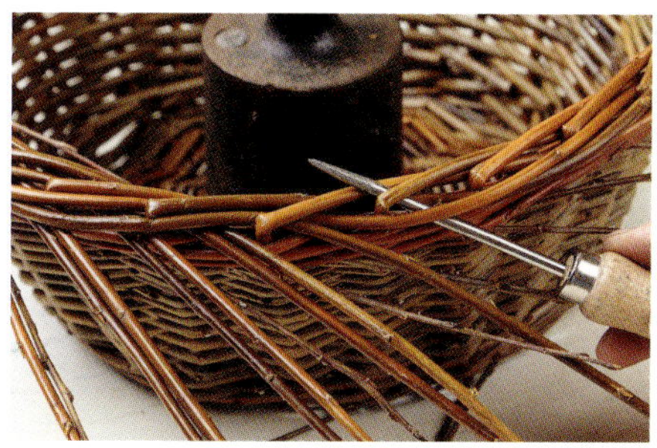

12 Wieder vom linken Paar die rechte Stake nehmen und unter Stake Nummer 5 und zusätzlich zwei davor verlaufenden Stakenweiden nach außen führen.

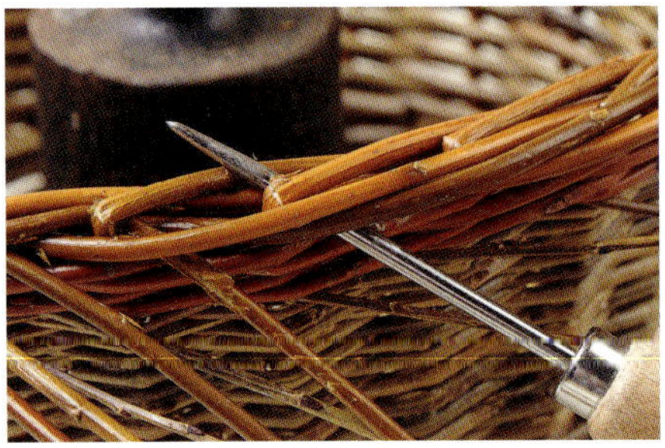

13 Vom letzten Paar nehmen Sie wieder die rechte Stake und führen diese unter Stake Nummer 6 und den drei davor verlaufenden Weiden auf die Außenseite.

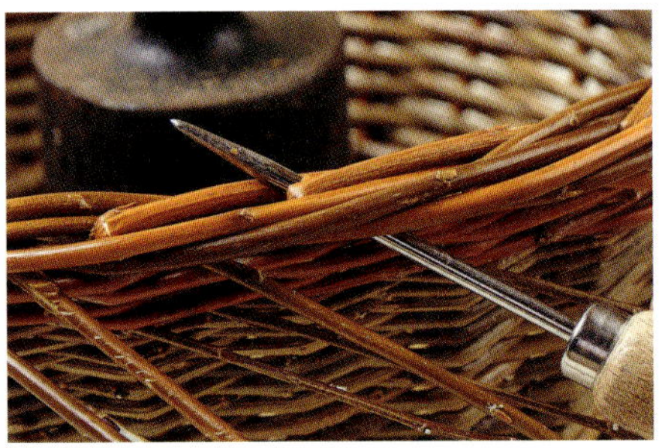

14 Schneiden Sie alle überstehenden Enden vom Rand bündig am Geflecht schräg ab.

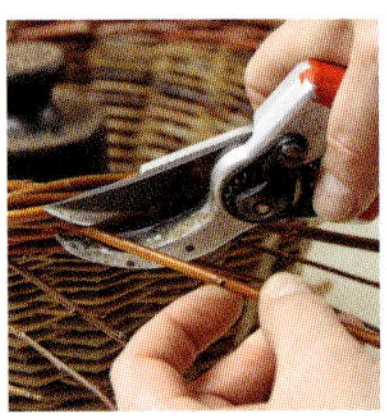

Der Abschluss

Ganz am Ende wird noch einmal ausgeputzt. Nehmen Sie den Korb dafür am besten zu sich auf den Schoß. Schneiden Sie am gesamten Korb – sowohl außen als auch innen – alle überstehenden Reste ab. Gehen Sie dabei vor wie auf Seite 41 beschrieben.

Der Brotkorb ist fertig!

... und kann bei der nächsten gemütlichen Mahlzeit gleich eingeweiht werden.

Variante

Der Korb erhält ein schönes zweifarbiges Muster, wenn Sie für das Schichtgeflecht Weidenruten in zweierlei Farben verwenden.
Für einen solchen Korb benötigen Sie zwölf Ruten in der einen und zwölf Ruten in einer anderen Farbe. Legen Sie gleich in der ersten Runde des Schichtgeflechts die beiden Farben immer abwechselnd ein. Alles andere bleibt genau gleich.

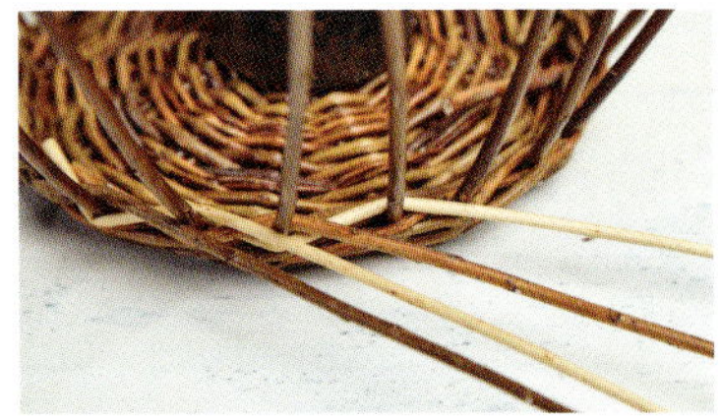

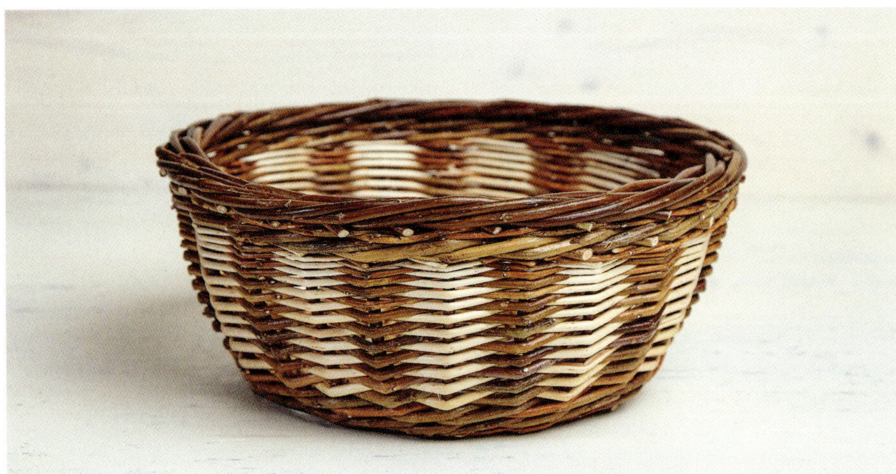

Kleiner Henkelkorb

Größe

ø Boden ca. 15 cm, ø oben ca. 24 cm,
Höhe ca. 15 cm

Material

- Rute in Braun, ca. 1,80 m lang, dick
- 24 Staken in Braun, ca. 1,40 m lang, mittlere Stärke
- 16 Ruten in Blaugrün, ca. 1,20 m lang, mittlere Stärke
- 8 – 10 Ruten in Braun, ca. 1,20 m lang, mittlere Stärke
- 26 – 30 Ruten in Blaugrün, ca. 1 m lang, mittlere Stärke
- 18 Ruten in Braun, ca. 1 m lang, mittlere Stärke
- 4 Stück Binse (optional)
- Gartenschere
- Messer
- Pfriem
- Schnur
- Schlageisen

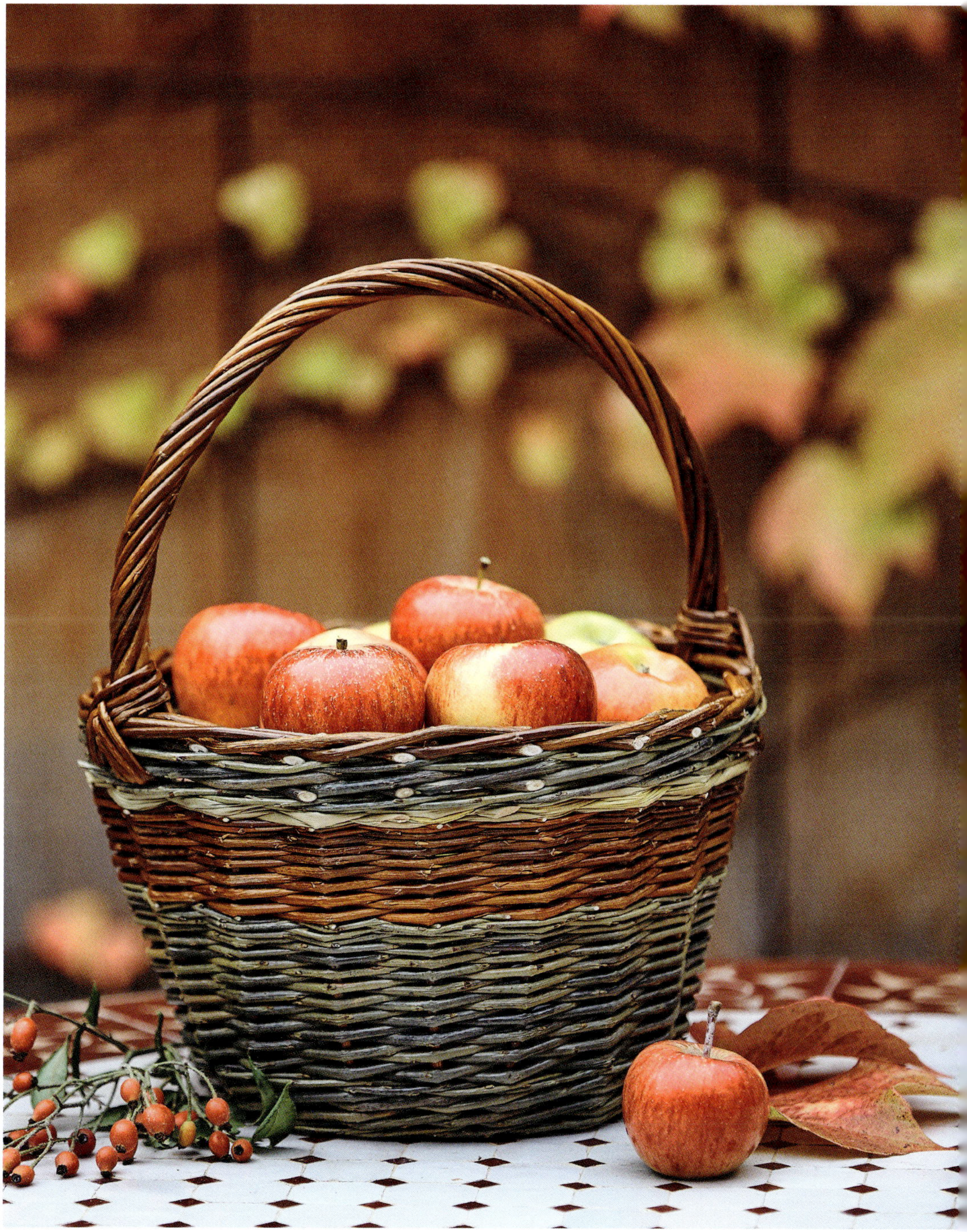

Der runde geflochtene Boden

Flechten Sie einen runden Boden, wie er ab Seite 50 beschrieben wird. Allerdings sollte er bei diesem Korb nicht größer als 16 cm sein. Kürzen Sie für das Bodenkreuz 6 Staken auf ca. 25 cm. Zum Ausflechten brauchen Sie zunächst 8 – 12 Ruten in Blaugrün mit ca. 1 m Länge, danach 4 Ruten in Blaugrün mit ca. 1,20 m Länge.

Die Seitenwand

Für die Seitenwand des Korbes brauchen Sie als Gerüst 18 Staken mit ca. 1,40 m Länge.

Aufstaken mit abwechselnd einer bzw. zwei Staken pro Bodenkreuzstake

1 Bereiten Sie alle 18 Staken wie auf Seite 39 unter Anschalmen beschrieben vor.

2 Stecken Sie abwechselnd nur rechts, anschließend rechts und links zu jedem Bodenstock eine angeschalmte Stake dazu. Dieser Vorgang wird auf Seite 41 beschrieben.

3 Dann werden die Staken wie auf Seite 40 beschrieben reihum nach oben gebogen. Sollte Ihnen dabei einmal eine Stake brechen, nehmen Sie diese einfach wieder aus dem Bodengeflecht heraus. Schneiden Sie die Bruchstelle ab und schieben Sie die Stake angeschalmt erneut ins Geflecht.

4 Binden Sie die Staken im oberen Drittel mit einer Schnur fest zusammen. Anschließend stellen Sie Ihr Werk vor sich auf die Arbeitsfläche und beschweren es, wie beim Brotkorb auf Seite 54 gezeigt, mit einem Gewicht oder einem großen Stein.

Die Dreierkimme

Hierfür benötigen Sie 6 blaugrüne Ruten mit ca. 1,20 m Länge.

1 Flechten Sie eine Kimme wie auf Seite 34 gezeigt. Starten Sie mit den ersten drei Ruten, indem Sie diese mit den Spitzen an drei beliebigen nebeneinanderliegenden Staken von links nach rechts einhängen.

2 Wenn Sie bei den Spitzen der zweiten drei Ruten ankommen, ist die Kimme beendet. Die Spitzen zeigen nach außen. Um das Geflecht zu stabilisieren, klopfen Sie es in jedem Stakenzwischenraum mit einem Schlageisen wie auf Seite 54 gezeigt nach unten.

> **Tipp**
>
> Achten Sie auf eine gleichmäßige Ausrichtung der Staken. Immer an der Stelle, an der zwei Staken beigesteckt wurden, wird die linke Stake etwas nach links gebogen, die rechte Stake etwas nach rechts.
>
> Wenn Ihr Korb nach oben hin weiter werden soll, ziehen Sie jede einzelne Stake wie auf Seite 54 gezeigt beim Umflechten nach außen.

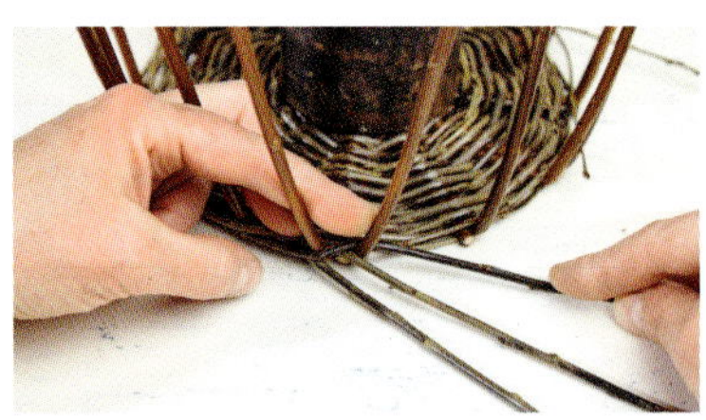

Das Schichtgeflecht

Beim Kleinen Henkelkorb werden zwei Schichten direkt aufeinander geflochten. Für das erste Schichtgeflecht benötigen Sie 18 blaugrüne Ruten mit ca. 1 m Länge.

1 Flechten Sie die erste Schicht wie auf Seite 36 beschrieben. Wenn Sie die Schnur nach ein bis zwei Runden entfernen, ist es einfacher, nach oben hin weiter zu werden.

> **Hinweis**
>
> Um die Seitenwand zu formen, hilft Ihnen der Tipp beim Brotkorb auf Seite 54 weiter.

2 Für die zweite Schicht brauchen Sie 18 braune Ruten mit ca. 1 m Länge. Die neuen Ruten einfach mit den Stammenden auf die erste Schicht legen und wie oben verflechten. Gegen Ende der zweiten Schicht können Sie die Staken wieder etwas nach innen drücken und oben zusammenbinden, wenn Ihr Korb oben enger werden soll.

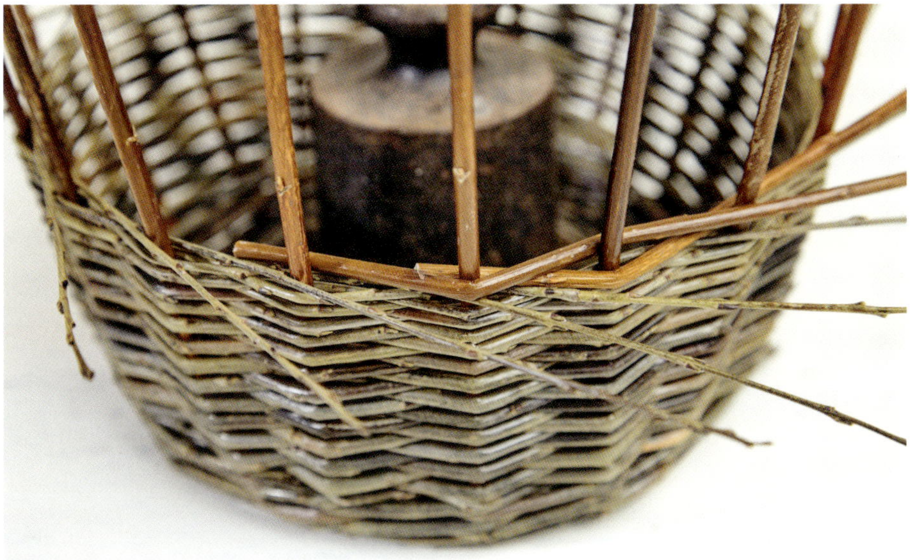

Der Rand

Der Rand wird aus den 18 Staken hergestellt. Für den Kleinen Henkelkorb eignet sich am besten der Zuschlagrand *3 hinter 1*. Spätestens jetzt sollte die Schnur, die die Staken zusammen gehalten hat, entfernt werden.

Der Zuschlagrand *3 hinter 1*

1 Biegen Sie an einer beliebigen Stelle fünf nebeneinander stehende Staken wie beim Brotkorb auf Seite 55 gezeigt nach außen.

2 Zur besseren Verständlichkeit werden die Staken nummeriert. Die vorgebogene Stake ganz links hat die Nummer 1, weil mit ihr begonnen wird. Führen sie diese Stake hinter einer Stake vorbei nach außen. Wiederholen Sie diesen Schritt auch mit Stake Nummer 2 und 3.

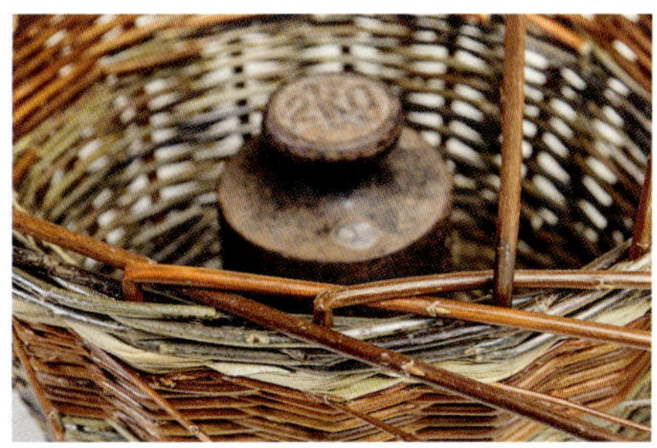

Der Streifen mit Binse

Dieser Streifen dient als Zierde. Flechten Sie mit den ersten beiden Binsen eine Fitze, wie sie auf Seite 33 beschrieben wird. Setzen Sie Binse Nummer 3 und 4 so an, wie es beim Fitzen unter Verlängern der Stammenden gezeigt wird.

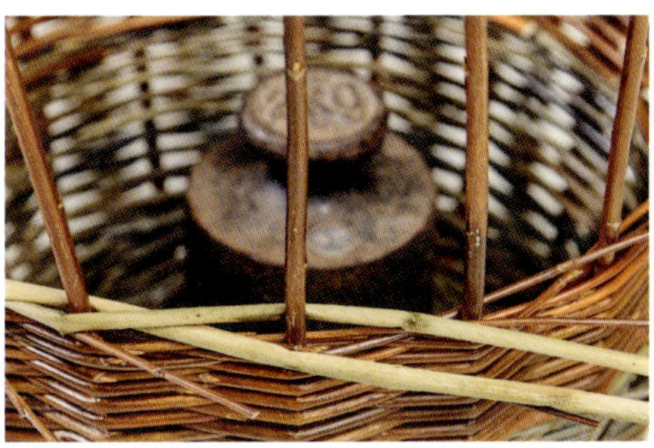

Die Abschlusskimme

Für die obere Dreierkimme benötigen Sie wieder 6 blaugrüne Ruten mit ca. 1,20 m Länge.

1 Flechten Sie die obere Kimme genauso wie die Kimme am Anfang der Seitenwand. Am Ende angekommen, die Spitzen vernähen.

2 Klopfen Sie das Geflecht mit dem Schlageisen nach unten. Der Korb sollte am Schluss überall die gleiche Höhe haben. Wenn er an einer Stelle etwas höher geworden ist, dort einfach das Geflecht noch einmal herunterklopfen.

3 Dann wird Stake Nummer 1 im Flechtschlag *vor 2 hinter 1* nach außen geführt. Beachten Sie, dass bei „vor 2" die erste Stake, die gezählt wird, umgebogen ist und nur die zweite Stake steht.

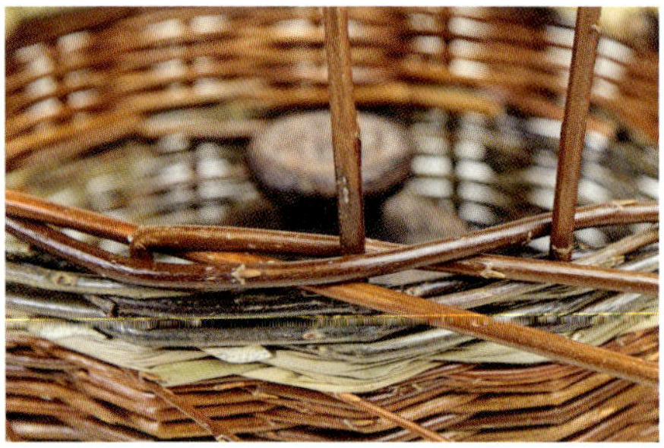

Die noch stehende Stake Nummer 4 wird von innen kommend zu Stake 1 gelegt, sodass das erste Paar entsteht. Die beiden abgelegten Staken sollten dabei parallel nebeneinanderliegen und sich nicht verdrehen.

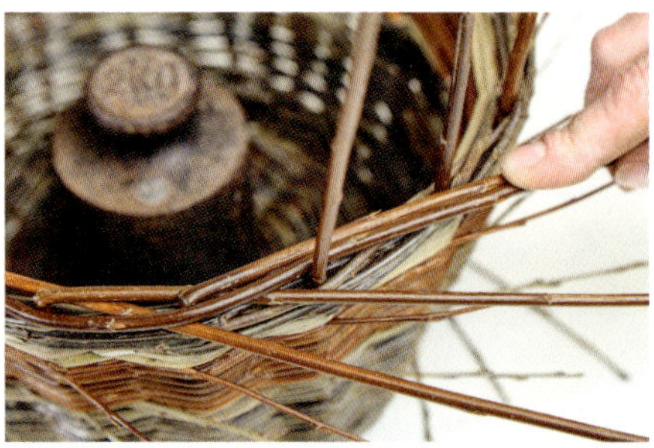

4 Führen Sie nun Stake Nummer 2 vor zwei Staken und hinter einer Stake nach außen, Nummer 5 wird von innen kommend dazu gelegt. Achten Sie auch hier – sowie bei allen folgenden Paaren – darauf, dass die Staken flach nebeneinanderliegen.

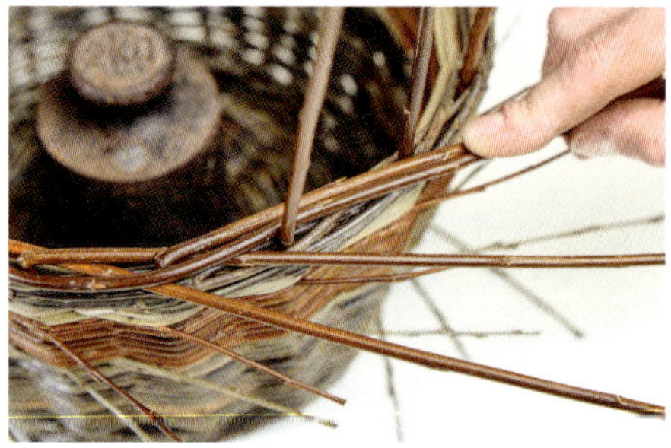

5 Wiederholen Sie dies für Stake Nummer 3. Es zeigen jetzt drei Paare nach außen.

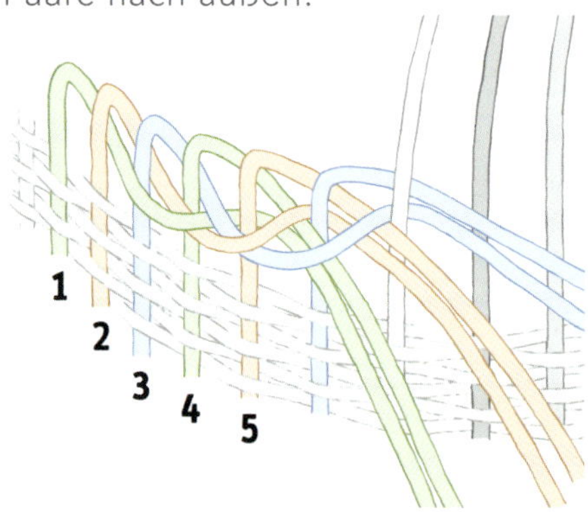

6 Ab jetzt wird bis kurz vor Schluss immer im gleichen Flechtrhythmus weitergeflochten. Von dem Paar, das am weitesten links liegt, nehmen Sie die rechte Stake und führen mit ihr den Flechtschlag vor *2 hinter 1* aus.

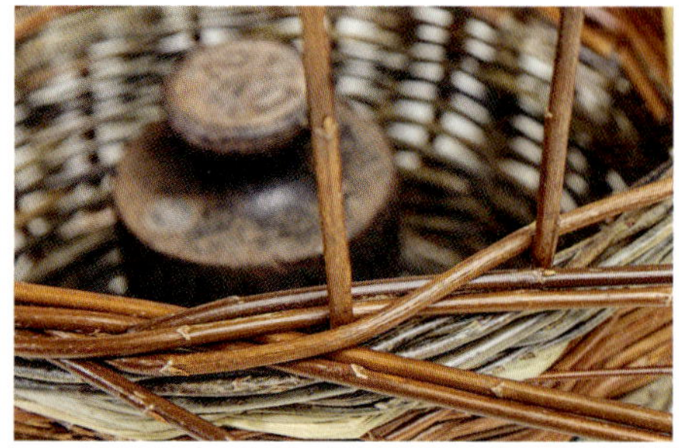

Die Stake, die am weitesten links steht, legt sich von innen kommend dazu.

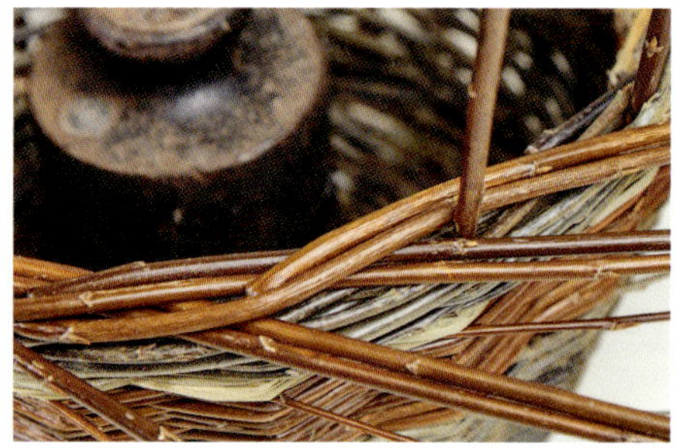

7 Flechten Sie den Rand wie in Schritt 6 beschrieben so lange weiter, bis nur noch eine stehende Stake übrig bleibt.

8 Damit Anfang und Ende des Randes unsichtbar sind, werden die letzten Staken folgendermaßen verflochten: Die rechte Rute des linken Paares verläuft wieder *vor 2 hinter 1*, wobei „hinter 1" bedeutet, dass sie unter der bereits umgeknickten Stake Nummer 1 von innen nach außen durchgezogen werden muss.

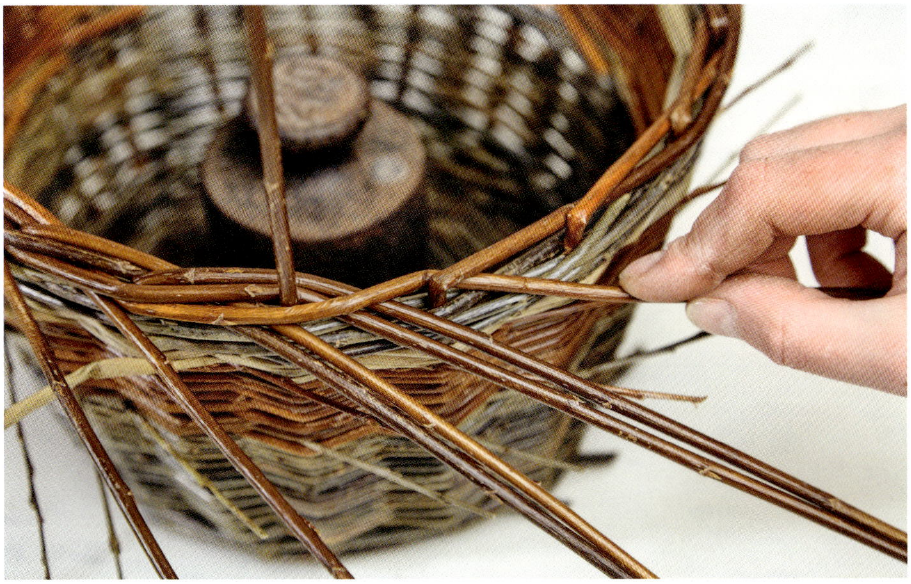

Verwenden Sie – auch bei den restlichen Schritten – einen Pfriem, um sich Platz zu verschaffen. Führen Sie die Stakenrute in einem großen Bogen unter der umgeknickten Stake nach außen durch. Die letzte stehende Stake legt sich, ebenfalls in einem großen Bogen geführt, wieder dazu. Auch sie muss unter der umgeknickten Stake Nummer 1 nach außen durchgezogen werden.

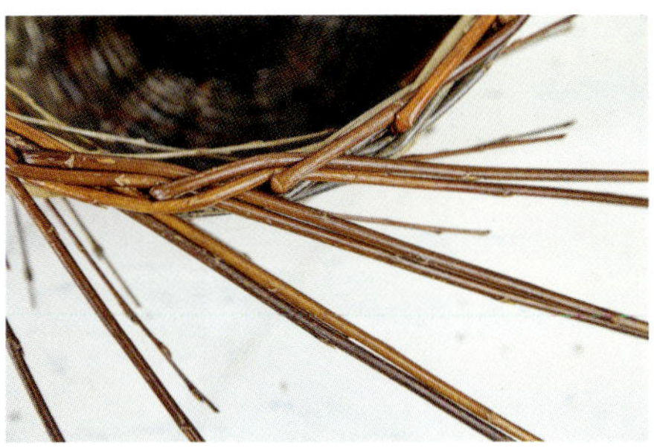

9 Nun liegen alle Staken und es zeigen drei Paare nach außen. Nehmen Sie vom linken Paar wieder die rechte Stake und führen Sie diese vor zwei umgeknickten Staken vorbei und unter Stake Nummer 2 wieder auf die Außenseite. Beachten Sie dabei, dass die Weide nach dem Durchziehen tatsächlich auch zunächst vor zwei Staken verläuft, also nicht schon zu früh nach innen geht.

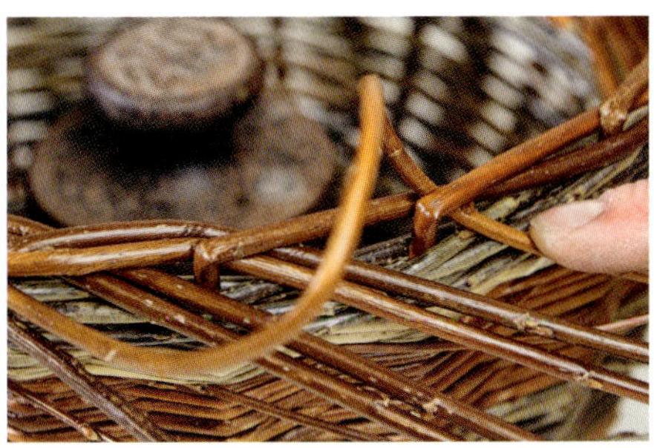

10 Vom linken Paar wieder die rechte Stake nehmen und unter Stake Nummer 3 und zusätzlich der davor verlaufenden Stake auf die Außenseite führen (s. Position Pfriem). Achten Sie sowohl hier als auch bei dem nächsten Schritt darauf, dass die Stakenrute außen vor den zwei Staken zum Liegen kommen sollte.

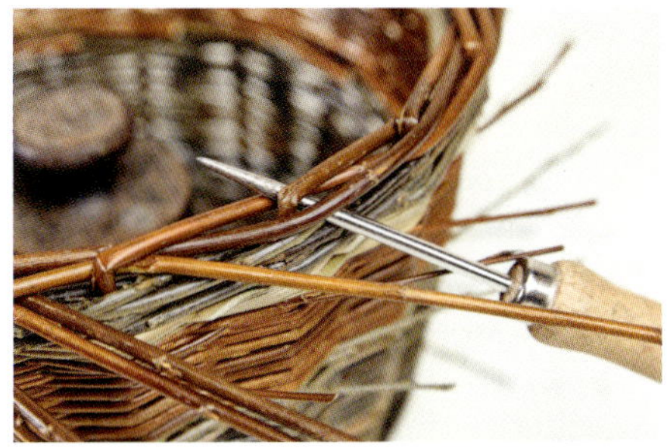

11 Wieder vom linken Paar die rechte Stake nehmen und unter Stake Nummer 4 und zusätzlich zwei davor verlaufenden Stakenweiden nach außen führen.

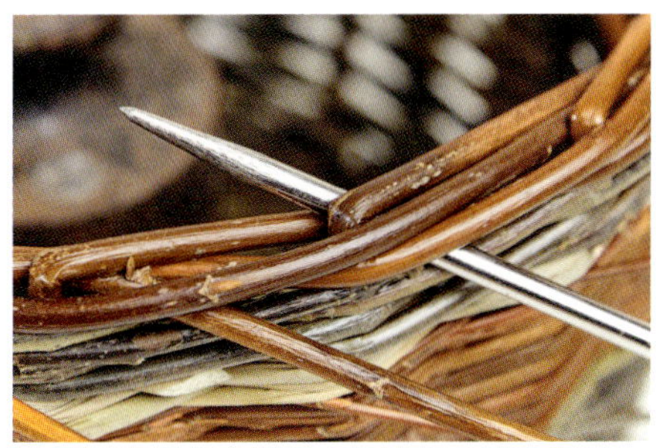

Ausputzen

1 Schneiden Sie alle überstehenden Enden vom Rand mit ca. 5 cm Abstand zum Geflecht ab. Bündig abgeschnitten werden die Staken erst dann, wenn der Henkel angebracht wurde.

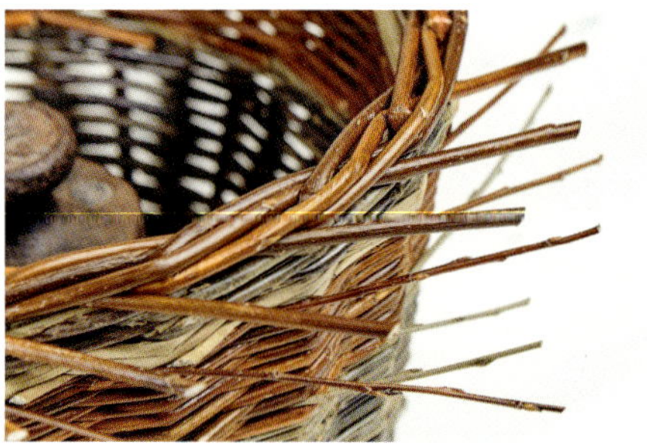

2 Schneiden Sie am gesamten Korb – sowohl außen als auch innen – alle anderen Reste so ab wie auf Seite 41 beschrieben.

Der Henkel

Zunächst wird die braune Rute mit ca. 1,80 m Länge als Henkelstock in die gewünschte Form gebracht und ins Geflecht gesteckt. Anschließend wird er mit 8 – 10 braunen Ruten mit ca. 1,20 m Länge umflochten.

Den Henkelstock biegen

1 Um zu verhindern, dass die Weide bei der Herstellung des Henkels knickt, können Sie sie auf die Biegung vorbereiten. Formen Sie die Weide etwas über den Daumen vor, indem Sie mit Druck mehrmals vom Stammende bis ungefähr zur Mitte der Weidenrute entlangfahren.

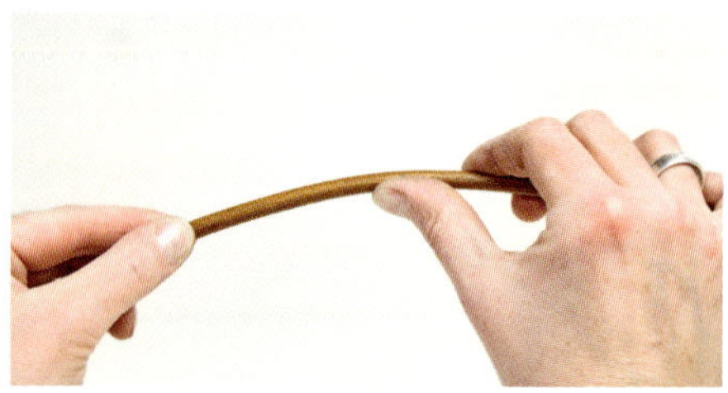

> Hinweis
>
> Sollte der Henkelstock beim Biegen doch einen Knick bekommen, muss er ersetzt werden.

2 Bringen Sie nun am Stammende auf der Innenseite der Wölbung mit drei Schnitten einen ca. 7 cm langen Schalm an.

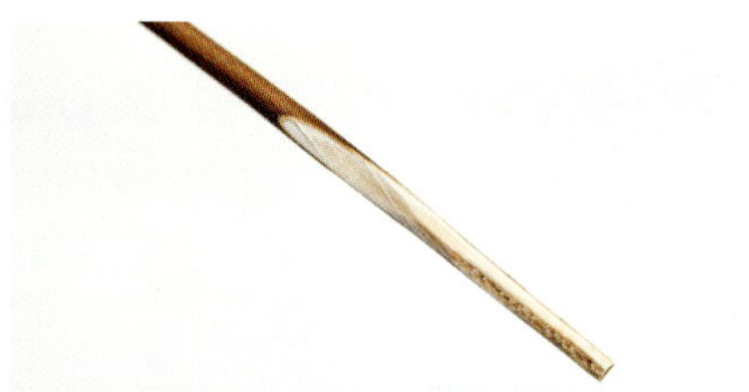

3 Wählen Sie zwei gegenüberliegende Staken aus, neben denen der Henkel angebracht werden soll. Schaffen Sie sich links neben der ersten ausgewählten Stake mit dem Pfriem Platz. Um das Geflecht nicht zu verletzen, stecken Sie den Pfriem soweit wie möglich parallel zur Stake ins Geflecht. Entfernen Sie den Pfriem wieder und schieben dort den Henkelstock in die Seitenwand. Er sollte mindestens ein paar Zentimeter im Geflecht stecken, wenn möglich bis zur Hälfte des Korbes eingeführt werden.

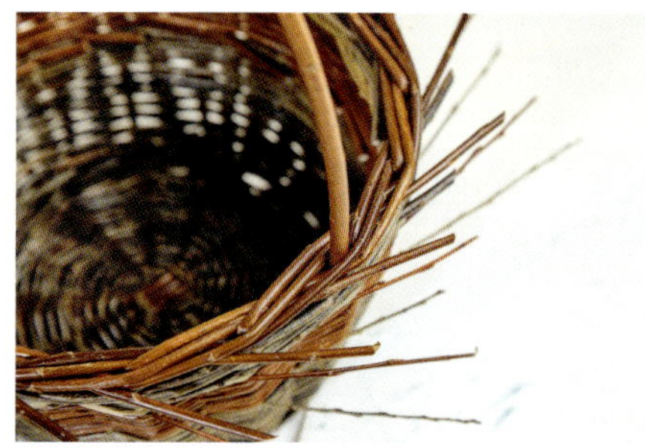

4 Kürzen Sie den Henkelstock großzügig. Halten Sie den Korb etwas von sich weg und bewegen den Henkel so lange auf und ab, bis Ihnen die Henkelgröße gefällt.

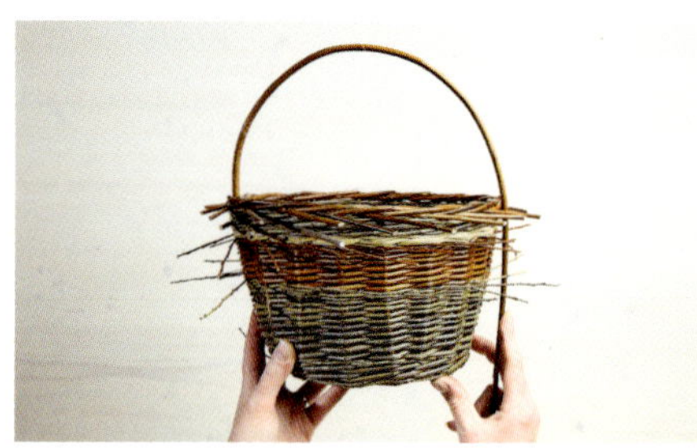

5 Schneiden Sie den Henkelstock auf der entsprechenden Länge zuzüglich des Teils, das in die Seitenwand gesteckt wird, ab. Die andere Seite des Henkelstockes wie zuvor beschrieben anschalmen und auf der gegenüberliegenden Seite ebenfalls ins Geflecht stecken.

> Tipp
>
> Überprüfen Sie abschließend, dass der Henkel gleichmäßig geformt ist. Von vorne betrachtet sollte er symmetrisch, von der Seite betrachtet in einer Linie sein und sich nicht zu einer Seite neigen. Falls nötig kann der Henkelstock noch etwas zurecht gedrückt werden.

6 Kürzen Sie jetzt die Enden der Randstaken so ab, wie beim Brotkorb auf Seite 58 gezeigt.

Den Henkelstock umwickeln

Für das Umwickeln des Henkelstocks brauchen Sie zunächst 8 Ruten mit ca. 1,20 m Länge.

1 Schalmen Sie die Ruten wie auf Seite 39 beschrieben an.

2 Nehmen Sie die ersten vier Ruten und stecken Sie diese eine nach der anderen links neben dem Henkelstock soweit wie möglich ins Geflecht. Schaffen Sie sich vorher Platz mit dem Pfriem. Wenn links kein Platz für weitere Ruten mehr ist, können Sie die Ruten auch vor dem Henkelstock ins Geflecht stecken. Den Platz rechts neben dem Henkelstock unbedingt frei lassen.

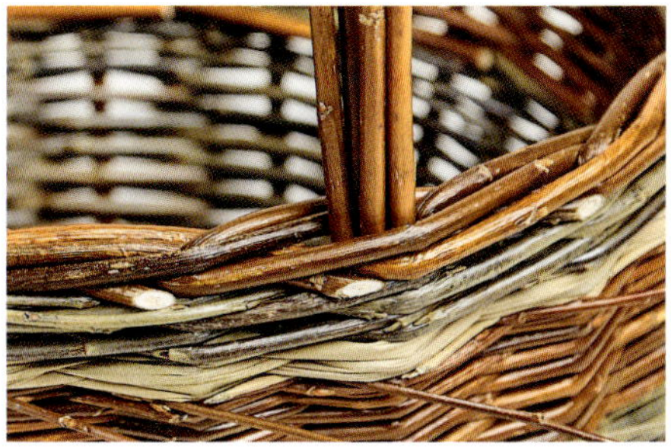

3 Drehen Sie den Korb so zu sich, dass Henkelstock und Ruten direkt vor Ihnen liegen. Sortieren Sie die Weidenruten zu einem Band, in dem alle Ruten nebeneinanderliegen.

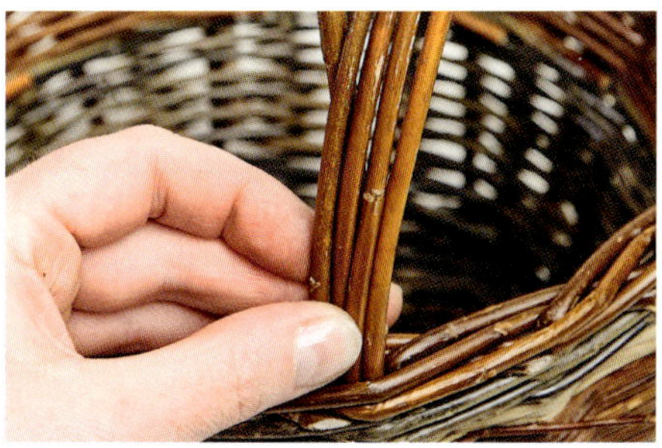

4 Führen Sie das Weidenband rechts am Henkelstock vorbei und wickeln es in einem großen Bogen um den Stock.

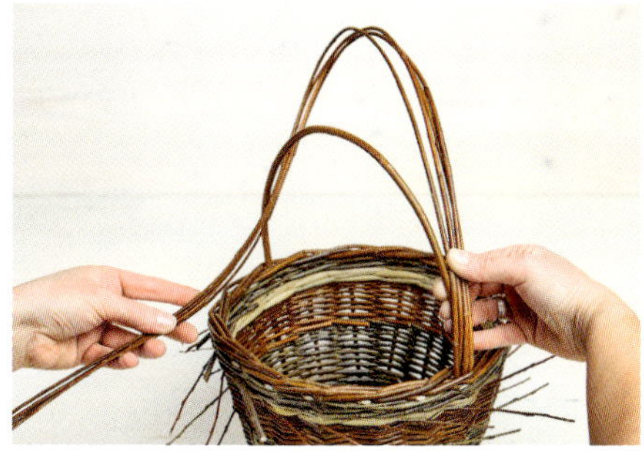

Dabei sollten die Weidenruten stets nebeneinanderliegen und sich nicht überkreuzen. Außerdem müssen die Weiden beim gesamten Umwickeln sehr straff geführt werden, sodass sie eng am Henkelstock anliegen.

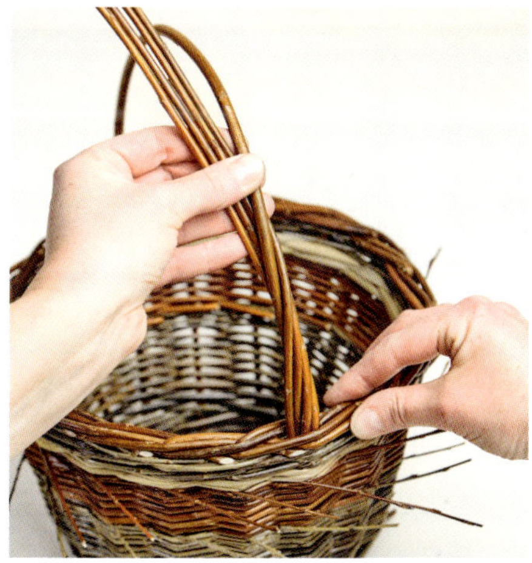

5 Umwickeln Sie den Henkel auf diese Weise noch dreimal. Der Abstand zwischen den Umwicklungen sollte immer gleich groß sein. Damit die Weiden nicht knicken, sollten sie in einem großen Bogen um den Henkelstock herumgeführt werden.

Tipp

Wenn Sie Ihren Henkel kleiner oder größer gewählt haben, kann es sein, dass Sie das Band aus Weidenruten einmal weniger beziehungsweise mehr um den Henkelstock wickeln müssen.

6 Auf der gegenüberliegenden Seite sollte das Band etwas oberhalb des Randes auslaufen. Legen Sie die Spitzen im Korb ab.

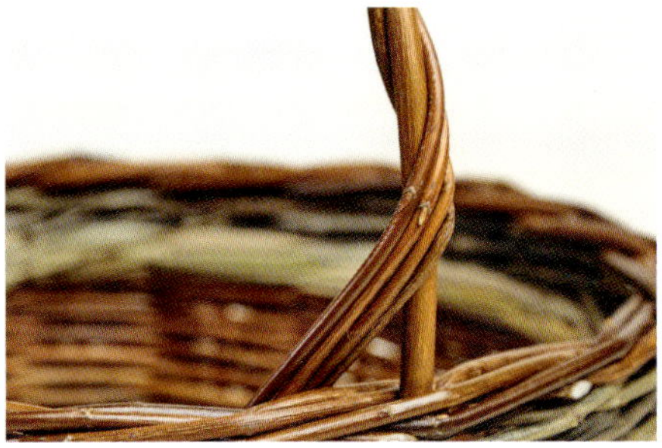

7 Wiederholen Sie Schritt 2–6 mit den restlichen vier Ruten auf der anderen Seite des Henkels. Die neuen Weiden liegen nebeneinander und sollten beim Umwickeln die Lücken des ersten Bandes möglichst schließen.

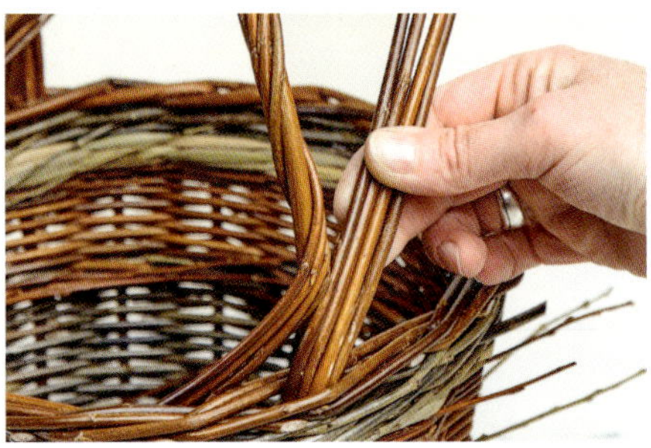

Tipp

Wenn Sie gleich von Anfang an sehen, dass vier Ruten nicht ausreichen, um die Zwischenräume zu schließen, können Sie für das zweite Band fünf Ruten nehmen. Ansonsten zunächst vier Ruten verflechten und nachträglich falls nötig auf einer oder auch auf beiden Seiten eine fünfte Rute einstecken und in die Umwicklung einfügen.

Die Fischgrätenbindung

Zum Fixieren der Spitzen wird hier die Fischgrätenbindung verwendet. Sie ist sehr stabil und sieht gleichzeitig schön aus.

1 Starten Sie an einer beliebigen Seite. Führen Sie das Weidenband vollends hinter dem Henkelstock herum und nehmen die Weidenrute, die dann dem Henkel am nächsten liegt.

2 Führen Sie diese Rute rechts neben dem Henkelstock in der Mitte der Kimme von innen nach außen. Schaffen Sie sich dazu mit dem Pfriem Platz.

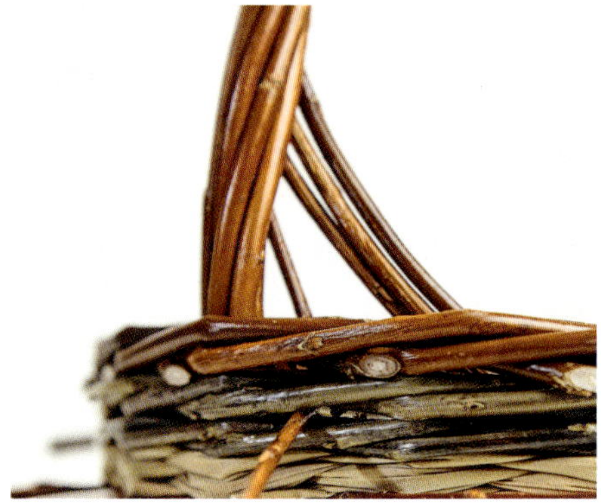

3 Machen Sie das Gleiche nacheinander mit Rute Nummer 2, 3, 4 und evtl. 5, sodass am Schluss alle Ruten nebeneinanderliegend nach außen zeigen.

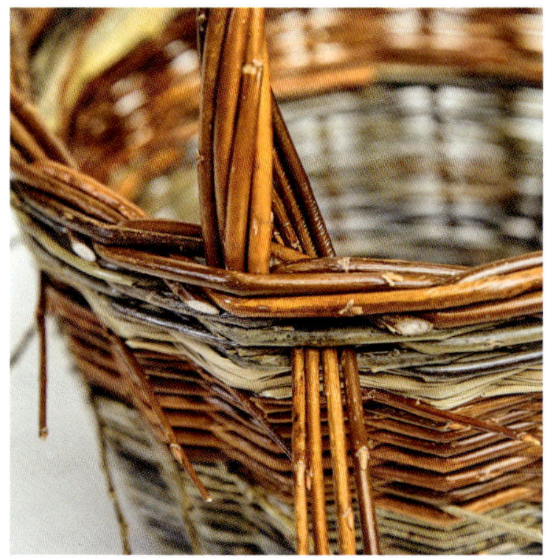

4 Nehmen Sie die Weidenrute, die ganz links liegt. Führen Sie sie schräg nach links oben. Dort wickeln Sie sie von links nach rechts innen um den Henkel herum und von dort schräg nach links unten.

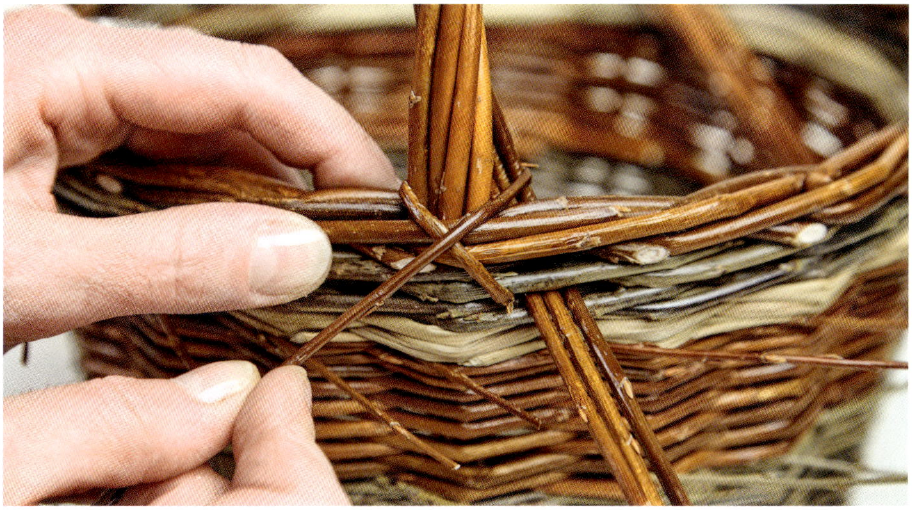

Hier wird die Weidenrute auf gleicher Höhe wie auf der rechten Seite ins Korbinnere geführt. Ziehen Sie die Rute gut fest.

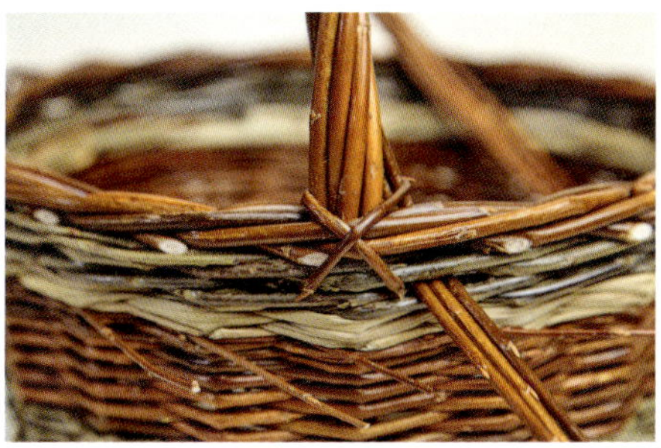

5 Machen Sie das Gleiche mit den restlichen Ruten. Sie sollten immer parallel zueinander verlaufen. Beachten Sie außerdem die Reihenfolge, also immer als nächstes die Weidenrute nehmen, die ganz links liegt.

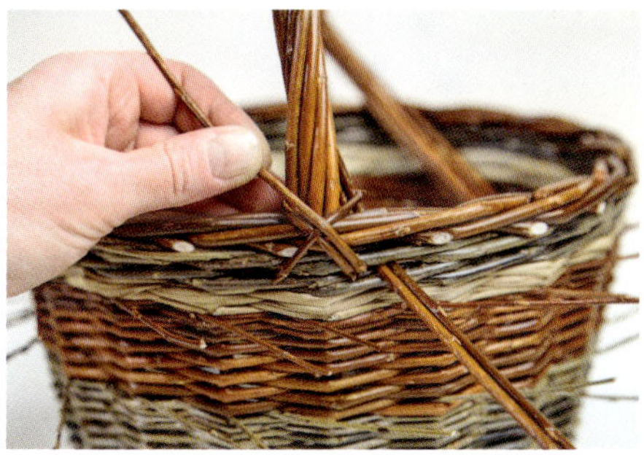

6 Zeigen alle Ruten ins Innere des Korbes, werden sie fest miteinander verzwirbelt.

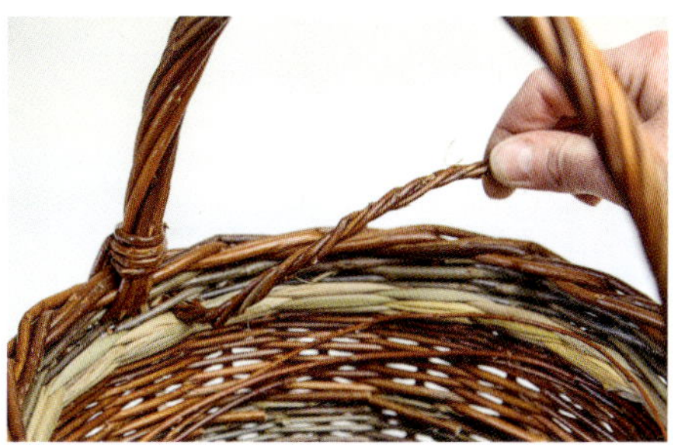

Anschließend werden die Spitzen alle gemeinsam im nächsten Stakenzwischenraum – weg vom Henkel – von innen nach außen durchgezogen. Schaffen Sie sich zuvor wieder auf gleicher Höhe Platz mit dem Pfriem.

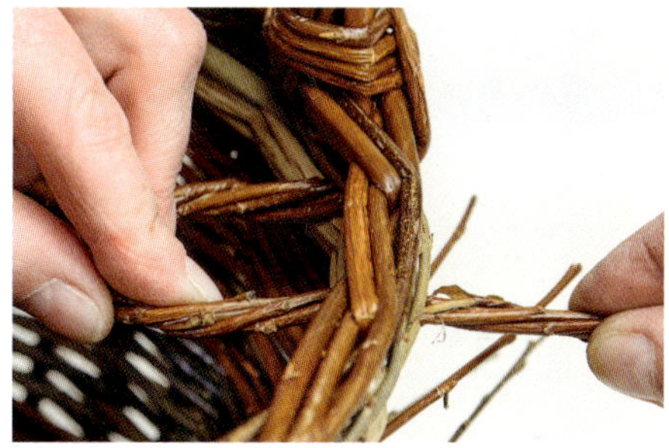

7 Einen Zwischenraum weiter führen Sie die Weidenspitzen auf gleicher Höhe wieder ins Innere des Korbes. Dort werden sie schräg abgeschnitten.

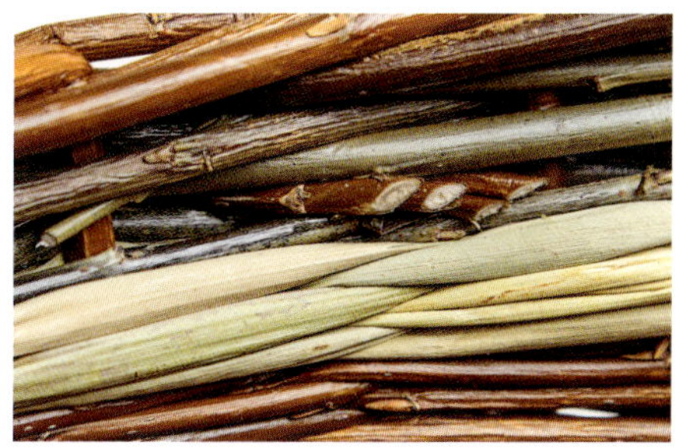

8 Wiederholen Sie Schritt 1–7 auf der anderen Seite.

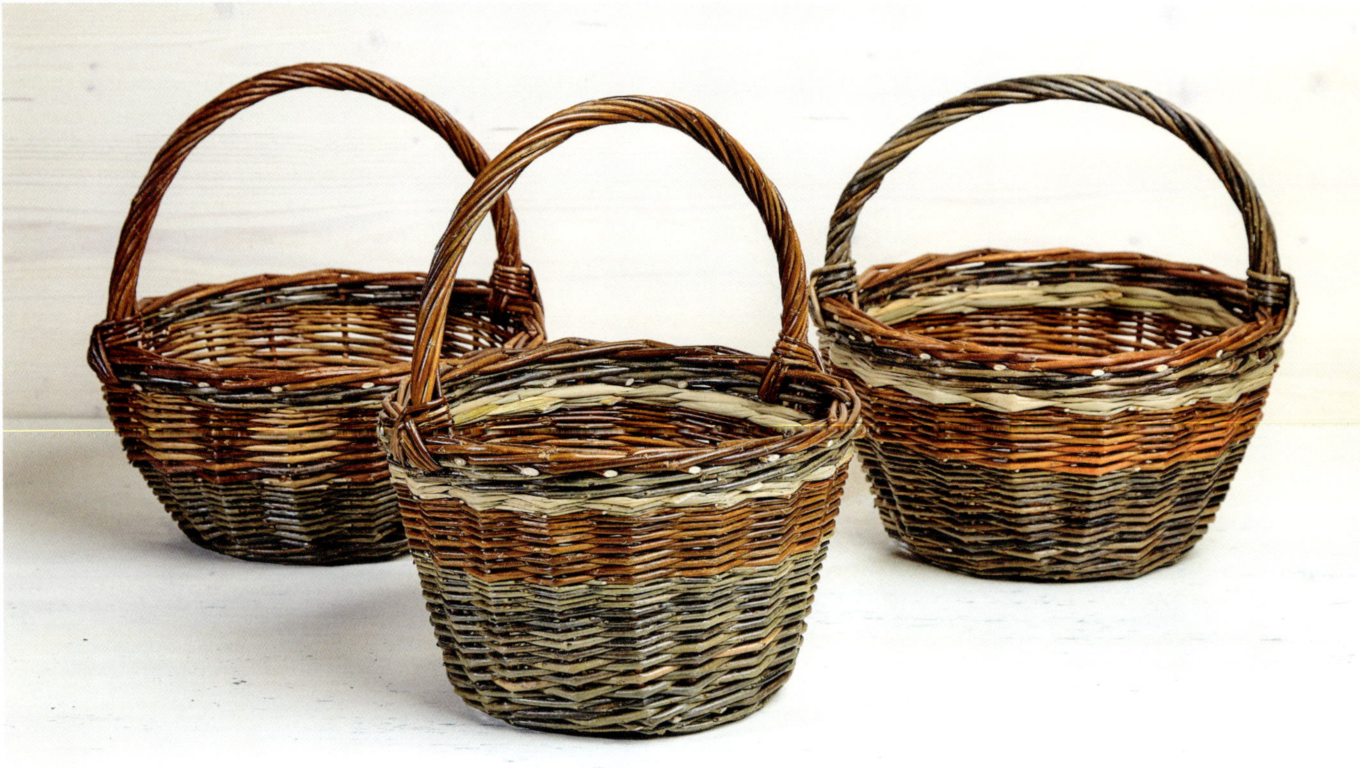

Der kleine Henkelkorb ist fertig!

Dieser Korb findet sicherlich überall in Haus, Hof und Garten Verwendung. Er eignet sich beispielsweise für die Gemüse- oder Obsternte, für Kleingeräte im Garten oder auch zum Einkaufen im Kinderzimmer-Kaufladen.

Varianten

Auf dem Foto sind noch zwei andere mögliche Formen der Korbwand zu sehen. Bei der bauchigen Variante ist es wichtig, die Staken bei der untersten Kimme sehr weit nach außen zu ziehen. Ab der zweiten Schicht werden die Staken beim Flechten wieder nach innen gedrückt. Die unterschiedlichen Höhen entstehen dadurch, dass die Ruten der ersten Schicht nicht ganz bis zum Ende ausgeflochten wurden.

Gemusterte Schale

Größe

ø Boden ca. 28 cm, Höhe ca. 4 cm

Material

- 36 Staken in Braun, ca. 1,40 m lang, mittlere Stärke
- 18 Ruten in Braun, ca. 1,20 m lang, dünn bis mittlere Stärke
- 16 Ruten in Braun, ca. 1 m lang, dünn
- 12 Ruten in Weiß, ca. 1m lang, dünn
- Gartenschere
- Messer
- Pfriem
- Schnur
- Schlageisen
- Gewicht oder großer Stein
- Wäscheklammer
- Pflanzenbestäuber

Der runde Boden mit Muster

Der Boden wird ganz im Inneren mit einer Fitze ausgeflochten. Für das Spiralmuster werden die Ruten anschließend wie beim Schichtgeflecht verarbeitet. Der Durchmesser des Bodens sollte bei ca. 28 cm liegen. Den Abschluss des Bodens bildet eine Dreierkimme.

Das Bodenkreuz

1 Für das Bodenkreuz mit 6 auf 6 Ruten kürzen Sie 12 dickere Staken als Bodenstöcke – von den Stammenden der Weide her gemessen – auf ca. 40 cm.

2 Stellen Sie den Anfang des Bodenkreuzes so her, wie beim Brotkorb auf Seite 50 gezeigt. Führen Sie die dort beschriebenen Schritte 2–5 aus.

3 Bodenstock Nummer 3, 4, 5, 6 und 7 ebenfalls aufschlitzen und nacheinander auf die durchgeschobene Weide stecken.

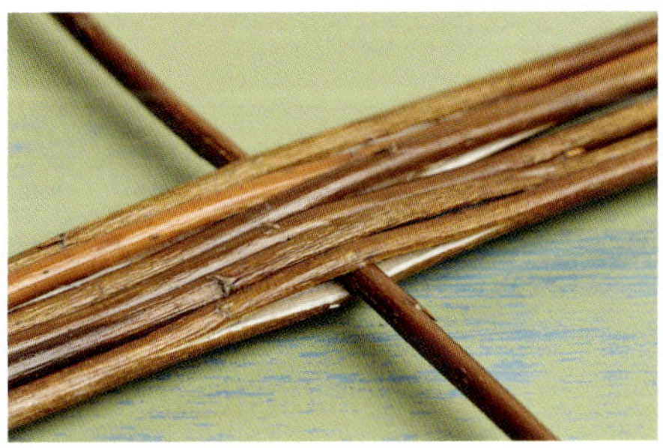

4 Nun werden die restlichen fünf Bodenstöcke durch die sechs geschlitzten Staken geführt. Achten Sie auch hier auf die Wölbung und auf die abwechselnde Anordnung von dickerem und dünnerem Teil der Bodenstöcke.

5 Überprüfen Sie zum Schluss, ob das Kreuz mittig liegt.

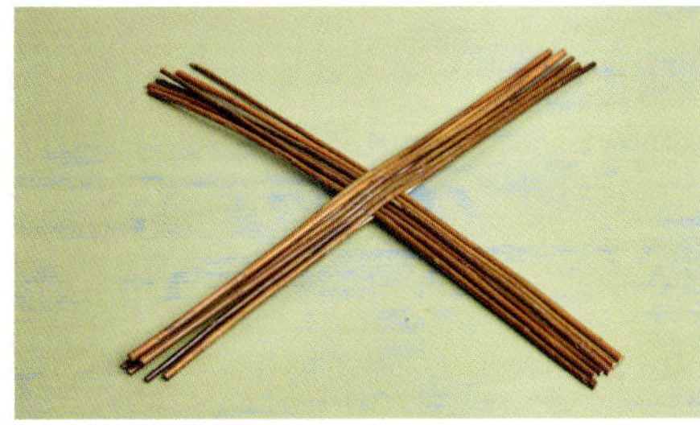

Ausflechten des Bodens

Die innere Fitze
Für die Fitze benötigen Sie 4 braune Ruten mit ca. 1 m Länge.

1 Flechten Sie den Anfang des Bodens wie beim Brotkorb auf Seite 52 in Schritt 1–5 beschrieben. Statt drei Bodenstöcken werden bei diesem Bodenkreuz zunächst sechs Bodenstöcke als eine Stake gezählt.

2 Wenn Sie zwei Runden geflochten haben, wird das Bodenkreuz aufgebrochen. In der dritten und vierten Runde bleiben immer zwei Staken zusammen.

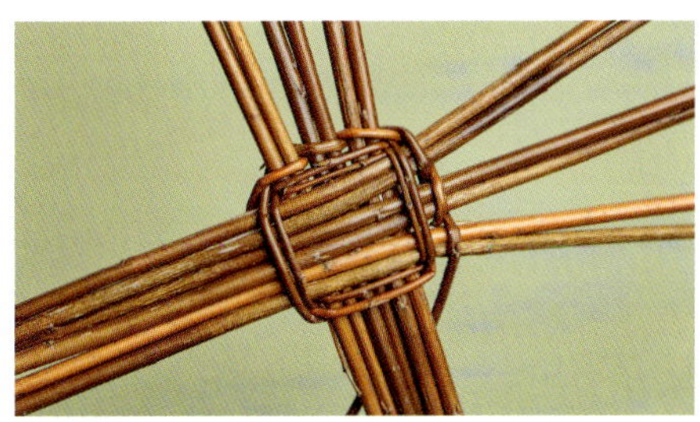

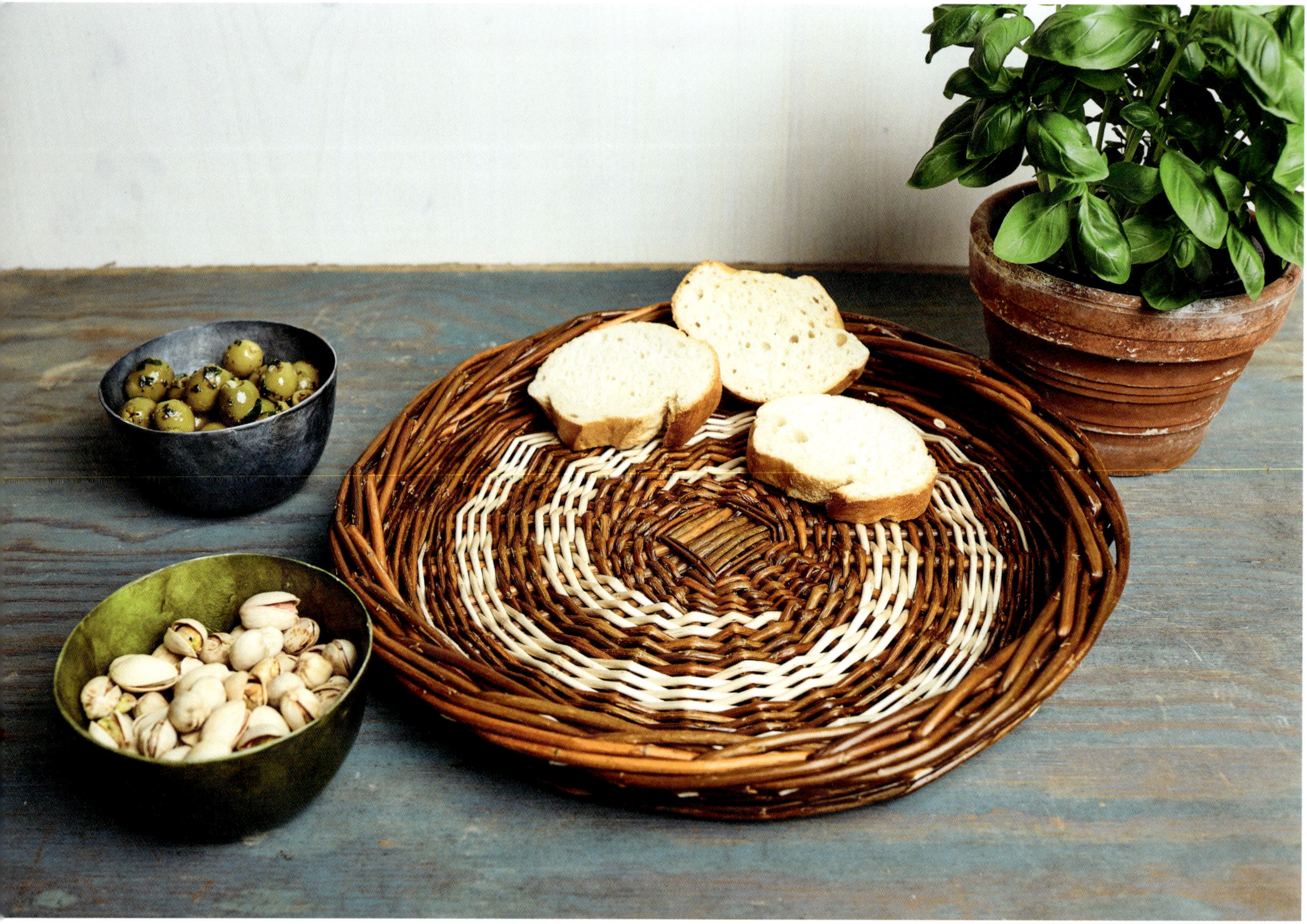

Ab der fünften Runde wird dann jeder Bodenstock einzeln umflochten. Beim Aufteilen der Staken ist es wichtig, diese vor dem Umflechten richtig stark auseinander zu biegen. Dadurch verschaffen Sie sich den nötigen Platz zum Flechten. Achten Sie darauf, dass Sie die Staken gleichmäßig strahlenförmig verteilen.

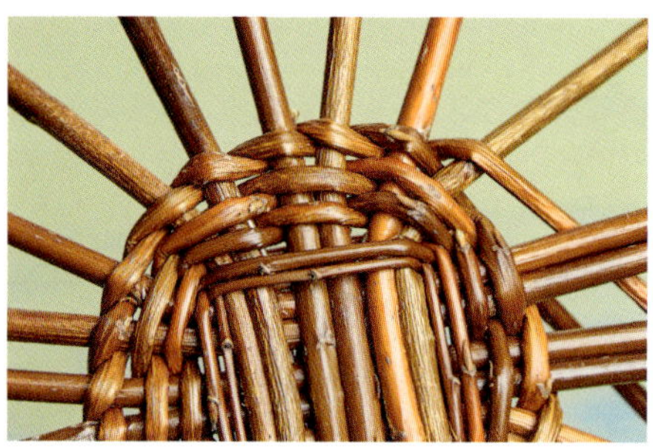

3 Wenn die Ruten auslaufen, verlängern Sie diese wie ab Seite 33 gezeigt.

4 Die Spitzen am Schluss vernähen, wie es auf Seite 42 gezeigt wird.

Das Schichtgeflecht

Das Schichtgeflecht besteht aus 12 weißen und 12 braunen Ruten mit ca. 1 m Länge. Falls nötig bringen Sie alle 24 Ruten auf die gleiche Länge.

1 Nehmen Sie die Bodenmitte am besten zu sich auf den Schoß oder legen Sie sie an den Rand des Tisches. Der Teil, an dem Sie gerade flechten, sollte dabei überstehen.

2 Verflechten Sie die Ruten wie ab Seite 36 gezeigt. Legen Sie die erste Rute mit dem Stammende hinter einer beliebigen Stake ein. Um Lücken im Geflecht zu vermeiden, die Stammenden ganz dicht auf die Fitze schieben und eng um die Staken herum flechten.

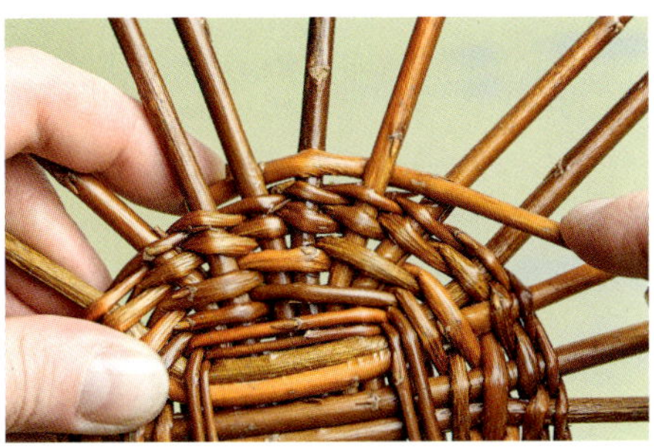

Damit das Spiralmuster entsteht, werden immer abwechselnd sechs Ruten in der einen, dann in der anderen Farbe eingelegt.

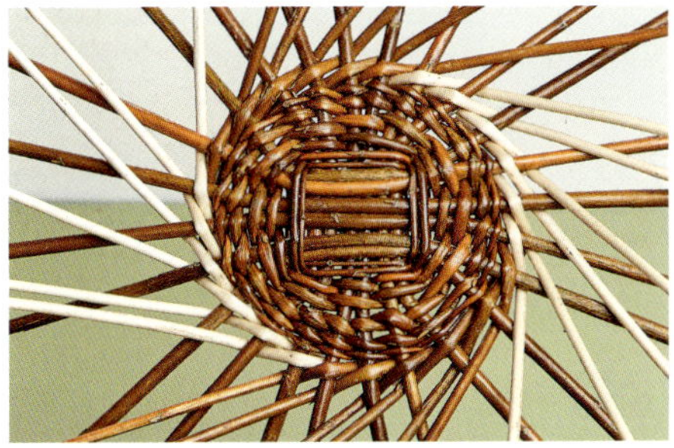

3 In jeder Runde entstehen zu Beginn auch hier zwei Paare.

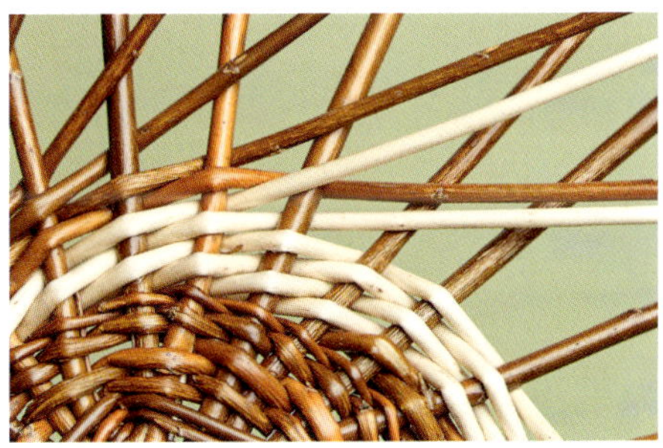

Verflechten Sie am Ende zuerst die untere Rute des ersten Paares.

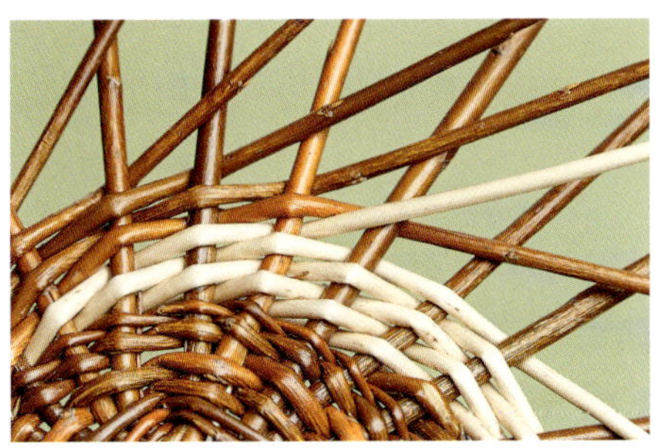

Anschließend die untere Rute des zweiten Paares. Beide Ruten werden wie auf den Abbildungen zu sehen unter den anderen Ruten vorbei geflochten.

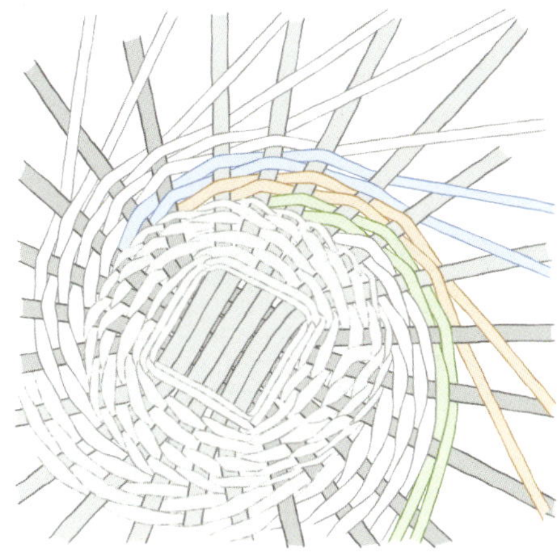

> **Tipp**
>
> Damit das Muster einheitlich wird, ist es wichtig, die Staken auch beim Flechten der Schicht gleichmäßig strahlenförmig auszurichten. Achten Sie vor allem in den ersten drei Runden darauf. In den weiteren Runden zusätzlich an die leichte Wölbung des Bodens denken. Wie das am besten geht, erfahren Sie auf Seite 38.

4 Verflechten Sie die Weidenruten auf diese Weise bis zu den Spitzen. Im Unterschied zum Schichtgeflecht an der Seitenwand muss hier nicht mit dem Schlageisen heruntergeklopft werden. Außerdem zeigen am Schluss alle Weidenspitzen auf die Rückseite des Bodens.

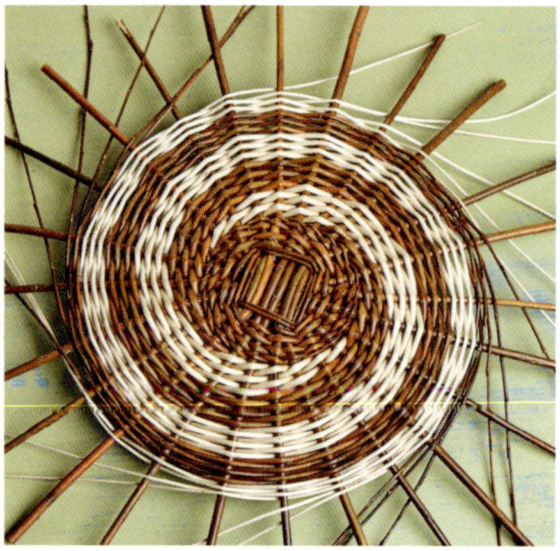

> **Hinweis**
> Denken Sie daran, die geschälten Weidenruten immer nach ein paar Runden mit Wasser zu besprühen. Sie trocknen ansonsten aus und werden brüchig.

Die Kimme
Hierfür benötigen Sie 6 der braunen Ruten mit ca. 1,20 m Länge.

1 Flechten Sie eine Kimme wie ab Seite 34 gezeigt. Starten Sie mit den ersten drei Ruten, indem Sie die Spitzen hinter drei beliebige Staken legen. Um die Spitzen am Anfang etwas zu fixieren, können Sie für die erste Runde eine Wäscheklammer verwenden.

Wenn Sie bei den Stammenden ankommen, verlängern Sie.

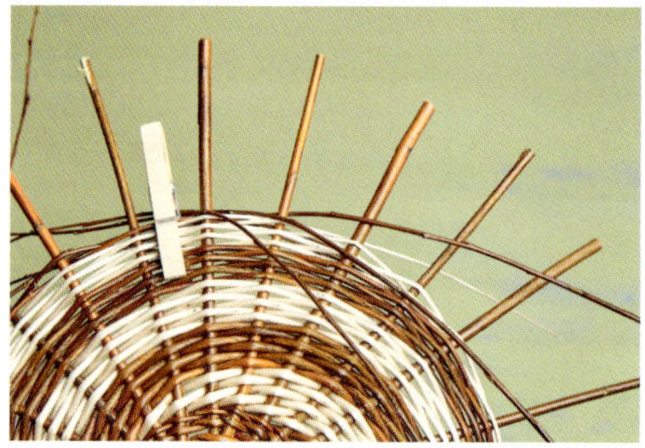

2 Schließen Sie den Boden ab, indem Sie die Spitzen wie auf Seite 42 gezeigt vernähen.

3 Nun folgt das Ausputzen oben am Boden und auf der Unterseite. Schneiden Sie alle Stammenden und Spitzen so ab, wie auf Seite 41 beschrieben.

4 Der Boden ist fertig.

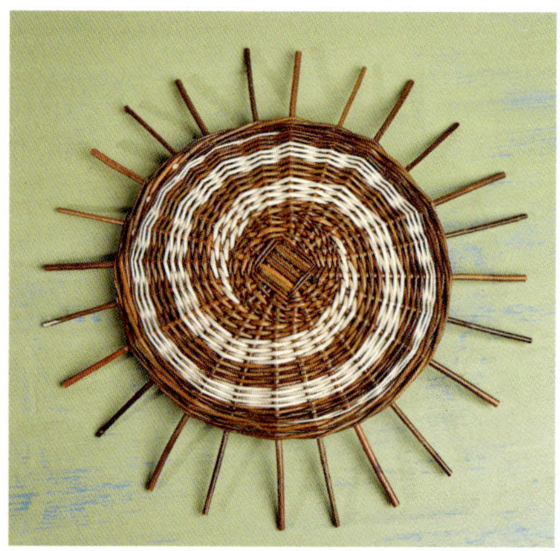

Die Seitenwand

Für die Seitenwand der Schale brauchen Sie als Gerüst genau so viele Staken, wie Ihr Boden „Strahlen" hat, also 24 Stück. Weil die Schale niedrig werden soll, werden nach dem Aufstaken als Seitenwand nur zwei Kimmen geflochten.

Aufstaken mit einer Stake pro Bodenkreuzstake

1 Bereiten Sie alle 24 Staken wie auf Seite 39 unter Anschalmen beschrieben vor.

2 Stecken Sie jeweils eine Stake rechts neben jeden Bodenstock. Dieser Vorgang wird auf Seite 40 unter Aufstaken mit einer Stake beschrieben.

3 Dann werden die Staken wie auf Seite 40 beschrieben reihum nach oben gebogen.
Sollte einmal eine Stake brechen, verfahren Sie wie auf Seite 53 beschrieben.

4 Binden Sie die Staken im oberen Drittel mit einer Schnur fest zusammen. Anschließend stellen Sie Ihr Werkstück vor sich auf die Arbeitsfläche und beschweren es mit einem Gewicht oder einem großen Stein.

Zwei Dreierkimmen

Für die erste Kimme benötigen Sie wieder 6 braune Ruten mit ca. 1,20 m Länge.

1 Flechten Sie die Kimme wie ab Seite 34 gezeigt.

> **Tipp**
> Achten Sie auf das gleichmäßige Ausrichten der Staken – also immer vor dem Umflechten die Stake in die richtige Position bringen. Sie entscheiden, ob die Seitenwand Ihrer Schale gerade nach oben geht, oder wie hier nach oben hin etwas weiter werden soll. Wie das geht, erfahren Sie in den Tipps auf Seite 54.

2 Wenn Sie bei den Spitzen ankommen, ist die erste Dreierkimme beendet. Um das Geflecht zu stabilisieren, klopfen Sie es in jedem Stakenzwischenraum mit dem Schlageisen nach unten.

3 Flechten Sie aus den restlichen sechs braunen Ruten mit ca. 1,20 m Länge eine zweite Kimme. Wenn Ihre Schale etwas weiter werden soll, probieren Sie, ob Sie die Schnur schon entfernen können, ohne dass die Staken zu sehr nach außen kippen.

4 Am Ende der Dreierkimme angekommen, vernähen Sie die Spitzen der Ruten. Klopfen Sie anschließend die Kimme mit dem Schlageisen nach unten. Spätestens jetzt sollten Sie die Schnur entfernen.

Der Rand

Bei gemusterten Schalen in dieser Größe mache ich gerne einen Zuschlagrand *4 hinter 2*. Mir gefällt es für diesen Schalentyp sehr gut, wenn der Rand dadurch etwas breiter wird. Wollen Sie lieber einen schmaleren Rand, wäre hier auch ein *3 hinter 1*, wie er beim Kleinen Henkelkorb ab Seite 61 gezeigt wird, möglich.

Der Zuschlagrand *4 hinter 2*

Flechten Sie den Rand so, wie er beim Brotkorb ab Seite 55 gezeigt wird.

Der Abschluss

Ganz am Ende wird noch einmal ausgeputzt. Nehmen Sie die Schale dafür am besten zu sich auf den Schoß. Schneiden Sie – sowohl außen als auch innen – alle überstehenden Reste ab.

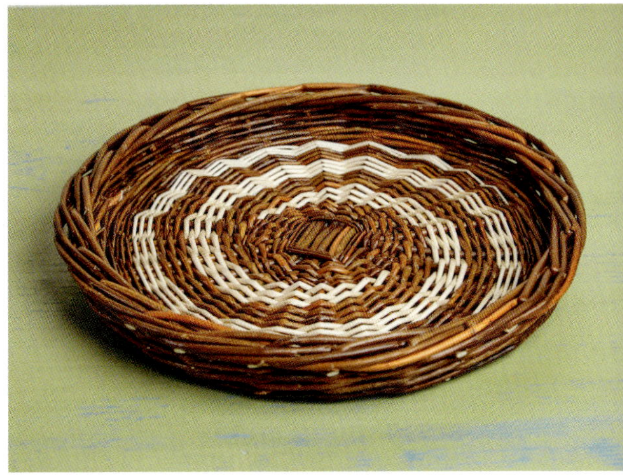

Die gemusterte Schale ist fertig!

Vielleicht findet die Gemusterte Schale bei Ihnen als Obstschale Verwendung. Vielleicht nutzen Sie sie für das Auftischen von Nüssen oder Gebäck. Und wenn Ihnen die Schale zum Befüllen zu schade ist, kann sie Ihr Zuhause als reine Dekoration verschönern.

Wandkorb

Größe

⌀ oben ca. 20 cm, Höhe ca. 35 cm

Material

- 21 Staken in Braun, ca. 1,40 m lang, mittlere Stärke
- 12 Ruten in Braun, ca. 1,20 m lang, dünn
- ca. 40 Ruten in Braun, ca. 1 m lang, mittlere Stärke
- Papierschnur, ca. 5 m lang
- Blumenwickeldraht, ⌀ ca. 0,65 mm, ca. 40 cm lang
- Gartenschere
- Pfriem
- Schnur
- Schlageisen
- 2 kurze Wollfäden
- Draht- oder Kombizange
- Zirkel
- Bleistift

Schablone aus Pappe:

- dicke Pappe (z.B. von der Rückseite eines Zeichenblocks)
- dicker Nagel (optional)

Schablone aus Holz (Tipp):

- Holzbrett
- Akkubohrschrauber und Holzbohrer, ⌀ 6 mm

Anfertigung der Schablone

Zunächst wird aus der Pappe eine Schablone angefertigt, die am Anfang als Halterung für die Staken dient.

1 Zeichnen Sie auf die Pappe einen Kreis mit einem Durchmesser von 17 cm.

2 Markieren Sie auf dem Kreisumfang mithilfe des Zirkels 21 Löcher im Abstand von ca. 2,5 cm.

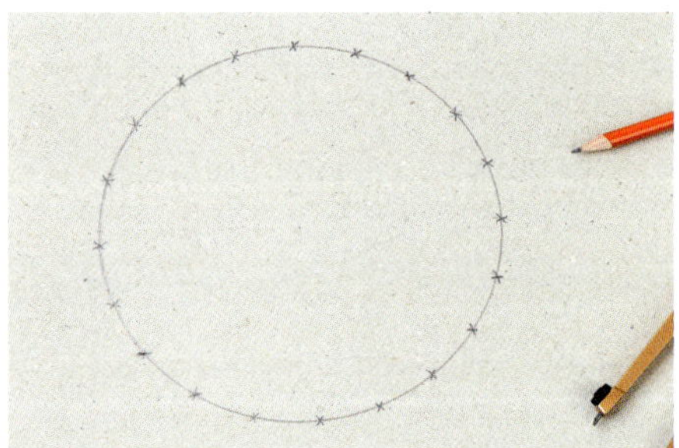

3 Stechen Sie mit einem großen Nagel (oder mit dem Pfriem) an den markierten Stellen Löcher durch die Pappe. Die Löcher sollten etwas kleiner sein als die Staken in der Mitte dick sind.

Tipp

Einfacher in der Handhabung für das Flechten ist ein Brett, in das die Löcher gebohrt werden. Wenn Sie die Möglichkeit dazu haben und sich vielleicht ohnehin mehr als nur einen Wandkorb flechten möchten, lohnt sich der Aufwand auf jeden Fall.

Zeichnen Sie hierfür wie in Schritt 1 und 2 beschrieben einen Kreis samt den Markierungen auf das Brett. Bohren Sie mit einem Holzbohrer an den Markierungen 21 Löcher durch das Brett.

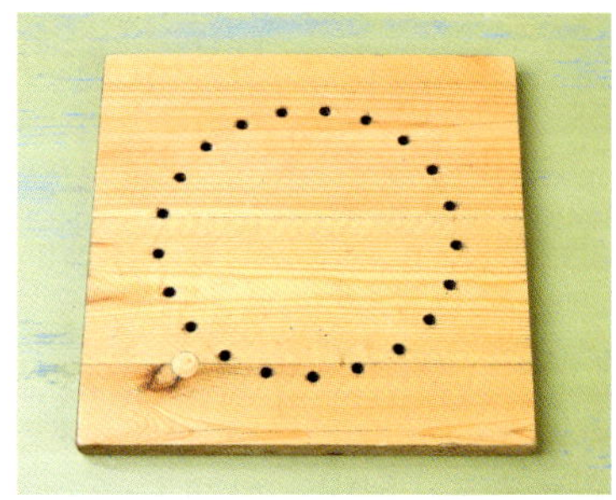

Einführen der Staken

1 Nehmen Sie die erste Stake und stecken sie diese mit der Spitze voraus durch das erste Loch. Ziehen Sie die Stake soweit durch, bis vom Stammende noch ca. 50 cm überstehen.

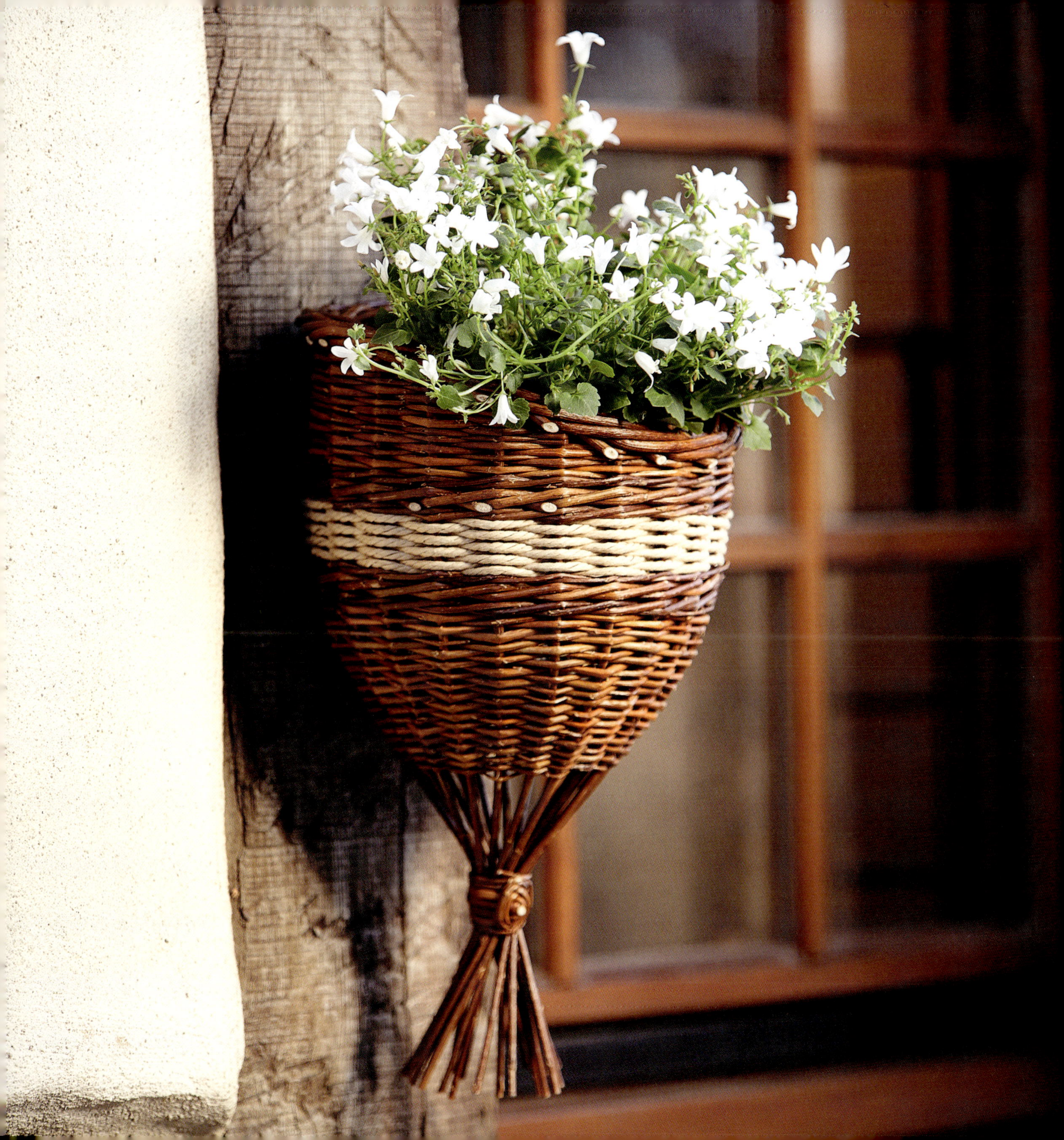

2 Stecken Sie die restlichen 20 Staken auf die gleiche Weise durch die Löcher.

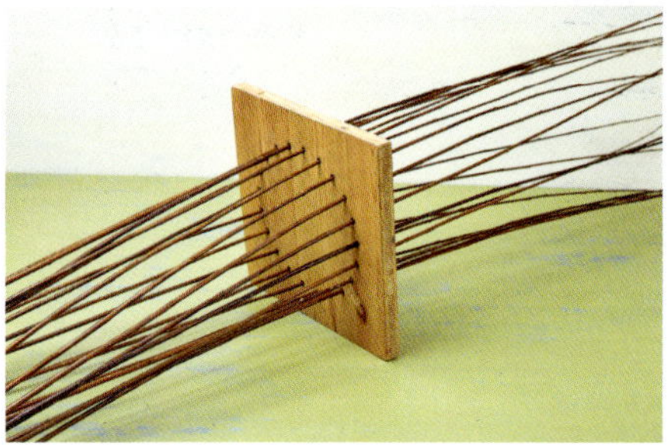

3 Binden Sie die Weidenspitzen mit einer Schnur im Abstand von ca. 20 cm zur Pappe oder zum Brett fest zusammen. Die Spitzen können etwas eingekürzt werden.

Die obere Hälfte des Wandkorbes

Der erste Teil des Wandkorbes besteht zunächst aus zwei Kimmen, die einen zierenden Streifen aus Papierschnur einrahmen. Durch die Kimmen kann der Wandkorb geformt werden. Der hier abgebildete Korb wird nach oben hin etwas weiter.

Die erste Dreierkimme

Hierfür benötigen Sie 6 braune Ruten mit ca. 1,20 m Länge.

1 Schneiden Sie die Ruten gegebenenfalls so ab, dass sie gleich lang sind. Sortieren Sie dafür die Spitzen auf eine Höhe und kürzen Sie die Stammenden entsprechend ein.

2 Flechten Sie eine Kimme wie ab Seite 34 gezeigt. Starten Sie mit den ersten drei Ruten, indem Sie diese mit den Spitzen an drei beliebigen, nebeneinanderliegenden Staken von links nach rechts einhängen.

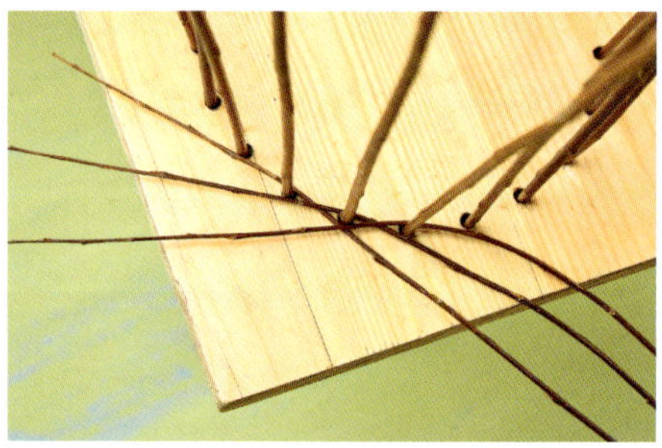

3 Wenn Sie bei den Spitzen ankommen, ist die Kimme beendet. Vernähen Sie die Spitzen wie auf Seite 42 gezeigt.

4 Um das Geflecht zu stabilisieren, klopfen Sie es in jedem Stakenzwischenraum wie auf Seite 54 gezeigt mit einem Schlageisen nach unten.
Wenn Sie als Schablone eine Pappe genommen haben, wird das Arbeiten mit dem Schlageisen schwierig. In diesem Fall sollten Sie das Geflecht so fest wie möglich mit den Händen zusammendrücken.

Tipp

Achten Sie auf das gleichmäßige Ausrichten der Staken – also immer vor dem Umflechten die Stake in die richtige Position bringen. Soll der Korb nach oben hin etwas weiter werden, ziehen Sie jede einzelne Stake beim Umflechten nach außen, wie es auf S. 54 gezeigt wird.

Papierschnur

1 Legen Sie ein Ende der Papierschnur zwischen zwei Staken, sodass es 1–2 cm hinter einer Stake liegt.

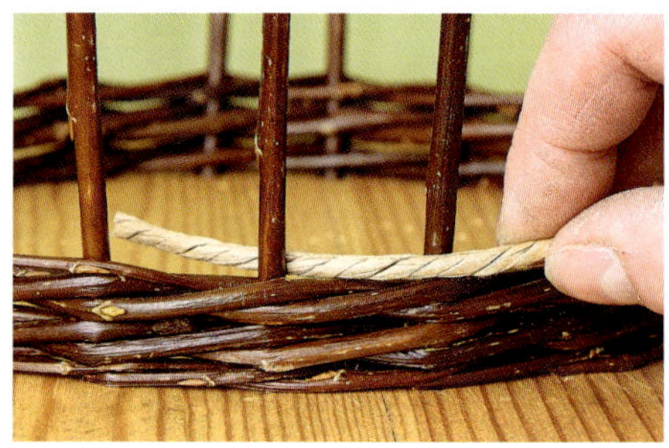

2 Der Flechtschlag ist jetzt *vor 1 hinter 1*. Führen Sie die Schnur also vor einer Stake vorbei, nach rechts hinter die nächste und

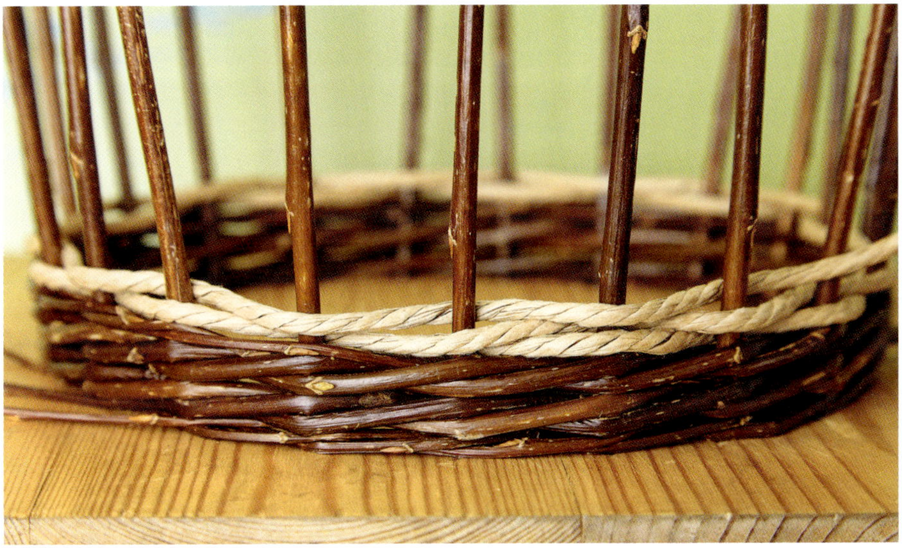

immer so weiter. Verflechten Sie die gesamte Papierschnur in diesem Rhythmus. Am Ende angekommen, die Papierschnur durch die letzte Geflechtsrunde nach innen durchziehen.

Die zweite Dreierkimme

Für die zweite Kimme benötigen Sie wieder 6 braune Ruten mit ca. 1,20 m Länge. Flechten Sie die zweite Kimme genauso wie die erste. Denken Sie daran, die fertige Kimme mit dem Schlageisen herunterzuklopfen oder per Hand zusammenzudrücken.

Das Zäunen in Runden

Die ersten vier Flechtruten mit ca. 1 m Länge werden weiter im Kreis herum geflochten.
Ab der fünften Rute werden auf der einen Seite die Schrägen eingearbeitet und an der Hinterseite des Korbes wird die Aussparung zum Aufhängen eingeflochten.

1 Legen Sie die erste Flechtrute mit dem Stammende zwischen zwei Staken, sodass sie ca. 1 cm hinter einer Stake liegt. Verflechten Sie die Rute im Zäunergeflecht wie auf Seite 32 beschrieben.

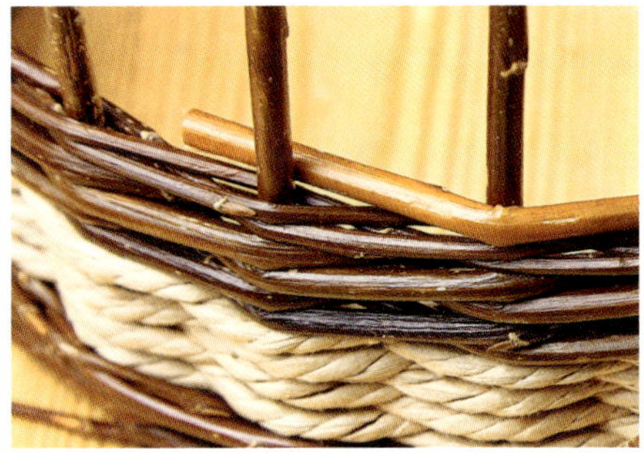

2 Verlängern Sie mit der zweiten Rute, wie es als Variante des Verlängerns ab Seite 32 beschrieben wird. Auch alle weiteren Flechtruten werden auf diese Weise angesetzt.

3 Verflechten Sie so noch zwei weitere Weidenruten.

4 Markieren Sie nun mit einem Wollfaden eine beliebige Stake. Diese Stake ist die Mitte der Vorderseite des Korbes. Genau gegenüber markieren Sie zwei Staken, die den Rahmen für die Aussparung am hinteren Teil des Wandkorbes kennzeichnen.

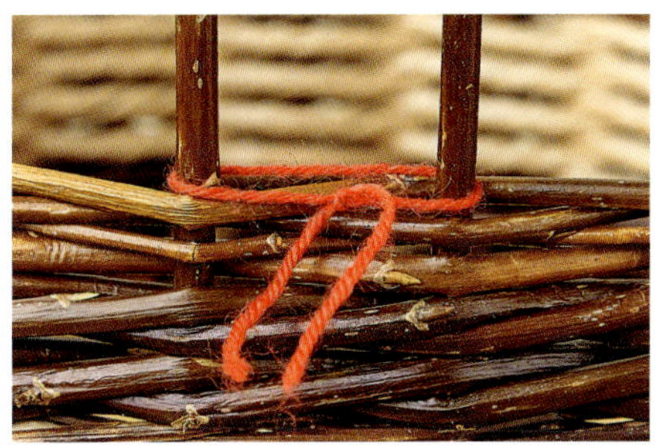

Das Zäunen mit Schräge und Aussparung

Zuerst wird die eine Hälfte des Korbes im Zäunergeflecht vollends nach oben geflochten, danach die andere Seite.

1 Setzen Sie die fünfte Rute in Verlängerung der vierten ganz normal an und flechten Sie im gleichen Rhythmus weiter. Sobald Sie mit dieser Rute an eine der markierten Stellen kommen, muss gewendet werden. Je nachdem, an welchen Staken Sie die Markierung angebracht haben und wo die letzte Rute ausgelaufen ist, kann das zuerst an der Rückseite oder an der Vorderseite des Korbes sein.

Wenden an der Rückseite
Immer wenn Sie an der Rückseite des Korbes ankommen, wenden Sie an der ersten der beiden markierten Weiden. Zwischen den markierten Weiden sollte keine Weidenrute entlang laufen. Dies wird die Aussparung.

Beachten Sie dabei Folgendes:

- Führen Sie mit dem Daumen die Weidenrute langsam so eng wie möglich um die Stake herum, damit keine unschönen, abstehenden Knicke entstehen.

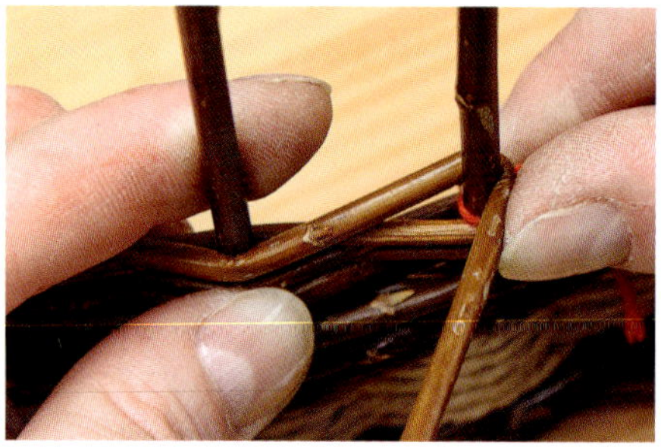

- Während des Umflechtens drücken Sie die Stake immer in Richtung der Aussparung. Dies verhindert, dass die Stake durch die Kraft der Ruten zur Seite gezogen und die Aussparung nach oben hin breiter wird.

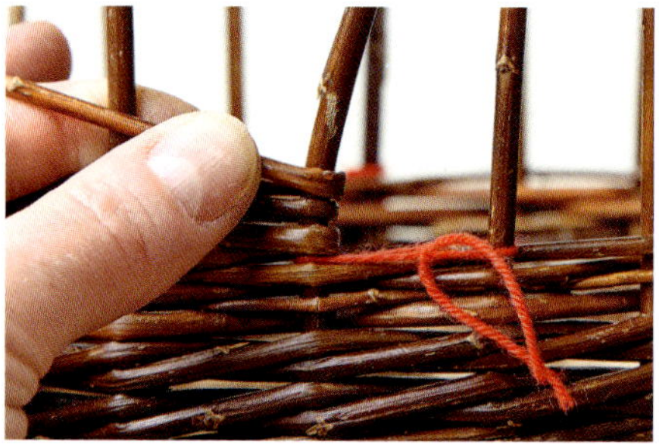

- Damit das Geflecht um die Stake herum schön dicht wird, sollten Sie diese alle zwei bis drei Runden einfach zweimal umwickeln.

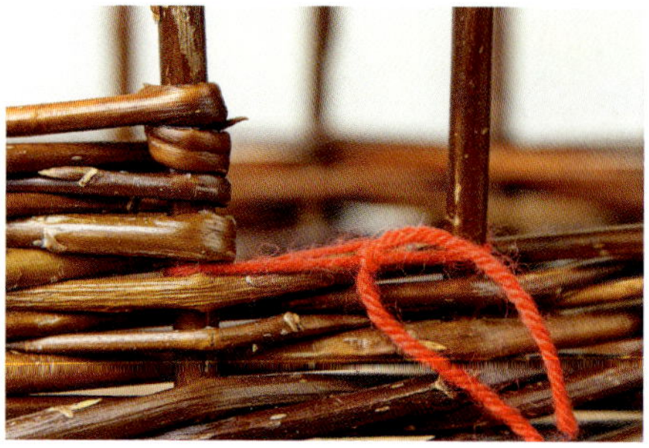

- Setzten Sie an der markierten Stake und an der Stake, die davor liegt, keine neuen Weidenruten an. Sollte eine Rute genau an dieser Stelle auslaufen, ist es besser, die alte Flechtrute schon etwas früher innen abzulegen und mit der neuen zu verlängern.

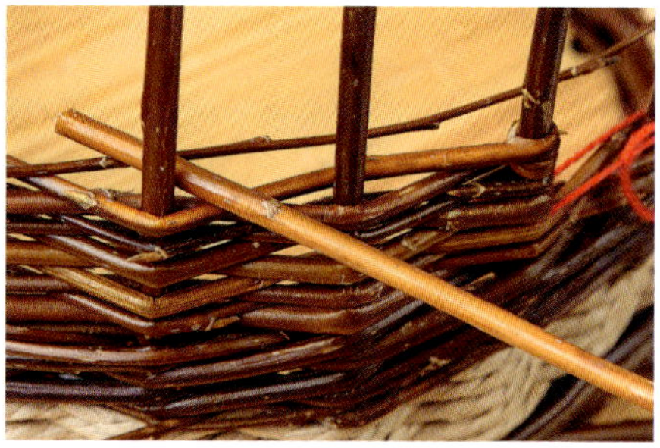

Wenden an der Vorderseite
Wenn Sie an der Vorderseite des Korbes ankommen, bleibt die markierte Stake frei, sie wird nicht noch einmal umflochten.

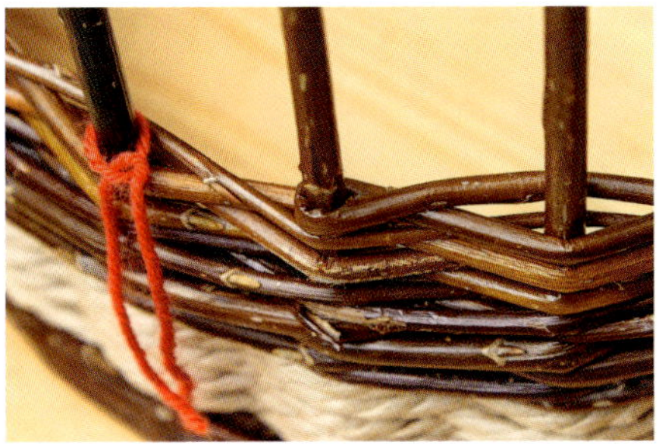

Beachten Sie dabei Folgendes:

- Um die Schräge zu flechten, wenden Sie um die benachbarten Staken wie folgt:
  - 1x um die Stake, die vor der markierten Stake liegt,
  - 2x um die Stake davor,
  - 3x um die Stake davor,
  - 2x um die Stake davor,
  - 1x um die Stake davor.

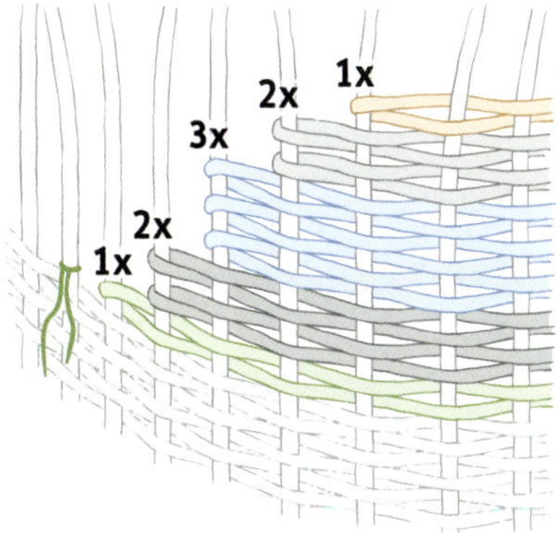

- Führen Sie mit dem Daumen die Weidenrute langsam so eng wie möglich um die Stake herum, damit keine unschönen, abstehenden Knicke entstehen (s. Foto Seite 78).
- Setzten Sie an der Stake, an der gewendet wird und auch kurz vorher keine neue Weidenrute an. Besser ist es, in diesem Falle die alte Rute schon etwas früher auslaufen zu lassen und dort zu verlängern (s. Foto Seite 78).

2 Oben angekommen, den Rest der Flechtrute wie auf Seite 42 gezeigt vernähen.

3 Klopfen Sie das Geflecht mit dem Schlageisen in jedem Zwischenraum nach unten. Starten Sie an der niedrigsten Stelle.

4 Jetzt kommt die zweite Hälfte an die Reihe. Nehmen Sie eine Flechtrute und legen Sie diese auf der Gegenseite mit dem Stammende hinter eine Stake. Die neue Rute sollte nicht parallel zur Rute in der vorherigen Runde verlaufen, sondern im entgegengesetzten Rhythmus geflochten werden.

5 Flechten Sie dann die andere Korbhälfte genauso, wie in Schritt 2–5 beschrieben.

Der Zuschlagrand
4 hinter 2

Flechten Sie aus den Staken den Rand *4 hinter 2*, wie er beim Brotkorb ab Seite 55 beschrieben wird. Der einzige Unterschied besteht darin, dass Sie mit dem Anknicken der Staken nicht an einer beliebigen Stelle starten sollten. Wegen der Schräge und der hinteren Aussparung ist es am einfachsten, Sie beginnen beim Wandkorb vorne mit der dritten Stake rechts neben der markierten.
Führen Sie die Schritte 1 – 13 für den Zuschlagrand aus.

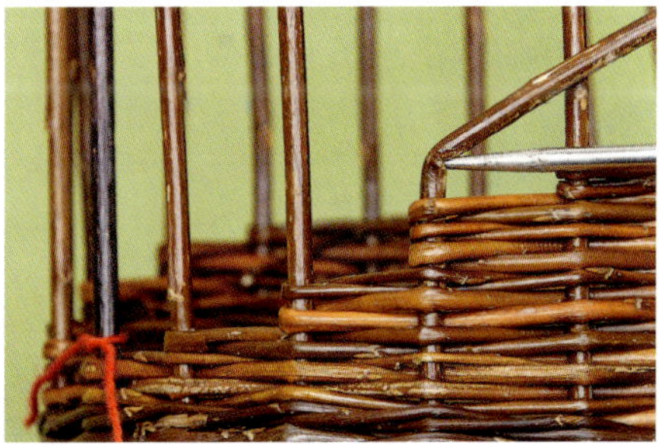

Ausputzen

1 Sie können die Wollfäden, mit denen Sie die Staken markiert haben, jetzt entfernen.

2 Schneiden Sie zunächst alle überstehenden Enden vom Rand ab. An den Stellen, wo zwischen Rand und Geflecht durch die

Schrägen etwas größere Lücken entstanden sind, sollten die Stammenden besser nicht ganz bündig abgeschnitten werden. Lassen Sie sie dort und hinten an der Aussparung lieber etwas länger, damit sie nicht nach innen durchrutschen können.

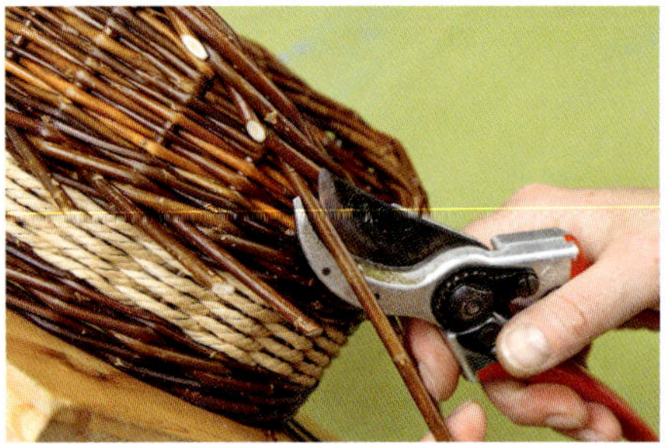

3 Entfernen Sie dann die Schnur, mit der Sie die Staken zusammengebunden haben und die Schablone. So kommen Sie von beiden Seiten ins Innere des Korbes, um auch dort alle überstehenden Reste abschneiden zu können. Gehen Sie sowohl innen als auch außen beim Ausputzen vor wie auf Seite 41 beschrieben.

Die untere Hälfte des Wandkorbes

Die untere Hälfte des Wandkorbes wird vollends im Zäunergeflecht gearbeitet. Sie benötigen dafür die restlichen Flechtruten mit ca. 1 m Länge.

Da gegen Ende des Korbes hin die Abstände zwischen den Staken immer kleiner werden, ist es am besten, Sie legen sich die dünnsten Ruten für später zur Seite und verwenden zunächst die etwas dickeren.

Das Zäunen

1 Legen Sie die erste Flechtrute mit dem Stammende zwischen zwei beliebige Staken, sodass sie ca. 1 cm hinter einer Stake liegt. Verflechten Sie die Rute im Zäunergeflecht und verlängern Sie diese wie auf Seite 77.

2 Wenn Sie ein paar Runden geflochten haben, ist die Formgebung wichtig. Drücken Sie ab sofort jede einzelne Stake beim Umflechten nach innen.

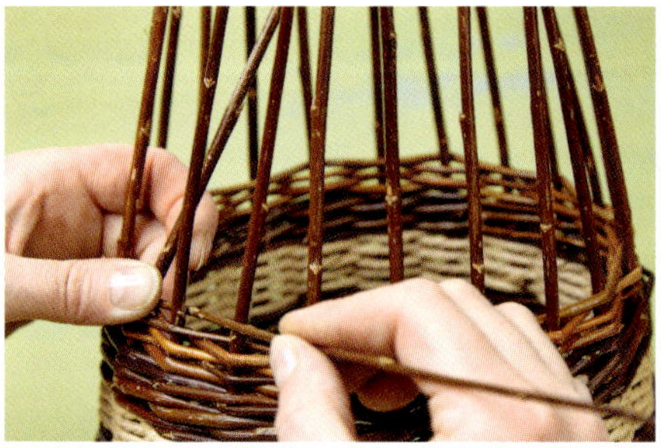

3 Flechten Sie so lange weiter, bis der Wandkorb für Ihren Geschmack unten weit genug geschlossen ist bzw. bis die Ruten aufgebraucht sind. Die letzte Weidenspitze ziehen Sie durch

Tipp

Je kleiner die Abstände zwischen den Staken werden, desto schwieriger wird es, die Ruten dazwischen zu flechten. Sie erleichtern sich das Flechten, indem Sie immer wieder die Staken an der Stelle, an der sie zusammenstoßen, sortieren. Richten Sie die Staken so aus, dass sie sich nicht überkreuzen, sondern alle in die gleiche Richtung zeigen – leicht nach rechts geneigt. So haben Sie nach oben hin mehr Platz, um eine Flechtrute zwischen den Staken durchzuführen.

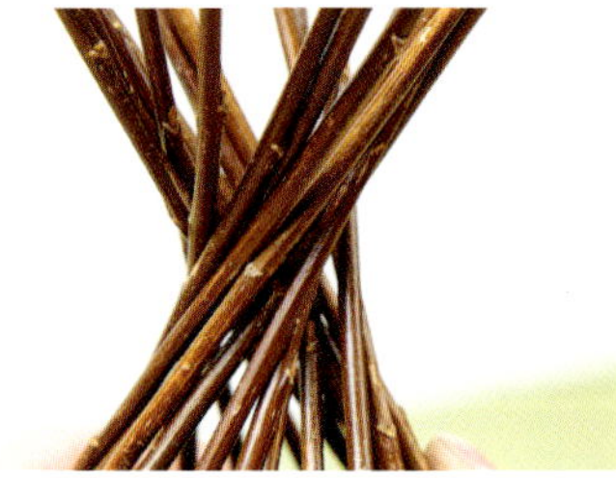

die letzte Geflechtsrunde ins Innere des Wandkorbes. Schaffen Sie sich vorher Platz mit dem Pfriem.

Japanisches Auge

1 Nehmen Sie den Draht und umwickeln Sie die Stelle, an der die Staken zusammenstoßen, drei- bis viermal so fest wie möglich. Die Drahtenden miteinander verzwirbeln und die Reste mit der

Zange abschneiden. Drücken Sie den abstehenden Teil mit dem Pfriem ins Innere des Korbes.

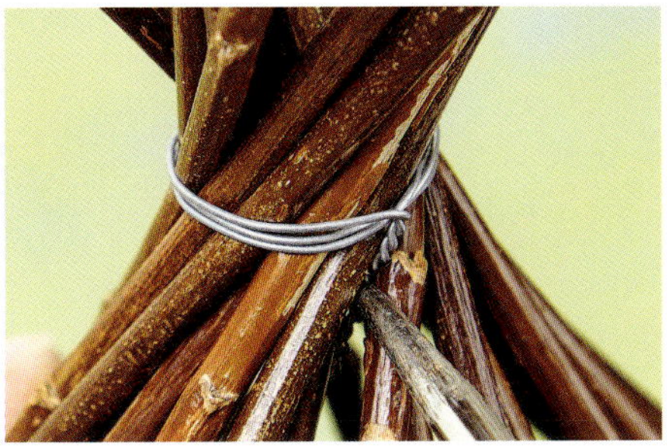

2 Beenden Sie die untere Hälfte des Korbes mit einem Japanischen Auge wie ab Seite 43 gezeigt. Das Auge sollte den Draht so weit wie möglich verdecken und nach vorne zeigen.

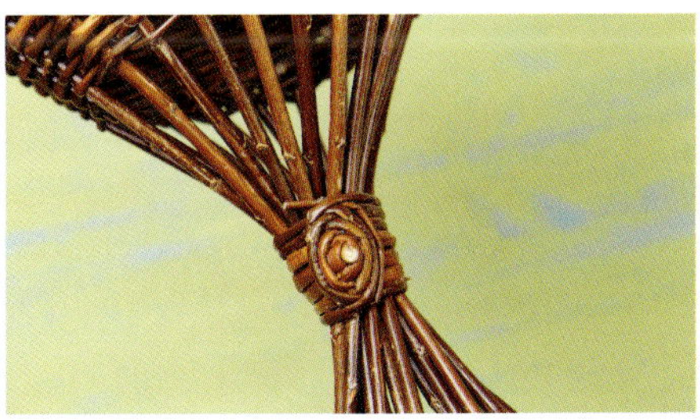

Der Abschluss

1 Ganz am Ende wird noch einmal ausgeputzt. Nehmen Sie den Wandkorb dafür am besten zu sich auf den Schoß. Schneiden Sie alle restlichen Stammenden und Spitzen am gesamten Korb ab, soweit Sie drankommen.

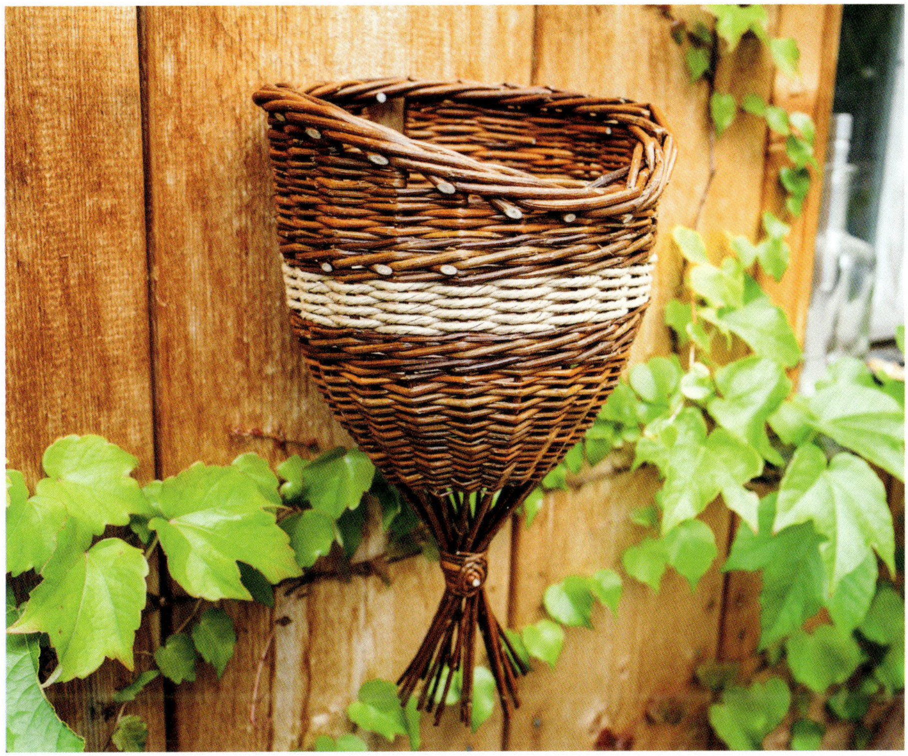

2 Die Staken unterhalb des japanischen Auges können Sie so weit kürzen, wie es Ihnen gefällt.

Der Wandkorb ist fertig!

Der Wandkorb kann vielseitig genutzt werden. Er ist beispielsweise in der Küche für verschiedene Küchenhelfer einsetzbar oder als Zwiebelkorb geeignet. Mit einer blühenden Hängepflanze oder verschiedenen kleineren Gartengeräten ist er draußen dekorativ und nützlich.

Wenn Sie einen Pflanztopf in den Wandkorb stellen wollen, legen Sie am besten vorher einen Untersetzer in passendem Durchmesser hinein. Bei anderen Verwendungszwecken kann es hilfreich sein, ein Küchenhandtuch o. ä. unten in den Korb zu legen.

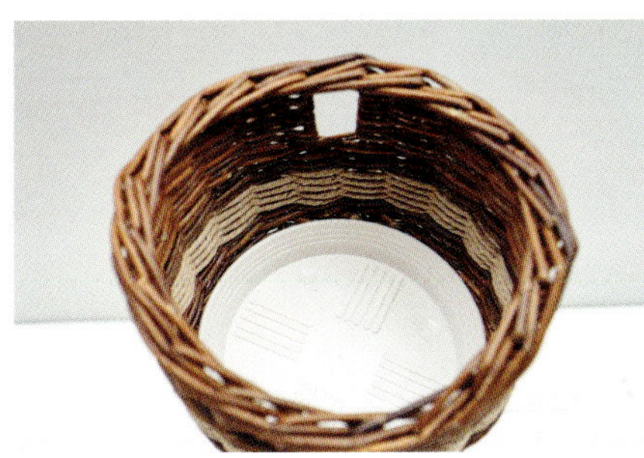

Glockengeflechte

Das Glockengeflecht wird auch Spiral- oder Rasseltechnik genannt. Es kann mit unterschiedlich vielen Ruten hergestellt werden. Sehr häufig werden sieben Ruten dafür verwendet. Die Weiden sollten schlank und sehr biegsam sein. Für diese Technik eignen sich daher nicht alle Weidensorten.

Grundsätzlich haben die beiden Daumen beim Glockengeflecht viel zu tun und die Technik erfordert einiges an Kraft und Übung. Sie werden merken, dass es Ihnen mit jedem Mal leichter fällt. Die Projekte im folgenden Kapitel sind nach Schwierigkeitsgrad geordnet. Für die Gartenstecker werden nur jeweils fünf Ruten benötigt. Deshalb sind sie für Ungeübte etwas einfacher und es empfiehlt sich, mit ihnen anzufangen.

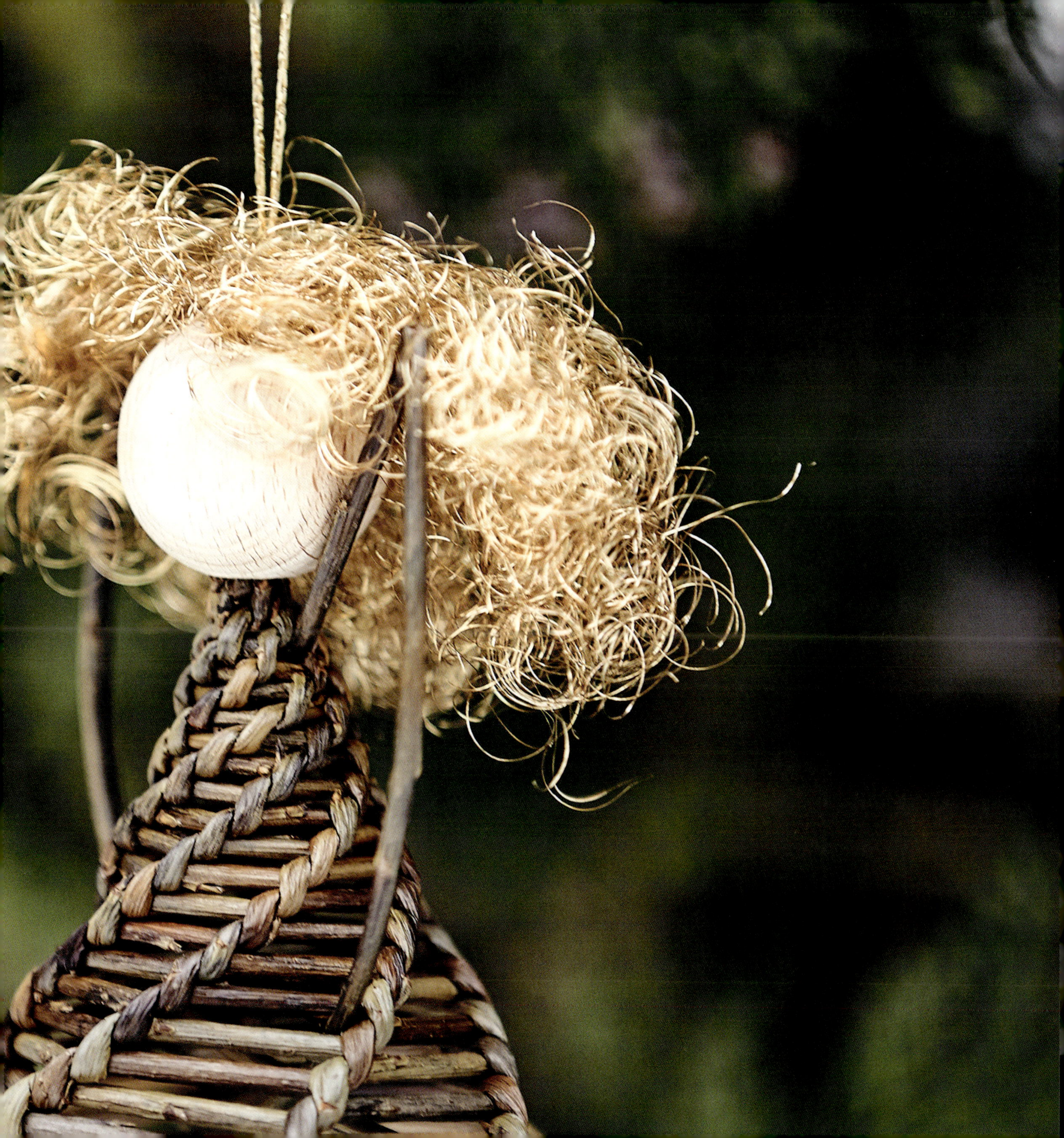

Gartenstecker

Größe

ø ca. 7 cm (weiteste Stelle),
Höhe ca. 10 cm

Material

- 5 Ruten in Braun, ca. 1,20 m lang, mittlere Stärke
- Rute in Braun, ca. 0,30 m lang, dünn
- Stock, ca. 1,20 m lang
- Draht, ca. 10 cm lang, dünn
- Gartenschere
- Pfriem
- Kombizange

Das Glockengeflecht mit 5 Weidenruten

Die Gartenstecker können mit etwas Übung in verschiedenen Formen hergestellt werden. Hier wird die zwiebelförmige Variante gezeigt.

1 Nehmen Sie 5 Ruten mit ca. 1,20 m Länge und schneiden diese wenn nötig so ab, dass sie gleich lang sind. Sortieren Sie dafür die Spitzen auf gleiche Länge und kürzen die Stammenden entsprechend ein.

2 Umwickeln Sie die Weidenruten mit dem Draht etwa 15 cm unterhalb der Spitzen. Der Draht wird später wieder entfernt, er dient nur der Fixierung der Ruten. Um sich beim Flechten nicht zu verletzen, biegen Sie die Drahtenden, nachdem Sie sie ein paarmal umeinander herum gedreht haben, zu den Spitzen hin.

3 Biegen Sie die Weidenruten vorsichtig nach unten und verteilen Sie sie dabei strahlenförmig.

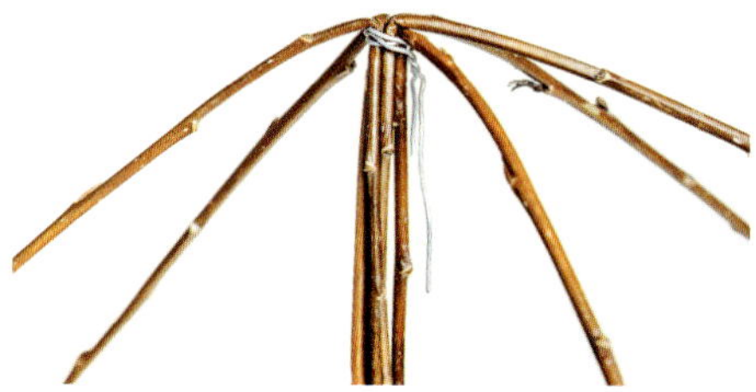

4 Geflochten wird nun gegen den Uhrzeigersinn. Nehmen Sie eine beliebige Weidenrute und legen Sie diese über zwei Ruten ab. Die zweite Rute, die eben überflochten wurde, ist jetzt an der Reihe. Auch sie wird wieder über zwei Ruten gelegt.

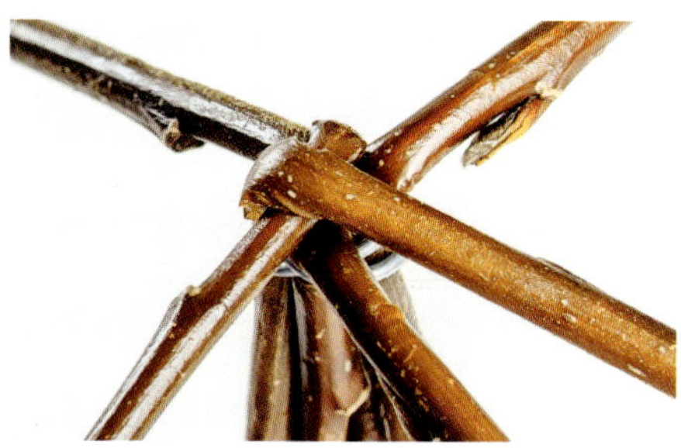

5 Diesen Flechtschlag wiederholen Sie so oft, bis Sie zwei oder drei Runden geflochten haben. Sobald Sie in der Mitte des Geflechts ein kleines Quadrat entdecken, können Sie wie in Schritt 6 beschrieben fortfahren.

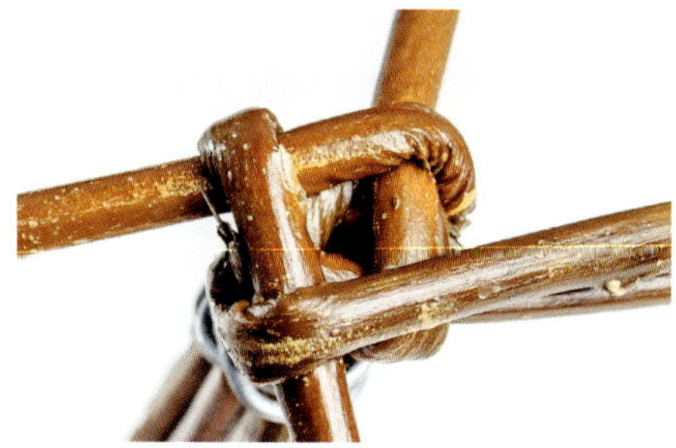

6 Ab jetzt wird der Gartenstecker geformt. Die Weidenrute, die als nächstes an der Reihe ist, wird nun nicht mehr über zwei Ruten gelegt, sondern direkt auf die zweite Rute – im Folgenden Zielrute genannt.

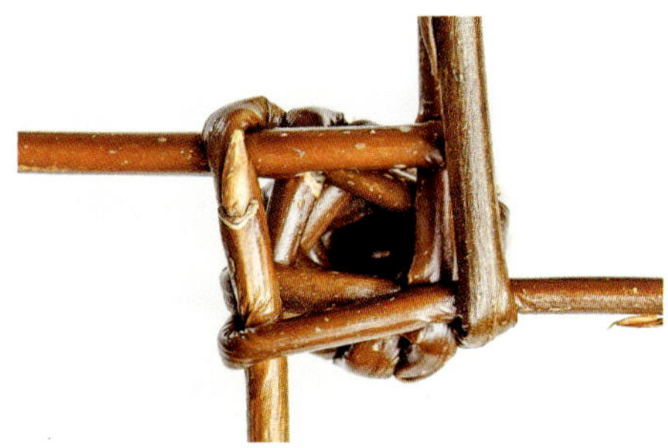

7 Die Zielrute wird nun rechts unter der abgelegten Rute hervor geholt, so eng wie möglich um diese geschlungen und auf der nächsten Rute abgelegt.

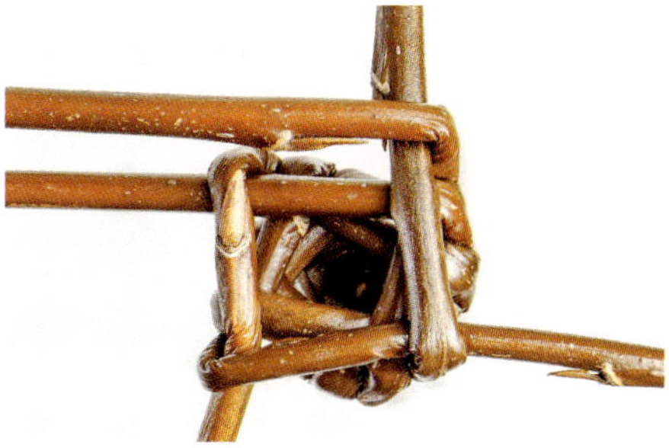

Hinweis

Die Ruten sollten deswegen möglichst eng umeinander herum geschlungen werden, damit Sie ein gleichmäßiges Geflecht erhalten. Führen Sie dafür die Weidenrute, mit der der Flechtschlag ausgeführt wird, Millimeter für Millimeter mit dem Daumen um die abgelegte Weide herum.

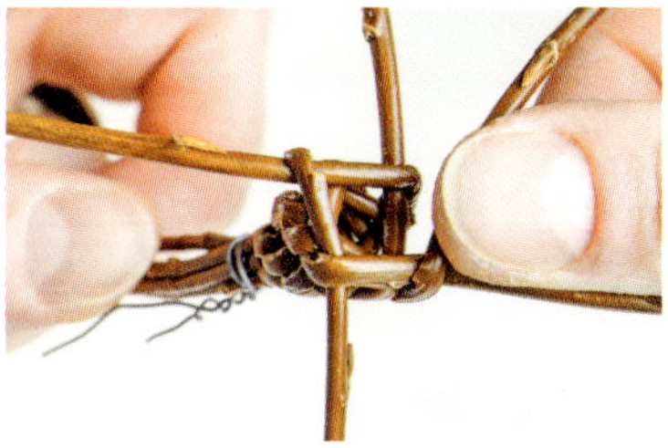

8 Diesen Vorgang wiederholen Sie nun ungefähr fünf Runden lang. Beachten Sie dabei – wie beim gesamten weiteren Flechten –,

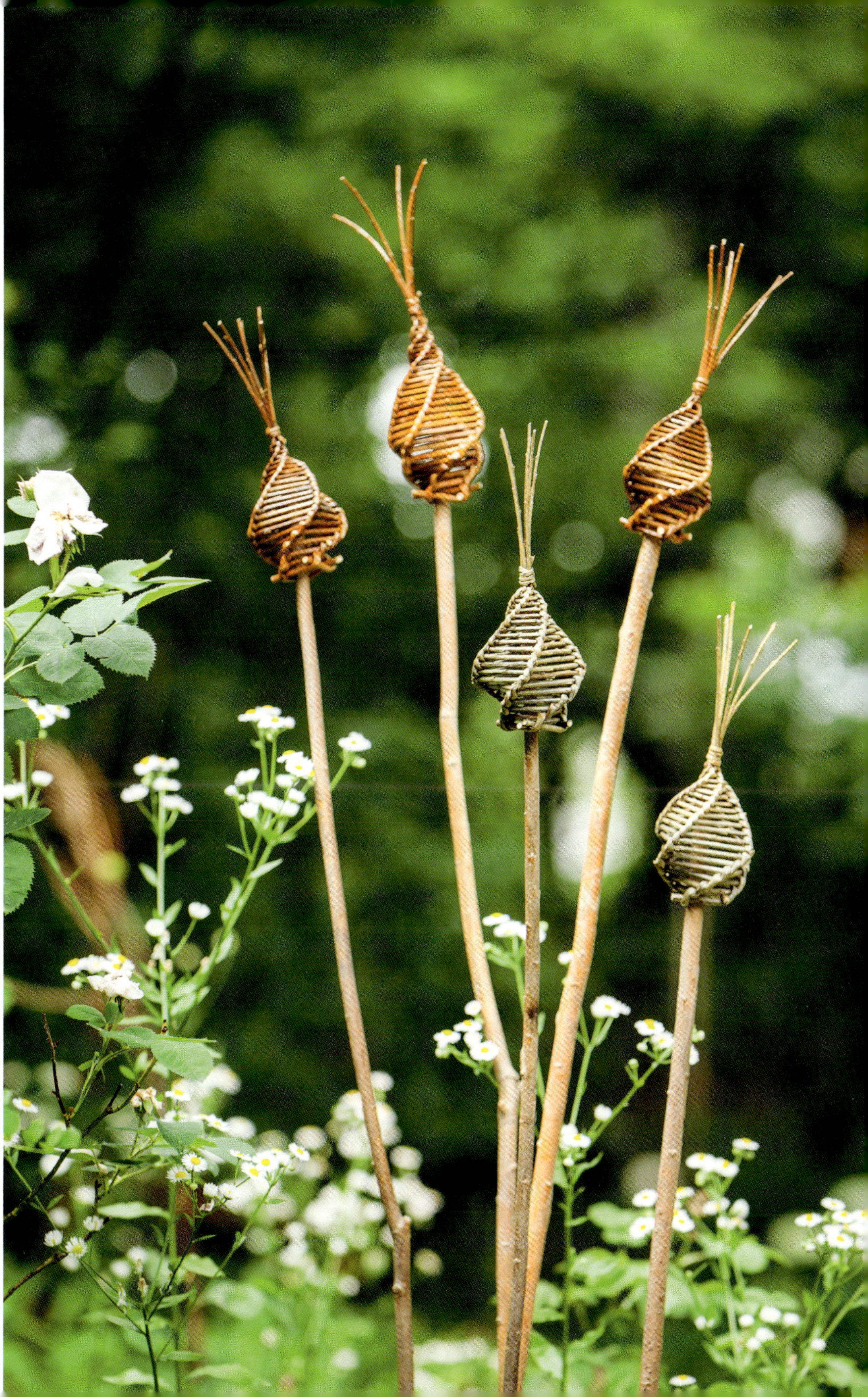

dass die Abstände der Ruten etwa gleich groß sein sollten. Hierfür ist es hilfreich, das Quadrat (s. Schritt 5) immer im Blick zu behalten.

9 Um das Geflecht aufzuweiten, werden die Flechtruten in den nächsten Runden nicht mehr direkt auf die Zielrute gelegt, sondern leicht nach außen versetzt (s. Hinweis). Die Flechtruten liegen dabei jeweils auf der rechten Kante des Knotens, der sich in der vorherigen Flechtrunde gebildet hat.

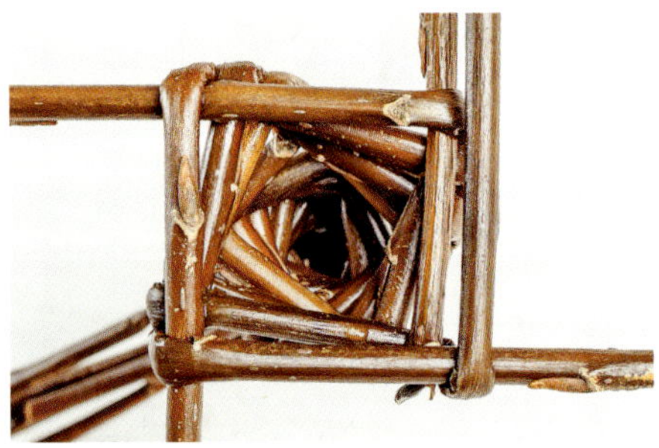

10 Diese Flechtweise wiederholen Sie so lange, bis die Flechtruten noch eine Länge von ca. 45 cm haben.

11 Der jetzt erreichte Umfang wird noch für 2–3 Runden beibehalten. Dafür die Flechtrute wieder auf der Zielrute ablegen.

12 Nun neigen sich die Flechtruten allmählich dem Ende. In den letzten Runden sollte deswegen dafür gesorgt werden, dass sich der Gartenstecker noch soweit schließt, dass er am unteren Ende einen zum Stock passenden Durchmesser erhält. Die Weidenruten werden jetzt also immer links neben der Zielrute abgelegt. Der Abstand zwischen Zielrute und abgelegter Rute kann dabei vor allem ganz am Schluss bei Bedarf auch größer gewählt werden.

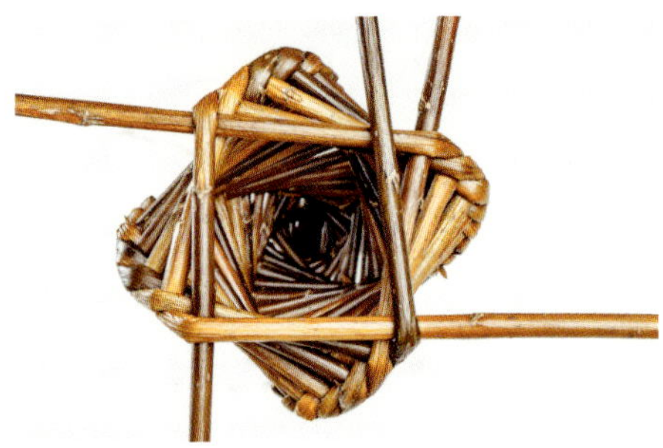

Tipp

Um die gewünschte Form zu erreichen, muss die Weidenrute, die umflochten wird, gut mit dem linken Daumen fixiert werden. Sie darf, während der Flechtschlag ausgeführt wird, nicht wieder verrutschen. Das kann für den linken Daumen mitunter sehr anstrengend sein. Sie können sich mit der richtigen Handhabung helfen.

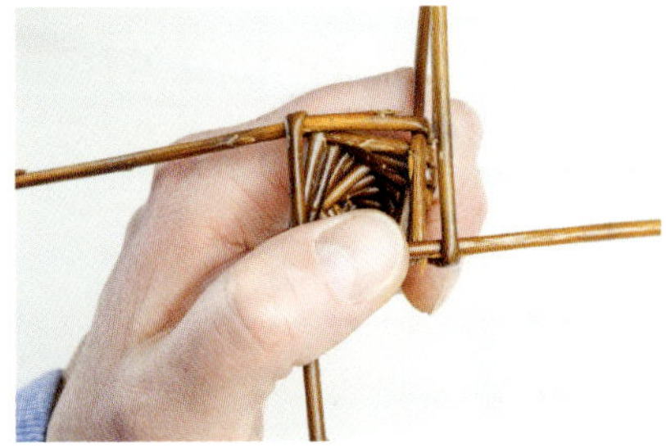

Drehen Sie nach jedem Flechtschlag das gesamte Geflecht, sodass die Stelle, an der gerade geflochten wird, immer zu Ihnen zeigt. So kann mehr Druck auf die Weidenrute ausgeübt werden.

Hinweis

Soll das Geflecht gerade nach oben gehen, legen Sie die Rute direkt auf die Zielrute.

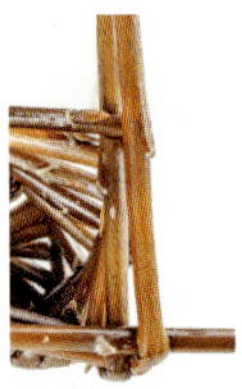

Wenn das Geflecht weiter werden soll, legen Sie die Rute rechts neben der Zielrute ab.

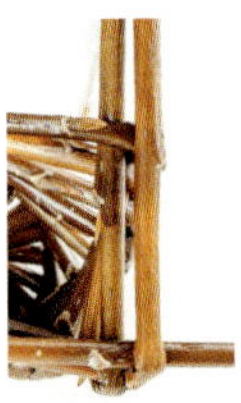

Je nachdem, wie groß der Abstand zwischen Flechtrute und Zielrute ist, öffnet sich das Geflecht mehr oder weniger.

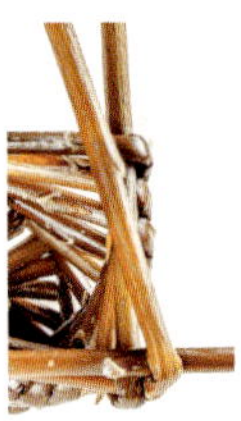

Soll das Geflecht schmaler werden, legen Sie die Rute links neben der Zielrute ab. Auch hier entscheidet der Abstand wieder über die Form des Modells.

13 Wenn Sie den Gartenstecker mit einem kleinen „Füßchen" versehen wollen, legen Sie in den letzten beiden Runden die Weidenrute statt links neben der Zielrute wieder direkt auf dieser ab.

Tipp

Sollte Ihnen eine Weidenrute abbrechen, kann Sie ganz einfach ersetzt werden. Kürzen Sie eine neue Rute von der Spitze her so ein, dass sie in Etwa die gleiche Länge wie die restlichen Flechtruten hat. Schneiden Sie dann die abgebrochene Rute direkt am Geflecht ab. Die neue Rute wird nun parallel neben die alte ins Geflecht geschoben. Gegebenenfalls muss vorher mit dem Pfriem Platz geschaffen werden.

Wenn der Gartenstecker fertig geflochten ist, kann der Überstand der angesetzten Rute beim Ausputzen direkt am Geflecht abgeschnitten werden.

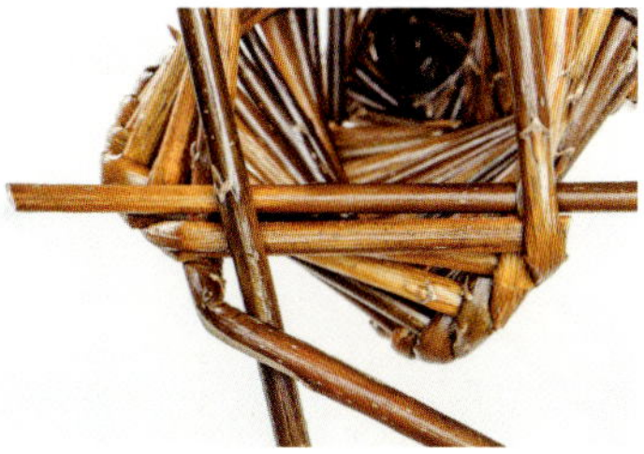

14 Zum Abschließen des Geflechts führen Sie die Flechtrute wieder zur Zielrute hin. Diese Rute macht Platz, indem sie etwas zur Seite geschoben wird. So kann die letzte Flechtrute durch die vorherige Runde des Geflechts geschoben werden. Notfalls muss mit der Kombizange beim Durchziehen etwas nachgeholfen werden. Die Zielrute wird dann wieder an ihren ursprünglichen Platz zurückgeschoben.

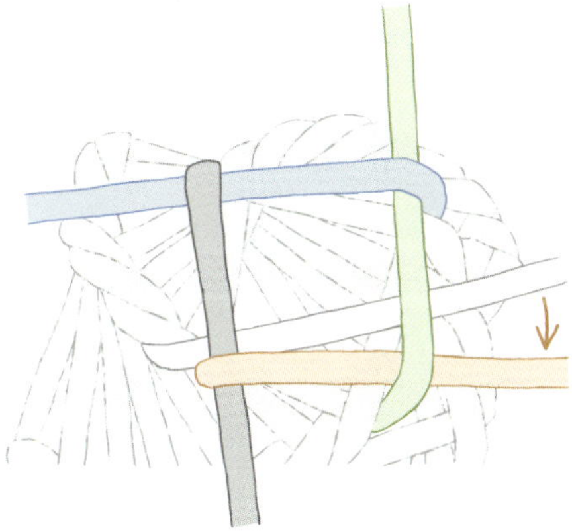

15 Schneiden Sie alle überstehenden Stammenden der Weidenruten mit ein wenig Sicherheitsabstand zum Geflecht ab.

Die Wicklung

Um den Gartenstecker noch zu verschönern, wird der Draht durch eine Weidenrute ersetzt. Hierfür benötigen Sie die Rute mit ca. 0,30 m Länge.

1 Zuerst wird der Draht entfernt. Achten Sie dabei darauf, dass Sie die Spitzen des Gartensteckers nicht loslassen, da sich ansonsten das Geflochtene wieder auflösen würde. Nehmen Sie den Gartenstecker so in die Hand, dass die Spitzen nach rechts zeigen.

2 Machen Sie nun eine Wicklung, wie sie bei den Techniken ab Seite 42 gezeigt und beschrieben wird.

Fertigstellung

Wenn es Ihnen gefällt, können Sie zum Schluss die Weidenspitzen mit der Gartenschere einkürzen und über den Daumen etwas nach außen biegen.

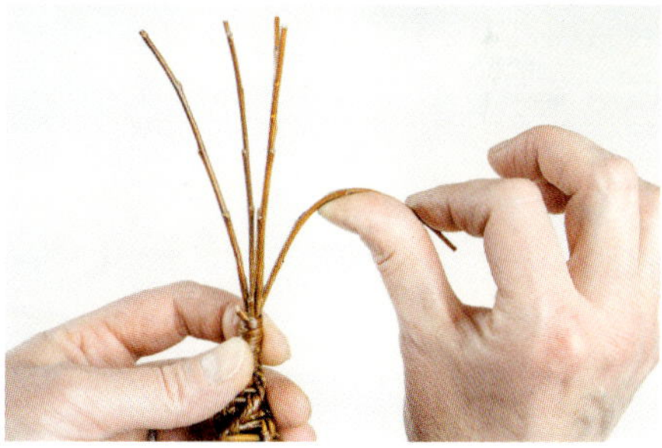

Abschließend den Gartenstecker nur noch auf den Stock stecken.

Der Gartenstecker ist fertig!

Besonders reizvoll sieht es aus, wenn Sie ein Beet oder einen Blumentopf gleich mit mehreren Gartensteckern in unterschiedlichen Größen, Formen und Höhen dekorieren!

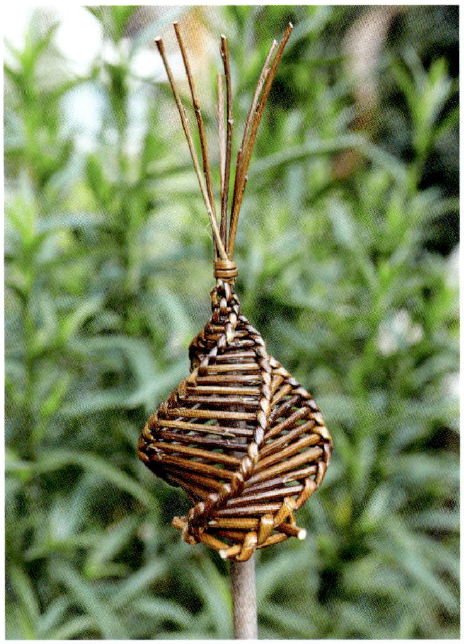

Variante

Sie können auch größere Gartenstecker herstellen, die dann zum Beispiel auf Pfosten gesetzt werden. Je mehr Ruten Sie nehmen, desto breiter wird das Geflecht. Desto länger sollten allerdings auch die Flechtruten sein.

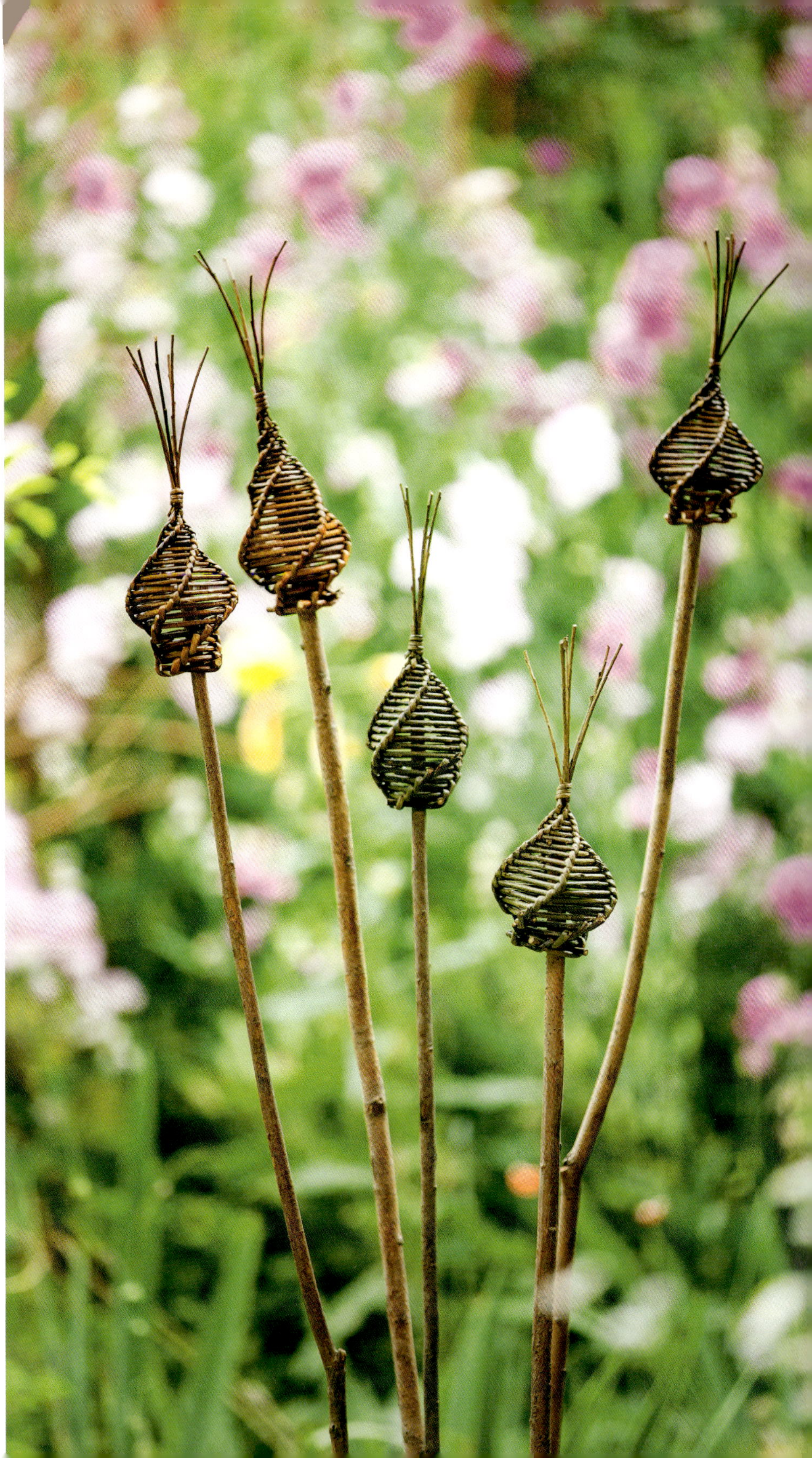

Knödelhäuschen

Größe

ø ca. 9 cm (weiteste Stelle),
Höhe ca. 11 cm

Material

- 7 Ruten in Braun, ca. 1,20 m lang, mittlere Stärke
- Rute in Braun, ca. 0,35 m lang, dünn
- Blumenwickeldraht, verzinkt, ø 0,65 mm, ca. 15 cm lang
- Draht, verzinkt, ø 1,4 mm, 45 cm lang
- Schnur, reißfest
- Meisenknödel
- Gartenschere
- Pfriem
- Kombizange

Das Glockengeflecht mit 7 Weidenruten

Die Technik des Glockengeflechts mit 7 Ruten entspricht grundsätzlich der mit 5 Ruten, wie es beim Gartensteckern gezeigt wurde. Die dort beschriebenen Tipps und Hinweise sind auch für dieses Projekt hilfreich.

1 Bereiten Sie die Ruten mit 1,20 m Länge wie beim vorherigen Projekt auf Seite 84 unter Schritt 1 – 3 beschrieben vor. Nehmen Sie anstelle von 5 jetzt 7 Flechtruten, die mit dem dünnen Draht zusammengebunden werden.

2 Geflochten wird wieder gegen den Uhrzeigersinn. Nehmen Sie eine beliebige Weidenrute und legen diese über zwei Ruten ab.

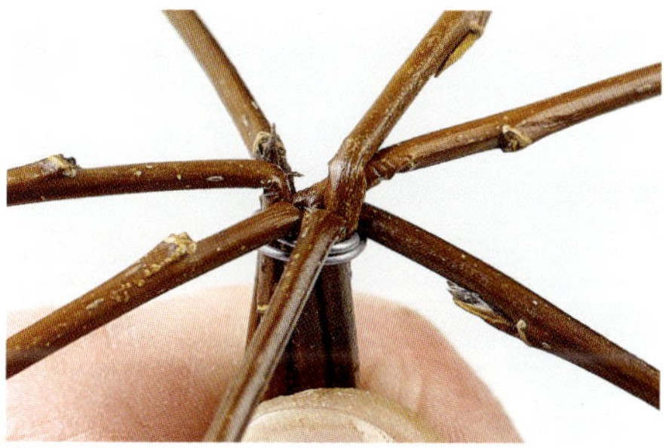

Die zweite Rute, die eben überflochten wurde, ist jetzt an der Reihe. Auch sie wird wieder über zwei Ruten gelegt.

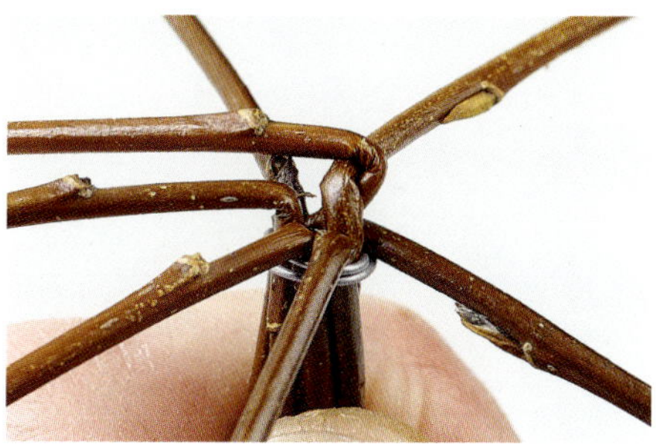

3 Diesen Flechtschlag wiederholen Sie so oft, bis Sie zwei oder drei Runden geflochten haben. Sobald Sie in der Mitte des Geflechts ein kleines Sechseck entdecken, können Sie wie in Schritt 4 beschrieben fortfahren.

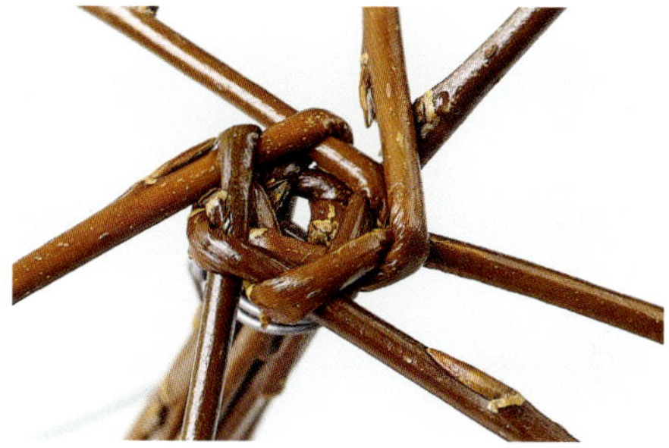

4 Ab jetzt wird geformt. Die Weidenrute, die als nächstes an der Reihe ist, wird nun nicht mehr über zwei Ruten gelegt, sondern direkt auf die zweite Rute – im Folgenden Zielrute genannt.

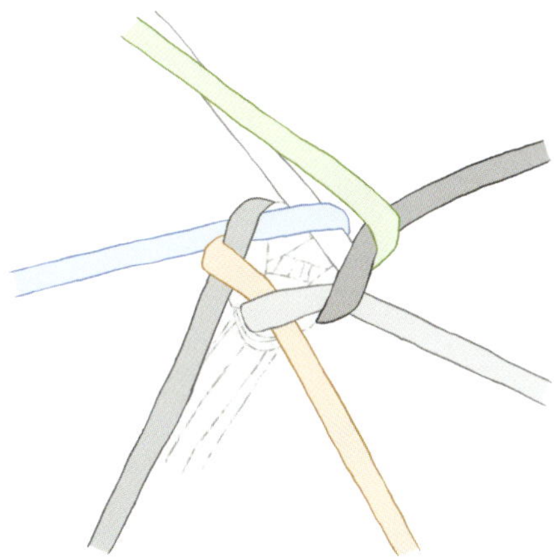

5 Die Zielrute wird nun rechts unter der abgelegten Rute hervor geholt, so eng wie möglich um diese geschlungen und auf der nächsten Rute abgelegt.

6 Diesen Vorgang wiederholen Sie nun ungefähr drei Runden lang. Beachten Sie dabei – wie beim gesamten weiteren Flechten –, dass die Abstände der Ruten etwa gleich groß sein sollten. Hierfür ist es hilfreich, das Sechseck (s. Schritt 3) immer im Blick zu behalten.

7 Um das Geflecht aufzuweiten, werden die Flechtruten ab sofort nicht mehr direkt auf die Zielrute geführt, sondern auf der Kante rechts außen abgelegt.

8 Diese Flechtweise wiederholen Sie so lange, bis die Flechtruten noch eine Länge von ca. 35 cm haben.

9 In den letzten Runden sollte das Geflecht noch etwas weiter werden. Deswegen legen Sie die Weidenruten jetzt nicht mehr auf die Kante des Knotens, sondern rechts daneben. Die so abgelegte Rute auch tatsächlich zu halten, während sie von der nächsten Rute umflochten wird, erfordert im linken Daumen viel Kraft.

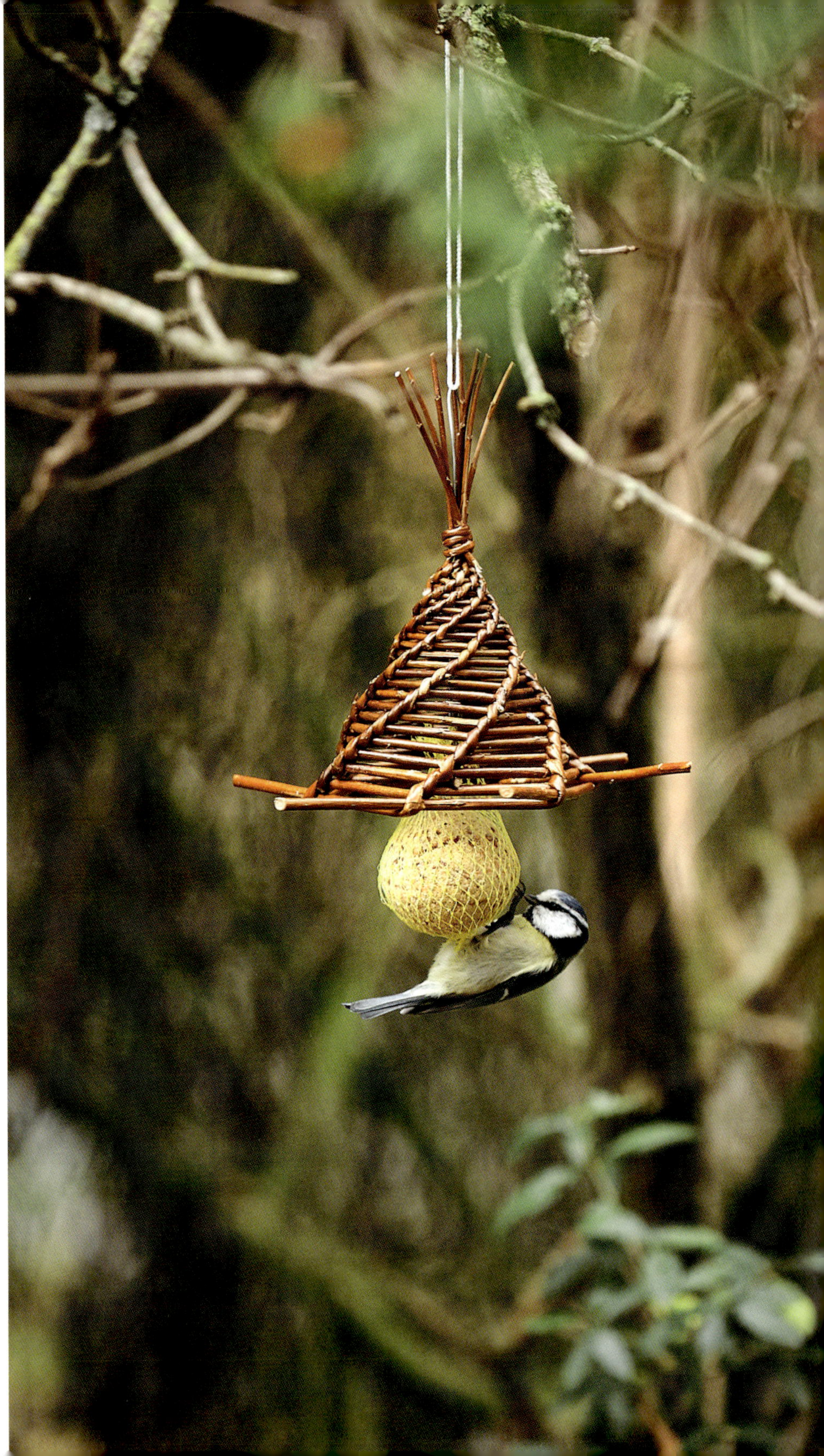

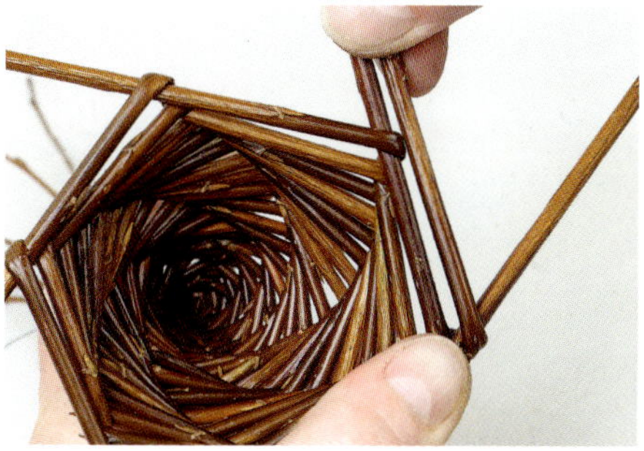

10 Wenn Sie die Weiden etwas länger lassen wollen, damit die Meisen sie als Landeplatz nutzen können, sollten Sie schon früher aufhören zu flechten. Schließen Sie wie beim vorherigen Projekt auf Seite 87 unter Schritt 14 beschrieben ab.

11 Kürzen Sie die zuletzt verflochtene Weide mit etwas Abstand zum Geflecht.

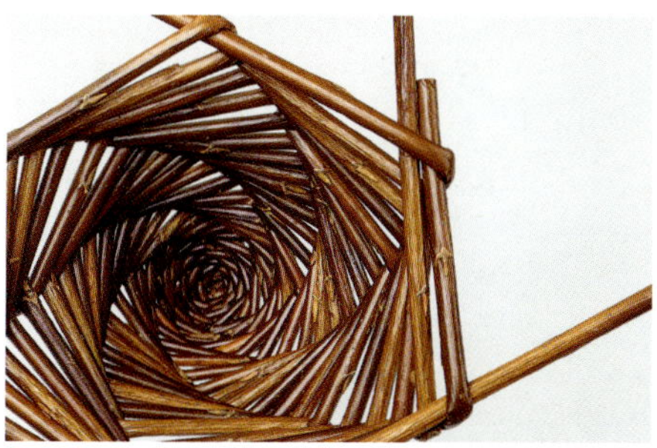

Die restlichen Stammenden können in beliebiger Länge ebenfalls abgeschnitten werden.

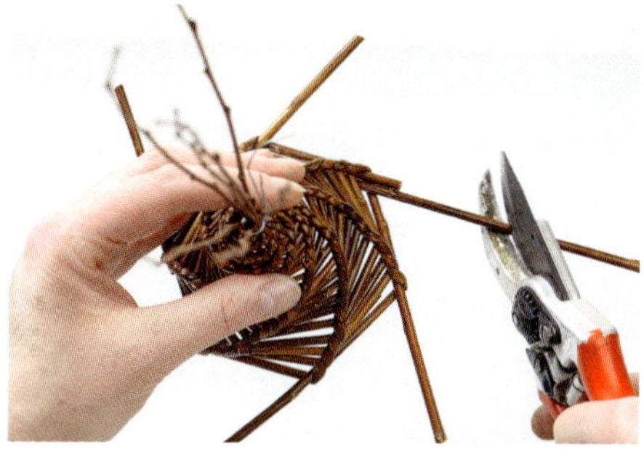

Der Haken aus Draht

1 Nehmen Sie den 1,4 mm starken Draht und biegen Sie ihn oben zu einer ca. 7 cm großen Schlaufe. Das Drahtende wird zur Fixierung zwei bis drei Mal um den Draht gewickelt.

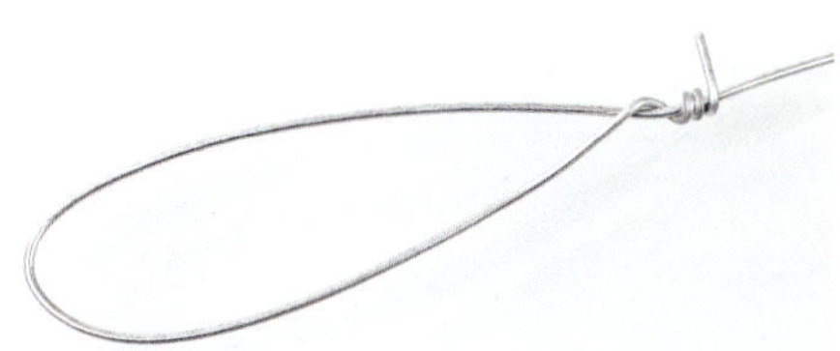

Mithilfe der Kombizange das scharfkantige Ende fest andrücken.

2 Für den Haken biegen Sie den restlichen Draht nach ungefähr 8 cm um, sodass zwei Stränge parallel laufen.

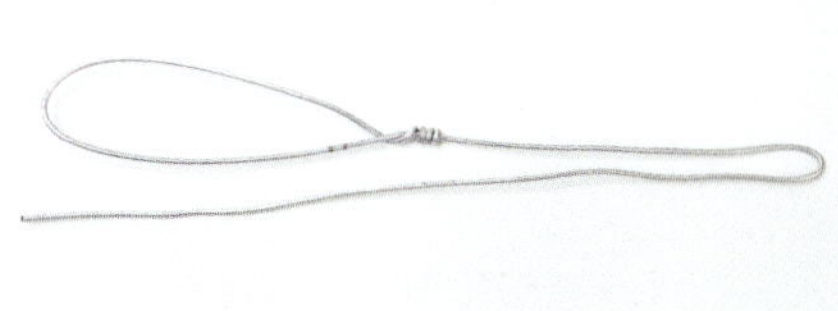

Dann wird das Ende an der gleichen Stelle wie zuvor einige Male um den Draht gewickelt. Den Rest wieder abschneiden und mit der Zange festdrücken.

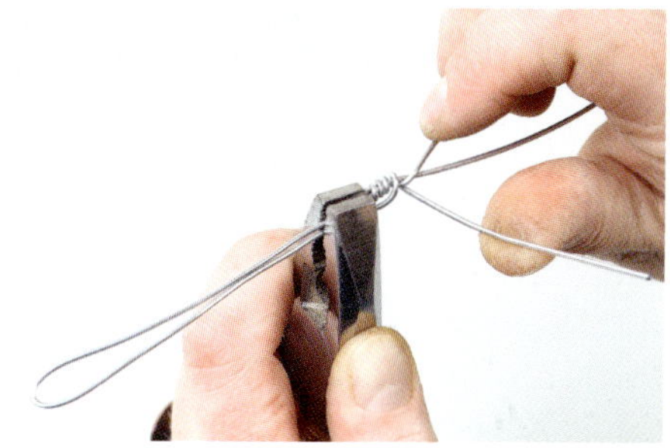

3 Die beiden parallel verlaufenden Drahtstücke mit der Kombizange zusammendrücken. Der Haken hat jetzt eine Gesamtlänge von ca. 15 cm.

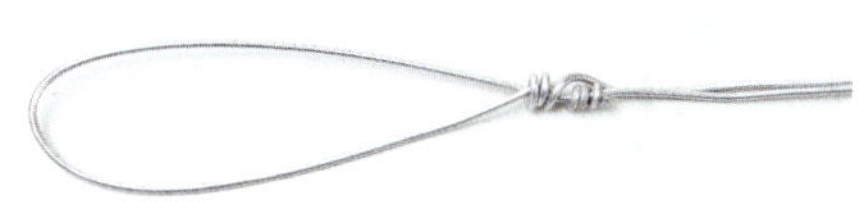

Befestigung und Wicklung

Anders als bei den Gartensteckern wird der dünne Draht, der die Ruten beim Glockengeflecht fixiert hat, nur kurz entfernt und später wieder verwendet.
Für die Wicklung, die über den Draht geflochten wird, benötigen Sie die kurze Weidenrute.

1 Entfernen Sie den dünnen Draht an der Spitze des Glockengeflechts. Achten Sie dabei darauf, dass sich das Geflochtene nicht wieder auflösen kann.

2 Schieben Sie den Haken von unten so weit ins Geflecht, dass nur die Schlaufe oben herausschaut. Die Schlaufe muss eventuell zuvor etwas zusammengedrückt werden, damit sie durch das Geflecht passt.

3 Fixieren Sie Haken und Weidenspitzen mit dem dünnen Draht, indem Sie beides direkt am Geflecht mindestens zweimal mit dem Draht fest umwickeln. Die Drahtenden dann miteinander verzwirbeln und die Reste abschneiden. Biegen Sie den abstehenden Teil an das Geflecht und drücken ihn mit der Kombizange möglichst flach an.

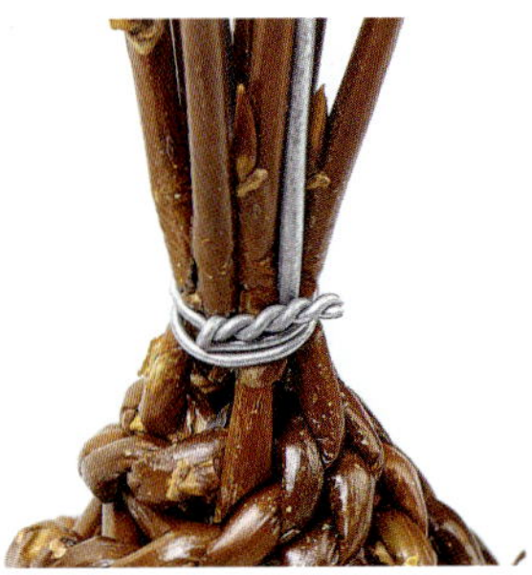

4 Danach machen Sie nun eine Wicklung wie ab Seite 42 beschrieben. Die Wicklung sollte den Draht weitestgehend verdecken.

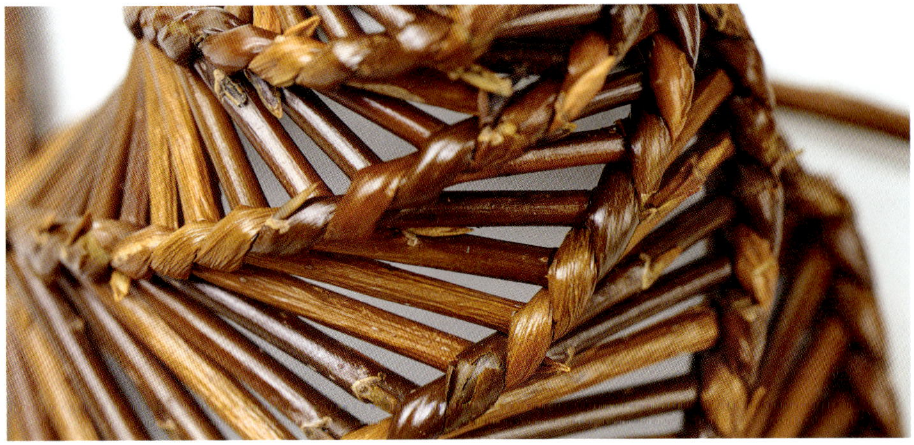

Fertigstellung

1 Nun muss der Haken noch mithilfe der Kombizange umgebogen werden. Damit der Meisenknödel den richtigen Abstand zum Geflecht hat, den Draht am besten 1 – 2 cm oberhalb der Unterkante des Geflechts nach oben biegen.

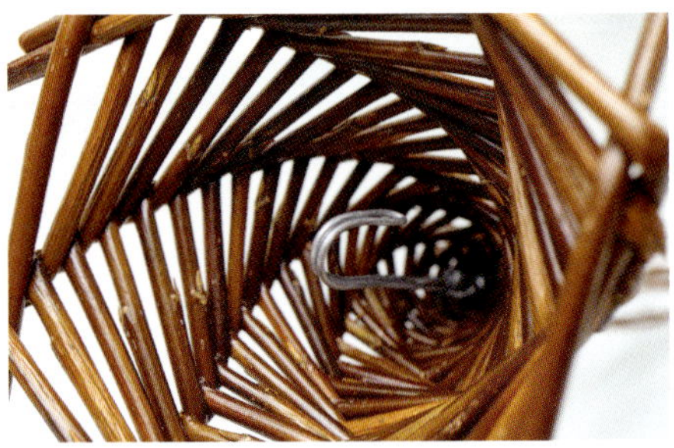

2 Wurde die Schlaufe zuvor zusammengedrückt, kann sie jetzt wieder in ihre ursprüngliche Form zurückgebracht werden. An der Schlaufe eine Schnur in beliebiger Länge befestigen.

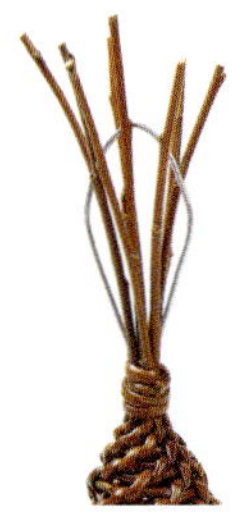

3 Wenn es Ihnen gefällt, können Sie abschließend die Weidenspitzen noch etwas einkürzen und wie beim vorherigen Projekt auf Seite 88 beschrieben über den Daumen nach außen biegen.

Das Knödelhäuschen ist fertig!

Jetzt nur noch den Meisenknödel am Haken befestigen, aufhängen und abwarten …

Engel

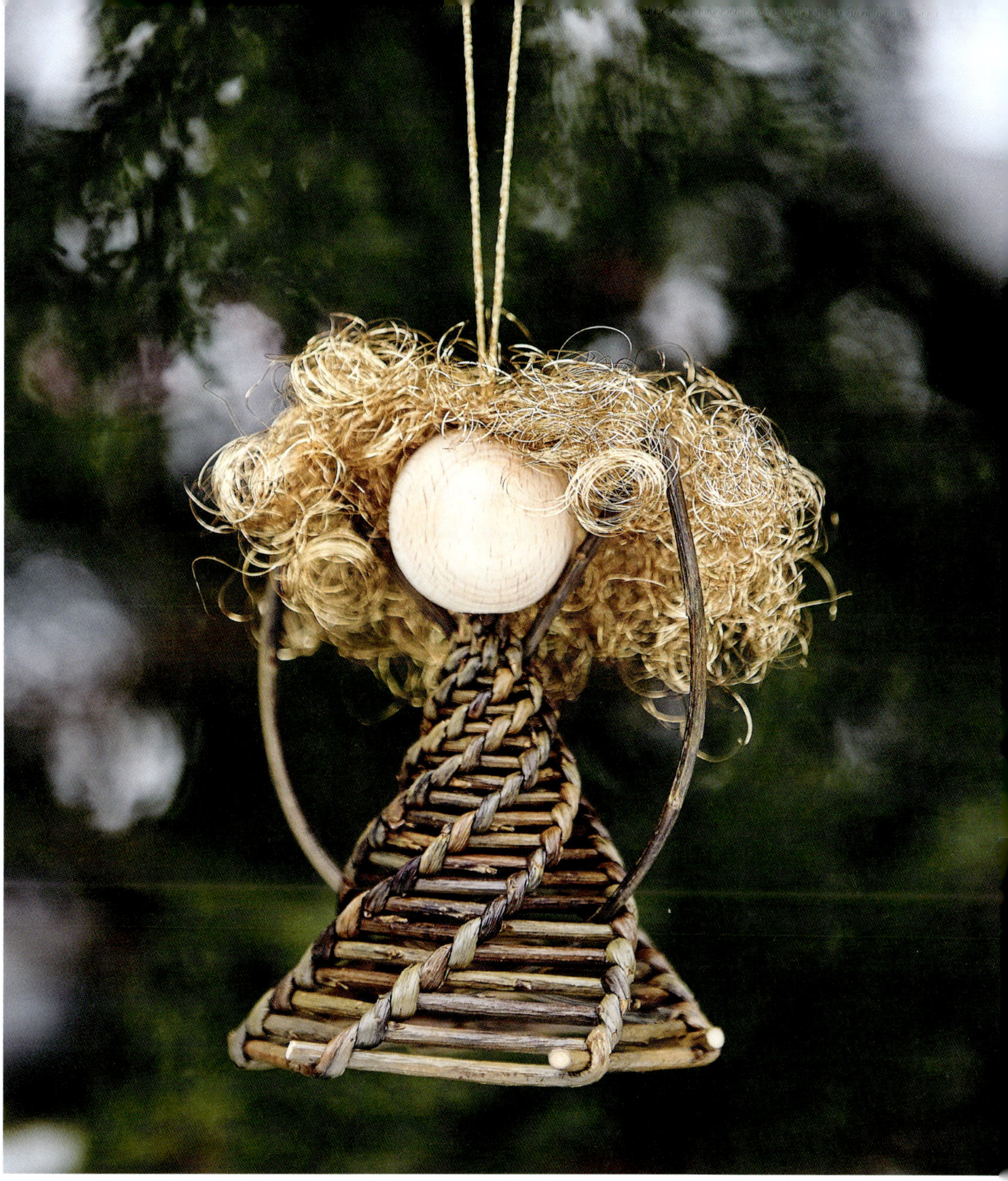

Größe

ø unten ca. 8 cm, Höhe ca. 12 cm

Material

- 8 Ruten in Blaugrün, ca. 1 m lang, mittlere Stärke
- Holzkugel, gebohrt, ø 35 mm
- Engelshaar, ca. 8 g
- Gartenschere
- Pfriem
- Schere
- Klebstoff (optional)
- Faden in Gold oder Silber (optional)

Der Engel wird im Glockengeflecht aus 7 Weidenruten mit ca. 1 m Länge hergestellt. Die Tipps und Hinweise der beiden vorangegangenen Projekte sind auch hier hilfreich.

Der Engelskopf

1 Zwirbeln Sie das Engelshaar an einer Stelle so zusammen, dass es durch das Loch der Holzkugel gesteckt werden kann. Nun das Haar so weit durchziehen, dass es auf der anderen Seite der Kugel ein paar Zentimeter Überstand hat.

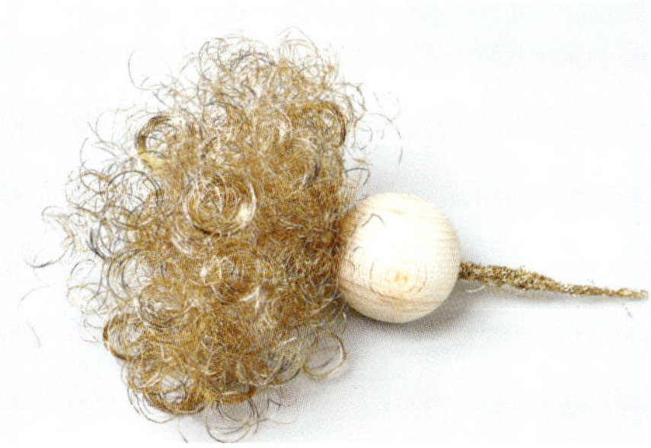

2 Von der Gegenseite her kommend stecken Sie nun sieben Weidenspitzen einzeln ebenfalls durch das Loch. Die Spitzen sollten auf der anderen Seite wieder zum Vorschein kommen. Dies erfordert manchmal etwas Geduld. Wenn alle Weidenspitzen durchgesteckt worden sind, ziehen Sie fest daran. Halten Sie dabei aber das Engelshaar gut fest, damit es nicht wieder herausrutschen kann. Die Weiden sollten stramm in der Holzkugel sitzen.

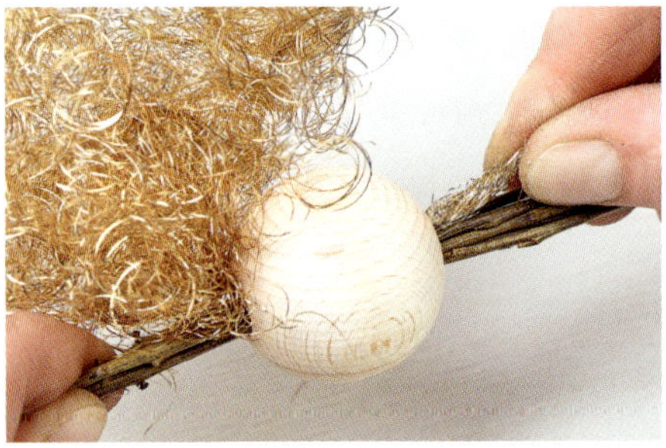

3 Kürzen Sie oben am Kopf die Weidenspitzen bündig an der Kugel ab, auf der anderen Seite das verzwirbelte Engelshaar.

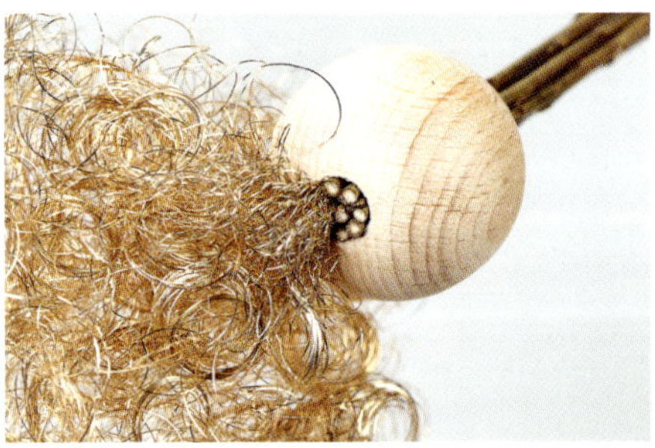

Das Glockengeflecht mit 7 Weidenruten

1 Schneiden Sie die Weidenruten an den Stammenden auf gleicher Länge ab. Biegen Sie die Ruten vorsichtig nach unten und verteilen Sie sie strahlenförmig.

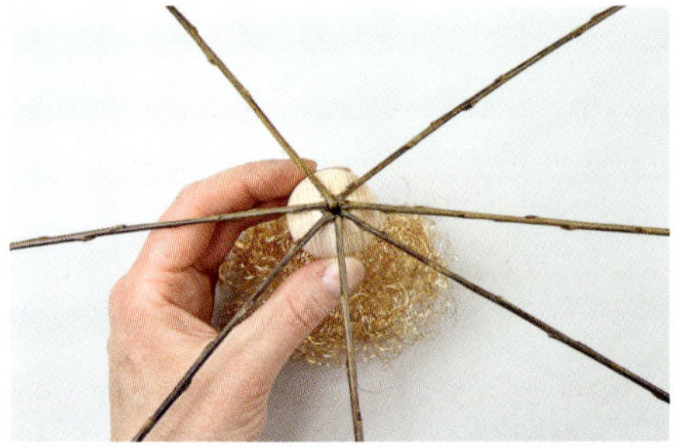

2 Führen Sie die Arbeitsschritte 2–7 wie beim Knödelhäuschen ab Seite 89 beschrieben aus. Die Flechtruten werden so lange auf der äußeren Kante abgelegt, bis die Ruten noch eine Länge von ca. 20 cm haben.

3 In den letzten Runden wird das Geflecht noch mehr geweitet. Legen Sie ab sofort die Weidenruten nicht mehr auf der Kante des Knotens ab, sondern rechts neben der Zielrute.

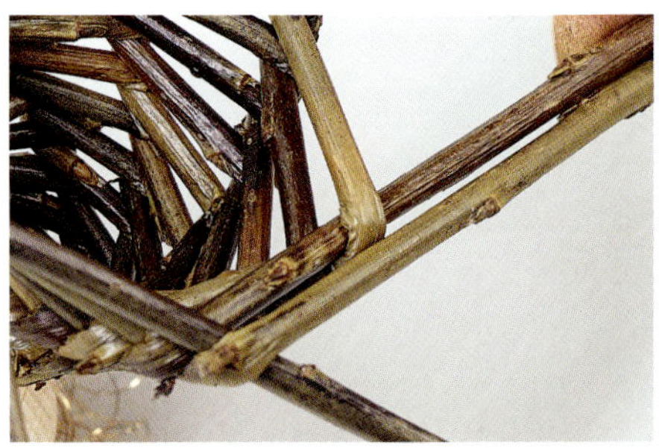

4 Beenden Sie das Geflecht wie beim Gartenstecker auf Seite 87 unter Schritt 14 beschrieben.

5 Ganz am Schluss kürzen Sie die Stammenden mit geringem Abstand zum Geflecht ein.

Die Flügel

1 Nehmen Sie die letzte Weidenrute und führen Sie diese auf der hinteren Seite des Engels, knapp unterhalb des Kopfes, durch das Geflecht. Schaffen Sie sich hierfür vorher vorsichtig Platz mit dem Pfriem. Es sollte dabei möglichst keine Rute verletzt werden.

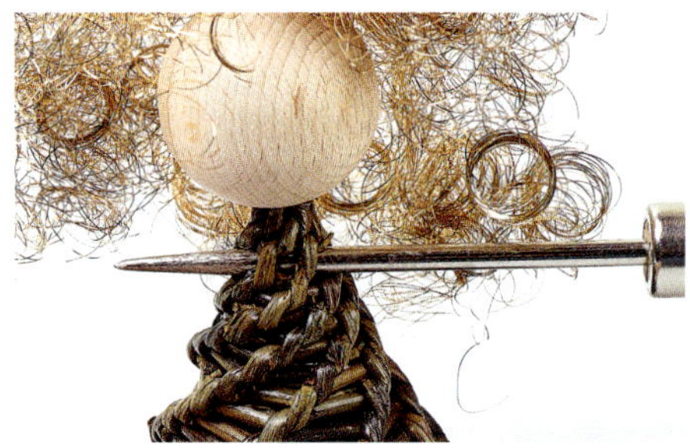

Die Rute mit der Spitze voraus etwa bis zur Hälfte durchziehen.

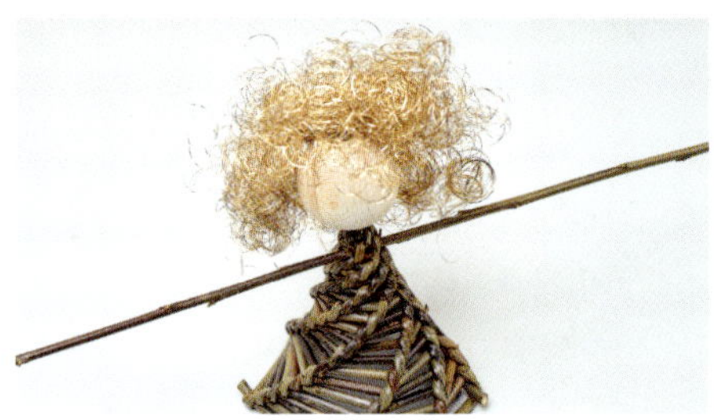

2 Biegen Sie die beiden Weidenenden direkt am Geflecht nach oben. Dann die Rute links und rechts über den Daumennagel nach unten abknicken.

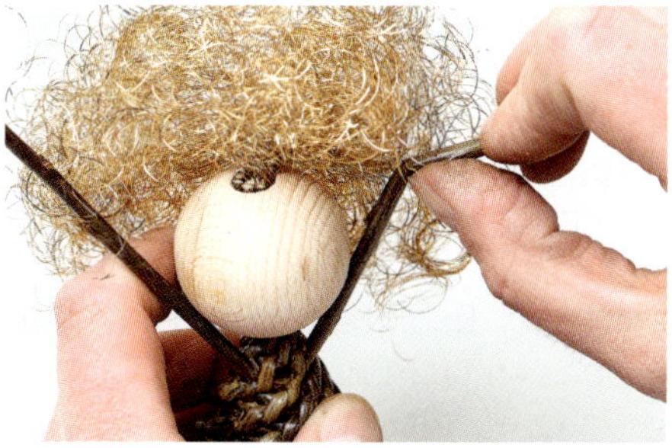

Je weiter oben Sie den Knick machen, desto größer wird der Flügel. Achten Sie darauf, dass der Knick auf beiden Seiten auf gleicher Höhe ist.

3 Der erste Flügel wird geformt. Führen Sie hierfür die Weidenrute in einem großen Bogen nach unten. Dort wird sie in beliebiger Höhe ins Geflecht gesteckt und je nach gewünschter Größe des Flügels nach innen gezogen.

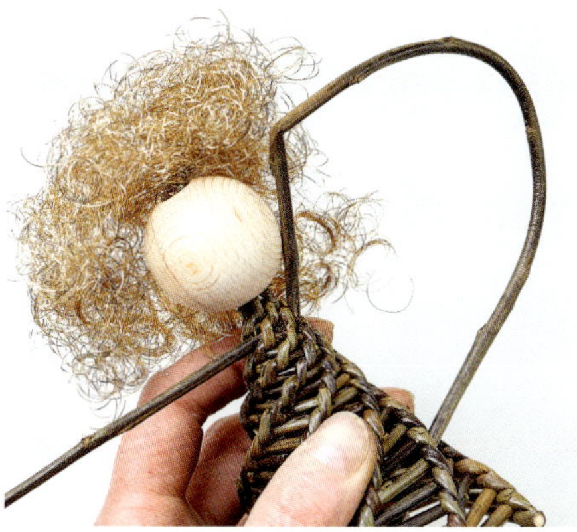

Tipp

Um möglichst zu verhindern, dass die Weide beim Formen des Engelsflügels abknickt, können Sie die Weidenrute vorbereiten. Biegen Sie sie schon etwas über den Daumen vor, indem Sie mit leichtem Druck das restliche Weidenstück entlangfahren.

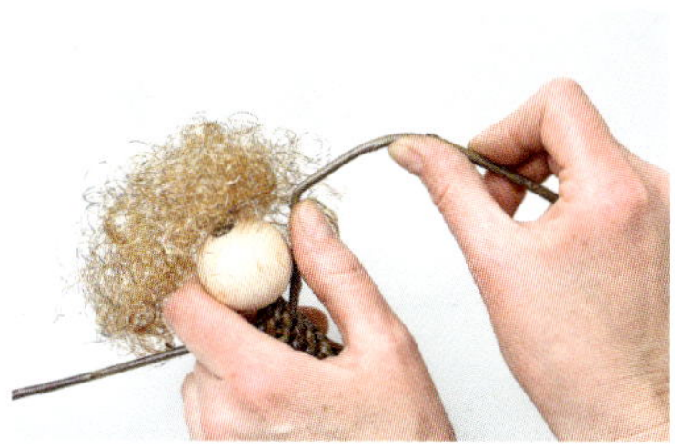

4 Wiederholen Sie Schritt 3 für den zweiten Flügel. Achten Sie darauf, die Weidenrute auf gleicher Höhe wie auf der gegenüberliegenden Seite ins Geflecht zu stecken.

5 Kürzen Sie im Inneren die Enden der Weide so ein, dass sie auf der gegenüberliegenden Seite auf einer Weidenrute des Glockengeflechts aufliegen kann.

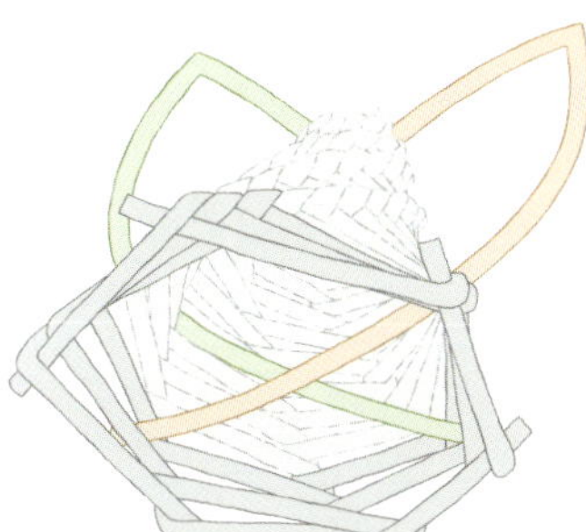

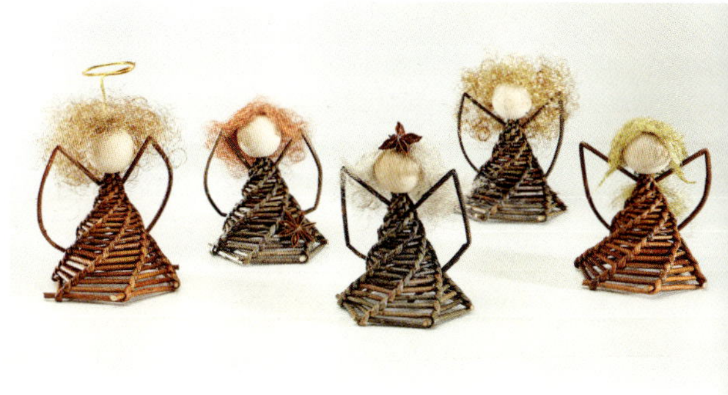

Fertigstellung

Wenn die Haare zu sehr nach oben abstehen, können Sie sie auf dem Holzkopf festkleben. Soll der Engel aufgehängt werden, kann zum Schluss eine beliebig lange Fadenschlaufe ins Loch der Holzkugel geklebt werden. Um für den Klebstoff Platz zu schaffen und den Faden möglichst tief im Loch anzubringen, helfen Sie sich mit dem Pfriem.

Der Engel ist fertig!

Der erste Engel ist erschaffen. Für einen vielfältigen Engelschor gibt es unendlich viele Möglichkeiten, das Projekt zu variieren: Engel mit unterschiedlicher Haarpracht, Engel mit verschiedenen Frisuren, Engel verziert, Engel mit aufgemaltem Gesicht, Engel mit Heiligenschein …

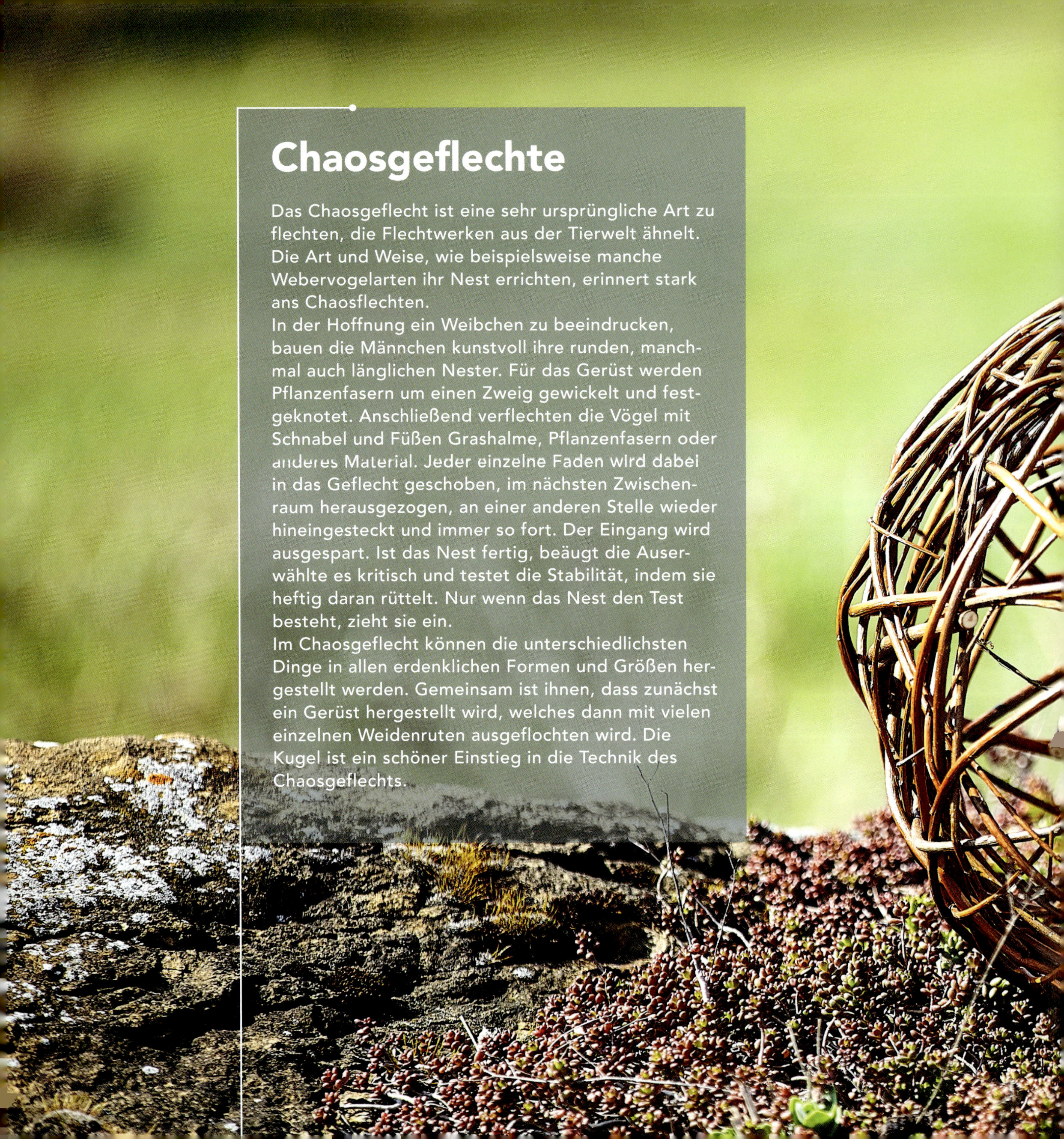

Chaosgeflechte

Das Chaosgeflecht ist eine sehr ursprüngliche Art zu flechten, die Flechtwerken aus der Tierwelt ähnelt. Die Art und Weise, wie beispielsweise manche Webervogelarten ihr Nest errichten, erinnert stark ans Chaosflechten.

In der Hoffnung ein Weibchen zu beeindrucken, bauen die Männchen kunstvoll ihre runden, manchmal auch länglichen Nester. Für das Gerüst werden Pflanzenfasern um einen Zweig gewickelt und festgeknotet. Anschließend verflechten die Vögel mit Schnabel und Füßen Grashalme, Pflanzenfasern oder anderes Material. Jeder einzelne Faden wird dabei in das Geflecht geschoben, im nächsten Zwischenraum herausgezogen, an einer anderen Stelle wieder hineingesteckt und immer so fort. Der Eingang wird ausgespart. Ist das Nest fertig, beäugt die Auserwählte es kritisch und testet die Stabilität, indem sie heftig daran rüttelt. Nur wenn das Nest den Test besteht, zieht sie ein.

Im Chaosgeflecht können die unterschiedlichsten Dinge in allen erdenklichen Formen und Größen hergestellt werden. Gemeinsam ist ihnen, dass zunächst ein Gerüst hergestellt wird, welches dann mit vielen einzelnen Weidenruten ausgeflochten wird. Die Kugel ist ein schöner Einstieg in die Technik des Chaosgeflechts.

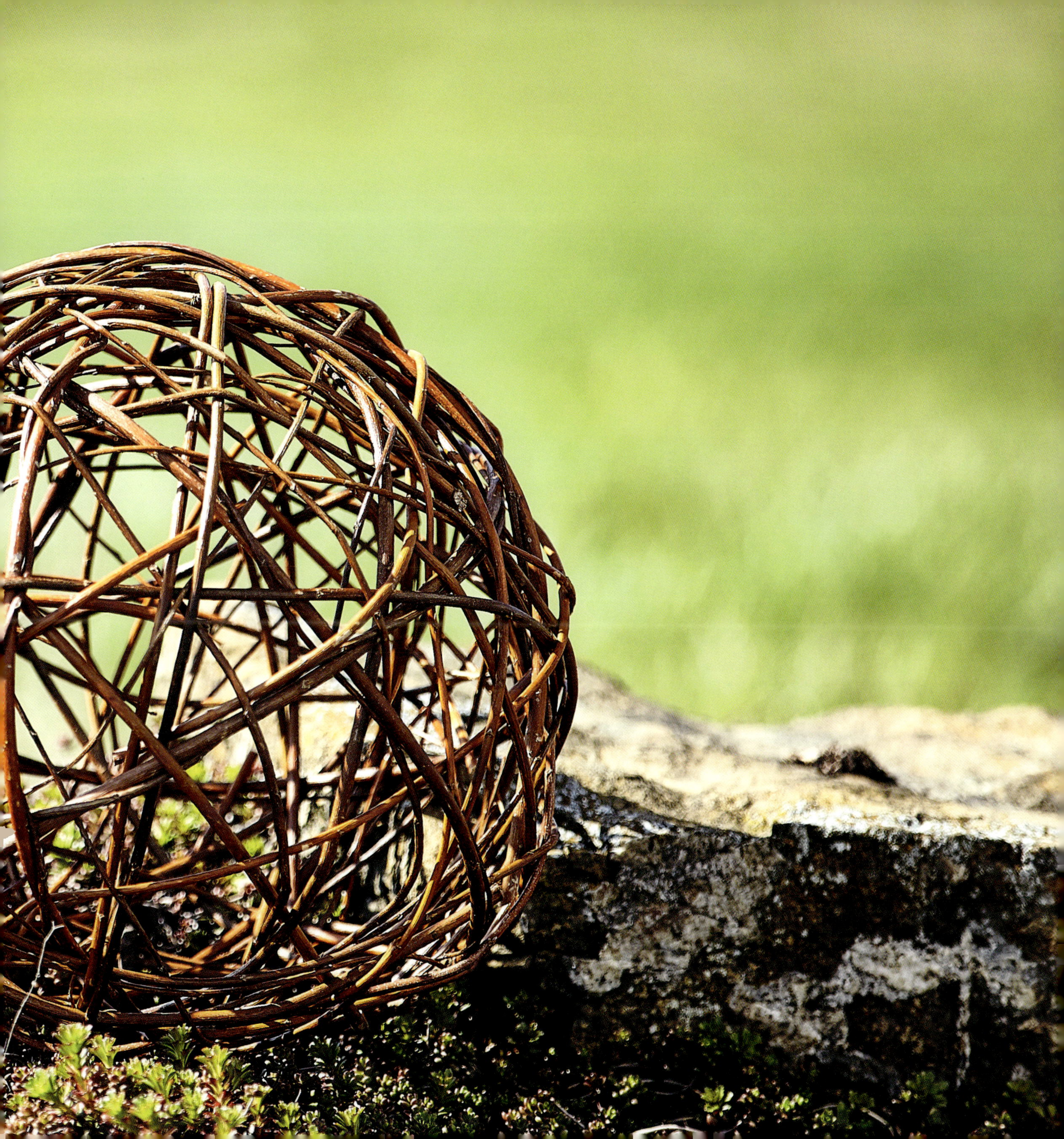

Weidenkugel

Größe

ø ca. 40 cm

Material

- 7 Ruten in Braun, ca. 2 m lang, mittlere Stärke bis dick
- 15 Ruten in Braun, ca. 1,80 m lang, mittlere Stärke
- 15 Ruten in Braun, ca. 1,60 m lang, mittlere Stärke
- Gartenschere
- Schnur, reißfest, ø ca. 0,3 mm
- Lichterkette, 3,5 m lang mit 48 LEDs (optional)
- Draht, dünn (optional)

Das Gerüst

Das Gerüst für die Kugel wird aus sieben gleich großen Ringen gebildet. Dafür brauchen Sie die Weidenruten mit ca. 2 m Länge.

Formen der Ringe

1 Nehmen Sie die erste Weidenrute. Um zu verhindern, dass die Weide bei der Herstellung des Ringes knickt, können Sie sie auf die Biegung vorbereiten. Formen Sie die Weide etwas über dem Daumen vor, indem Sie mit Druck mehrmals vom Stammende bis ungefähr zur Mitte der Weidenrute entlangfahren.

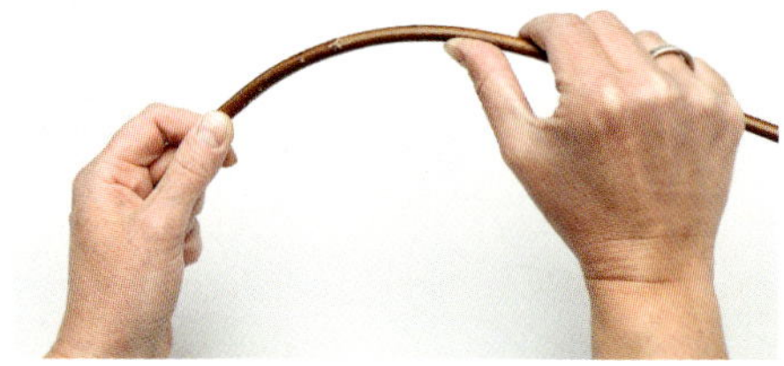

2 Legen Sie die Rute zu einem großen Kreis. Dabei sollte das Stammende hinter der restlichen Rute liegen und ein paar Zentimeter überstehen. Die Rute zeigt mit der Spitze nach rechts, ca. 70 cm Spitze stehen über.

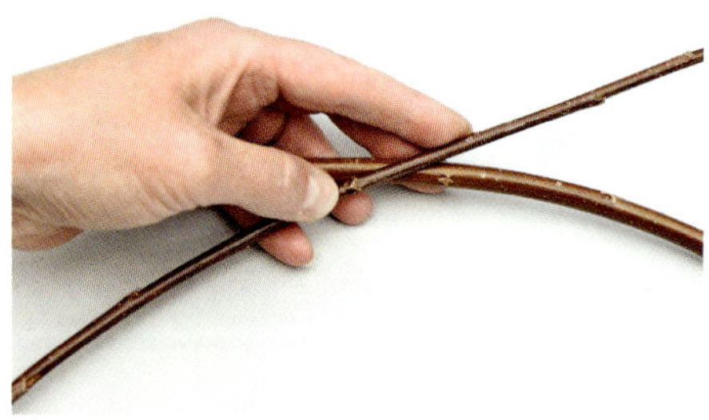

3 Die Weidenspitze wird nun mehrmals um den Ring gewickelt.

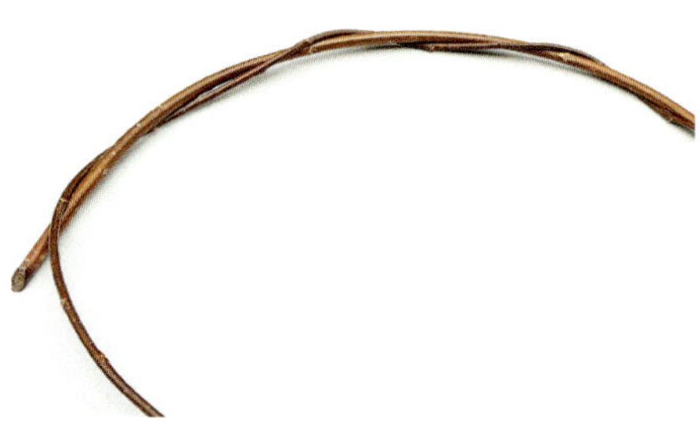

4 Stellen Sie aus den restlichen sechs langen Ruten ebenfalls Ringe her wie in Punkt 1 – 3 beschrieben. Achten Sie darauf, dass alle sieben Ringe die gleiche Größe haben.

> **Tipp**
>
> Sollte beim Formen der Ringe doch einmal eine Rute einen Knick abbekommen, ersetzen Sie sie lieber durch eine neue. Selbst wenn die Kugel fertig ausgeflochten ist, fällt eine geknickte Weide oft noch ins Auge.

Zusammensetzen der Ringe

1 Schneiden Sie sich von der Schnur etwa 40 Stücke mit ca. 25 – 30 cm Länge ab. Diese Schnüre werden benötigt, um die Ringe zusammenzubinden. Wenn die Kugel fertig geflochten ist, werden die Schnüre wieder entfernt.

2 Jetzt kann das Gerüst gebaut werden. Nehmen Sie hierfür die ersten beiden Ringe und setzen Sie sie wie in der Abbildung gezeigt ineinander.

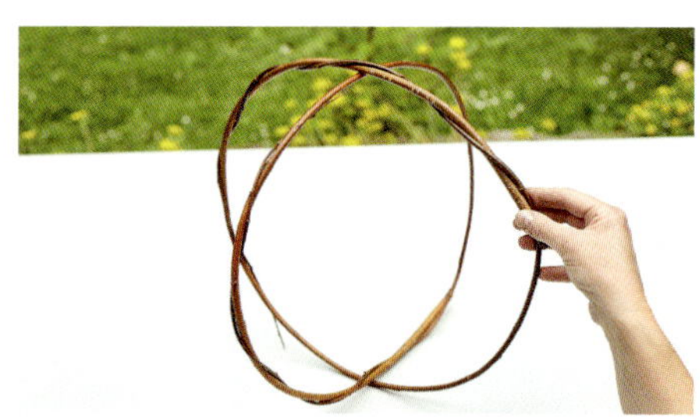

Anschließend werden die zwei Ringe an beiden Kreuzungspunkten mit einem Stück Schnur fixiert.

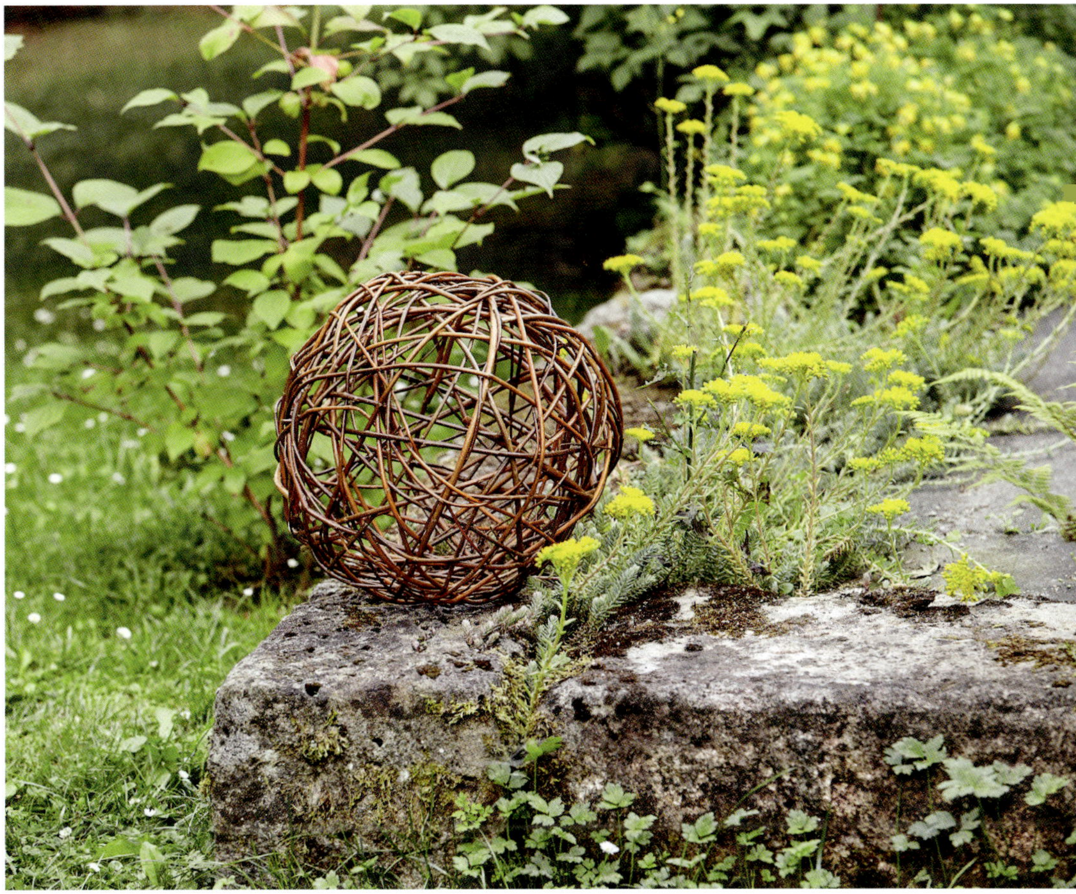

> **Hinweis**
>
> Das Fixieren mit der Schnur ist für die Formgebung der Kugel sehr entscheidend. Jeder neue Kreuzungspunkt der Ringe sollte mit einer Schnur fixiert werden!
>
> 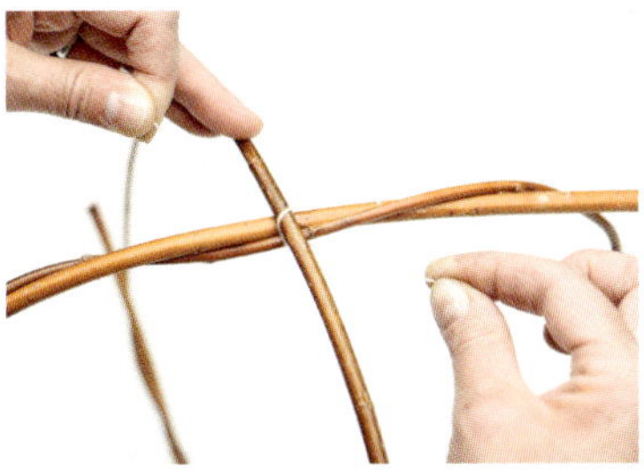
>
> Und dabei ist es wichtig, die Schnur wirklich fest anzuziehen, sodass die Ringe nicht mehr verrutschen können. Dies gelingt am besten, indem Sie die Schnur zweimal um den Kreuzungspunkt wickeln, einmal waagrecht und einmal senkrecht.
>
> Wird dieser – zugegebenermaßen etwas lästige – Teil der Arbeit vernachlässigt, wird es später schwierig, eine wirklich runde Kugel zu bekommen.

3 Nun kommt Ring 3 an die Reihe. Dieser wird als „Äquator" ins Gerüst gesteckt. Anschließend wieder alle neu entstandenen Kreuzungspunkte mit Schnüren fixieren.

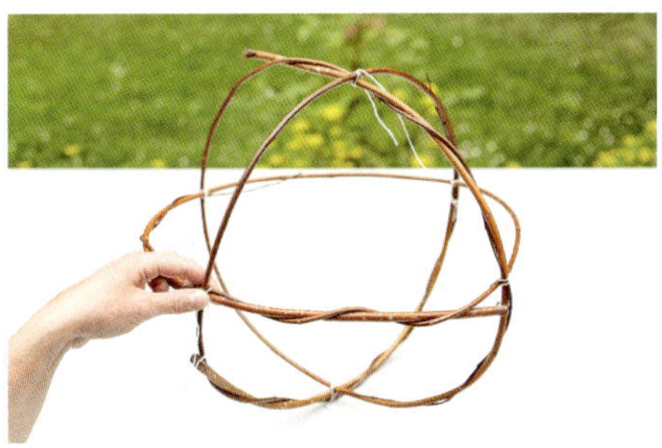

4 Ring Nummer 4 und 5 werden ebenfalls nacheinander ins Innere der ersten drei Kugeln geschoben und mit Schnüren fixiert.

5 Abschließend werden Ring 6 und 7 ins Gerüst geschoben und mit Schnüren fixiert.

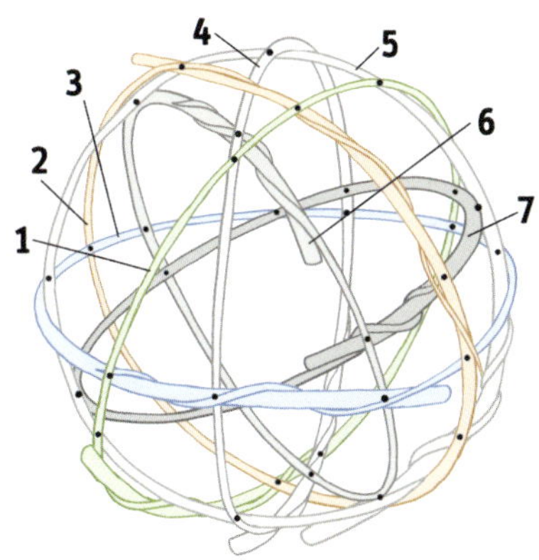

Das Ausflechten im Chaosgeflecht

Für das Ausflechten des Gerüsts benötigen Sie zuerst die Ruten mit ca. 1,80 m Länge. Diese Ruten werden nacheinander eingeflochten.

1 Nehmen Sie die erste Rute und starten an einer beliebigen Stelle mit dem Flechtschlag *vor 1 hinter 1*. Jede Flechtrute wird dabei immer von den Stammenden zu den Spitzen hin verflochten. Am Ende sollten sowohl Stammende als auch Spitze im Inneren der Kugel liegen.

2 Verarbeiten Sie so alle 15 Ruten.

Beachten Sie dabei Folgendes:

- Der Flechtschlag *vor 1 hinter 1* sollte am Anfang möglichst genau eingehalten werden. Dies sorgt für die nötige Stabilität. Wenn Sie schon so viele Ruten eingearbeitet haben, dass die Zwischenräume des Geflechts deutlich kleiner geworden sind, können Sie von diesem Flechtschlag etwas abweichen. Arbeiten Sie dann an Stellen, die sehr eng sind, einfach etwas großzügiger *vor 2 oder 3 hinter 2 oder 3*.

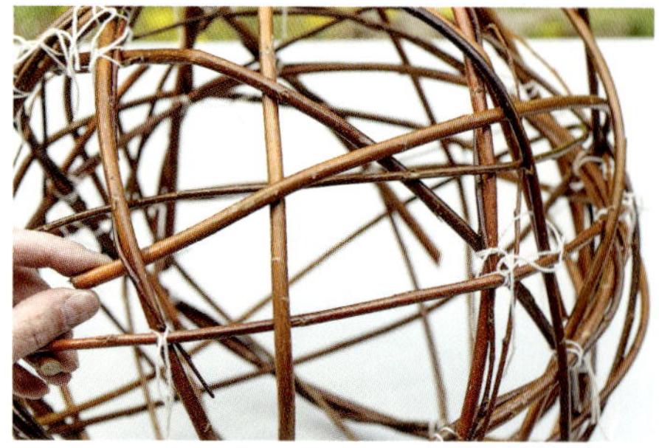

- Setzen Sie die Stammenden der neuen Flechtruten an unterschiedlichen Stellen über die ganze Kugel verteilt ein.
- Vermeiden Sie besonders an den Stammenden, dass die Weidenruten knicken.
- Wenn Sie die Weidenspitzen verflechten, ist es hilfreich, die Weide in großen Bögen durch das Geflecht zu führen.

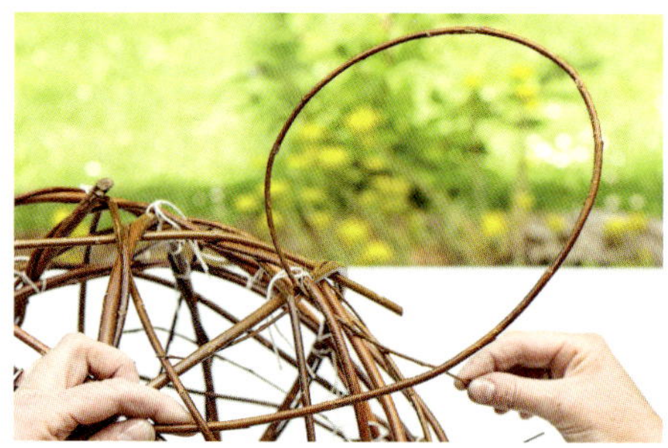

- Lassen Sie sich beim Flechten von der Weide lenken. Die Weidenspitze muss nicht an der gleichen Stelle ankommen, an der Sie das Stammende eingelegt haben.

Tipp

Damit nicht immer die ganzen 1,80 m durch das Geflecht gezogen werden müssen, gibt es einen Trick. Starten Sie mit dem Stammende und ziehen dieses im Flechtschlag *vor 1 hinter 1* zunächst rückwärts ins Geflecht.

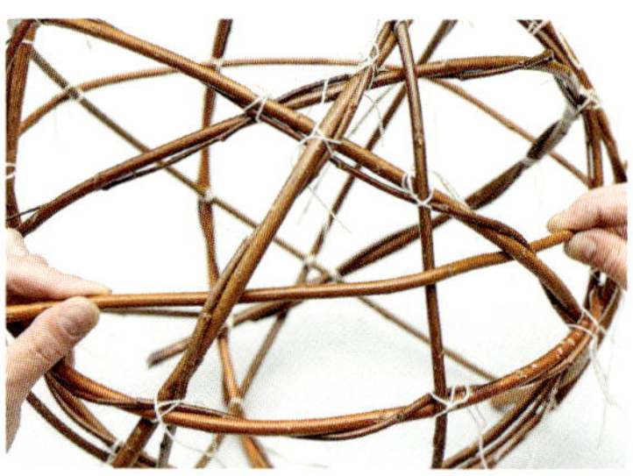

Wenn die Rute auf diese Weise etwa bis zur Hälfte verarbeitet ist, verflechten Sie schließlich die Spitze vollends.

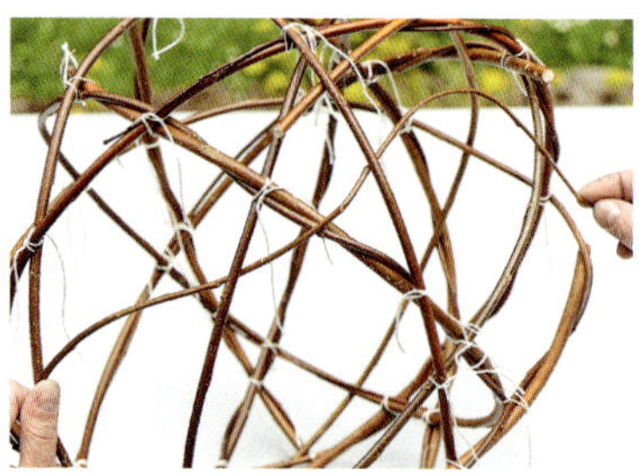

3 Im Anschluss verflechten Sie die Ruten mit ca. 1,60 m Länge. Es müssen nicht alle Ruten verarbeitet werden. Arbeiten Sie einfach so lange weiter, bis Ihnen die Kugel stabil genug erscheint und gefällt.

> Tipp
>
> Wenn Ihre Ruten unterschiedlich dick sind, kann es hilfreich sein, zuerst die stärkeren zu verarbeiten und am Schluss die feineren Ruten ins Geflecht einzuziehen. Zusätzlich können Sie die letzten Ruten vom Stammende her etwas einkürzen, wenn es ansonsten schwierig wird, sie zu verarbeiten.

Der Abschluss

Wenn Ihre Kugel fertig geflochten ist, können Sie alle Schnüre aufschneiden und entfernen.

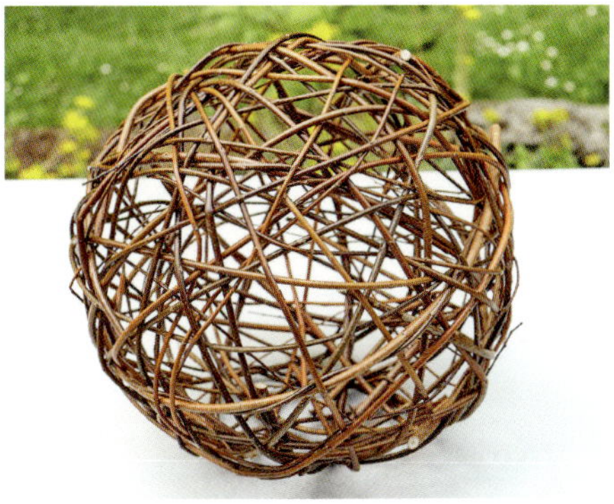

Dann fehlt nur noch das Ausputzen: Hierfür werden alle Stammenden im Inneren der Kugel so abgeschnitten, dass sie auf einer Weidenrute mit etwas Überstand aufliegen.

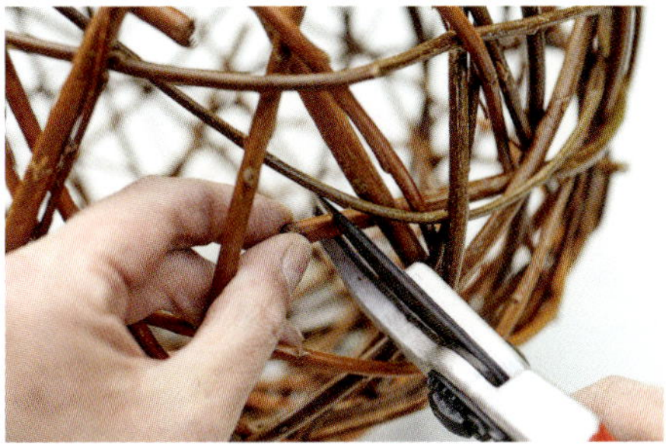

Die Weidenspitzen werden auf die gleiche Weise gekürzt.

Die Weidenkugel ist fertig!

Die Kugeln sehen draußen auf Balkon, Terrasse oder Garten sehr schön aus. In kleinen Gruppen wirken sie in unterschiedlichen Größen besonders attraktiv. Wenn Sie die Kugel gerne in der Wohnung oder im Hauseingang behalten wollen, sieht eine LED-Lichterkette im Inneren der Kugel toll aus. Dafür einfach die Lichterkette komplett ins Innere ziehen und an ein paar Stellen mit etwas Draht am Geflecht befestigen.

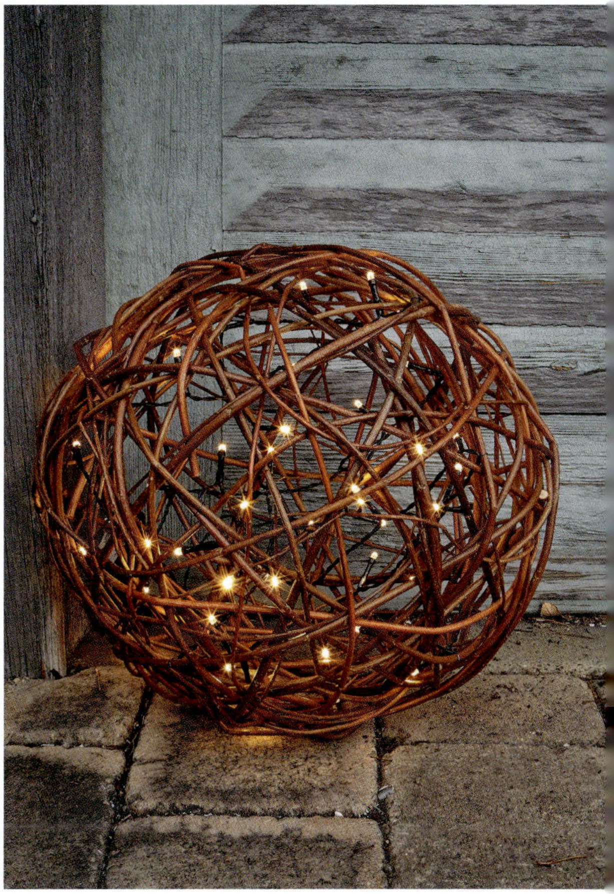

> Variante
>
> Die Kugeln können in verschiedenen Größen hergestellt werden. Hierfür entsprechend längere oder kürzere Weidenruten sowohl für das Gerüst als auch zum Ausflechten einplanen. Wichtig ist dabei für die Stabilität, dass die ersten 10–15 Flechtruten, die Sie im Chaosgeflecht einarbeiten, etwas länger als der Umfang der Kugel sein sollten. Die restlichen Flechtruten dürfen kürzer sein.

Osternest

Größe

ø oben ca. 18 cm, Höhe ca. 10 cm

Material

- 4 Ruten in Braun, ca. 1,80 m lang, mittlere Stärke
- 10 Ruten in Braun, ca. 1,40 m lang, mittlere Stärke
- 5 – 10 Ruten in Braun, ca. 1,20 m lang, mittlere Stärke
- Weidenrinde in Stücken, insgesamt ca. 3,20 m lang
- 12 Schnüre, reißfest, ø ca. 0,3 mm, 25 – 30 cm lang
- Gartenschere
- Pfriem
- Bastelschere

Das Gerüst

Das Gerüst für das Osternest wird aus den Weidenruten mit ca. 1,80 m Länge gebildet. Die Grundform ist zunächst tropfenförmig und wird später, nachdem Sie einige Flechtruten eingearbeitet haben, zum Nest.

Die Tropfenform

1 Nehmen Sie die erste Weidenrute. Biegen Sie diese am Stammende über den Daumen wie bei der Kugel auf Seite 89 gezeigt.

2 Legen Sie die beiden Enden der Rute so übereinander, dass ein Tropfen geformt wird. Beide Enden stehen dabei ca. 45 cm über.

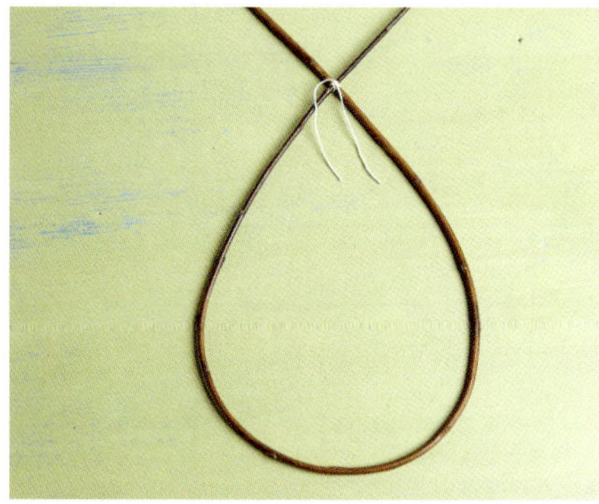

3 Fixieren Sie die Stelle, an der sich die Weide überkreuzt, mit einem Stück Schnur. Befestigen Sie die Schnur – und auch alle nachfolgenden Schnüre – wie im Hinweis für die Kugel auf Seite 99 beschrieben. Wenn das Osternest fertig geflochten ist, werden alle Schnüre wieder entfernt.

4 Wiederholen Sie Schritt 1 – 3 mit der zweiten Rute. Die beiden Tropfen sollten die gleiche Größe haben.

5 Setzen Sie die beiden Tropfen wie auf der Abbildung zu sehen ineinander. Fixieren Sie die Stellen, an denen sich die beiden Ruten überkreuzen, jeweils mit einem Stück Schnur.

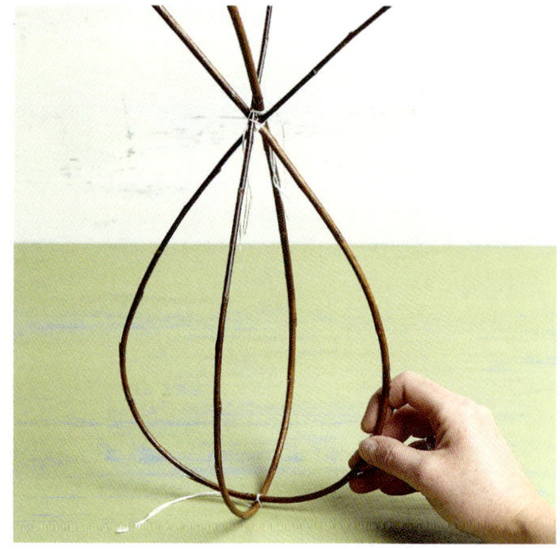

Formen der Ringe

1 Nehmen Sie die dritte Weidenrute und biegen Sie auch diese zunächst über den Daumen vor.

2 Legen Sie sie anschließend zu einem Kreis mit ca. 18 cm Durchmesser. Das Stammende liegt hinter der restlichen Rute und hat etwas Überstand. Die Weidenspitze zeigt nach rechts wie bei der Kugel auf Seite 98 gezeigt.

3 Wickeln sie die Weidenspitze mehrmals um den Ring, ebenfalls wie auf Seite 98 zu sehen.

4 Kürzen Sie die vierte Rute vom Stammende her auf ca. 1,40 m Länge. Formen Sie mit ihr auf die gleiche Weise einen zweiten Kreis. Dieser sollte einen Durchmesser von ca. 13 cm haben.

Zusammensetzen von Tropfen und Ringen

1 Jetzt kann das Gerüst gebaut werden. Nehmen Sie hierfür den größeren Ring und stecken Sie ihn wie in der Abbildung zu sehen in die Tropfenform. Er bildet später den oberen Rand des Osternestes. Der Abstand zum Boden beträgt ca. 10 cm.

2 Fixieren Sie den Ring an allen Kreuzungspunkten mit einem Stück Schnur. Achten Sie darauf, das Gerüst möglichst gleichmäßig auszurichten. Am einfachsten gelingt das, wenn Sie den Ring immer an den gegenüberliegenden Seiten mit der Schnur fixieren.

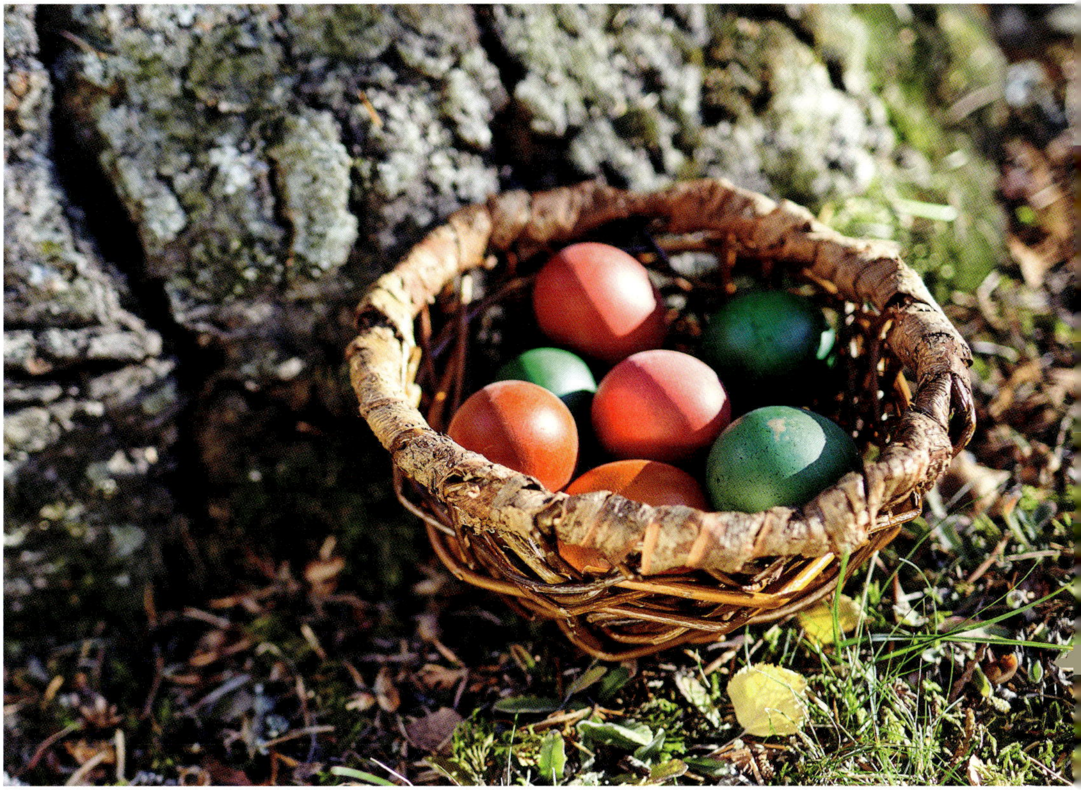

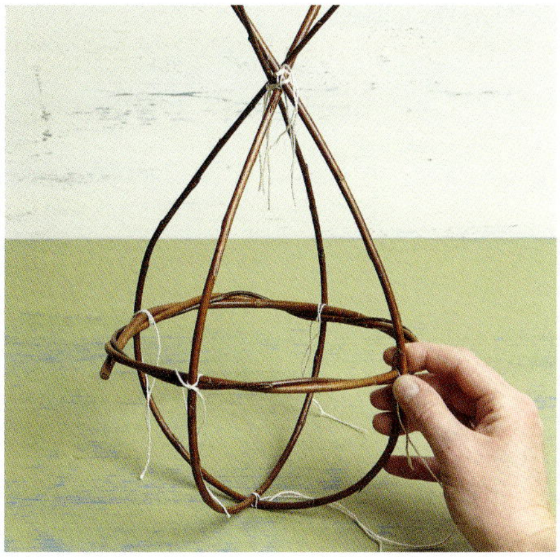

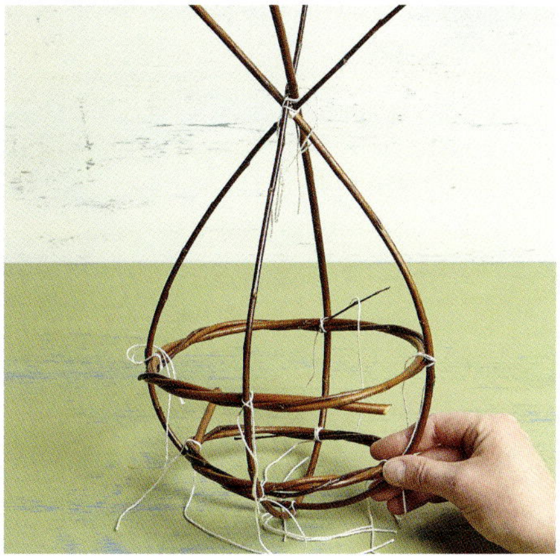

3 Der zweite Ring wird weiter unten als Boden ins Gerüst gesteckt. Wieder gleichmäßig ausrichten und alle Kreuzungspunkte mit einer Schnur fixieren.

Das Ausflechten im Chaosgeflecht

Für das Ausflechten des Gerüsts benötigen Sie zuerst die Flechtruten mit ca. 1,40 m Länge.

1 Nehmen Sie die erste Rute und starten an einer beliebigen Stelle mit dem Flechtschlag *vor 1 hinter 1*. Jede Flechtrute wird dabei immer von den Stammenden zu den Spitzen hin verflochten. Am Ende sollten sowohl Stammende als auch Spitze im Inneren des Nestes liegen. Damit Sie nicht immer die ganze Rute durch das Geflecht ziehen müssen, beachten Sie den Tipp bei der Kugel auf Seite 100.

2 Wenn Sie am oberen Rand des Nestes ankommen, wenden Sie dort und flechten die restliche Rute wieder nach unten. Die Weidenrute dabei möglichst eng um das Gerüst herumführen.

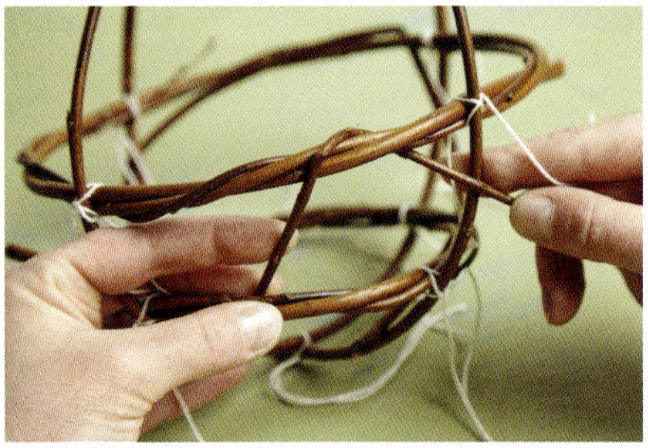

3 Verarbeiten Sie so alle zehn Ruten. Achten Sie am Anfang darauf, dass sich die Ringe beim Verflechten der Ruten nicht verschieben. Die Angaben zum Ausflechten der Kugel auf Seite 100 sind auch für das Osternest hilfreich.

4 Entfernen Sie nun die Schnüre, die den Tropfen oben fixieren. Führen Sie die Spitze der ersten Gerüstrute nach unten und arbeiten Sie die Rute im Flechtschlag *vor 1 hinter 1* ins restliche Geflecht ein. Verflechten Sie so auch die zweite Weidenspitze.

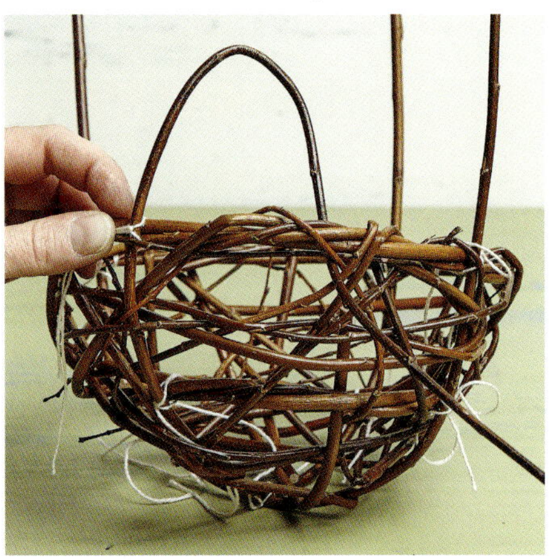

5 Die beiden Stammenden sind zu dick, um komplett verflochten zu werden. Biegen Sie diese nur nach unten und arbeiten Sie sie zwei bis drei Flechtschläge großzügig ins Geflecht ein. Die überstehenden Enden können Sie einkürzen.

6 Verarbeiten Sie jetzt die Ruten mit ca. 1,20 m Länge. Flechten Sie davon so viele Ruten in das Nest, bis es Ihnen stabil genug erscheint und gefällt.

Der Abschluss

Sie können jetzt alle Schnüre aufschneiden und entfernen.

Umwickeln des Randes

Rinde sieht als Randabschluss sehr attraktiv aus. Mit ihr können zudem unschöne Knicke der Flechtruten, die sich vielleicht am Rand gebildet haben, gut versteckt werden.

1 Nehmen Sie ein Stück Rinde und ziehen Sie den Anfang direkt unterhalb des Randes ein paar Zentimeter weit durch das Geflecht ins Innere des Nestes. Die glatte Seite zeigt nach außen.

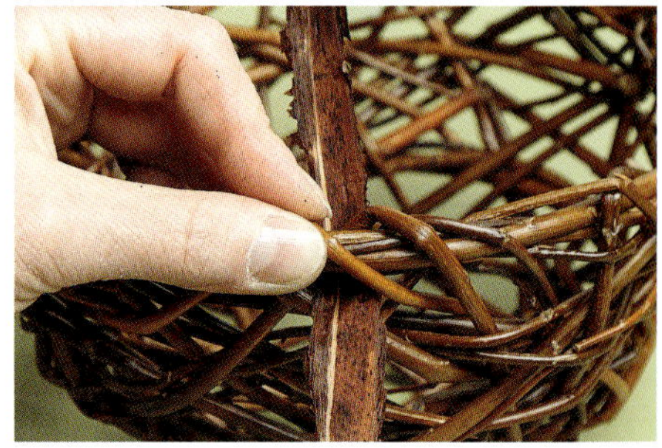

2 Klappen Sie das kurze Rindenstück nach rechts. Es wird auf den Rand gelegt, die raue Seite zeigt dadurch nach außen.

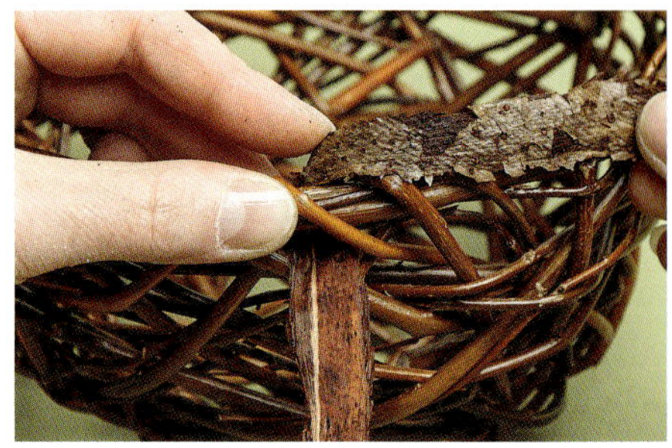

3 Umwickeln Sie mit dem langen Rindenstreifen den Rand so stramm wie möglich gegen den Uhrzeigersinn. Das abgelegte Rindenstück wird mit umwickelt. Achten Sie darauf, dass sich der Rindenstreifen nicht verdreht und die raue Seite stets nach außen zeigt. Wickeln Sie so lange weiter, bis nur noch ein paar Zentimeter vom Streifen übrig sind.

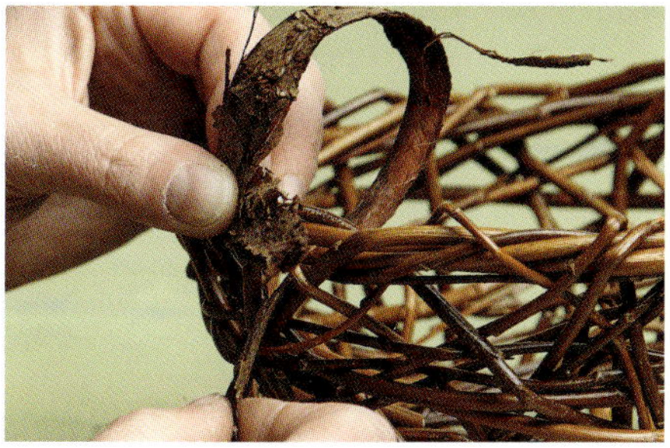

4 Schieben Sie den zweiten Rindenstreifen ein kleines Stück in die schon bestehende Wicklung. Die glatte Seite zeigt nach außen.

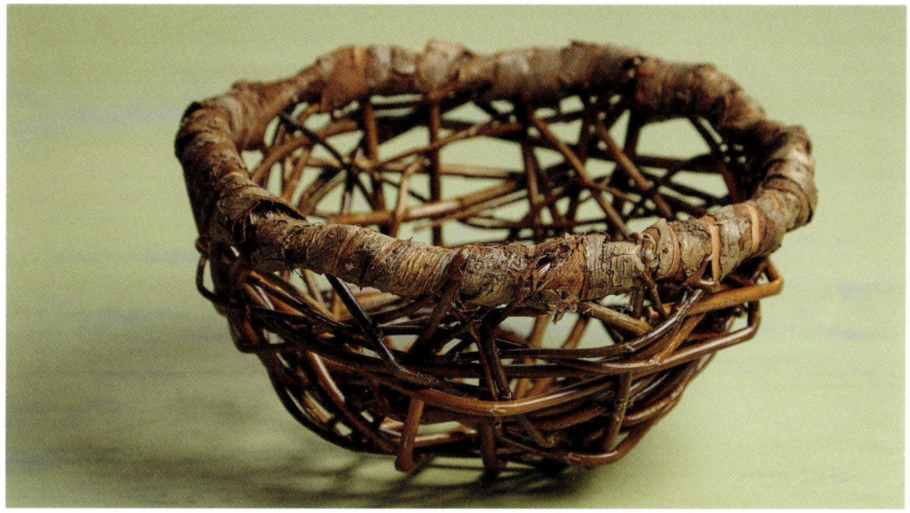

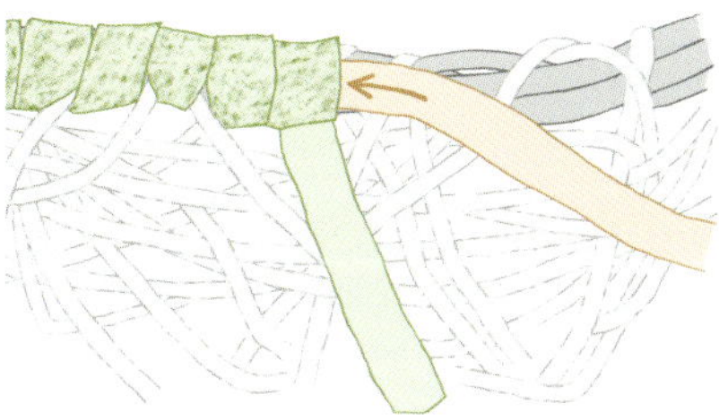

Anschließend den neuen Rindenstreifen nach oben knicken und den Rand damit weiter umwickeln. Das Ende des ersten Rindenstreifens wird nach rechts umgeklappt und mit umwickelt.

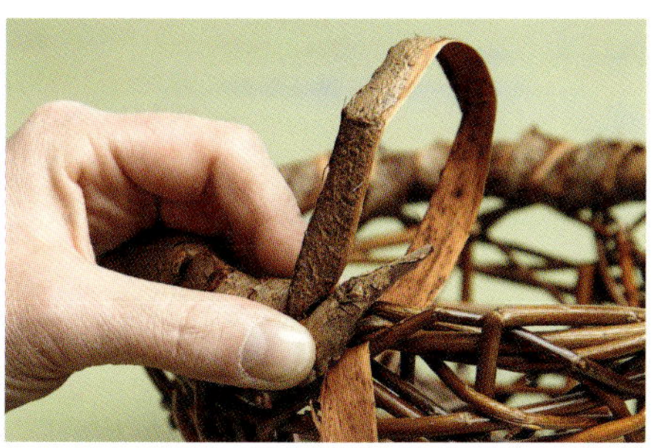

5 Arbeiten Sie auf diese Weise weiter, bis der ganze Rand mit Rinde umwickelt ist.

6 Am Schluss angekommen, schneiden Sie das Ende des letzten Streifens mit der Bastelschere spitz zu. Stecken Sie es unter zwei bis drei schon bestehende Umwicklungen. Schaffen Sie sich vorher mit dem Pfriem Platz.

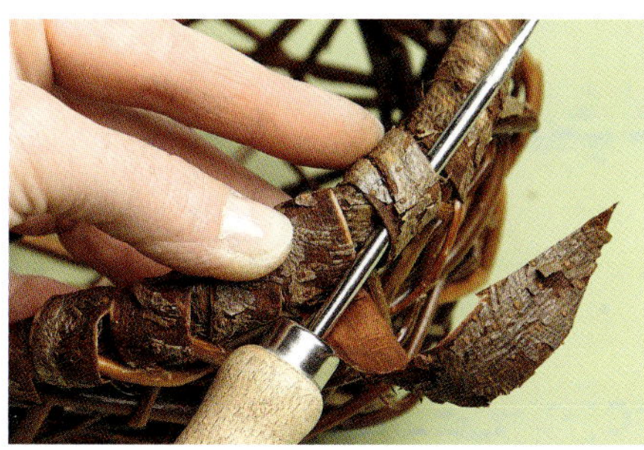

Der überstehende Rest kann bündig abgeschnitten werden.

Ausputzen

Das Ausputzen wird bei der Kugel auf Seite 101 gezeigt.

Das Osternest ist fertig!

Das Osternest sieht mit ein paar gefärbten Eiern sowohl draußen als auch auf dem Ostertisch toll aus! Sie können es natürlich auch mit einem Vlies oder grobem Stoff auslegen, mit Moos befüllen und Naturmaterialien dekorieren.

Stern

Größe

ca. 60 cm

Material

- 5 Weidenstöcke, gerade, ø ca. 1 cm, ca. 70 cm lang
- 20 Ruten in Hellbraun, ca. 1,40 m lang, mittlere Stärke
- 10 – 15 Ruten in Hellbraun, ca. 1,20 m lang, mittlere Stärke
- 5 Ruten in Hellbraun, ca. 0,50 m lang, dünn
- 10 Nägel, 8 x 16 mm
- Hammer
- Gartenschere
- Pfriem
- Schnur, reißfest, ø ca. 0,3 mm (optional)
- Schnur/Dekorationsband (optional)
- Drahtlichterkette, 2 m lang mit 40 Mini-LEDs (optional)

Das Gerüst

Das Gerüst für den fünfzackigen Stern wird aus den fünf Weidenstöcken gebildet. Diese müssen dafür vorher nicht eingeweicht werden.

Die Formgebung

1 Nehmen Sie die Weidenstöcke und legen Sie damit einen Stern auf die Arbeitsfläche. Beachten Sie dabei, dass die Stöcke immer abwechselnd mit dem dickeren Ende und dem dünneren Ende aufeinander gelegt werden. Die Stöcke sollten so positioniert werden, dass die Weidenstöcke an den Spitzen der Zacken noch ca. 5 cm Überstand haben.

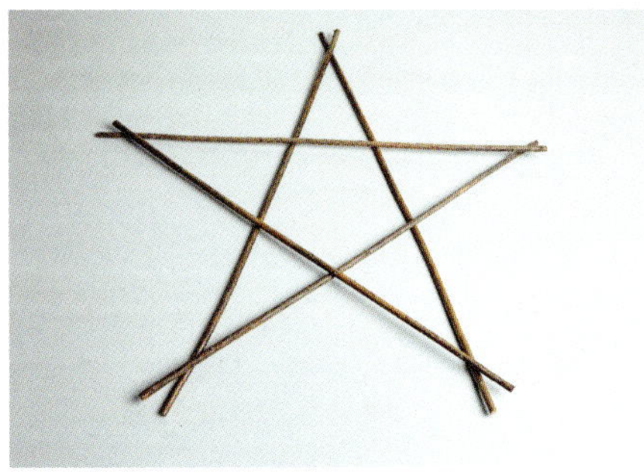

Tipp

Grundsätzlich ist es egal, ob die Stöcke übereinander oder untereinander gelegt werden. Sollte der Stern sich allerdings an einer Stelle sehr stark wölben, kann es hilfreich sein, die Stöcke noch einmal anders anzuordnen. Der Stern sollte am Schluss möglichst flach auf der Arbeitsfläche aufliegen.

Festnageln

1 Wenn Sie mit Ihrem Stern zufrieden sind, können die Stöcke miteinander verbunden werden. Schlagen Sie hierfür zunächst im Inneren des Sternes an jedem Kreuzungspunkt einen Nagel ein. Anschließend verbinden Sie in gleicher Weise die Kreuzungspunkte an den Spitzen der fünf Zacken.

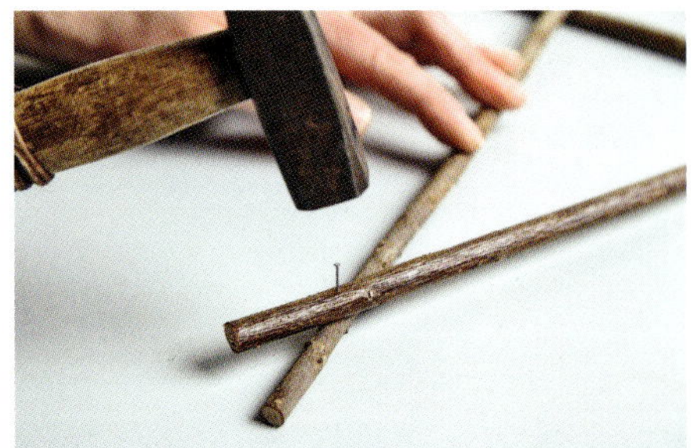

Das Ausflechten im Chaosgeflecht

Für das Ausflechten des Sterns benötigen Sie zuerst 5 Ruten mit ca. 1,40 m Länge. Diese Ruten werden nun nacheinander in jeweils eine Zacke eingeflochten. Die bei der Kugel beschriebenen Tipps und Hinweise sind auch für dieses Projekt hilfreich.

1 Nehmen Sie die erste Rute, legen Sie diese mit dem Stammende hinter einen beliebigen Weidenstock im Inneren des Sterns und starten Sie mit dem

Flechtschlag *vor 1 hinter 1* in Richtung Zacke. Da es am Anfang noch keine Flechtruten im Inneren der Zacke gibt, werden zunächst die Weidenstöcke in diesem Rhythmus umflochten.

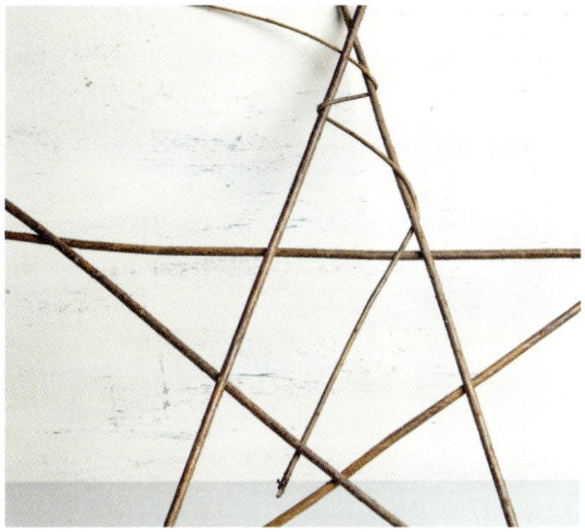

Oben angekommen, einfach wenden und die Weidenrute wieder in Richtung Sternmitte flechten. Sowohl Stammende als auch Spitze liegen am Schluss bei allen Flechtruten auf der Rückseite.

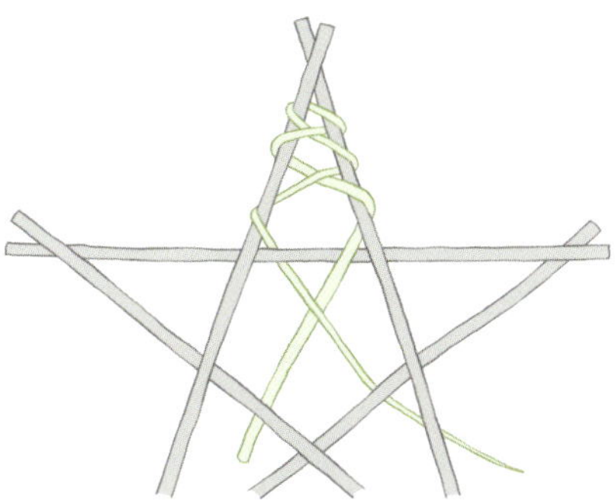

2 Verflechten Sie die anderen vier Ruten auf die gleiche Weise mit jeweils einer Zacke.

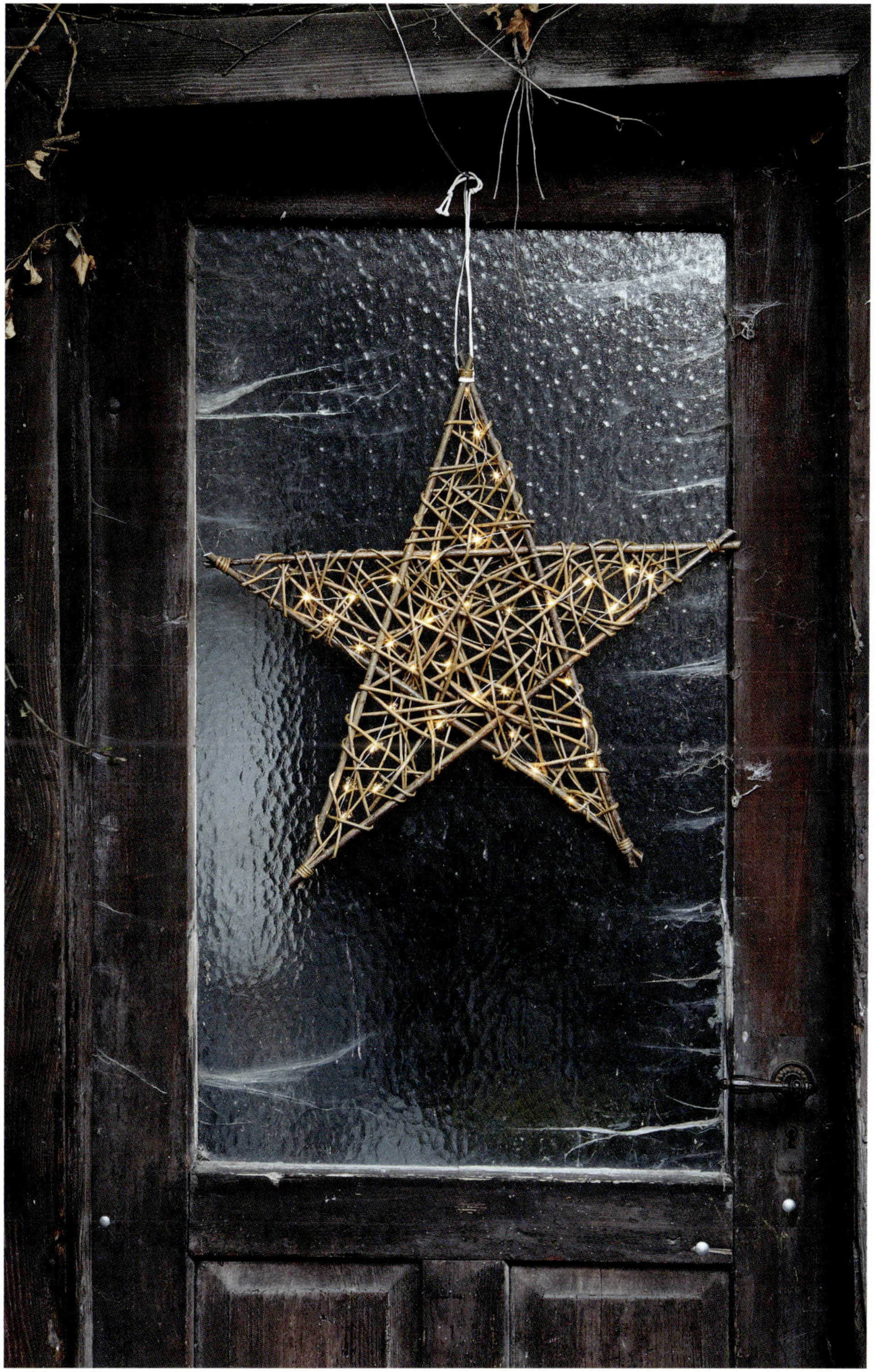

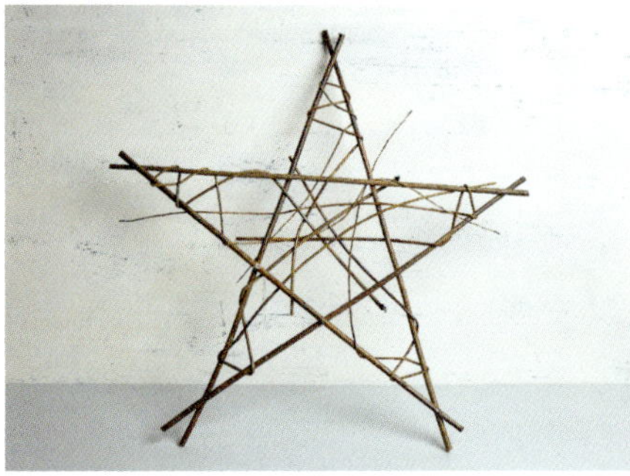

Tipp

Führen Sie die Flechtruten möglichst eng um die Weidenstöcke herum, um unschön abstehende Knicke zu vermeiden.

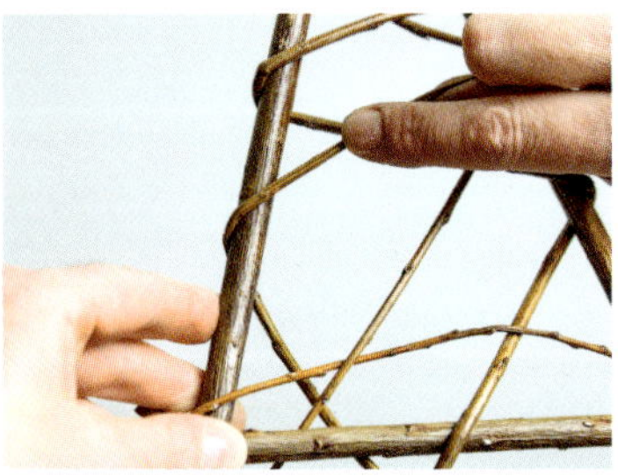

3 Nun werden die restlichen Weidenruten mit ca. 1,40 m Länge verflochten. Das Vorgehen ist ähnlich wie auf Seite 100.

Beachten Sie dabei Folgendes:

- Flechten Sie zunächst das Stammende ein Stückchen rückwärts ein, bevor Sie die Spitzen vollends einarbeiten.
- Der Flechtschlag *vor 1 hinter 1* sollte am Anfang genau eingehalten werden, später kann großzügiger gearbeitet werden.
- Setzen Sie die Stammenden der neuen Flechtruten an unterschiedlichen Stellen über den ganzen Stern verteilt ein – sowohl in der Sternmitte als auch in den Zacken.
- Denken Sie daran, die Weidenspitzen in großen Bögen durch das Geflecht zu führen.
- Wenn die Weidespitze einer Flechtrute an einer Zackenspitze ausläuft, können Sie diese dort liegen lassen und später mit der Wicklung einbinden.

Tipp

Durch die Kraft der Flechtruten kann es passieren, dass sich während des Flechtens an manchen Stellen ein Nagel löst. In diesem Fall den Nagel wieder einschlagen und die Weidenstöcke zusätzlich mit einem kleinen Stück Schnur fixieren. Die Schnur kann nach Fertigstellung des Sterns wieder entfernt werden.

4 Verflechten Sie zum Schluss die Ruten mit ca. 1,20 m Länge. Es müssen nicht alle Ruten verarbeitet werden. Arbeiten Sie so lange weiter, bis Ihnen das Geflecht dicht genug ist.

Die Wicklungen

Zur Verschönerung des Sterns wird abschließend noch an jede Zackenspitze eine Wicklung geflochten. Hierfür werden die 5 kurzen Weiden mit ca. 0,50 m Länge benötigt.

1 Legen Sie die erste Rute mit dem Stammende schräg nach links oben zeigend hinter dem Kreuzungspunkt von zwei Stöcken an. Sollten sich an dieser Stelle Weidenspitzen von verflochtenen Ruten befinden, können diese einfach mit umwickelt werden.

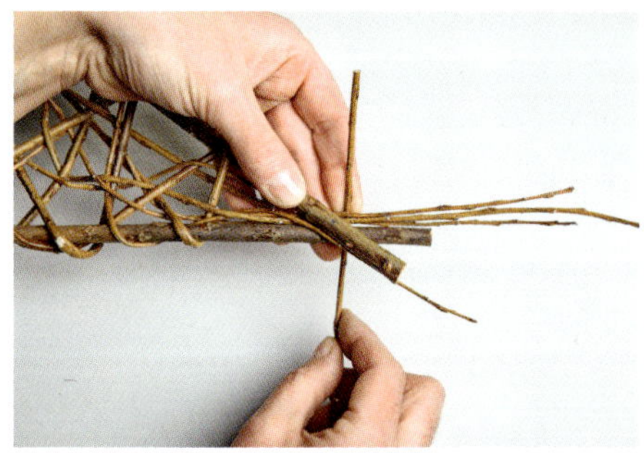

Machen Sie um die beiden Weidenstöcke eine Wicklung in Richtung des Geflechts, wie es ab Seite 42 gezeigt wird.

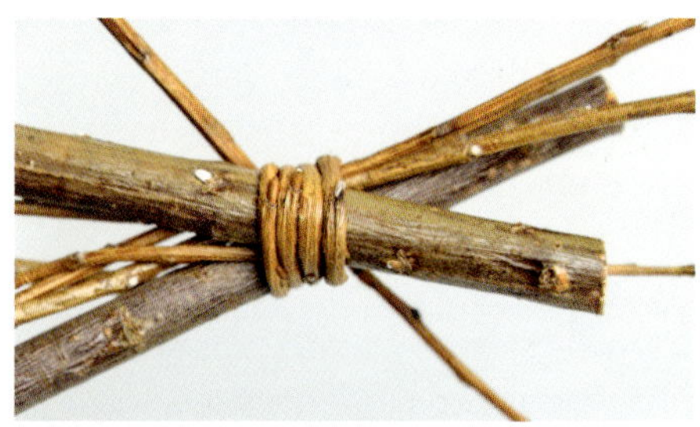

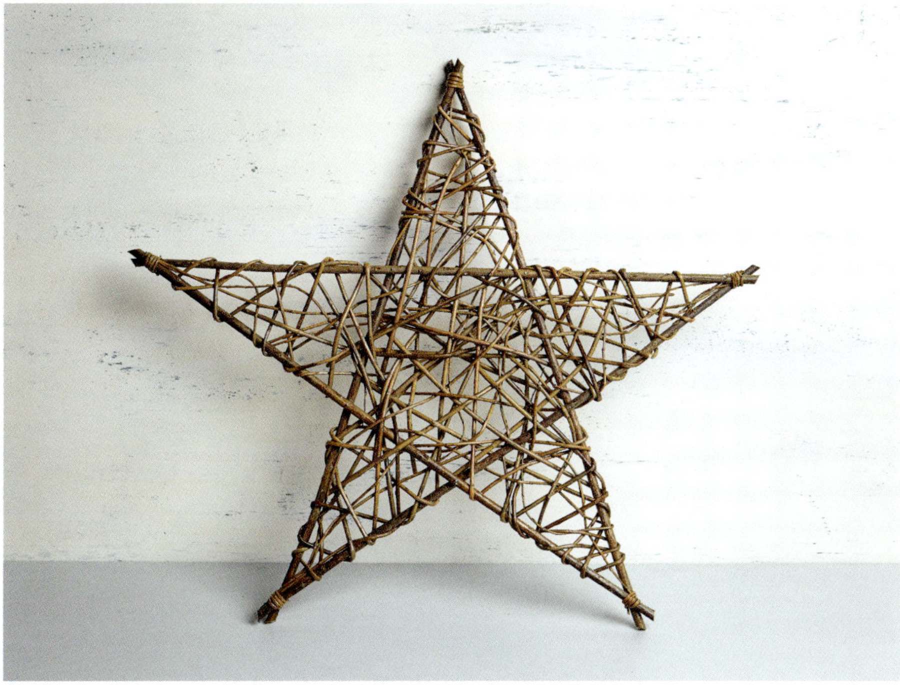

2 Wiederholen Sie Ihr Vorgehen mit den restlichen Weidenruten an jeder Zacke.

Der Abschluss

Ausputzen

Drehen Sie die Rückseite des Sterns nach oben. Schneiden Sie die Stammenden und Spitzen aller Ruten leicht angeschrägt so ab, dass sie noch auf einem Weidenstock oder einer verflochtenen Weidenrute aufliegen und nicht auf die Vorderseite durchrutschen können. Auch eventuell abstehende Spitzen von Weidenruten an den Sternzacken können jetzt neben der Wicklung abgeschnitten werden.

Stöcke abschneiden

Auch die abstehenden Weidenstöcke können Sie noch etwas einkürzen – gerade oder schräg, länger oder kürzer, so wie es Ihnen am besten gefällt!

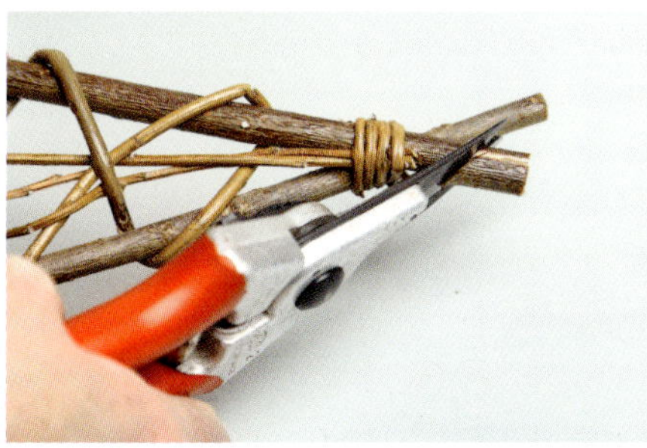

Aufhängung

Wenn Sie den Stern gerne aufhängen wollen, einfach zum Schluss noch ein Stück Schnur oder Dekorationsband entweder an einer Sternspitze oder zwischen zwei Zacken festknoten.

Der Stern ist fertig!

Ich finde den Stern mit einer kleinen Drahtlichterkette, die großzügig durch das Geflecht geschlungen wird, besonders schön. Weihnachten kann kommen!

> **Varianten**
>
> Die Sterne können in verschiedenen Größen hergestellt werden. Hierfür einfach entsprechend längere oder kürzere Weidenstöcke und Weidenruten einplanen.
>
> Oder probieren Sie doch einmal, nur die Mitte des Sterns auszuflechten und die Zacken frei zu lassen. Sie können zum Ausflechten im Chaosgeflecht statt Weidenruten auch anderes biegsames Material verwenden!

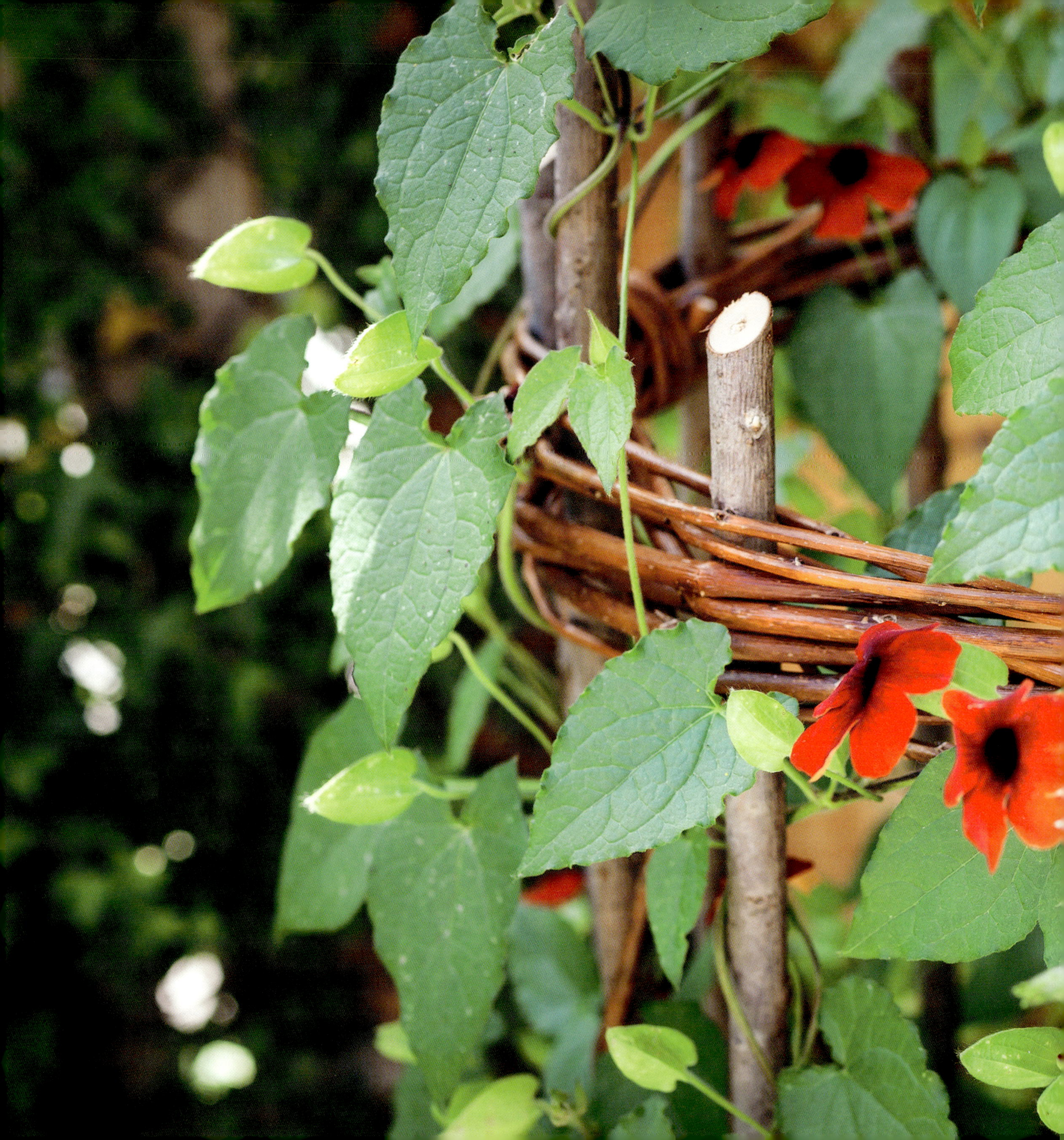

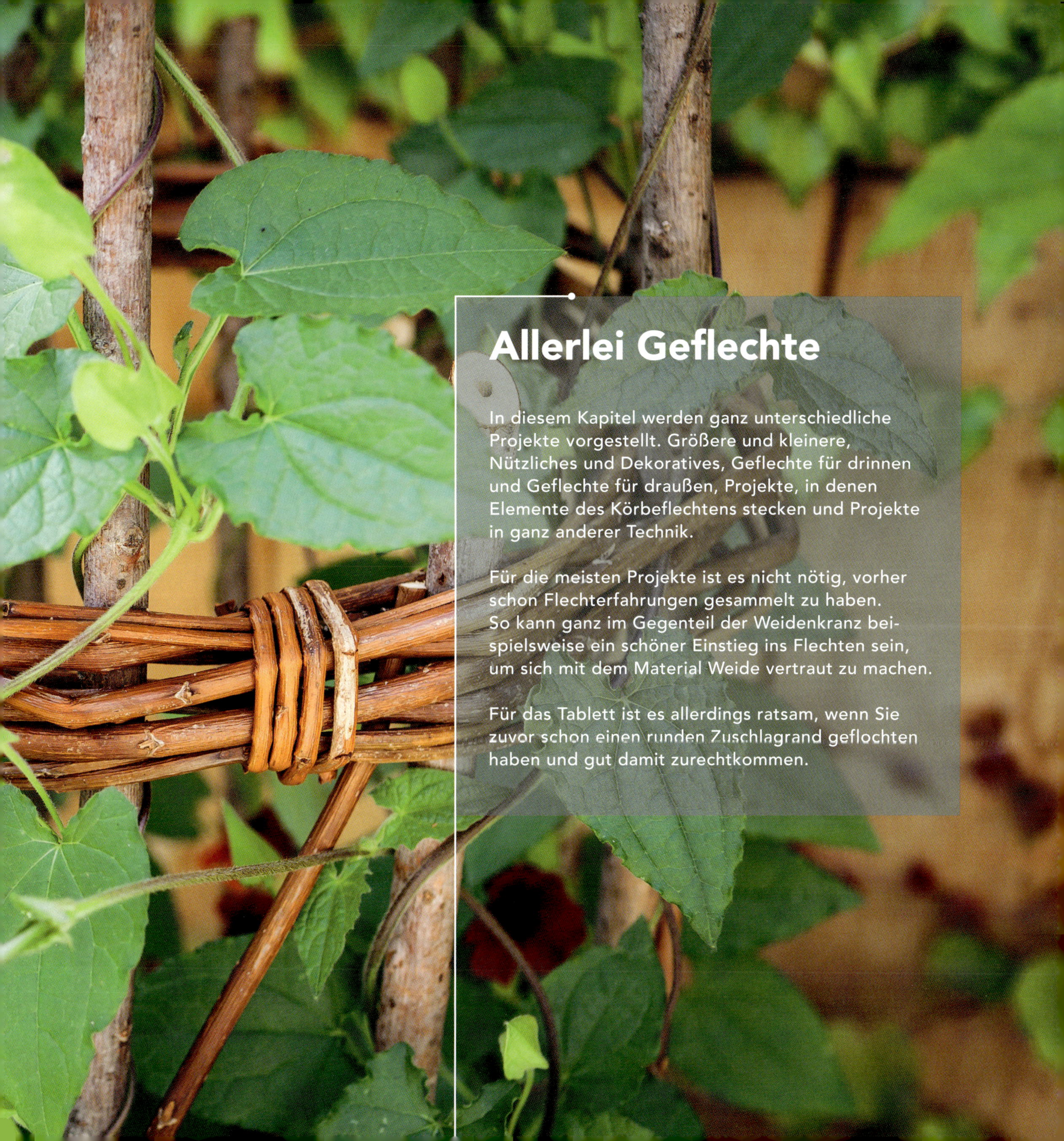

Allerlei Geflechte

In diesem Kapitel werden ganz unterschiedliche Projekte vorgestellt. Größere und kleinere, Nützliches und Dekoratives, Geflechte für drinnen und Geflechte für draußen, Projekte, in denen Elemente des Körbeflechtens stecken und Projekte in ganz anderer Technik.

Für die meisten Projekte ist es nicht nötig, vorher schon Flechterfahrungen gesammelt zu haben. So kann ganz im Gegenteil der Weidenkranz beispielsweise ein schöner Einstieg ins Flechten sein, um sich mit dem Material Weide vertraut zu machen.

Für das Tablett ist es allerdings ratsam, wenn Sie zuvor schon einen runden Zuschlagrand geflochten haben und gut damit zurechtkommen.

Windlicht

Größe

ø ca. 15 cm, Höhe frei wählbar

Material

- 32 Staken in Grünbraun, ca. 1,40 m lang, mittlere Stärke
- 14 – 18 Ruten in Grünbraun, ca. 1 m lang, mittlere Stärke
- 12 Ruten in Blauschwarz, ca. 1 m lang, mittlere Stärke
- 8 Ruten in Grünbraun, ca. 0,60 m lang, dünn
- Einmachglas, ø ca. 12 cm
- Kerze
- Sand
- Gartenschere
- Messer
- Pfriem
- Schnur
- Schlageisen
- Gewicht oder großer Stein
- Wäscheklammer

Der runde geflochtene Boden

Für das Windlicht eignet sich ein Boden mit 4 auf 4 Bodenstöcken am besten. Er sollte mit einer leichten Wölbung geflochten werden.

Das Bodenkreuz

1 Für das Bodenkreuz mit 4 auf 4 Ruten kürzen Sie 8 Staken als Bodenstöcke, von den Stammenden der Weide her gemessen auf ca. 25 cm.

2 Stellen Sie den Anfang des Bodenkreuzes wie beim Brotkorb auf Seite 50 gezeigt her. Führen Sie die dort beschriebenen Schritte 2 – 6 aus.

3 Zwei weitere Bodenstöcke aufschlitzen und auf die durchgeschobene Weide stecken.

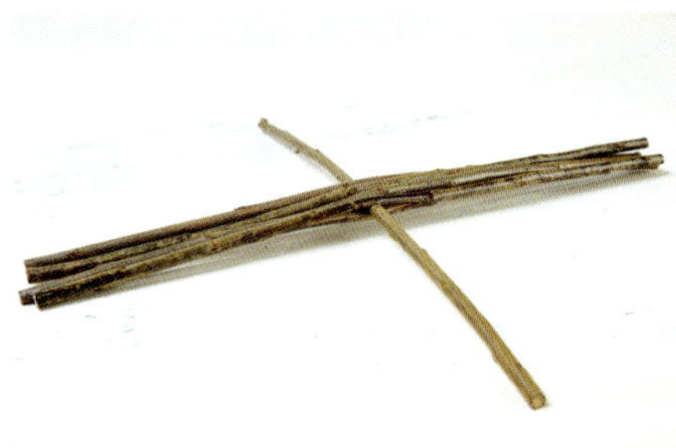

4 Nun werden die restlichen drei Bodenstöcke durch die vier geschlitzten Staken geführt. Achten Sie hier auf die Wölbung und auf die abwechselnde Anordnung von dickerem und dünnerem Teil.

5 Überprüfen Sie zum Schluss, ob das Kreuz mittig liegt.

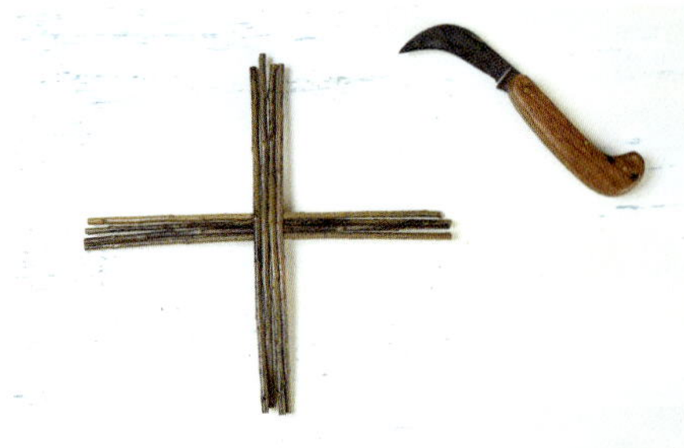

Ausflechten des Bodens

Der Boden wird mit einer Fitze – wie auf Seite 33 beschrieben – ausgeflochten. Immer vier Ruten sollten dabei die gleiche Länge haben. Am Anfang benötigen Sie 4 Ruten mit ca. 0,60 m Länge.

1 Starten Sie mit den ersten beiden Ruten eine Fitze wie beim Brotkorb auf Seite 52 gezeigt. Führen Sie die dort beschriebenen Punkte 1 – 5 aus. Statt drei Bodenstöcken werden bei diesem Bodenkreuz vier Bodenstöcke zunächst als eine Stake gezählt.

2 Wenn Sie zwei Runden geflochten haben, wird das Bodenkreuz aufgebrochen, d. h. die Bodenstöcke werden voneinander getrennt. In der dritten und vierten Runde bleiben noch 2 und 2 Staken zusammen.

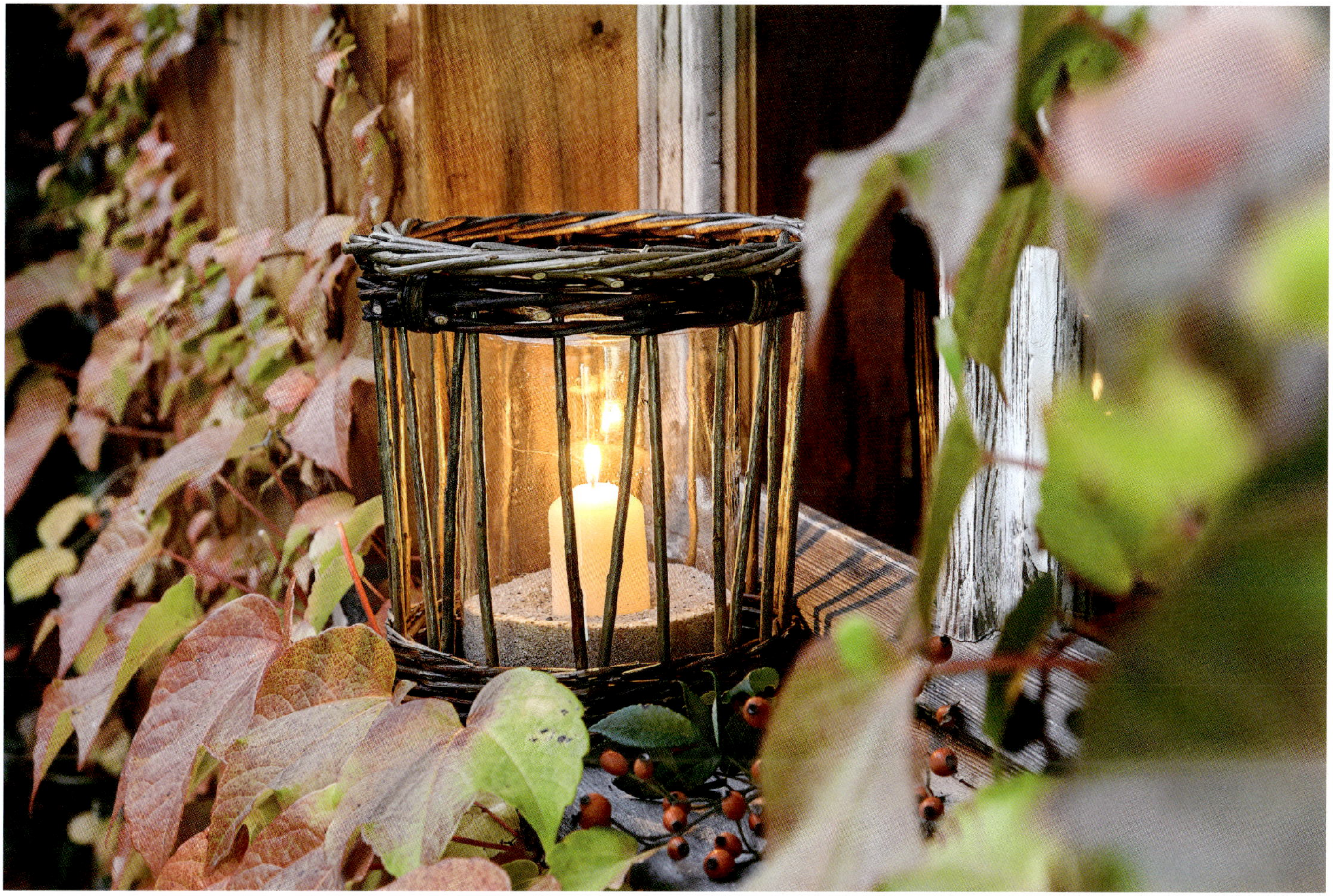

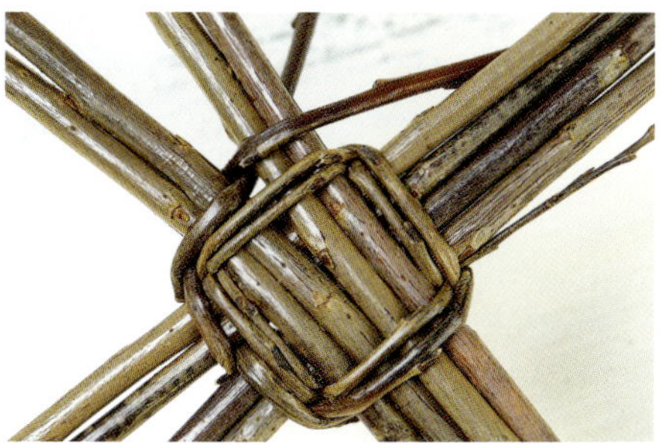

Ab der fünften Runde wird dann jeder Bodenstock einzeln umflochten.

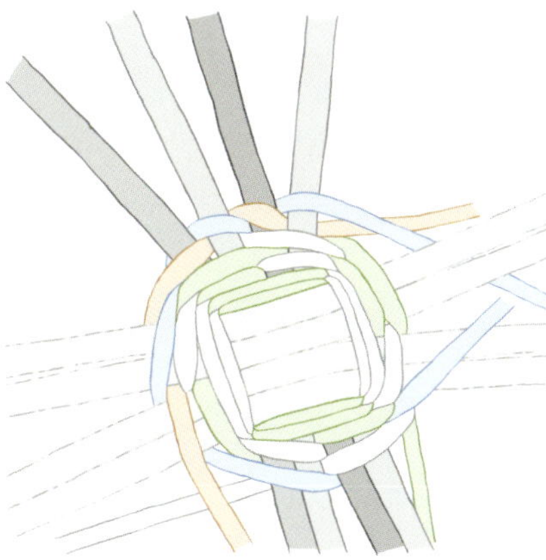

Beim Aufteilen der Staken ist es wichtig, diese vor dem Umflechten stark auseinander zu biegen. Dadurch verschaffen Sie sich den nötigen Platz zum Flechten.

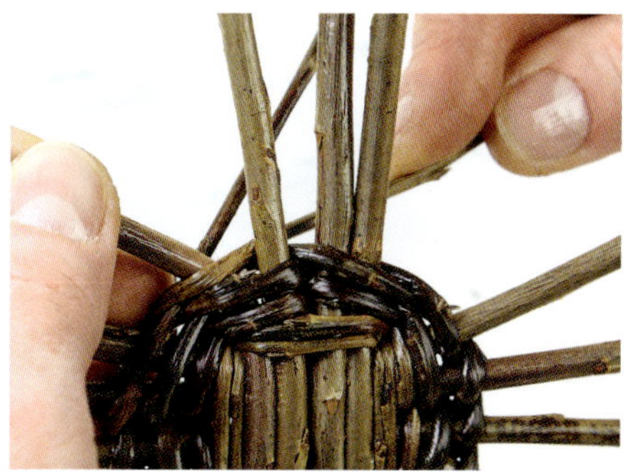

Probieren Sie, um Lücken zu vermeiden, die Flechtruten möglichst weit nach unten neben das bereits entstandene Geflecht zu bringen.

Tipp

Wenn zwei Ruten auslaufen, muss verlängert werden, d.h. es werden zwei neue Ruten angesetzt. Wie das geht, wird auf Seite 33 gezeigt.

3 Sind alle Staken einzeln umflochten, wird der ganze Boden in der Fitztechnik ausgeflochten. Nachdem die vier kürzeren Flechtruten aufgebraucht sind, verwenden Sie 8, maximal 12 Ruten, in Blaugrün mit ca. 1 m Länge.

Hinweis

Achten Sie darauf, dass die Staken gleichmäßig strahlenförmig verteilt werden – also immer vor dem Umflechten die Stake in die richtige Position bringen. Der Boden sollte außerdem eine leichte Wölbung bekommen. Wie das funktioniert, erfahren Sie auf Seite 38.

4 Hat der Boden die gewünschte Größe erreicht, beenden Sie das Geflecht mit den Spitzen. Zum Fixieren werden die Weidenspitzen, wie auf Seite 42 gezeigt am Schluss vernäht.

Hinweis

Sollte Ihr Boden schon den Durchmesser von 15 cm haben, Ihr Geflecht aber mit den Stammenden abschließen, dann setzen Sie lieber noch einmal zwei Ruten an. Auch wenn der Boden dadurch etwas größer wird.

5 Nun folgt das Ausputzen. Drehen Sie die Rückseite des Bodens nach oben und schneiden Sie alle Stammenden und Spitzen so ab, wie auf Seite 41 beschrieben.

6 Der Boden ist fertig.

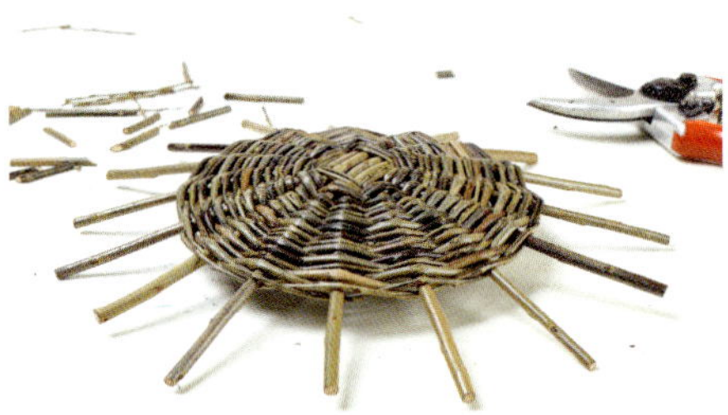

Die Seitenwand

Für die Seitenwand des Windlichts brauchen Sie als Gerüst genauso viele Staken, wie Ihr Boden „Strahlen" hat, also 16 Stück.

Aufstaken mit einer Stake pro Bodenkreuzstake

1 Bereiten Sie alle 16 Staken wie auf Seite 39 unter Anschalmen beschrieben vor.

2 Stecken Sie jeweils eine Stake rechts neben jeden Bodenstock. Dieser Vorgang wird auf Seite 39 unter Aufstaken mit einer Stake genau beschrieben.

3 Dann werden die Staken wie auf Seite 40 beschrieben reihum nach oben gebogen.
Sollte Ihnen dabei einmal eine Stake brechen, nehmen Sie diese einfach wieder aus dem Bodengeflecht. Schneiden Sie die Bruchstelle ab und schieben die Stake angeschalmt erneut ins Geflecht.

4 Binden Sie die Staken im oberen Drittel mit einer Schnur fest zusammen. Anschließend stellen Sie Ihr Werk vor sich auf die Arbeitsfläche und beschweren es mit einem Gewicht oder einem großen Stein.

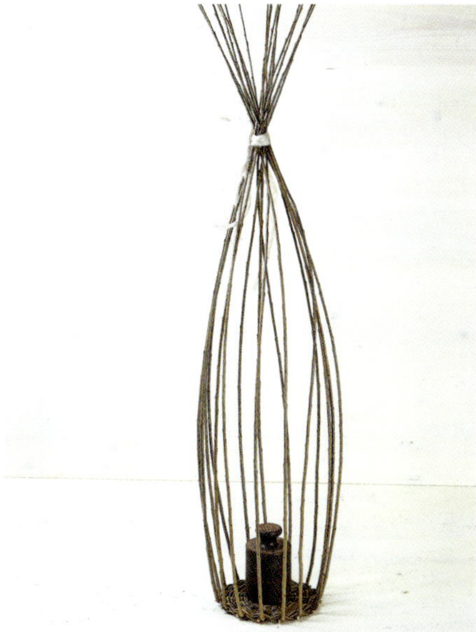

Die Dreierkimmen

Für die erste Kimme benötigen Sie 6 Ruten in Blauschwarz mit ca. 1 m Länge.

1 Flechten Sie die Kimme wie auf Seite 34 gezeigt. Wenn Sie bei den Stammenden ankommen, verlängern Sie diese wie auf Seite 35 beschrieben.

> Tipp
>
> Achten Sie von Anfang an wieder auf das gleichmäßige Ausrichten der Staken: Sie sollten möglichst senkrecht nach oben zeigen und im Verhältnis zum Boden in einem 90 °-Winkel stehen.

2 Wenn Sie bei den Spitzen ankommen, ist die erste Dreierkimme beendet. Um das Geflecht zu stabilisieren, klopfen Sie es in jedem Stakenzwischenraum wie auf Seite 54 gezeigt mit einem Schlageisen nach unten.

3 Flechten Sie mit sechs blaugrünen Ruten, ca. 1 m lang, eine zweite Kimme. Starten Sie wieder an einer beliebigen Stelle und hängen Sie die ersten drei Flechtruten mit den Spitzen ein.

4 Wenn Sie am Ende der Dreierkimme angekommen sind, vernähen Sie die Spitzen der Ruten wie vorhin bei der Fitze. Das Geflecht mit dem Schlageisen wieder nach unten klopfen.

5 Die Schnur, mit der die Staken zusammengebunden sind, können Sie jetzt entfernen.

6 Nun wird noch eine letzte Kimme geflochten, sie bildet den oberen Abschluss des Windlichts. Hierfür nehmen Sie die letzten sechs Ruten mit ca. 1 m Länge in Blauschwarz.
Auf welcher Höhe nun geflochten wird, muss Ihrem Glas individuell angepasst werden. Stellen Sie anstelle des Gewichts oder Steins das Glas in die Mitte Ihres Geflechts und setzen die Kimme ca. 2 cm unterhalb des Glasrandes an. Die Weidenspitzen ca. 15 cm überstehen lassen, damit sie später besser vernäht werden können. Um die Spitzen am Anfang etwas zu fixieren, können Sie für die erste Runde eine Wäscheklammer verwenden.

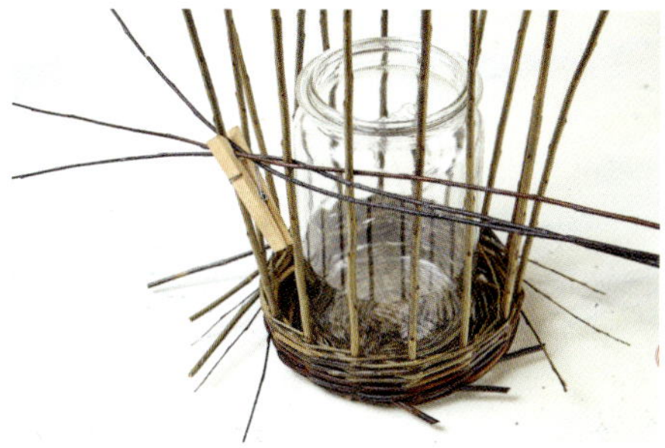

> Tipp
>
> Damit Ihr Windlicht eine zylindrische Form bekommt, achten Sie in der ersten Runde darauf, dass die Abstände der Staken im unteren Bereich des Windlichts gleich groß sind wie oben. Also wieder jede einzelne Stake, bevor Sie umflochten wird, in die gewünschte Position bringen.
>
> Wenn Sie fast eine Runde geflochten haben, überprüfen Sie, ob der obere Kreisdurchmesser tatsächlich gleich groß geworden ist wie der untere. Ansonsten können Sie die Staken noch etwas zurechtrücken, bevor Sie die Runde beenden.

7 Auch bei der letzten Kimme werden die Spitzen am Schluss vernäht, ebenso die drei Spitzen vom Anfang der Kimme. Entfernen Sie das Glas wieder aus dem Inneren des Windlichts und nehmen Sie das Geflecht für die nun folgenden Wicklungen am besten zu sich auf den Schoß oder legen es auf die Arbeitsfläche.

Wicklungen

Damit einzelne Weidenruten der oberen Kimme nicht nach unten abrutschen können, wird die oberste Kimme am Schluss noch mit vier Wicklungen fixiert. Hierfür benötigen Sie die letzten Ruten in Blaugrün mit ca. 0,60 m Länge.

1 Suchen Sie sich für die vier Wicklungen die Stakenzwischenräume aus, an denen Sie eine Fixierung als wichtig erachten. Meist ist das an den Stellen der Fall, an denen die Stammenden verlängert oder die Spitzen vernäht wurden.

2 Machen Sie die erste Wicklung. Legen Sie dafür im ersten auserwählten Stakenzwischenraum das Stammende einer Rute schräg hinter der Kimme an und umwickeln diese wie ab Seite 42 beschrieben.

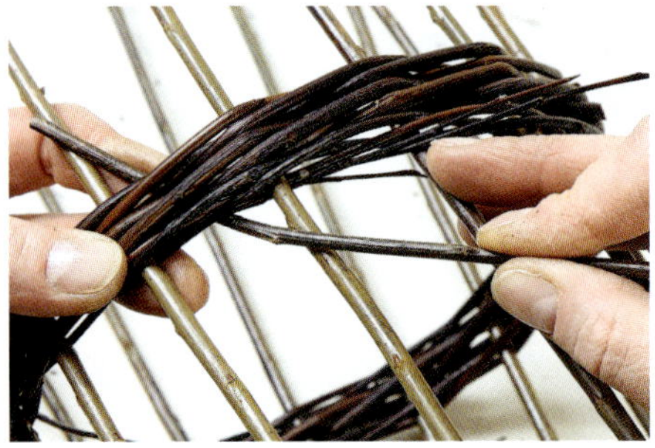

3 Machen Sie in jedem vierten Zwischenraum eine Wicklung.

Ausputzen

Schneiden Sie am gesamten Windlicht – sowohl außen als auch innen – alle überstehenden Reste ab. Gehen Sie dabei wie auf Seite 41 beschrieben vor.

Beistecken

Um das Windlicht noch zu verschönern und zu stabilisieren, werden Weiden beigesteckt.

1 Nehmen Sie die übrigen acht Stakenweiden und schalmen diese auf die gleiche Weise wie vorhin an.

2 Die erste Stake wird nun mit dem Stammende voraus von oben nach unten durch alle drei Kimmen geschoben, der Schalm zeigt dabei nach innen. Schaffen Sie sich mit dem Pfriem in der obersten Kimme links neben einer beliebigen Stake Platz und schieben die Stake durch. Führen Sie die Stakenrute zur linken Nachbarstake und stecken Sie sie dort rechts neben der Stake so weit wie möglich ins untere Geflecht. Auch hier kann es nötig sein, mit dem Pfriem Platz zu schaffen.

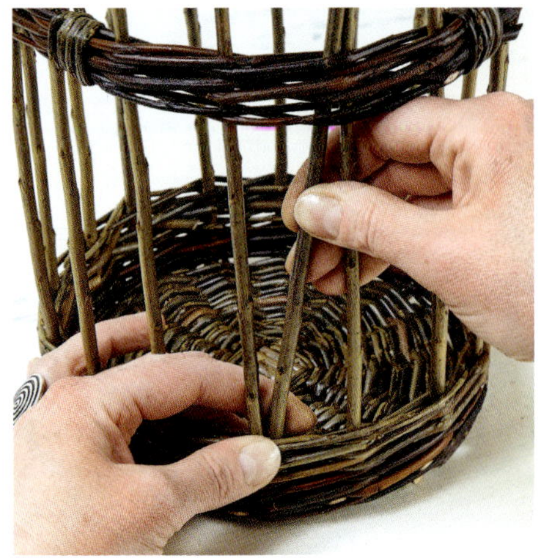

3 Diesen Vorgang mit den restlichen sieben Stakenruten wiederholen und dabei immer einen Zwischenraum freilassen.

Der Rand

Der Rand wird aus den 16 Staken hergestellt. Für das Windlicht sieht der Zuschlagrand *4 hinter 2* am schönsten aus. Bevor Sie mit dem Flechten beginnen, sollten Sie noch ein paar Vorbereitungen treffen.

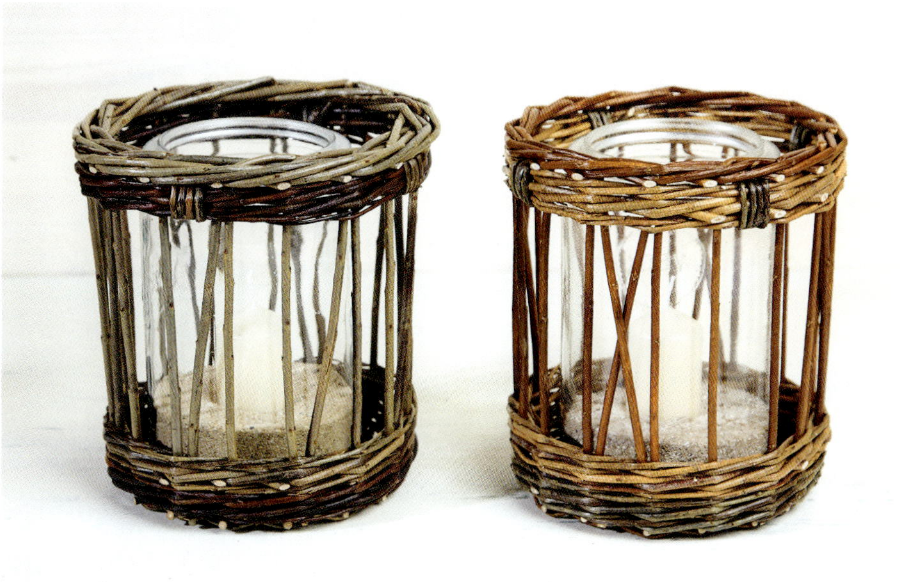

Das Windlicht ist fertig!

Befüllen Sie das Glas zu etwa einem Viertel mit Sand, bevor sie die Kerze hineinstellen. So hat die Kerze einen besseren Stand und es geraten weniger Wachstropfen auf das Glas.
Genießen Sie Ihr neues Windlicht!

Varianten

Es sind natürlich auch andere Formen des Beisteckens denkbar. Sie können beispielsweise in jedem vierten Zwischenraum zwei Stakenweiden anbringen, die sich in der Mitte überkreuzen.

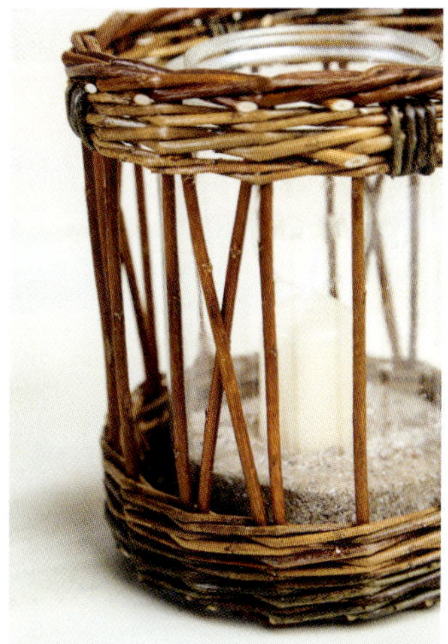

Für ganz andere Muster können auch mehr oder weniger als acht Staken beigesteckt werden, was allerdings im Vorfeld beim Einweichen bedacht werden muss.

Vorbereitungen

1 Kontrollieren Sie die Höhe Ihres Windlichts. Durch das Flechten der Wicklungen und auch dem Beistecken der Weiden kann sich die oberste Kimme verschoben haben. Stellen Sie noch einmal das Glas in die Mitte des Windlichts und rücken die Kimme in die richtige Position. Sie sollte überall die gleiche Höhe haben und am besten bündig mit der Glasoberkante abschließen.

2 Schneiden Sie die beigesteckten Stakenweiden bündig an der obersten Kimme ab. Gehen Sie dabei sehr vorsichtig vor, um keine der stehenden Staken zu verletzen.

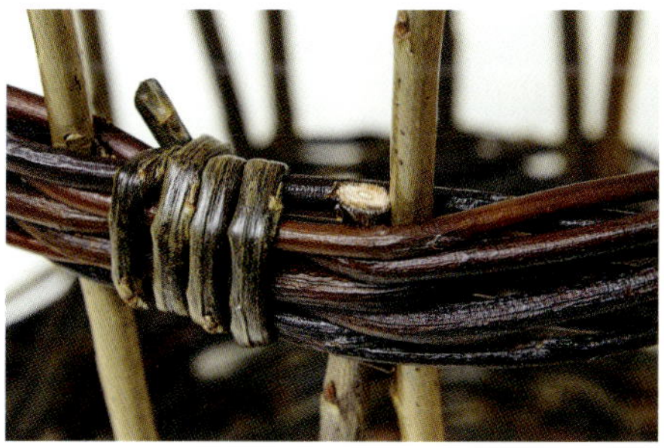

3 Tauschen Sie dann wieder Glas gegen Gewicht oder Stein aus.

Der Zuschlagrand
4 hinter 2

Flechten Sie einen Zuschlagrand, wie er beim Brotkorb ab Seite 55 beschrieben ist.

Vogelhäuschen

Größe

ø Boden 25 cm, Höhe ca. 50 cm

Material

- 18 Staken in Braun, ca. 1,60 m lang, dick
- 18 Staken in Braun, ca. 1,40 m lang, mittlere Stärke
- 6 Ruten, in Braun, ca. 1,60 m lang, dünn
- 18 Ruten in Braun, ca. 1,40 m lang, mittlere Stärke
- 7 Ruten in Blaugrün, ca. 1,40 m lang, mittlere Stärke
- 6 Ruten in Grün, ca. 1,40 m lang, mittlere Stärke
- 18 Ruten in Blaugrün, ca. 1,20 m lang, mittlere Stärke
- 18 Ruten in Braun, ca. 1,20 m lang, mittlere Stärke
- 9 Ruten in Grün, ca. 1,20 m lang, mittlere Stärke
- 4 Ruten in Braun, ca. 0,50 m lang, dünn
- Blumenwickeldraht, ø ca. 0,65 mm, ca. 40 cm lang
- Schnur, ca. 1 m lang, dick
- Gartenschere
- Messer
- Pfriem
- Schlageisen
- Draht- oder Kombizange
- Wäscheklammer
- Holzbrett, ø 25 cm
- Zirkel
- Bleistift
- Akkubohrschrauber
- Holzbohrer, ø 6 mm

Hinweis

Statt den Ruten mit 1,20 m Länge können Sie auch 1 m lange Ruten nehmen. Die tatsächliche Länge, die Sie für das Vogelhäuschen benötigen, liegt zwischen 0,80 m und 1 m. Allerdings sind die 1 m langen Ruten oft so dünn, dass ich meist lieber längere Ruten entsprechend einkürze.

Der Boden

Herstellung des Bodens

Damit das Vogelhäuschen später besser gereinigt werden kann, ist es sinnvoll, einen Holzbrett als Boden zu verwenden.

1 Zeichnen Sie mit dem Zirkel einen Kreis auf das runde Holzbrett. Der Kreis sollte einen Abstand von genau 1 cm zum Rand haben.

2 Markieren Sie auf dem Kreisumfang mit Hilfe des Zirkels 18 Löcher im Abstand von ca. 4 cm.

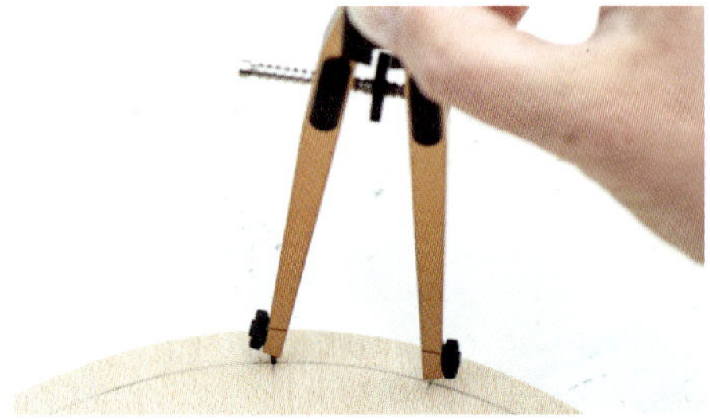

3 Bohren Sie mit dem Holzbohrer an den Markierungen 18 Löcher durch das Brett.

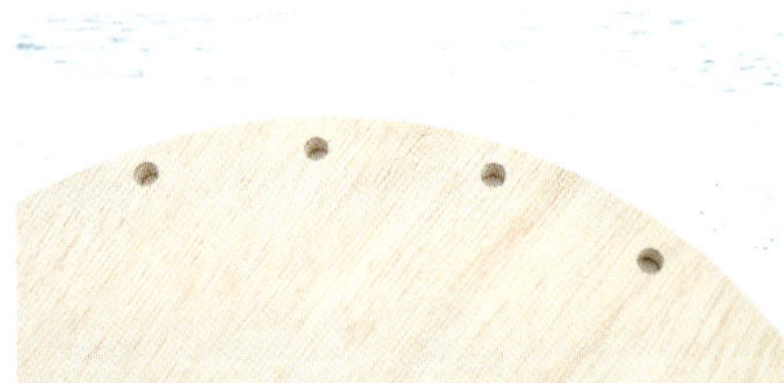

Befestigen der Staken am Boden

Hierfür benötigen Sie die 18 Staken mit ca. 1,60 m Länge.

1 Nehmen Sie die erste Stake und stecken sie diese mit der Spitze voraus durch eines der Löcher. Dickere Staken soweit wie möglich durchs Loch ziehen, bis sie stramm sitzen. Beim Einführen am besten etwas hin- und herdrehen, so wird die Rinde weniger beschädigt.
Dünnere Staken ziehen Sie soweit durch, bis vom Stammende noch ca. 15 cm übrig sind.

2 Stecken Sie die restlichen 17 Staken auf die gleiche Weise durch die Löcher.

3 Schneiden Sie alle Stammenden auf einer Länge von ca. 12 cm, von der Unterseite des Bodens aus gemessen, ab.

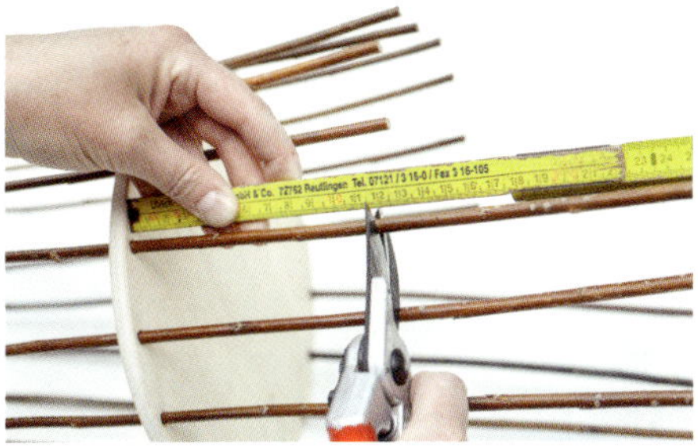

4 Die ersten beiden Staken werden vorgeknickt. Setzen Sie hierfür den Pfriem an der Stelle an, wo die erste Stake geknickt werden soll. Da sie nach rechts umgeknickt werden soll, setzen Sie den Pfriem an der rechten Seite der Weide an, und zwar ungefähr 1½ Stakenstärken oberhalb des Geflechts. Wiederholen Sie dies mit der Stake rechts daneben.

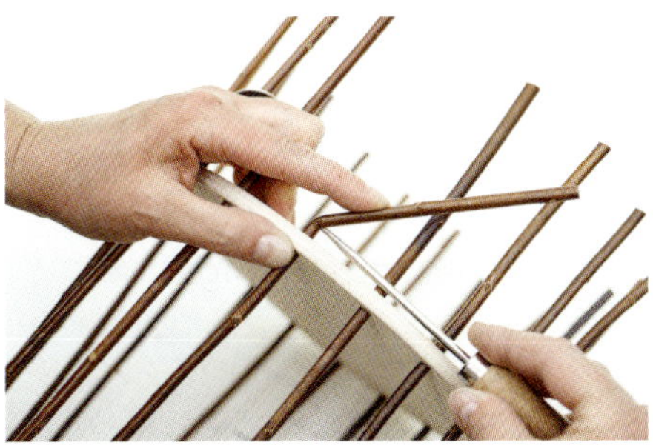

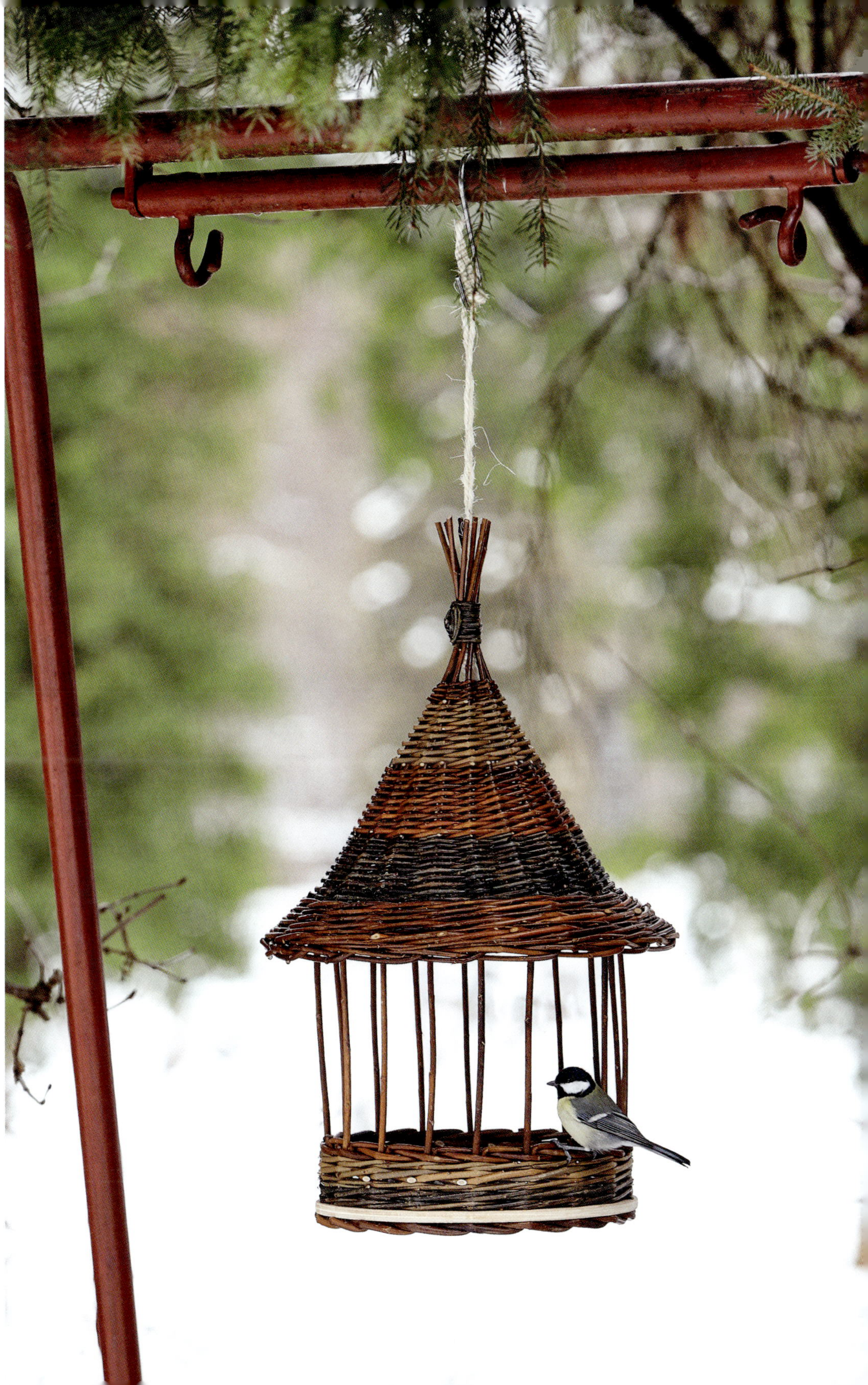

Tipp

Achten Sie darauf, dass jede abgelegte Stake auch tatsächlich auf dem Holzboden zum Liegen kommt. Sollte die zuvor abgelegte Stake im Weg sein, können Sie sie mit dem Pfriem vorsichtig zur Seite schieben.

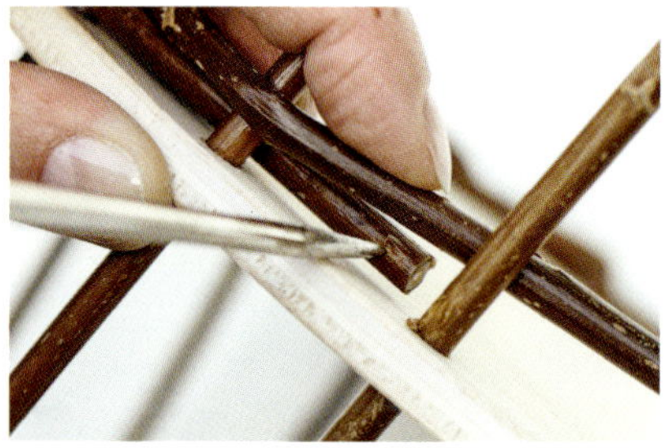

5 Starten Sie mit der ersten Stake, die Sie geknickt haben. Flechten Sie diese im Flechtschlag *vor 1 hinter 1* nach rechts. Die Stake wird flach abgelegt.

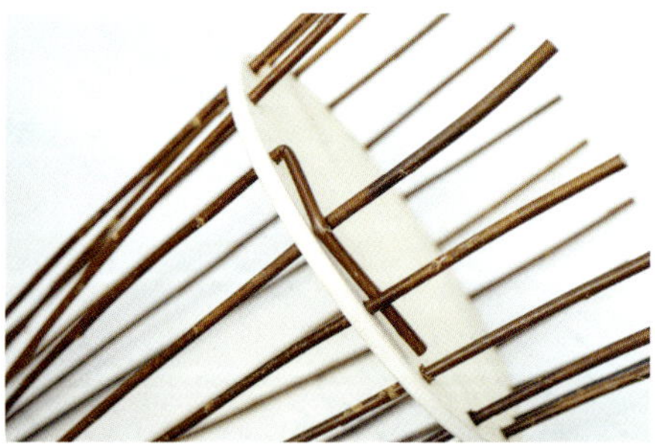

6 Nehmen Sie die zweite vorgeknickte Stake und führen mit ihr den gleichen Flechtschlag aus.

7 Arbeiten Sie in diesem Rhythmus mit den restlichen Staken weiter, bis nur noch zwei übrig bleiben. Alle anderen Staken müssen nicht mehr vorgeknickt werden.

8 Die vorletzte Stake wird vor der rechten Nachbarstake entlang geführt und hinter der ersten umgeknickten Stake abgelegt.

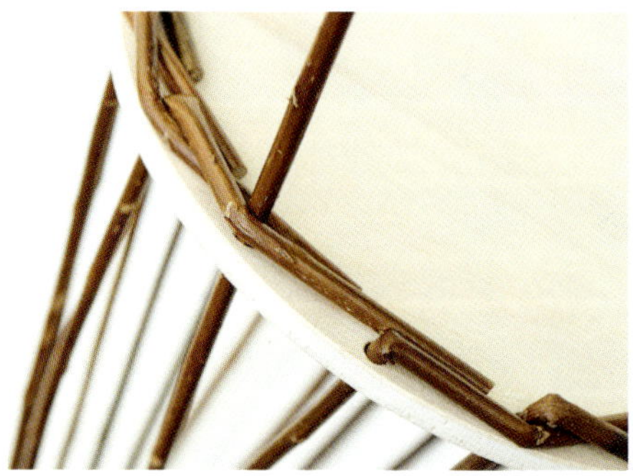

9 Die letzte Stake legen Sie vorne an der umgeknickten Stake vorbei und führen sie im nächsten Zwischenraum von außen nach innen durch. Um sich mehr Platz zu verschaffen, können Sie die bereits umgeknickte Stake etwas nach oben schieben. Danach wird sie einfach wieder fest nach unten gedrückt.

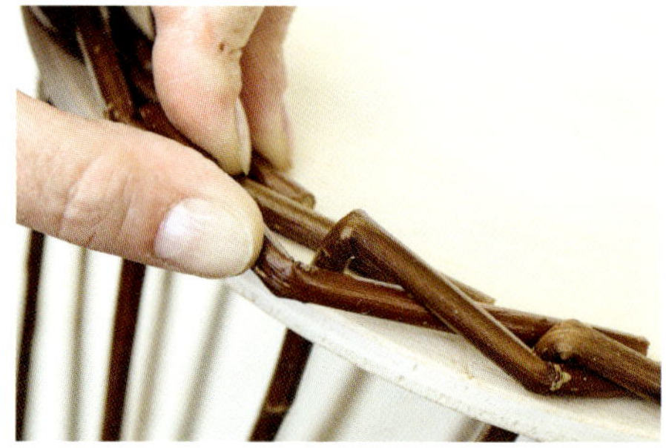

10 Ziehen Sie jede einzelne Stake von oben gut fest. Die Staken neigen sich zunächst alle etwas nach rechts. Deswegen ziehen Sie die Staken beim Festziehen am besten so weit wie möglich in die entgegengesetzte Richtung.

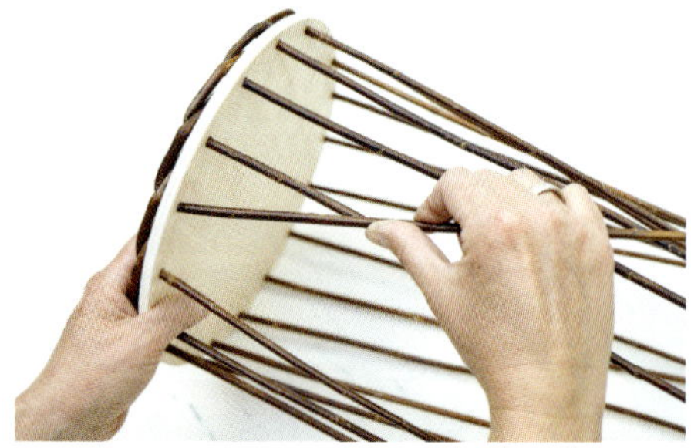

Die Seitenwand

Die Seitenwand des Vogelhäuschens besteht zunächst aus zwei Dreierkimmen. Da die Vögel den Rand der Kimmen als Landeplatz verwenden und das Geflecht sich ohne Befestigung dadurch leicht lösen könnte, wird auf die beiden Kimmen anschließend ein schlichter Rand geflochten.

Die Dreierkimmen

Für die erste Kimme benötigen Sie 6 Ruten in Blaugrün mit ca. 1,40 m Länge. Die zweite Kimme wird anschließend mit den ca. 1,40 m langen Ruten in Grün geflochten.

1 Schneiden Sie die ersten sechs Ruten so ab, dass sie gleich lang sind. Sortieren Sie dafür die Spitzen auf gleiche Länge und kürzen Sie die Stammenden ein.

2 Flechten Sie mit den ersten sechs Ruten eine Kimme wie auf Seite 34 beschrieben. Starten Sie mit den ersten drei Ruten, indem Sie diese mit den Spitzen an drei beliebigen, nebeneinanderliegenden Staken von links nach rechts einhängen.

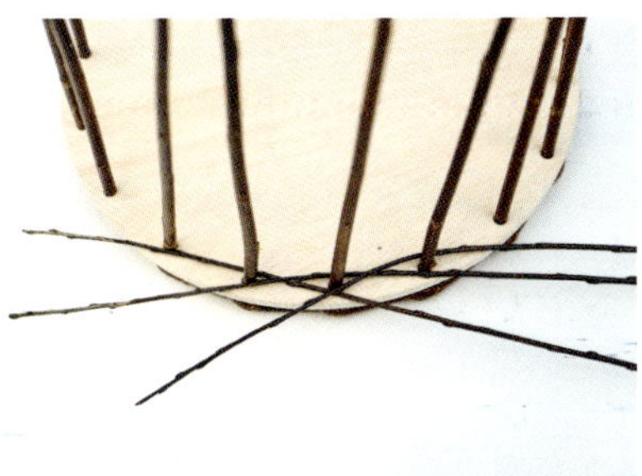

Wenn Sie bei den Stammenden ankommen, verlängern Sie diese wie auf Seite 35 gezeigt.

Hinweis

Achten Sie während dem Flechten beider Kimmen auf das gleichmäßige Ausrichten der Staken. Also immer vor dem Umflechten die Stake in die richtige Position bringen.

Da die Staken sich nach rechts neigen, sollten Sie sie bei jedem Flechtschlag nach links drücken, so werden sie mehr und mehr aufgerichtet.

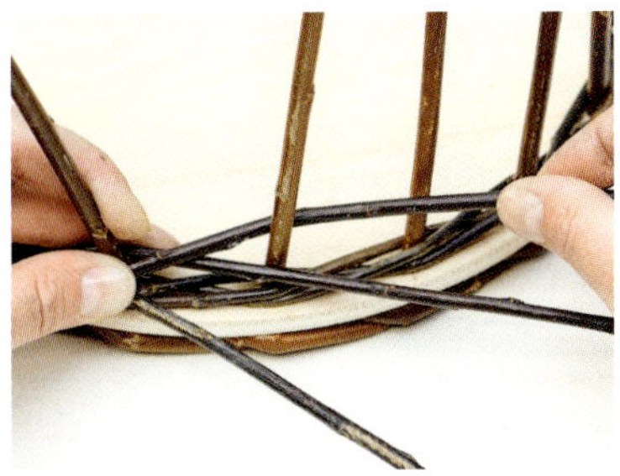

Außerdem dürfen die Staken durch die Flechtruten nicht nach innen gedrückt werden.

3 Wenn Sie bei den Spitzen ankommen, ist die Kimme beendet. Die drei Rutenspitzen zeigen am Schluss nach vorne. Um das Geflecht zu stabilisieren, klopfen Sie es in jedem Stakenzwischenraum wie auf Seite 54 beschrieben mit einem Schlageisen nach unten.

4 Flechten Sie mit den nächsten sechs Ruten die zweite Kimme. Starten Sie wieder an einer beliebigen Stelle und hängen die ersten drei Flechtruten mit den Spitzen ein.

5 Wenn Sie am Ende der Dreierkimme angekommen sind, vernähen Sie die Spitzen wie auf Seite 42 erklärt. Denken Sie am Schluss daran, die Kimme noch einmal runterzuklopfen!

Der schlichte Rand

Für den Rand brauchen Sie die 18 Staken mit ca. 1,40 m Länge. Beim Flechten werden die Weiden gekürzt. Die Reste legen Sie sich zur Seite, sie werden ganz am Schluss noch gebraucht.

1 Schalmen Sie die Staken alle am Stammende wie auf Seite 39 beschrieben an.

2 Stecken Sie rechts neben eine beliebige Stake eine neue dazu. Schaffen Sie sich dafür mit dem Pfriem Platz. Schieben Sie die neue Stake, direkt nachdem der Pfriem entfernt wurde, bis zum Boden ins Geflecht. Der Schalm zeigt nach innen, damit er von außen betrachtet nicht sichtbar ist.

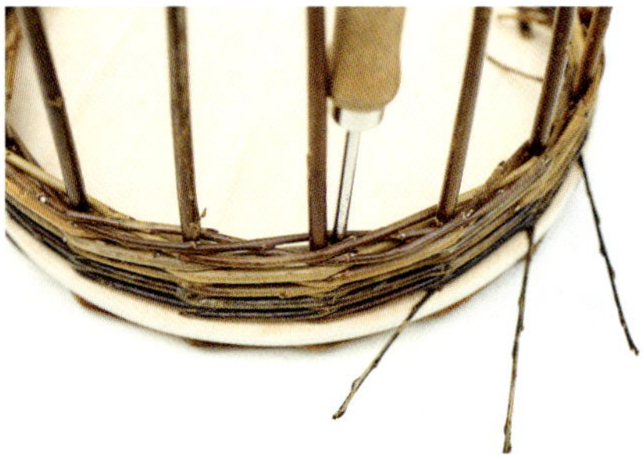

3 Das Gleiche machen Sie mit den anderen 17 Staken.

4 An einer beliebigen Stelle werden zwei der neu eingesteckten Staken wieder vorgeknickt. Setzen Sie den Pfriem dafür an der rechten Seite der Weiden an, und zwar wieder ca. 1½ Stakenstärken oberhalb des Geflechts.

5 Starten Sie mit der ersten Stake, die Sie geknickt haben. Diese führen Sie nach rechts, dieses Mal zuerst hinter einer Stake entlang, an der nächsten vorne vorbei und legen Sie dann hinter Stake Nummer 3 ab. Die bestehende Stake und die neu eingesteckte werden dabei als eine Stake gezählt.

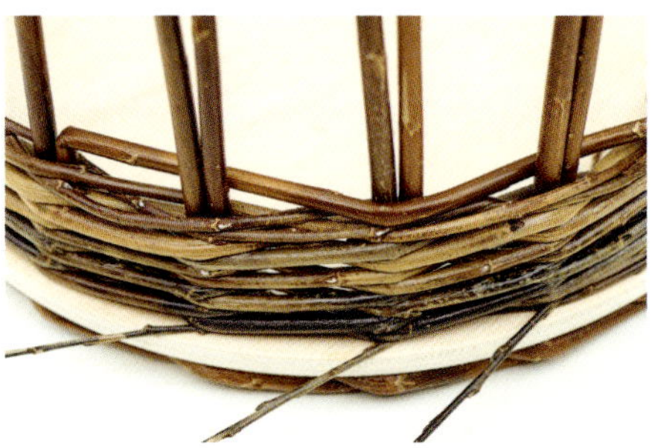

Die abgelegte Weide von innen mit ca. 2 cm Abstand zur Stake schräg abschneiden und den Rest zur Seite legen.

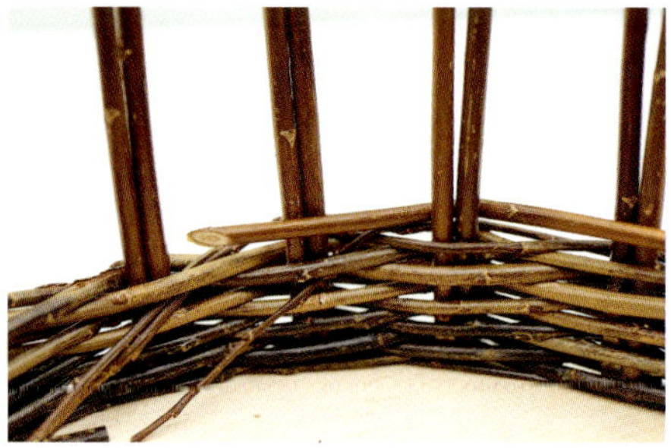

6 Nehmen Sie die nächste Stake rechts daneben und verarbeiten Sie sie im Rhythmus *hinter 1, vor 1, hinter 1*, abschneiden.

7 Die restlichen Staken müssen nicht mehr vorgeknickt werden. Flechten Sie mit ihnen weiter, bis noch drei Staken übrig sind.

Hinweis

Damit die Staken, die stehen bleiben, beim Flechten des Randes nicht nach innen gedrückt werden, müssen Sie beim Umflechten stark nach außen gebogen werden.

8 Die drittletzte Stake wird hinter der ersten umgeknickten Stake abgelegt. Nach dem Verflechten die Stake schräg abschneiden.

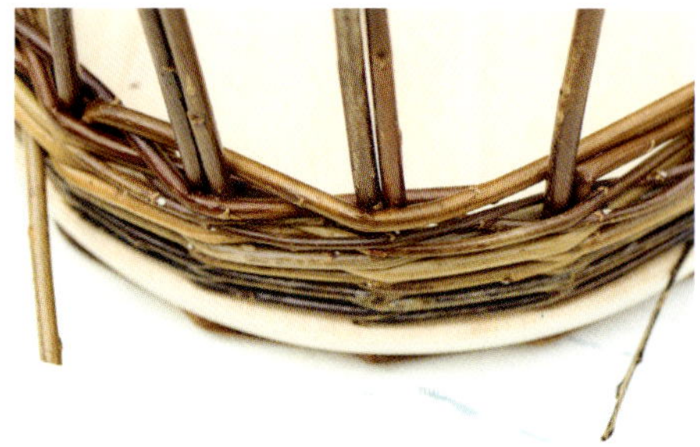

9 Kürzen Sie die beiden letzten Staken auf ca. 20 cm. Führen Sie die vorletzte Stake hinter der stehenden und vorne an der umgeknickten vorbei. Dort wird sie unter der umgeknickten Stake nach hinten durchgezogen.

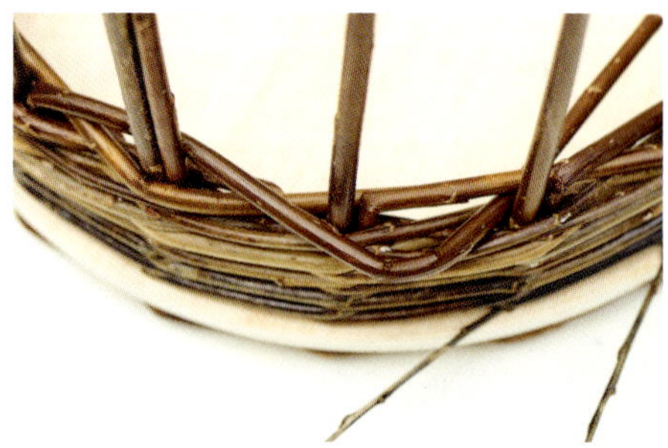

10 Die letzte Stake wird hinter die umgeknickte Stake gelegt und unter dieser in einem möglichst großen Bogen von innen nach außen, zwischen den beiden schon verflochtenen Staken, durchgezogen.

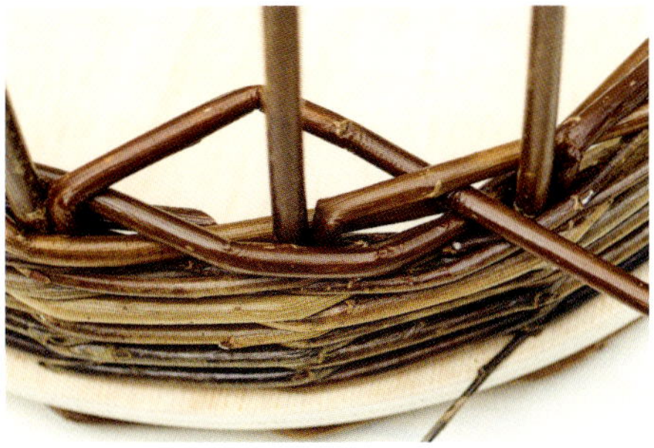

Rechts daneben wird die Stake unter beiden Staken von außen nach innen durchgezogen.

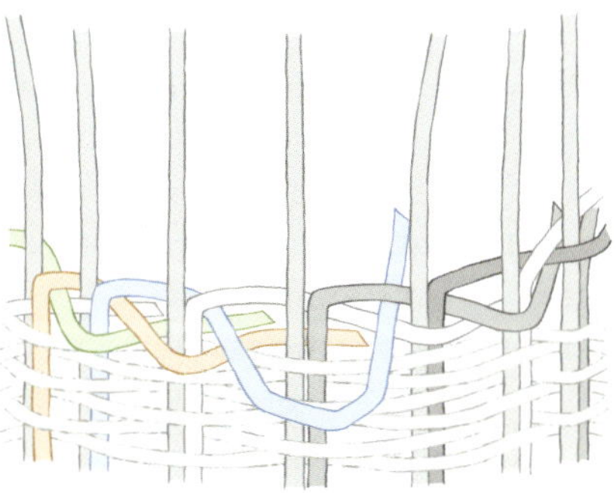

Beide zuletzt verflochtenen Weiden innen schräg abschneiden.

11 Schneiden Sie alle abstehenden Weidenreste der Kimmen sowohl innen als auch außen ab wie auf Seite 41 beschrieben.

Das Dach

Als Grundlage für das Dach flechten Sie noch eine Kimme. Danach geht es dann in mehreren Schichten nach oben. Zum Schluss wird der Dachvorsprung geflochten.

Die obere Kimme

Für diese Kimme benötigen Sie die sechs dünnen Weidenruten mit ca. 1,60 m Länge.

1 Bringen Sie die Weiden auf gleiche Länge. Messen Sie dann vom Rand ca. 15 cm nach oben. Hängen Sie an dieser Stelle drei Flechtruten mit den Spitzen ein, wobei Sie die Spitzen ca. 25 cm überstehen lassen sollten. Um diese am Anfang etwas zu fixieren, können Sie für die erste Runde, wie auf Seite 115 erklärt, eine Wäscheklammer verwenden.

> **Tipp**
> Achten Sie darauf, dass die obere Kimme in etwa den gleichen Durchmesser bekommt, wie die beiden unteren Kimmen. Der Tipp für das Windlicht auf Seite 115 hilft Ihnen auch hier weiter.

2 Wenn Sie am Ende der Kimme angekommen sind, ziehen Sie die drei Spitzen durch die vorherige Geflechtsrunde nach hinten durch.

3 Die Spitzen vom Anfang der Kimme ziehen Sie neben den jeweiligen Staken durch das gesamte Geflecht nach oben.

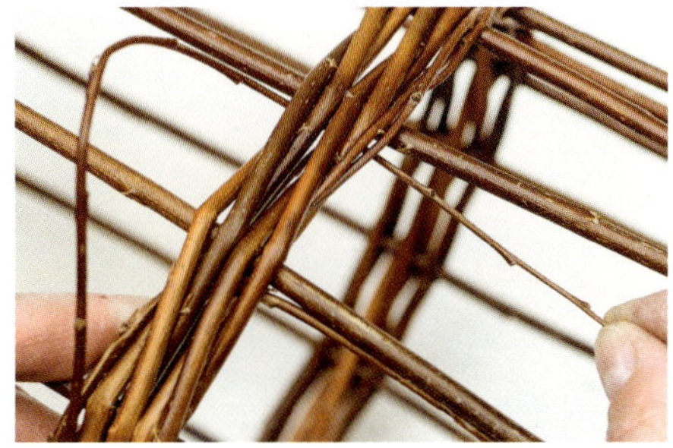

Damit die Kimme später nicht nach unten abrutscht, werden die Spitzen beim Schichtgeflecht später mit eingeflochten. Da diese Kimme nicht mit dem Schlageisen bearbeitet werden kann, drücken Sie das Geflecht mit den Händen fest zusammen.

4 Schneiden Sie alle überstehenden Enden, bis auf die Spitzen, aus Punkt 3 ab. Das Geflecht dieser Kimme ist eher locker, da sie keinen Halt von unten hat. Deswegen ist es besser, alle Enden etwas länger zu lassen.

Die Formgebung

1 Messen Sie die Höhe der Kimme noch einmal rundherum mit einem Meterstab nach. Der Abstand zum Boden sollte überall in etwa die gleiche Höhe haben, weil das Dach ansonsten schräg wird.

2 Direkt oberhalb der Kimme werden die Staken jetzt vorgeknickt und nach außen gebogen.

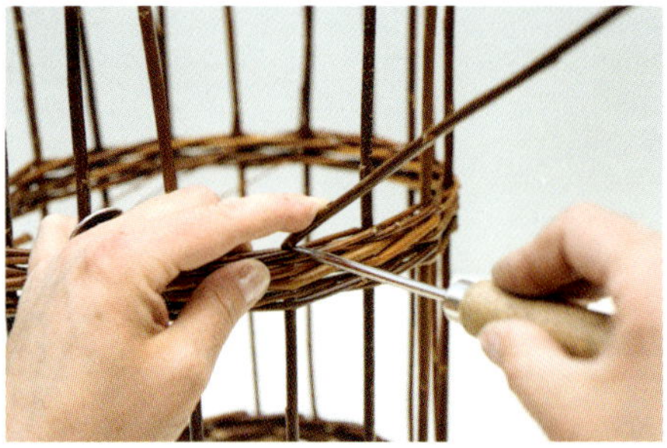

3 Danach lassen sich die Staken an dieser Stelle ganz leicht nach innen drücken.

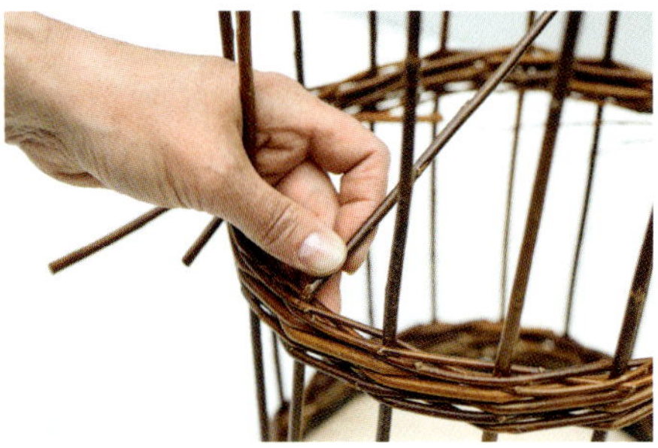

Das Schichtgeflecht

Für das Dach werden drei Schichten geflochten. Vor der letzten Schicht wird die Hälfte der Staken rausgeschnitten. Das schafft Platz zum Flechten.

1 Für das erste Schichtgeflecht benötigen Sie 18 blaugrüne Ruten mit ca. 1,20 m Länge. Schneiden Sie die Stammenden von den Ruten so ab, dass sie ca. 1 m lang sind.

2 Verflechten Sie die Ruten bis zu den Spitzen wie ab Seite 36 beschrieben. Denken Sie daran, das Geflecht immer wieder runterzuklopfen. Dabei sollten Sie aber in den ersten Runden mit der anderen Hand dagegenhalten, damit das Dach nicht abrutscht.

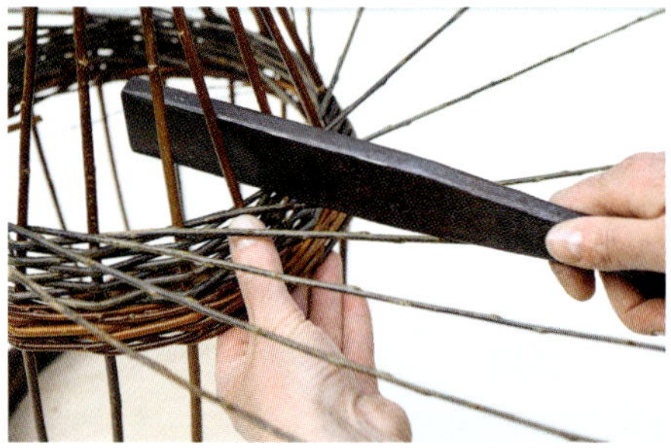

Tipp

Ab der dritten Runde wird die Formgebung wichtig. Drücken Sie jede einzelne Stake beim Umflechten nach innen. Je mehr Runden Sie geflochten haben, desto enger wird der Abstand zwischen den Staken. Wie Sie sich das Flechten erleichtern können, erfahren Sie auf Seite 80.

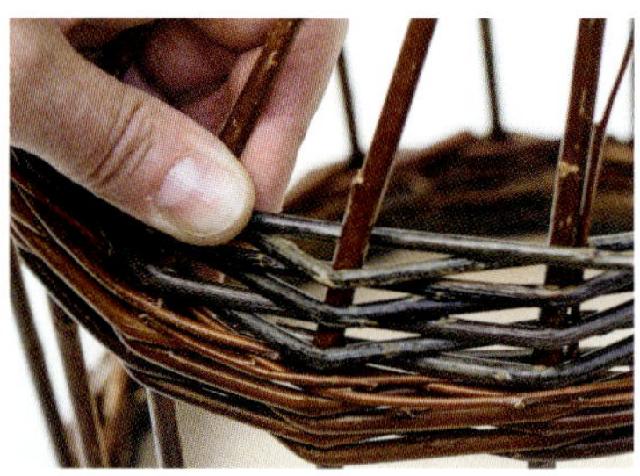

3 Für die zweite Schicht benötigen Sie 18 braune Ruten mit ca. 1,20 m Länge. Diese Ruten werden auf ca. 0,90 m gekürzt. Dann einfach mit den Stammenden auf die erste Schicht legen und wie oben verflechten.

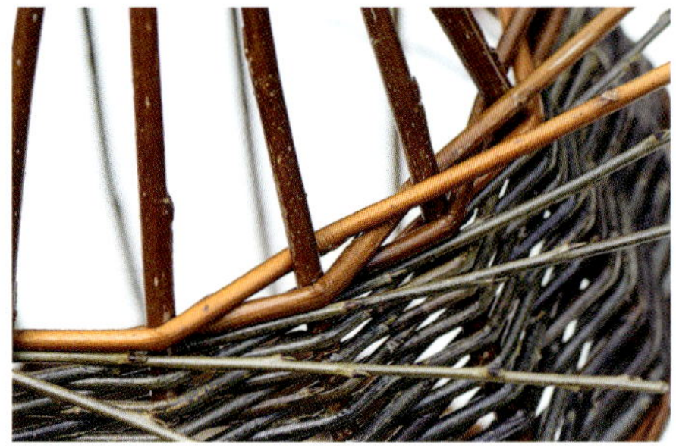

Klopfen Sie das Geflecht auch bei dieser Schicht – solange der Abstand zwischen den Staken groß genug ist – immer wieder nach unten. Wenn der Stakenzwischenraum ca. 1,5 cm beträgt, beenden Sie die Schicht.

Tipp

Die Weiden können an den Stammenden viel Kraft ausüben. Falls Ihr Dach noch zu steil ist, kann nach dem Einlegen der zweiten Schicht besonders gut geformt werden.

4 Wenn die Spitzen der beiden Schichten soweit abstehen, dass sie stören, können sie ein kleines Stück abgeschnitten werden.

5 Um Platz zu schaffen, wird jetzt jede zweite Stake abgeschnitten. Legen Sie die Schere dafür bündig am Geflecht an.

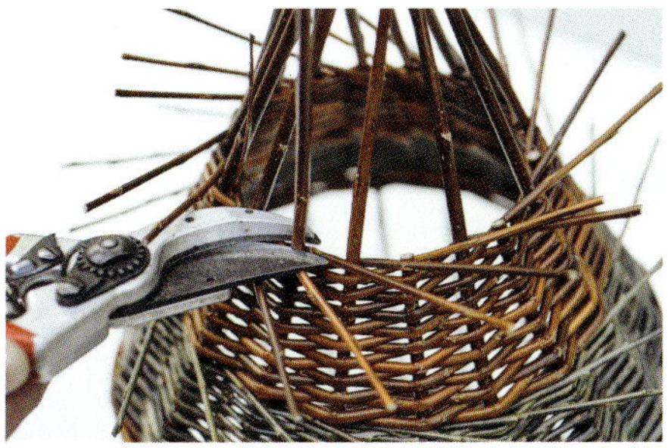

6 Das letzte Schichtgeflecht wird mit den neun grünen Weidenruten mit ca. 1,20 m Länge geflochten. Diese Ruten vorher auf ca. 0,80 m einkürzen. Solange der Abstand zwischen den Staken groß genug ist, das Geflecht immer wieder nach unten klopfen. Beenden Sie die Schicht, wenn der Abstand zur Dachspitze noch ca. 5 cm beträgt.

Tipp

Da der Abstand zwischen den Staken zunächst sehr groß ist, rutschen die Flechtruten leicht nach oben. Damit keine Löcher entstehen, hilft es, die Ruten nach jedem Flechtschlag mit den Fingern fest nach unten zu drücken.

Die Fitze

Um das Schichtgeflecht ganz oben zu fixieren, wird noch ein dünner Streifen als Abschluss geflochten. Hierfür benötigen Sie die 4 Ruten mit ca. 0,50 m Länge.

1 Bringen Sie die Ruten auf gleiche Länge.

2 Flechten Sie eine Fitze, wie auf Seite 33 beschrieben. Verlängern Sie „dick mit dick". Wenn die Ruten noch ca. 20 cm lang sind, beenden Sie das Geflecht und vernähen die Spitzen. Dabei muss von innen in das Dach gegriffen werden, um die Weidenspitzen fest nach unten zu ziehen.

Der Dachvorsprung

Für den Dachvorsprung benötigen Sie zunächst die 18 Stakenreste, die Sie beim schlichten Rand zur Seite gelegt haben. Da Sie die Staken dort schräg abgeschnitten haben, müssen sie nicht mehr angeschalmt werden.

1 Bevor der Dachvorsprung geflochten wird, werden alle überstehenden Reste außen am Dach, wie auf Seite 41 beschrieben, ausgeputzt. Auch die Staken oben an der Dachspitze sollten Sie schon grob kürzen.

2 Legen Sie das Vogelhäuschen schräg vor sich, sodass das Dach nach links zeigt.

3 Schaffen Sie sich links neben einer beliebigen Stake mit dem Pfriem Platz. Schieben Sie die neue Stake so weit wie möglich ins Geflecht. Der Schalm zeigt wieder nach innen.

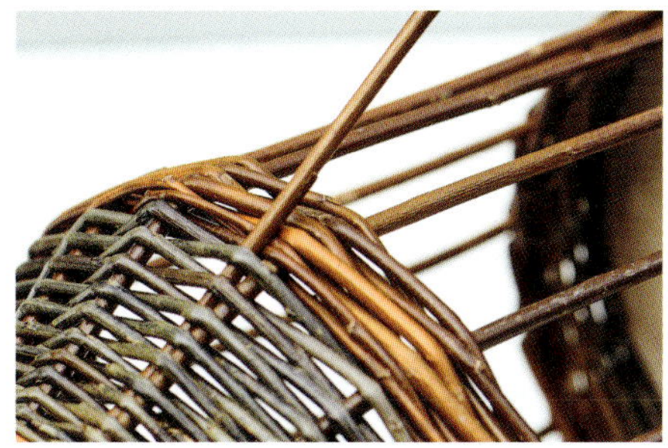

4 Stecken Sie die restlichen 17 Staken auf die gleiche Weise ins Geflecht.

5 Flechten Sie mit den 18 braunen Ruten mit ca. 1,40 m Länge drei Kimmen. Schieben Sie beim Flechten der ersten Kimme die eingehängten Spitzen ganz nach unten zum Geflecht.

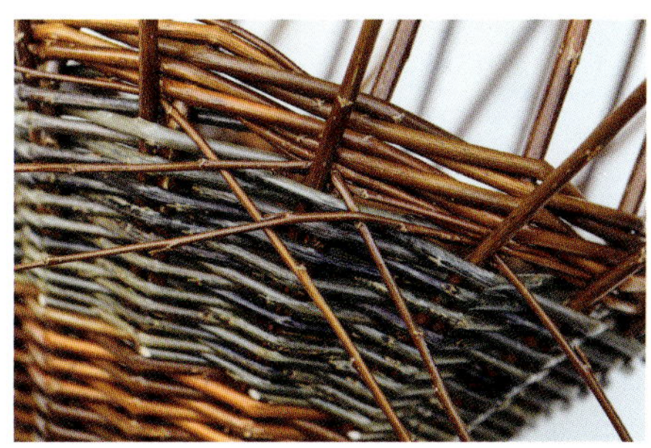

> **Hinweis**
> Achten Sie bei der ersten Kimme darauf, dass keine Lücke zwischen Dachgeflecht und Dachvorsprung entsteht. Dafür die Staken beim Umflechten nach vorne ziehen und die Flechtruten ganz nach unten schieben.

6 Wenn Sie die dritte Kimme beendet haben, die Spitzen wieder vernähen und das Geflecht nach unten klopfen.

Der schlichte Rand

Flechten Sie aus den Staken nochmals einen schlichten Rand. Beachten Sie dabei die zuvor aufgeführten Schritte 4 – 10.

Der Abschluss

Ausputzen

Schneiden Sie alle restlichen Flechtruten des Dachvorsprunges ab.

Aufhängung

1 Legen Sie die Schnur zu einer Schlaufe und knoten die Enden zweimal fest zusammen.

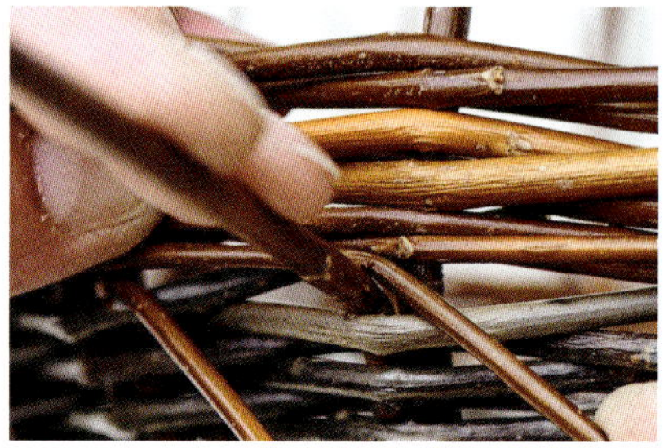

2 Führen Sie den Knoten von oben ca. 5 cm weit in die Dachspitze ein.

3 Nehmen Sie den Draht und umwickeln Sie die Stelle, an der die Staken zusammenstoßen, drei- bis viermal so fest wie möglich. Dann die Drahtenden miteinander verzwirbeln und die Reste mit der Zange abschneiden. Drücken Sie den abstehenden Teil mit dem Pfriem ins Innere des Daches.

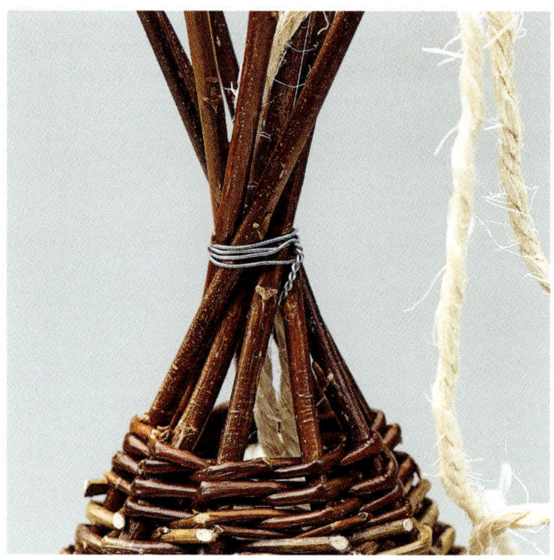

Ein- und Ausgänge für die Vögel

Damit die Vögel mehrere Ein- und Ausgänge haben, schneide ich gerne drei Staken aus der Seitenwand.

1 Suchen Sie sich für die erste Stelle eine Stake aus, die beim Flechten der dritten Schicht nicht abgeschnitten wurde. Ansonsten könnte es passieren, dass die Stake – wenn Sie weder oben noch unten einen Verbund hat – im Laufe der Zeit abrutscht.

2 Schneiden Sie die gewählte Stake unten bündig am Rand, oben mit etwas Sicherheitsabstand zum Geflecht ab.

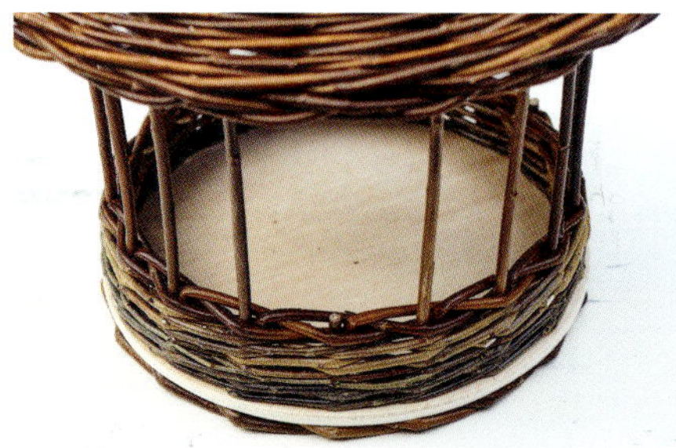

3 Machen Sie das Gleiche an zwei weiteren Stellen. Am besten schneiden Sie jede sechste Stake heraus.

4 Jetzt können Sie in das Dach greifen und die Spitzen der Fitze, die Sie ganz oben ins Dachinnere gezogen haben, noch etwas einkürzen.

Japanisches Auge

1 Suchen Sie sich die Seite Ihres Vogelhäuschens aus, die Sie am schönsten finden und drehen Sie sie zu sich.

2 Flechten Sie mit der Rute in Blaugrün mit ca. 1,40 m Länge, an die Dachspitze ein Japanisches Auge, wie ab Seite 43 beschrieben. Das Auge sollte den Draht so gut wie möglich verdecken.

3 Die Staken oberhalb des Japanischen Auges können noch so weit gekürzt und vorsichtig nach außen gebogen werden, wie es Ihnen gefällt.

Das Vogelhäuschen ist fertig!

Das Vogelhäuschen wird als Futterstelle sehr gerne von vielen verschiedenen Vogelarten aufgesucht. Manchmal dauert es eine Weile, bis ein neuer Futterplatz von Vögeln angenommen wird. Bei mir werden es von Jahr zu Jahr mehr!

Hinweis für Vogelfreunde

Oft wird an verschiedenen Stellen darauf hingewiesen, dass eine solche Futterstelle für Vögel gar nicht so gut sei. Die Gefahr für Krankheiten sei zu groß, wenn die Vögel durch Kot ihr Futter verunreinigen.

Meine jahrelange Erfahrung beim Einsatz eines solchen Vogelhäuschens zeigt, dass die Verunreinigung sich sehr in Grenzen hält. Die meisten Vögel benutzen tatsächlich ein Loch als Eingang, ein anderes als Ausgang und nehmen beim Durchflug ihr Futter mit.

Dennoch habe ich auf dem Boden Zeitungspapier liegen, das in regelmäßigen Abständen ausgetauscht wird.

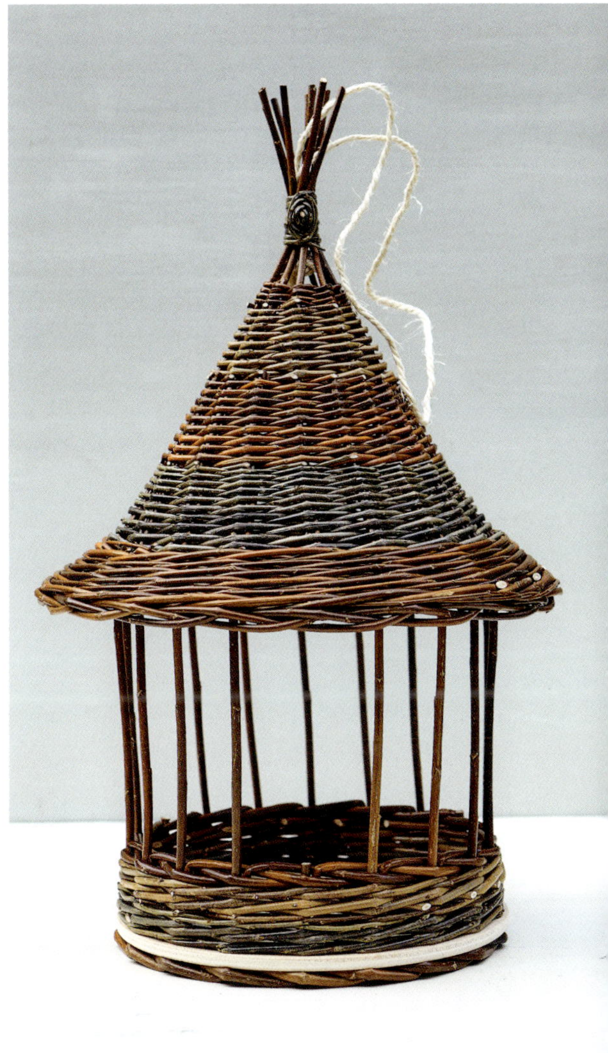

Rundes Rankgerüst

Größe

ø 30 cm, Höhe ca. 2 m (vor dem Einstecken in die Erde)

Material

- 12 Weidenstöcke, ø ca. 1,5 cm, ca. 2 m lang
- 36 Ruten in Braun, ca. 2 m lang, mittlere Stärke
- Rute in Braun, ca. 1,60 m lang, dünn
- 6 Ruten in Braun, ca. 1,40 m lang, dünn
- Blumenwickeldraht, ø ca. 0,65 mm, ca. 60 cm lang
- Gartenschere
- Pfriem
- Schnur
- Schlageisen
- Schnitzmesser
- Draht- oder Kombizange
- Wäscheklammer

Für den Rankgerüstständer:

- Holzbrett, ca. 20 mm stark, ca. 40 x 40 cm
- 4 Vierkanthölzer, mindestens 50 mm stark, 22 cm hoch
- Zirkel
- Bleistift
- Akkubohrschrauber
- Holzbohrer, ø 20 mm
- Holzbohrer, ø 5 mm
- 8 Schrauben, 5 x 80 mm (ersatzweise Hammer und Nägel)
- Schraubendreher

Anfertigung des Ständers

Zunächst wird ein Ständer hergestellt, der den Weidenstöcken am Anfang den nötigen Halt gibt.

1 Zeichnen Sie auf das Holzbrett einen Kreis mit einem 30 cm großen Durchmesser.

2 Markieren Sie auf dem Kreisumfang – wie beim Vogelhäuschen auf Seite 118 gezeigt – mit Hilfe des Zirkels 12 Löcher im Abstand von ca. 7,85 cm.

3 Bohren Sie mit dem Holzbohrer, 20 mm stark, an den Markierungen zwölf Löcher durch das Brett.

4 Befestigen Sie in jeder Ecke eines der Vierkanthölzer. Schrauben Sie die Vierkanthölzer von oben mit je zwei Schrauben fest (vorbohren mit dem 5 mm starken Holzbohrer). Alternativ dazu können die Beine auch festgenagelt werden.

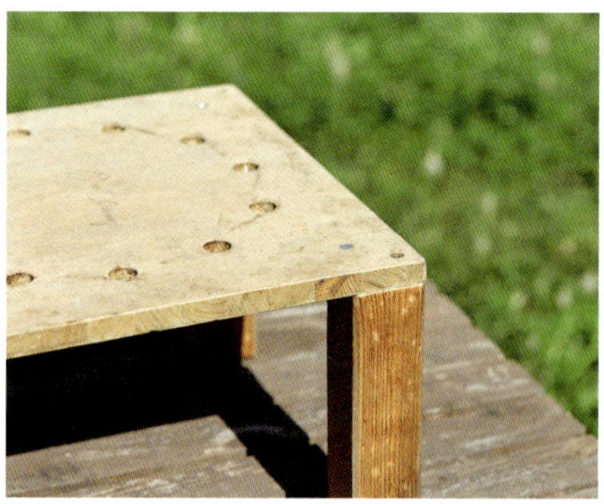

Tipp

Wenn Sie keinen Ständer für das Rankgerüst herstellen können oder wollen, können Sie die Weidenstöcke auch in einen mit Erde gefüllten großen Topf stecken. Der Ständer ist allerdings eine echte Arbeitserleichterung!

Einführen der Weidenstöcke

Tipp

Wenn Sie das Rankgerüst später in ein Beet stecken wollen und die Erde dort sehr hart ist, ist es hilfreich, die Stöcke vorher anzuspitzen.

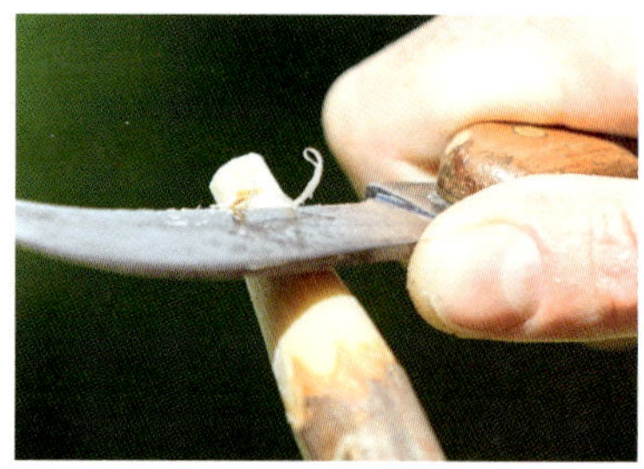

1 Stecken Sie die Weidenstöcke mit den Stammenden voraus in die Löcher des Ständers. Viele Stöcke haben von Natur aus eine leichte Wölbung, diese kann beim Einführen in die Löcher berücksichtigt werden. Wenn Sie ein eher bauchiges Rankgerüst haben wollen, drehen Sie die Stöcke so, dass die Wölbung nach außen zeigt.

2 Binden Sie die Stöcke so weit oben wie möglich mit einer Schnur fest zusammen.

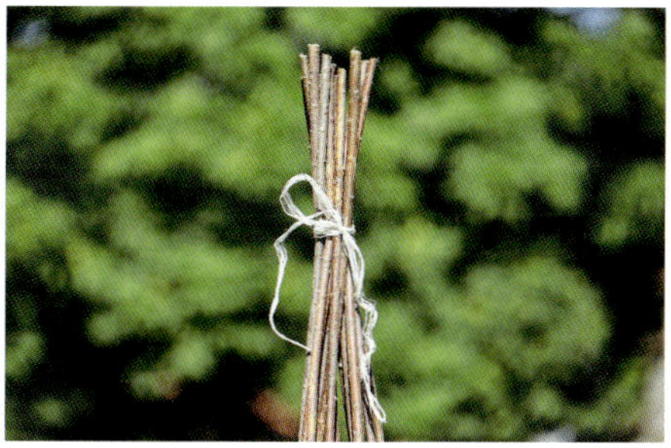

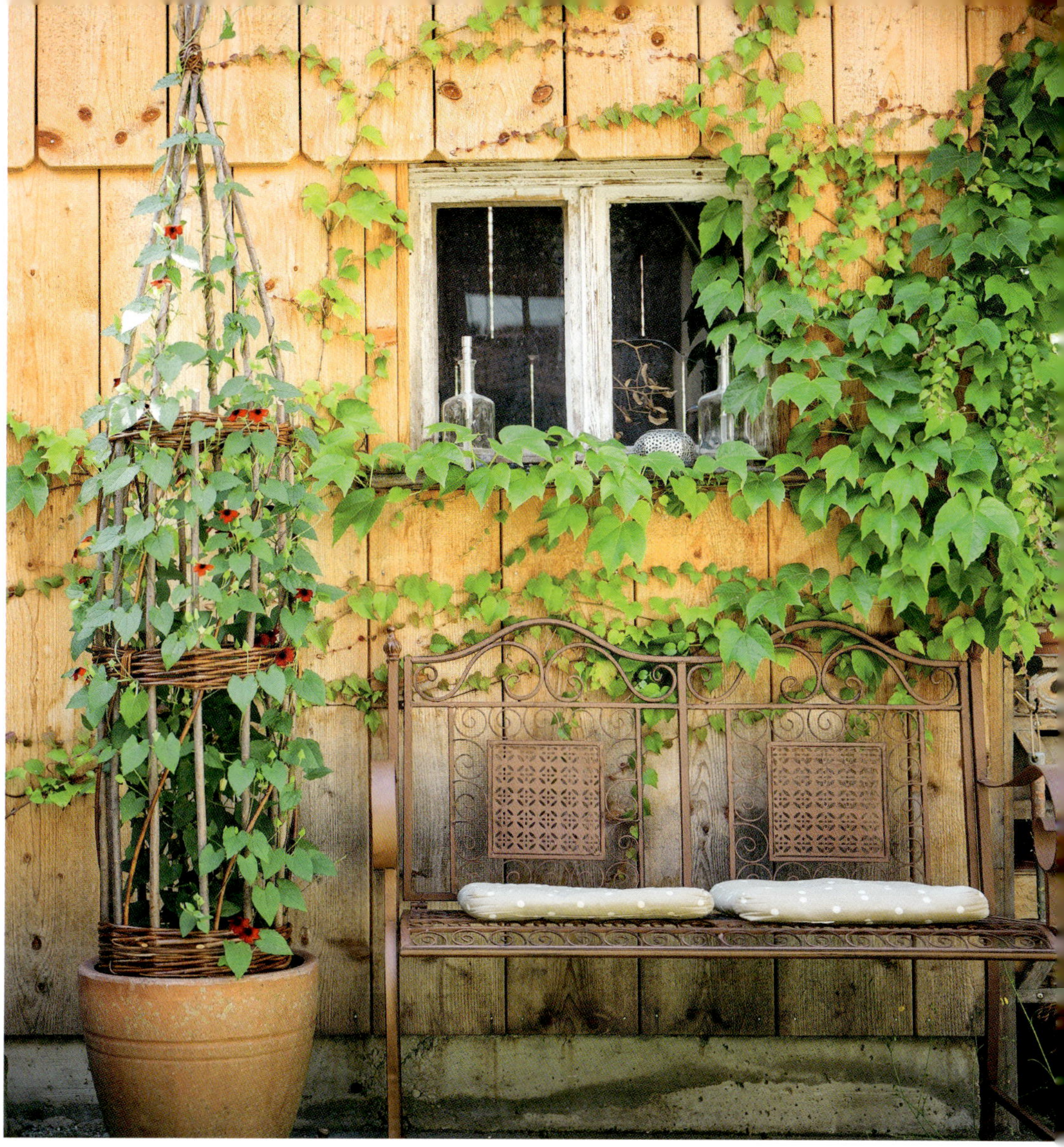

> **Tipp**
>
> Für eine rückenfreundliche Arbeitshöhe den Ständer am besten so lange auf einen Tisch stellen, bis Sie das Gerüst etwa zur Hälfte geflochten haben!

Das Geflecht

Das gesamte Geflecht besteht aus fünf Kimmen. Verwenden Sie hierfür insgesamt 30 Weidenruten mit ca. 2 m Länge.

Die unteren Dreierkimmen

Zuerst benötigen Sie 6 Ruten mit ca. 2 m Länge.

1 Flechten Sie die erste Kimme wie ab Seite 34 gezeigt. Starten Sie mit den ersten drei Ruten, indem Sie diese mit den Spitzen an drei beliebigen, nebeneinanderliegenden Staken von links nach rechts einhängen. Die Weidenspitzen ca. 30 cm überstehen lassen, damit sie später besser vernäht werden können.

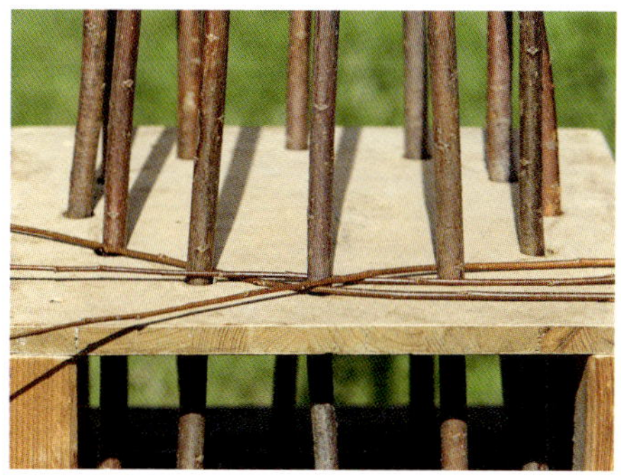

Tipp

Achten Sie auf das gleichmäßige Ausrichten der Stöcke – also immer vor dem Umflechten den Stock in die richtige Position bringen. Soll das Rankgerüst nach oben hin etwas weiter werden, ziehen Sie jeden einzelnen Weidenstock beim Umflechten nach außen, wie es beim Brotkorb auf Seite 54 gezeigt wird.

2 Ist die erste Dreierkimme beendet, klopfen Sie das Geflecht in jedem Stakenzwischenraum, wie beim Brotkorb auf Seite 54 gezeigt, mit einem Schlageisen nach unten.

3 Flechten Sie mit sechs weiteren Flechtruten eine zweite Kimme. Die eingehängten Weidenspitzen müssen jetzt nicht mehr so weit überstehen.

4 Wenn Sie am Ende der zweiten Dreierkimme angekommen sind, vernähen Sie die Spitzen wie auf Seite 42 gezeigt. Klopfen Sie anschließend auch diese Kimme mit dem Schlageisen nach unten.

5 Die Schnur, mit der die Stöcke zusammengebunden sind, können Sie jetzt entfernen.

Die mittleren Dreierkimmen

Nun werden wieder zwei Kimmen geflochten, dieses Mal weiter oben, ungefähr in der Mitte des Rankgerüsts.

1 Nehmen Sie für die dritte Kimme wieder 6 Ruten mit ca. 2 m Länge. Auf welcher Höhe, können Sie selbst entscheiden. Je nachdem, wie hoch Ihr Rankgerüst werden soll und ob der mittlere Streifen genau mittig liegen soll oder etwas nach oben oder unten versetzt.

2 Haben Sie die passende Position gefunden, starten Sie wieder mit den Spitzen der ersten drei Ruten an einer beliebigen Stelle. Lassen Sie die Weidenspitzen auch hier ca. 30 cm überstehen. Um die Spitzen am Anfang etwas zu fixieren, können Sie für die erste Runde eine Wäscheklammer verwenden.

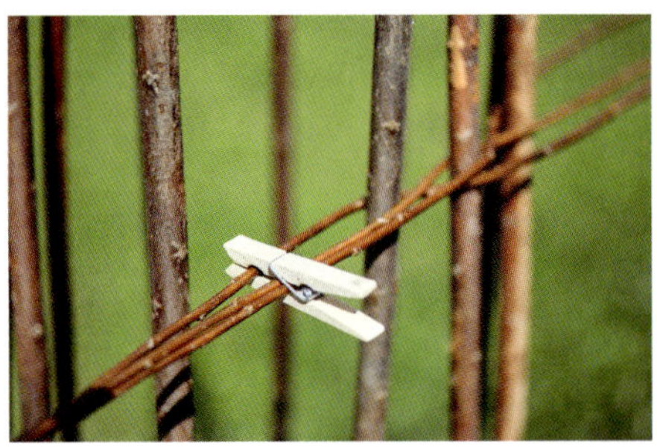

Hinweis

Soll Ihr Rankgerüst eher bauchig werden, ziehen Sie nochmals kräftig jeden Stock nach außen, bevor Sie ihn umflechten.

Wenn Sie fast eine Runde geflochten haben, überprüfen Sie, ob der obere Kreisdurchmesser im Verhältnis zum unteren so ist, wie Sie es haben wollen. Ansonsten können Sie die Stöcke noch etwas zurechtrücken, bevor Sie die Runde beenden.

3 Flechten Sie mit sechs weiteren Flechtruten die vierte Kimme direkt auf das eben entstandene Geflecht. Die Weidenspitzen müssen jetzt nur wenig überstehen.

4 Wenn Sie am Ende der Kimme angekommen sind, vernähen Sie die Spitzen, auch die drei Spitzen vom Anfang der dritten Kimme. Ziehen Sie diese ein paar Mal durch das Geflecht, wie auf Seite 42 beschrieben.

Die obere Dreierkimme

Ganz oben wird nur noch eine Kimme, mit den letzten sechs Kimmenruten geflochten. Binden Sie so weit oben wie möglich die Stöcke mit der Schnur wieder zusammen.

1 Starten Sie mit den Spitzen der ersten drei Ruten auf einer Höhe, die Ihnen gefällt. Wenn nötig, fixieren Sie die Spitzen am Anfang mit der Wäscheklammer. Die Spitzen wieder genügend überstehen lassen.

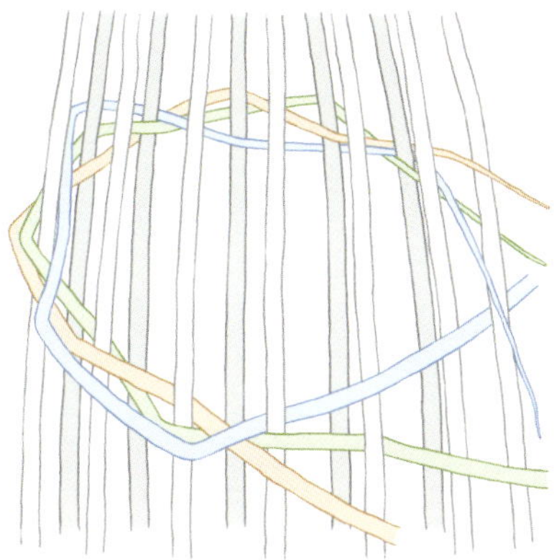

Tipp

Bei der letzten Kimme ist beim Flechten nicht so viel Platz. Deshalb die Rute am besten im mittleren Bereich festhalten und in einem großen Bogen zwischen den Stöcken nach außen durchziehen.

2 Wenn Sie am Ende der Kimme angekommen sind, vernähen Sie die Spitzen, auch die drei Spitzen vom Anfang der fünften Kimme.

Die Wicklungen

Der mittlere und obere Geflechtsstreifen des Rankgerüsts wird noch mit jeweils drei Wicklungen fixiert. Dies verhindert, dass die Kimmen nach unten abrutschen und dass sich einzelne Ruten aus dem Geflecht lösen. Hierfür benötigen Sie die 6 Ruten mit 1,40 m Länge. Starten Sie am mittleren Streifen.

1 Suchen Sie sich für die Wicklungen die Stakenzwischenräume aus, an denen Sie eine Fixierung als wichtig erachten. Meist ist das an den Stellen der Fall, an denen die Stammenden verlängert oder die Spitzen vernäht wurden.

2 Legen Sie in den ersten ausgewählten Zwischenraum eine Rute mit dem Stammende schräg nach links oben zeigend hinter der Kimme an und umwickeln diese wie ab Seite 42 beschrieben.

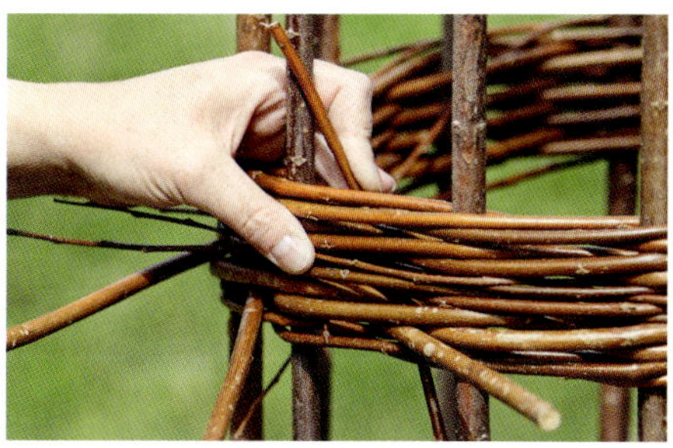

Kimme drei und vier werden dabei zusammen umwickelt.

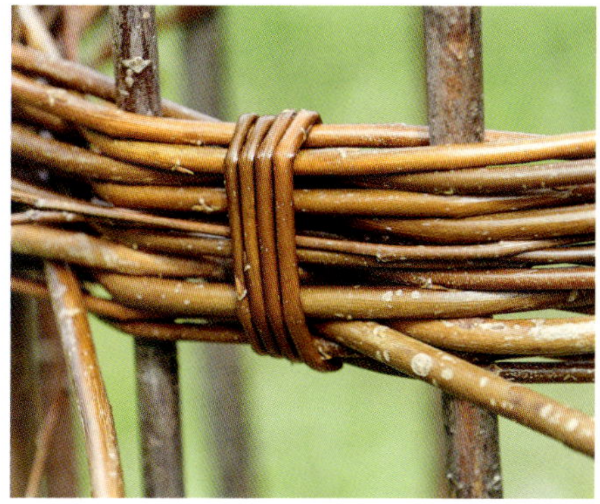

3 Machen Sie in jedem fünften Zwischenraum eine Wicklung.

4 Befestigen Sie auf die gleiche Weise auch die fünfte Kimme mit drei Wicklungen.

Das Ausputzen

Vorbereitungen

1 Ziehen Sie das Rankgerüst aus dem Ständer heraus. Sie können es so besser drehen und wenden, um alle Stellen zu erreichen.

2 Vernähen Sie ganz unten am Rankgerüst die Spitzen der ersten Kimme.

Ausputzen

Schneiden Sie am gesamten Rankgerüst – sowohl außen als auch innen – alle überstehenden Reste ab. Gehen Sie dabei so vor wie auf Seite 41 beschrieben.

Weil der Stakenabstand beim Rankgerüst sehr groß ist und das Geflecht zusätzlich nur aus einzelnen Streifen besteht, ist das Geflecht eher locker. Deswegen sollten Sie beim Abschneiden der Stammenden vorsichtig sein. An den Stellen, die weit entfernt von einer Wicklung liegen, die Enden lieber etwas länger lassen.

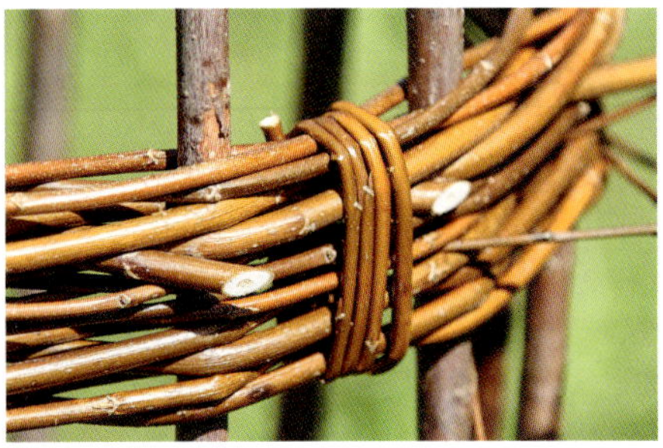

Beistecken

Zur Verschönerung werden jetzt noch Weiden beigesteckt. Die Ruten werden mit dem Stammende voraus von oben nach unten durch alle fünf Kimmen geschoben.

1 Nehmen Sie die sechs dickeren Weiden mit 2 m Länge und schalmen diese an den Stammenden wie auf Seite 39 gezeigt an.

2 Schaffen Sie sich mit dem Pfriem im obersten Kimmenstreifen links neben einem beliebigen Stock Platz und schieben die erste Weidenrute durch. Der Schalm zeigt dabei nach innen. Führen Sie die Rute zum linken Nachbarstock und stecken Sie sie rechts neben diesem durch den mittleren Geflechtsstreifen.

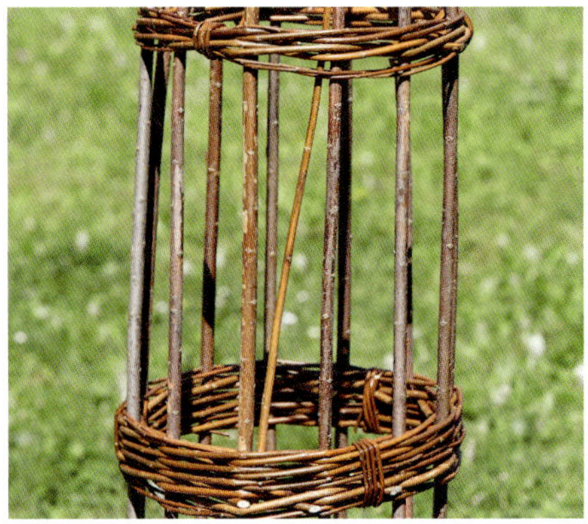

Dann führen Sie sie wieder nach links, an zwei Stöcken vorbei und stecken die Weidenrute rechts neben dem nächsten Stock durch das gesamte untere Geflecht.

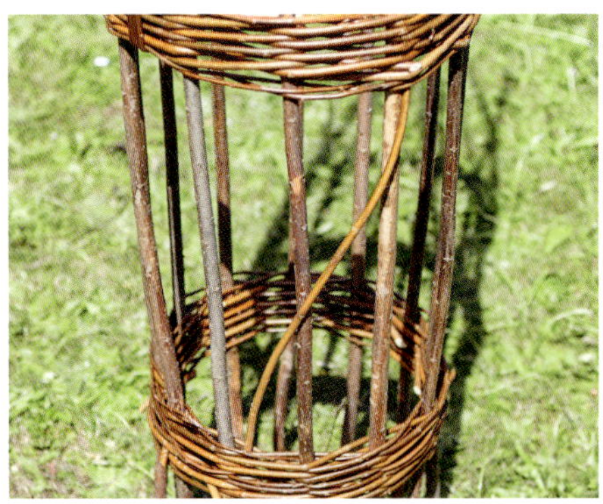

Hier kann es nötig sein, vorher mit dem Pfriem Platz zu schaffen.

3 Diesen Vorgang wiederholen Sie mit den restlichen fünf Ruten, wobei immer ein Zwischenraum frei gelassen wird.

> **Variante**
>
> Sie können sich für das Beistecken auch andere Muster ausdenken. Zum Beispiel kann die Weidenrute nach dem Einführen in die oberste Kimme erst eine Stake weiter links in den Geflechtsstreifen gesteckt werden.

4 Durch das Beistecken verrutschen die Kimmenstreifen gelegentlich etwas. Rücken Sie sie wenn nötig wieder gerade und auf die richtige Höhe.

5 Schneiden Sie alle beigesteckten Ruten bündig zum Geflecht ab.

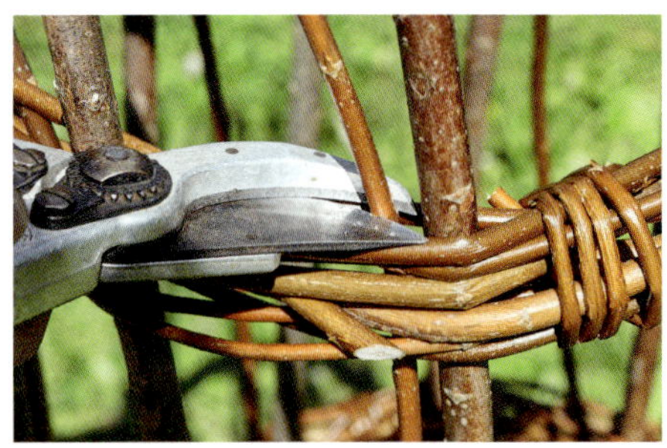

Das japanische Auge

Vorbereitungen

1 Schneiden Sie jeden zweiten Stock ein paar Zentimeter oberhalb des Geflechts schräg ab.

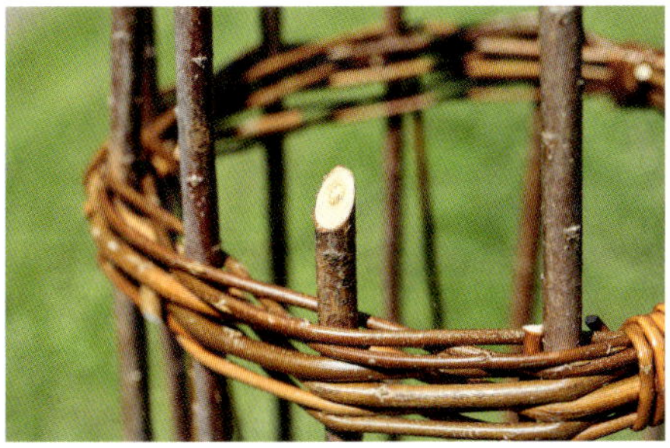

2 Nehmen Sie den Draht und umwickeln Sie die Stelle, an der die restlichen Stöcke oben zusammenstoßen, vier- bis fünfmal so fest wie möglich. Die Drahtenden miteinander verzwirbeln und die Reste mit der Zange abschneiden. Drücken Sie den abstehenden Teil mit dem Pfriem ins Innere des Rankgerüsts.

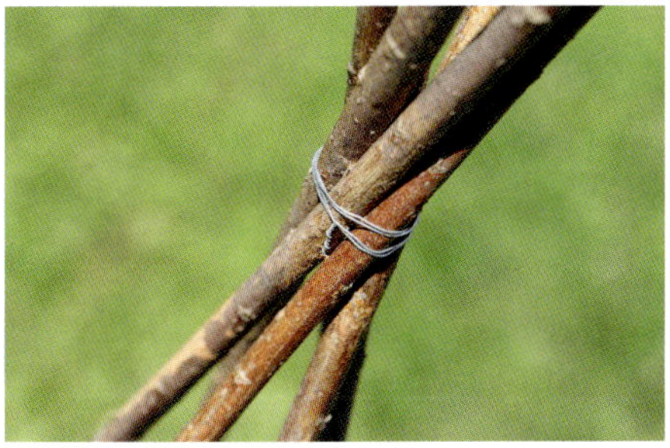

Japanisches Auge

Flechten Sie mit der ca. 1,60 m langen Rute ein Japanisches Auge wie auf Seite 43 gezeigt. Das Auge sollte den Draht so weit wie möglich verdecken.

Das Rankgerüst ist fertig!

An meinen Rankgerüsten lasse ich am liebsten eine Clematis oder eine Schwarzäugige Susanne in Töpfen hochklettern. Das sieht wunderschön aus und die Pflanzen scheinen sich dort jedes Jahr aufs Neue wohlzufühlen!
Um die Blühpflanzen zwischendurch düngen zu können, einjährige Pflanzen jährlich zu ersetzen oder die Clematis im Frühjahr zurückschneiden zu können, habe ich den Stakenabstand des Klettergerüsts möglichst groß gewählt. So können Sie dafür ins Innere fassen.

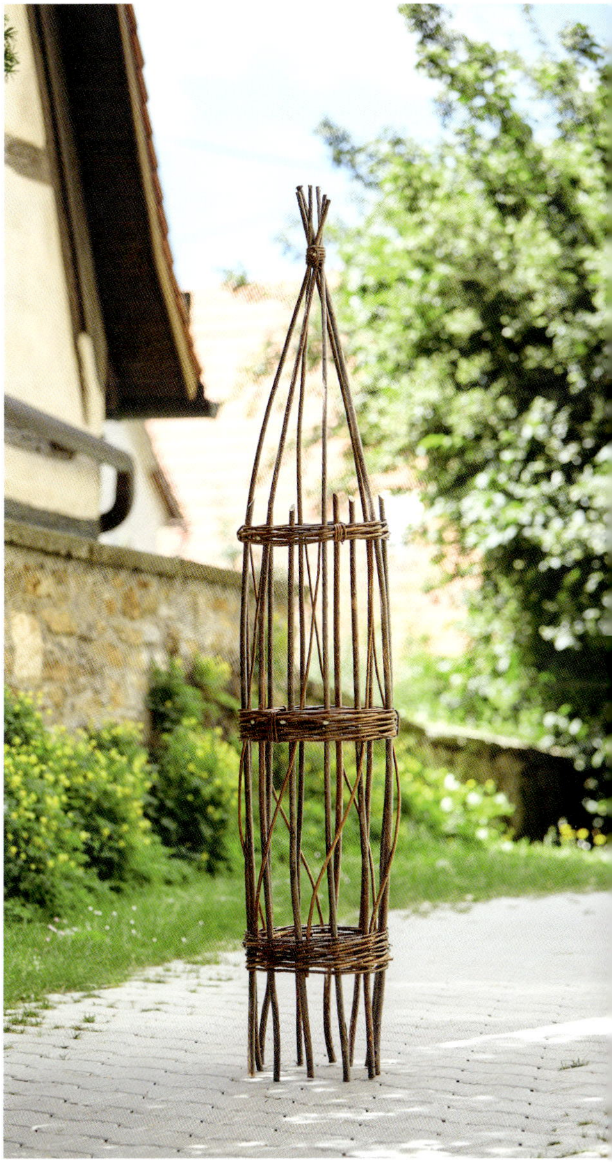

Tablett

Größe

49 x 37 cm, Höhe ca. 8 cm

Material

- 42 Staken in Blaugrün, ca. 1,60 m lang, mittlere Stärke
- 36 Ruten in Blaugrün, ca. 1,40 m lang, dünn bis mittlere Stärke
- Gartenschere
- Pfriem
- Schlageisen
- 2 Sektkorken oder Duplosteine

Für den Boden:

- Holzbrett mit abgerundeten Ecken, 49 x 37 cm
- Bleistift
- Lineal
- Akkubohrschrauber
- Holzbohrer, ø 5 mm
- Lack
- Pinsel
- Schaschlikspieß oder alter Bleistift
- Schablone oder Stempel (optional)
- Kreidefarben (optional)

Der Boden

Damit die zu transportierenden Dinge auf dem Tablett einen guten Stand haben, ist es sinnvoll, einen Holzboden zu nehmen.

Löcher bohren

1 Zeichnen Sie auf Längs- und Querseite jeweils zwei Linien auf das Holzbrett mit ca. 0,80 cm Abstand zum Rand.

2 Markieren Sie auf den langen Seiten jeweils 12 Punkte im Abstand von ca. 4 cm. Die erste und letzte markierte Stelle hat einen Abstand zum Rand von jeweils 1,5 cm.

3 Markieren Sie auf beiden kurzen Seiten jeweils 9 Punkte im Abstand von ca. 4 cm. Auch hier haben die ersten und letzten Punkte jeweils 1,5 cm Abstand zum Rand.

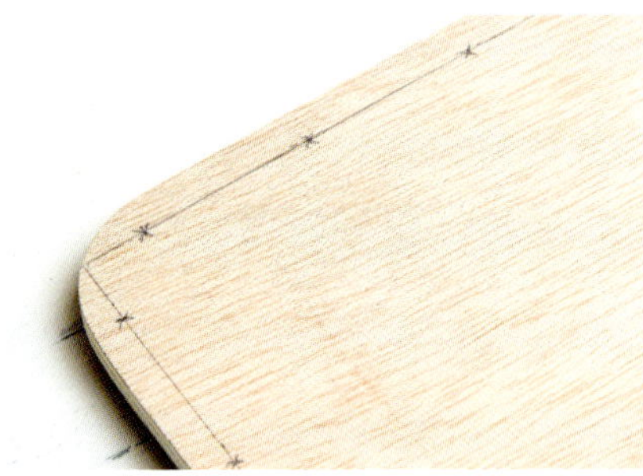

4 Bohren Sie mit dem Holzbohrer an den Markierungen 42 Löcher durch das Brett.

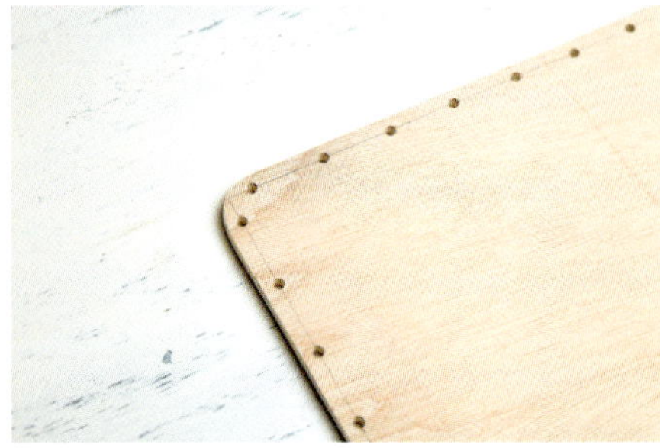

Bemalen und Lackieren

Wenn es Ihnen gefällt, können Sie Ihren Tablettboden vor dem Beflechten noch nach Belieben gestalten. Für mein Tablett habe ich Kreidefarben in Lagune, Meergrün, Avocado und Alabasterweiß und eine selbsthaftende Schablone verwendet.

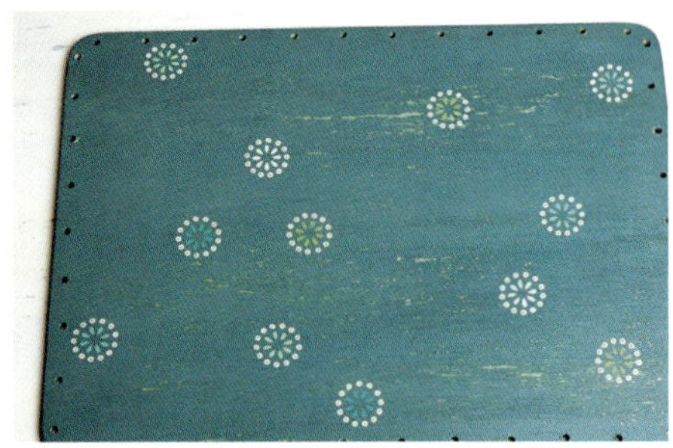

Egal, ob Sie mit Farbe arbeiten oder das Holz in Natur belassen wollen, damit es besser vor Flecken geschützt ist macht es Sinn, den Boden zweimal zu lackieren.

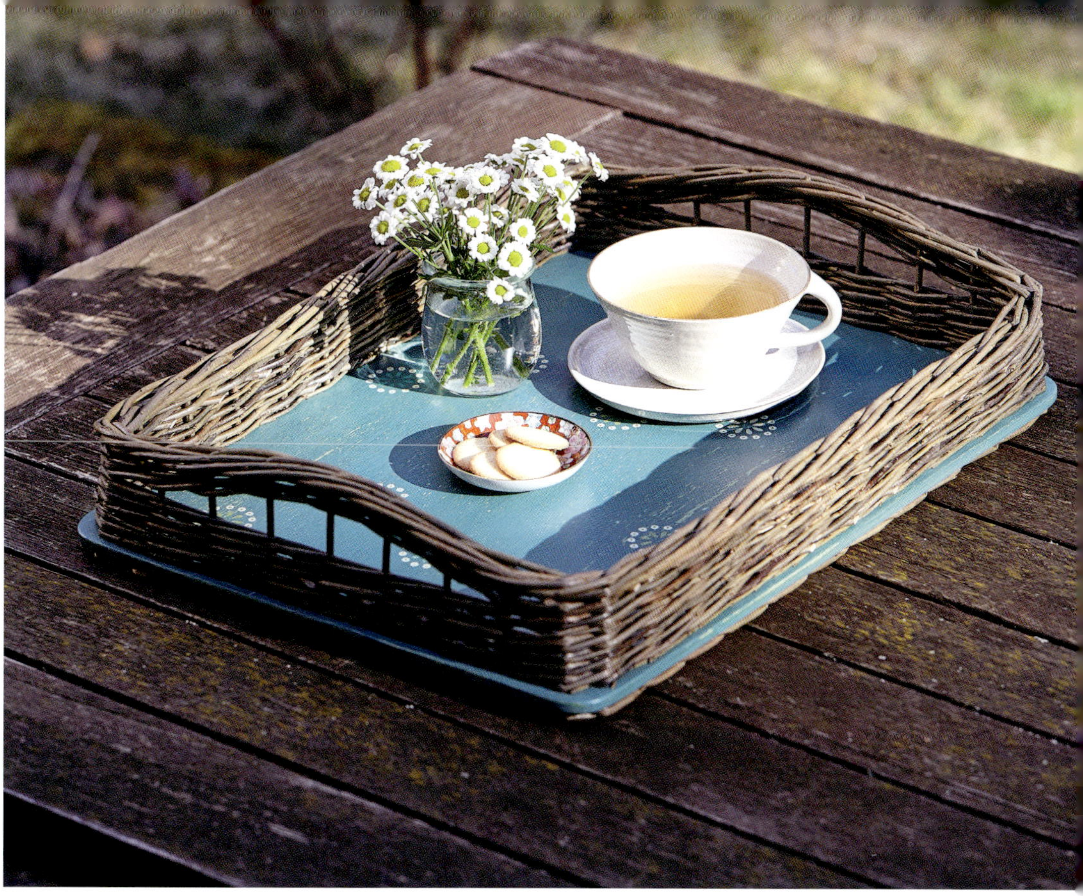

Tipp

Beim Arbeiten mit Farbe und Lack achten Sie darauf, dass die Löcher frei bleiben! Am besten direkt nach jedem Farb- oder Lackauftrag die Löcher mit beispielsweise einem Bleistift oder Schaschlikspieß von evtl. Tropfen befreien.

Befestigen der Staken

Hierfür benötigen Sie die 42 Staken mit ca. 1,60 m Länge.

1 Nehmen Sie die erste Stake und stecken sie diese mit der Spitze voraus durch eines der Löcher. Dickere Staken soweit wie möglich durchs Loch ziehen, bis sie stramm sitzen. Die Stake beim Einführen am besten etwas hin- und herdrehen, dann wird die Rinde weniger beschädigt.
Eine dünnere Stake ziehen Sie soweit durch, bis vom Stammende noch ca. 15 cm übrig sind.

2 Stecken Sie die restlichen 41 Staken auf die gleiche Weise durch die Löcher.

3 Schneiden Sie die Stammenden auf einer Länge von ca. 10,5 cm von der Unterseite des Bodens aus gemessen ab. Ausnahmen bilden jeweils die vorletzten und letzten Staken einer Seite. Sie werden auf 9 cm gekürzt.

4 Verflechten Sie die Staken wie beim Vogelhäuschen auf Seite 119 unter Schritt 4 – 10 gezeigt. Starten Sie mit dem Vorknicken der ersten beiden Staken in der Mitte der Längsseite. Besonders an den Ecken sollten Sie darauf achten, dass die umgelegten Staken auch tatsächlich auf dem Boden aufliegen. Der Tipp auf Seite 120 kann Ihnen weiterhelfen.

Tipp

Wenn Ihre Staken eher dünner sind als die Bohrungen, ist es einfacher, zunächst nur die Staken einer Seite entsprechend zu kürzen und zu verarbeiten.

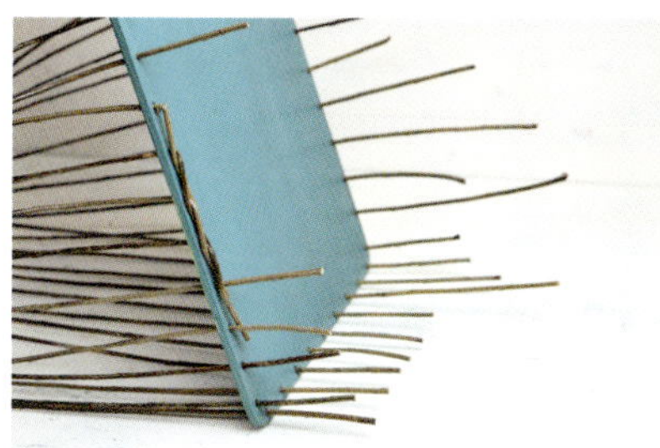

Die Seitenwand

Die Seitenwand des Tabletts besteht aus drei doppelten Dreierkimmen. In die letzte Kimme werden die Grifflöcher integriert.

Die doppelten Dreierkimmen

Für die erste doppelte Dreierkimme benötigen Sie 12 Ruten mit ca. 1,40 m Länge. Falls Ihre Ruten unterschiedlich lang sind, legen Sie die längsten 12 Ruten für später zur Seite. Für die letzte doppelte Kimme sollten die Weiden so lang wie möglich sein.

1 Flechten Sie mit den ersten zwölf Ruten eine doppelte Kimme wie auf Seite 35 gezeigt. Starten Sie mit den ersten drei Ruten, indem Sie diese mit den Spitzen an den Staken einer Längsseite ganz links einhängen. Bevor Sie auf der gegenüberliegenden Seite angekommen sind, hängen Sie dort, ebenfalls an den ersten drei Staken der Längsseite, die nächsten drei Spitzen ein.

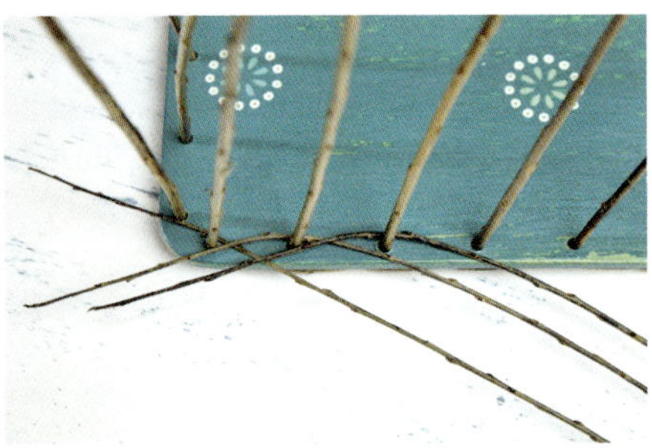

2 Wenn Sie bei den Stammenden ankommen, verlängern Sie diese jeweils wie auf Seite 35 beschrieben – ungefähr in der Mitte der Längsseite des Tabletts.

Hinweis

Achten Sie während dem Flechten aller Kimmen auf das gleichmäßige Ausrichten der Staken – also immer vor dem Umflechten die Stake in die richtige Position bringen.
Da die Staken sich nach rechts neigen, sollten Sie sie bei jedem Flechtschlag nach links drücken. So werden sie mehr und mehr aufgerichtet.

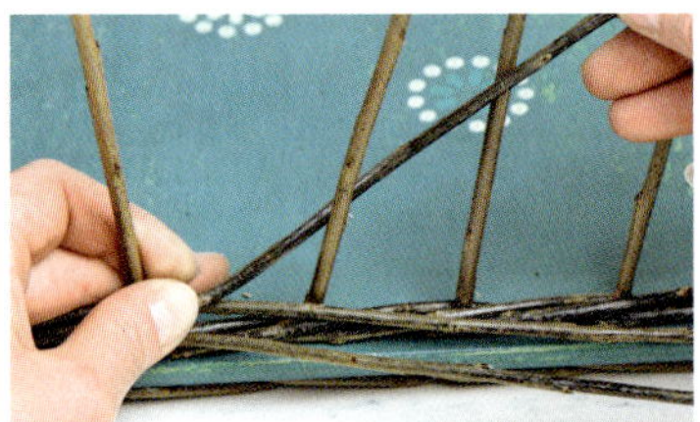

Außerdem dürfen die Staken durch die Flechtruten nicht nach innen gedrückt werden. In den Ecken muss darauf ganz besonders geachtet werden. Die beiden Eckstaken in jeder Runde weit nach außen ziehen, bevor sie umflochten werden.

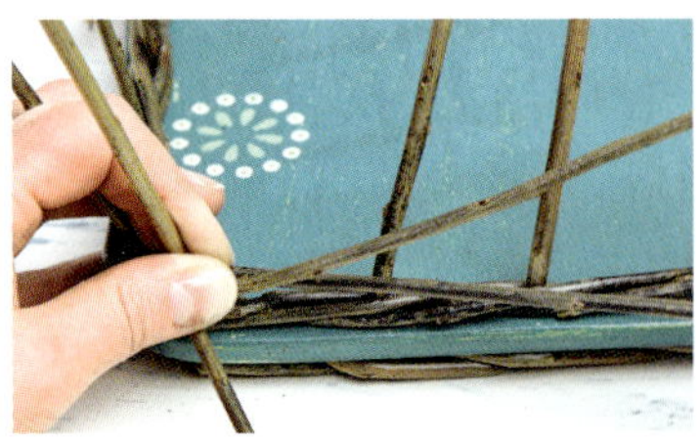

3 Wenn Sie bei beiden Kimmen an den Spitzen ankommen, ist die doppelte Kimme beendet. Die Rutenspitzen zeigen am Schluss nach außen. Um das Geflecht zu stabilisieren, klopfen Sie es in jedem Stakenzwischenraum, wie beim Brotkorb auf Seite 54, mit einem Schlageisen nach unten.

4 Flechten Sie mit den nächsten zwölf Ruten die zweite doppelte Kimme. Starten Sie dieses Mal mit dem Einhängen der ersten drei Flechtruten an den Staken der Querseite ganz links. Das Verlängern der Stammenden erfolgt dann ungefähr in der Mitte der gegenüberliegenden Querseite.

5 Wenn Sie am Anfang der Seitenwand zwölf Ruten zur Seite gelegt haben, kommen diese jetzt zum Einsatz. Starten Sie die letzte doppelte Kimme, indem Sie die Spitzen in der Mitte der Längsseite an drei nebeneinanderliegenden Staken einhängen. Verflechten Sie die ersten sechs Ruten bis kurz vor Ende der Längsseite.

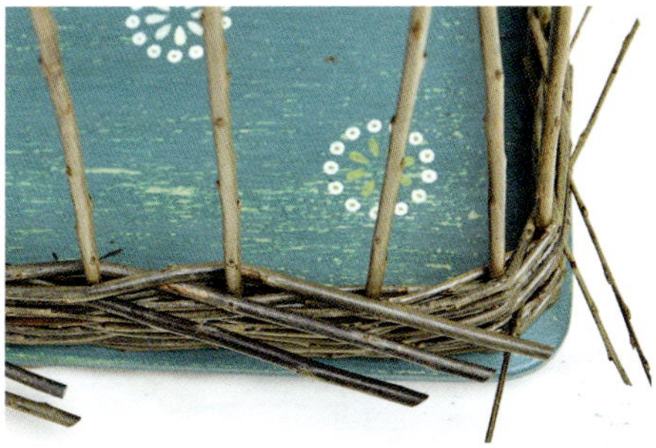

6 Verlängern Sie nun die Stammenden. Nachdem Sie die neu eingesetzten Ruten um die Ecke geflochten haben, wird das Griffloch gemacht. Nach der zweiten Stake auf der Querseite des Tabletts flechten Sie die Kimme schräg nach oben. Achten Sie darauf, dass die Staken senkrecht nach oben zeigen. Bei der mittleren Stake der Querseite angekommen, flechten Sie die Kimme wieder schräg nach unten, sodass sie bei der vorletzten Stake auf das Geflecht stößt.

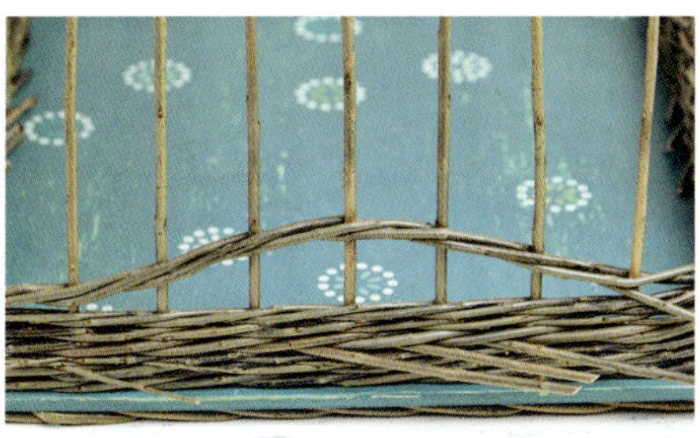

7 Machen Sie das Gleiche auf der gegenüberliegenden Seite. Am Schluss die Weidenspitzen auf beiden Seiten so weit wie möglich über die Grifflöcher flechten.

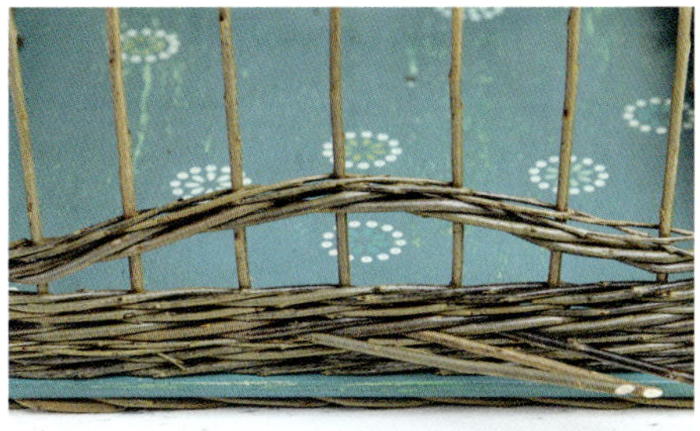

8 Klopfen Sie das Geflecht an den Längsseiten und Ecken nach unten. Messen Sie anschließend nach, ob das Tablett auf beiden Seiten gleich hoch ist. Falls nötig, das Geflecht an einer höheren Stelle noch einmal herunterklopfen.

9 Überprüfen Sie am Schluss, ob beide Grifflöcher die gleiche Höhe und Form haben und ob für Ihre Finger beim Hineingreifen genügend Platz ist. Ansonsten noch etwas zurechtrücken.

Der Rand

Für das Tablett eignet sich am besten der Zuschlagrand *4 hinter 2*. Allerdings ist er an den Ecken etwas abgewandelt, damit der Rand auch dort schön gleichmäßig wird.

Der Zuschlagrand *4 hinter 2* mit abgerundeten Ecken

1 Beginnen Sie den Rand, wie er beim Brotkorb ab Seite 55 beschrieben wird. Führen Sie die dort beschriebenen Schritte 1 – 6 aus. Bei eckigen Projekten ist es am einfachsten, die erste Stake der Längsseite ganz links noch stehen zu lassen. Die sechs Staken daneben werden vorgebogen, um dort mit dem Rand zu beginnen.

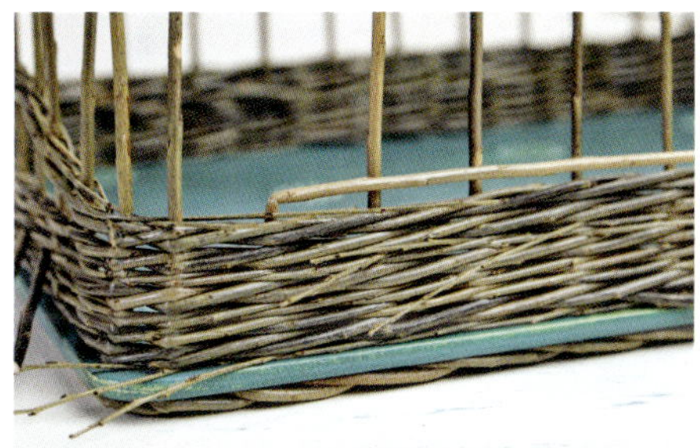

2 An den geraden Seiten wird der Zuschlagrand im gewohnten Rhythmus geflochten. Wenn Sie an eine Ecke kommen und nur noch drei Staken von Längs- bzw. Querseite stehen, folgen Sie den Anweisungen von Schritt 3 – 6.

3 Der Zwischenraum, den die beiden Eckstaken bilden, bleibt beim nächsten Flechtschlag zunächst frei. Nehmen Sie die rechte Stake des Paares, das am weitesten links liegt und legen diese in den Zwischenraum rechts daneben.

Diese Stake wird hier einfach nur abgelegt und später nicht noch weiter verflochten.

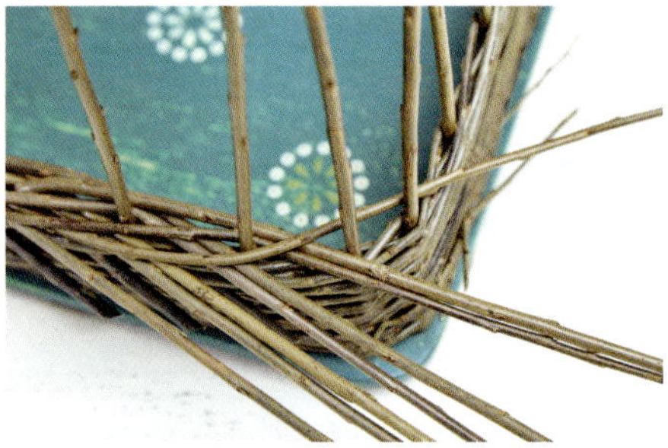

4 Jetzt werden die beiden am weitesten links stehenden Staken umgebogen und nebeneinander in den übersprungenen Zwischenraum der beiden Eckstaken gelegt.

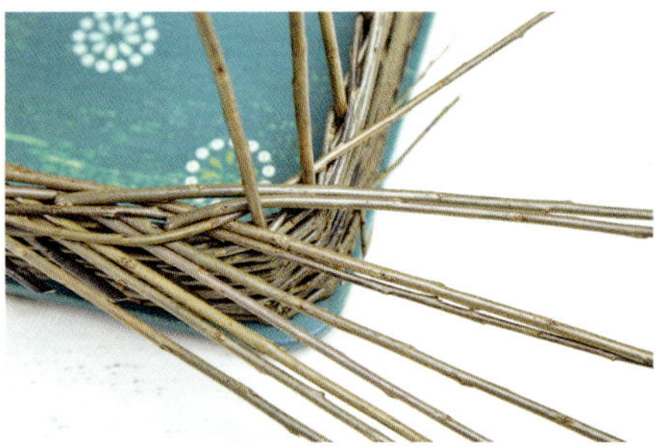

5 Von dem Paar, das am weitesten links liegt, nehmen Sie wieder die rechte Stake und führen mit ihr den Flechtschlag *vor 3 hinter 1* aus. Die Stake, die am weitesten links steht, legt sich dazu. In diesem Zwischenraum befinden sich jetzt drei Staken: Die zuvor abgelegte, die für das Weiterflechten keine Bedeutung mehr hat und die gerade eben abgelegten, die das neue Paar bilden.

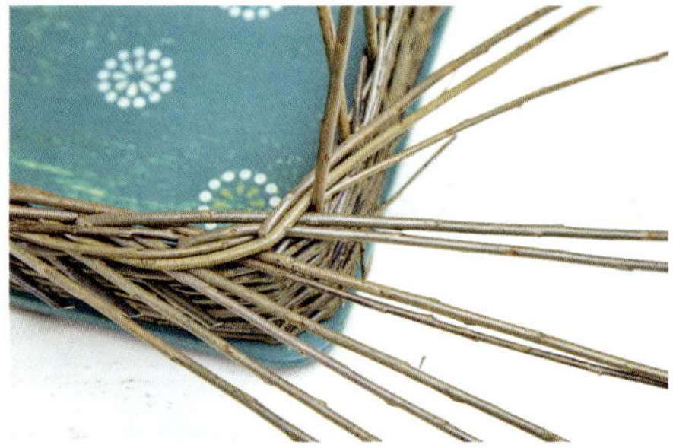

6 Die nächste Stake des Paares, das ganz links liegt, führen Sie ebenfalls vor *3 hinter 1*. Sie bleibt dort alleine liegen, wird aber später so weiter verflochten, als wäre sie die rechte Stake eines Paares.

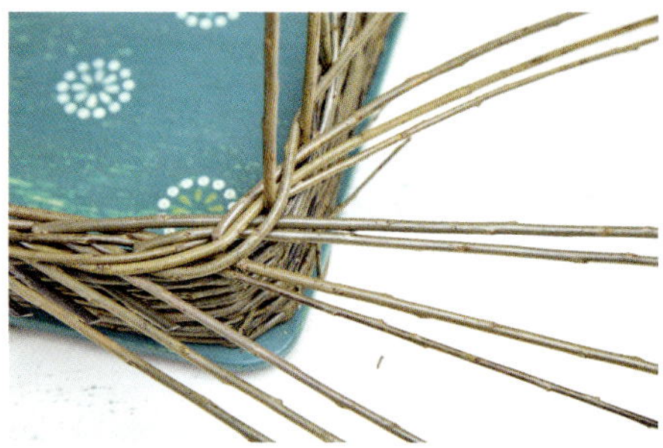

Tipp

Wenn Sie den Rand über den Grifflöchern flechten, achten Sie darauf, dass Sie die Staken nicht zu fest nach unten drücken. Das Griffloch wird ansonsten zu klein.

7 Bis zur nächsten Ecke kann ab jetzt wieder im gewohnten Flechtrhythmus weitergeflochten werden. Flechten Sie den gesamten Rand wie oben beschrieben so lange weiter, bis nur noch eine stehende Stake übrig bleibt.

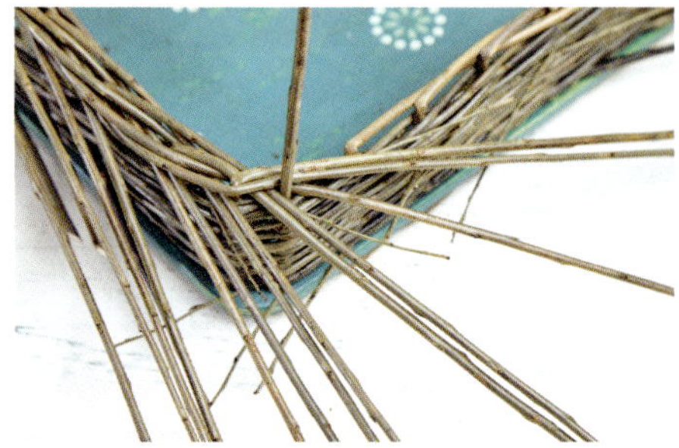

8 Die rechte Rute des Paares ganz links verläuft *vor 3 hinter 1*, wird also unter der nächsten, bereits umgeknickten Stake von innen nach außen durchgezogen. Dort bleibt sie alleine liegen.

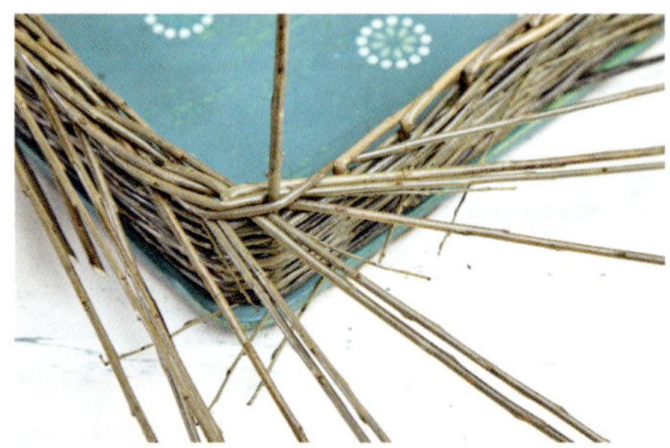

9 Als nächstes nehmen Sie wieder die rechte Stake des Paares ganz links. Diese Stake wird innen hinter der nächsten umgeknickten Stake nach außen geführt.

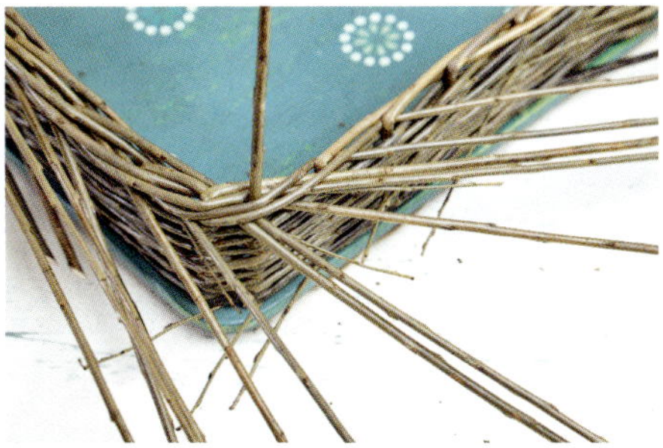

Die letzte stehende Stake legt sich dazu, wird dabei aber nicht nur unter der abgeknickten Stake, sondern auch unter der bereits abgelegten Stakenrute auf die Außenseite geführt.

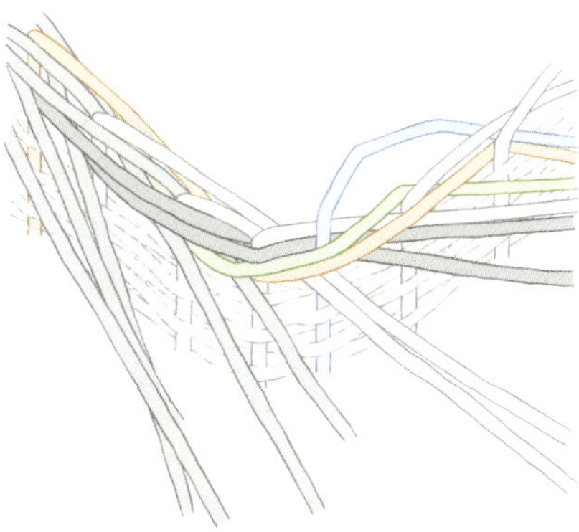

10 Nun liegen alle Staken. Verarbeiten Sie die letzten vier Staken wie beim Brotkorb auf Seite 57 in den Schritten 10 bis 13 beschrieben. Die vier Staken, die Sie noch verarbeiten müssen, sind im Foto farbig gekennzeichnet.

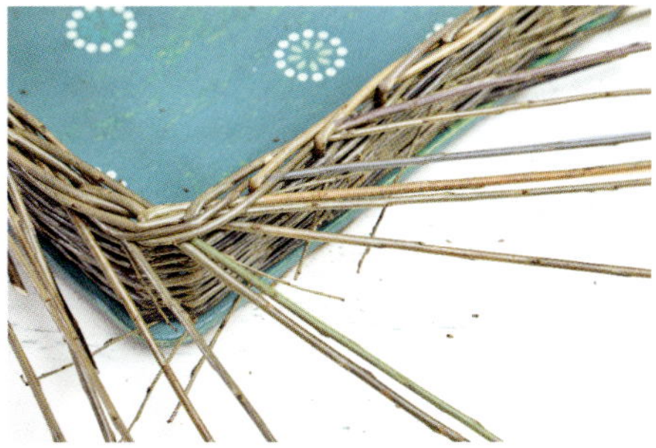

Das Ausputzen

Schneiden Sie wie beim Brotkorb auf Seite 58 gezeigt zunächst alle Reste des Randes ab. Dann kürzen Sie bei den Kimmen alle Reste. Gehen Sie dabei vor wie auf Seite 41 beschrieben.
Zum Schluss überprüfen Sie auf der Unterseite des Tabletts, ob an den Ecken Staken übereinander liegen und deswegen abstehen. Wenn nötig, schneiden Sie die Staken dort angeschrägt so weit ab, dass sie nebeneinander Platz finden und flach aufliegen.

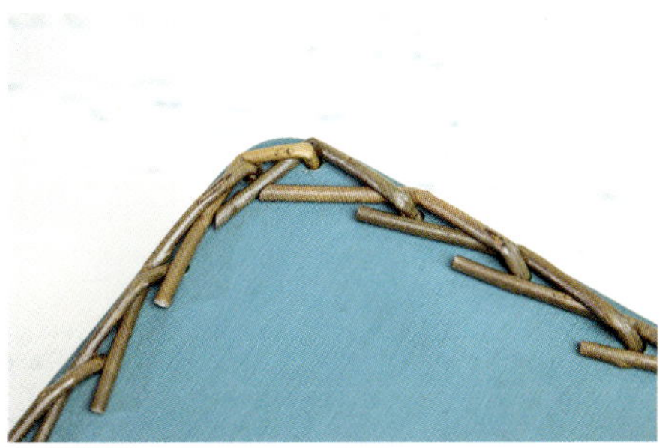

Der Abschluss

Wenn Sie etwas locker geflochten haben, kann es sein, dass die Weidenruten oberhalb der Grifflöcher nach unten abrutschen.
Um dies zu vermeiden, stecken Sie auf jeder Seite des Tabletts einen Sektkorken oder Duplostein – oder einen anderen passenden Gegenstand – in das Griffloch zwischen die Staken. Lassen Sie das Tablett so ungefähr eine Woche lang trocknen.

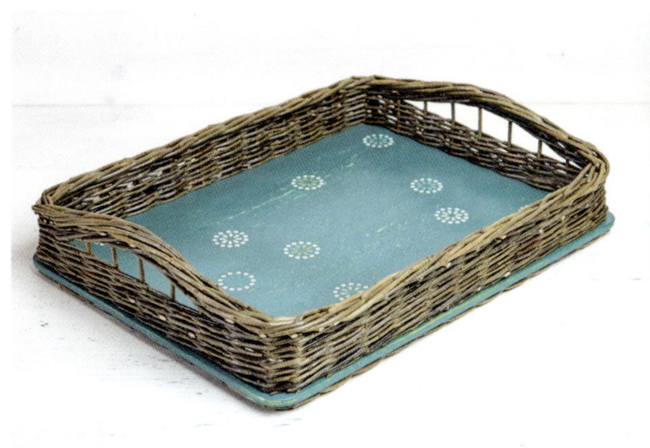

Das Tablett ist fertig!

Sollten Sie Ihr neues Tablett mal nicht im Einsatz haben, um Dinge von A nach B zu befördern, ist es auch mit kleinen Teelichtgläsern oder Blumenvasen ein echter Blickfang!

Weidenkranz – in drei Variationen

Größe

ø ca. 40 cm

Material

- 12 Ruten in Braungrün, ca. 2 m lang, dickere Ruten
- 12 Ruten in Braungrün, ca. 2 m lang, dünn bis mittlere Stärke
- 3 Ruten in Hellbraun, ca. 1,20 m, mittlere Stärke (nicht nötig für Variante 3)
- Gartenschere
- Geschenk- oder Dekorationsband
- Drahtlichterkette, 2 m lang mit 40 Mini-LED's (optional)

Für den Boden:

- 2 Stück Weidenrinde, jeweils ca. 0,8 m lang (ersatzweise Schnur o. ä.)
- Pfriem

Grundsätzliches

Bei allen drei Kränzen wird zunächst aus den dickeren Ruten die Grundlage des Kranzes geflochten. Der Rest kann je nach Gefallen und Verwendung variieren: mit Steg oder ohne, gleichmäßig oder unregelmäßiger, mit frisch geschnittener Weide in bunten, leuchtenden Farben oder einfarbig …

Der schlichte Weidenkranz

Der Kern des Kranzes

Der Kern des Kranzes wird aus den stärkeren Ruten mit ca. 2 m Länge hergestellt. Wenn ungefähr zwölf Ruten eingearbeitet sind, hat der Kranz eine gute Stabilität und die Grundlage ist fertig.

1 Nehmen Sie die erste Weidenrute. Fertigen Sie mit ihr einen Ring an, wie es bei der Kugel auf Seite 98 in Schritt 1 – 3 gezeigt wird. Sollte die erste oder auch eine der folgenden Weidenruten einen Knick bekommen, ersetzen Sie sie lieber durch eine neue.

> **Hinweis**
>
> Dass die Stammenden durch ihre enorme Krafteinwirkung den Kreis zunächst etwas verformen, lässt sich oft nicht vermeiden. Je mehr Ruten Sie einlegen und die Stammenden dadurch über den ganzen Kreis verteilen, desto runder wird der Kranz!

2 Die nächsten Ruten brauchen Sie schon nicht mehr vorzubiegen, weil sie sich an den vorangegangenen Weidenruten orientieren können und dadurch nicht so leicht knicken. Legen Sie die zweite Flechtrute mit dem Stammende – wieder mit etwas Überstand – nach rechts versetzt hinter dem Ring an. Die Flechtrute schaut durch den Kranz nach vorne.

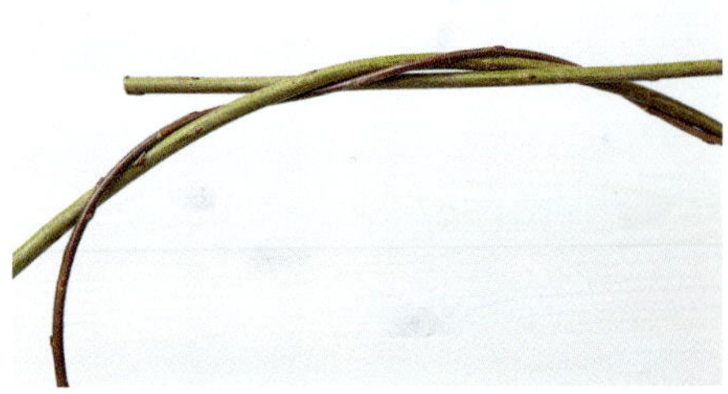

Wickeln Sie sie dann nach rechts um den Ring herum, parallel zur vorherigen. Arbeiten Sie – auch bei allen weiteren Ruten – in großen Bögen, um ein Knicken zu vermeiden. Die Weidenspitze können Sie an der Stelle auslaufen lassen, an der sie endet.

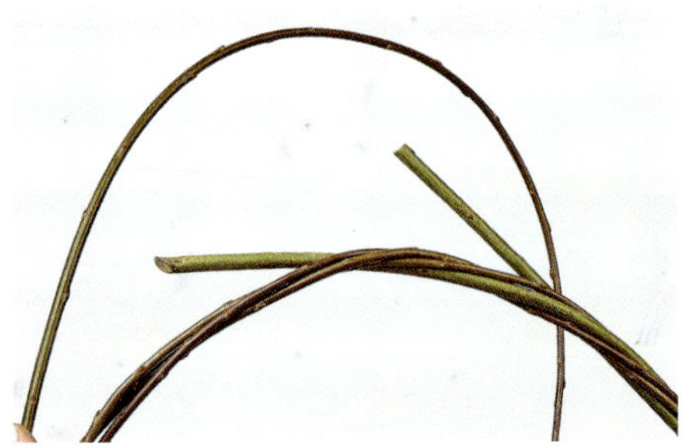

3 Verflechten Sie auf die gleiche Weise die restlichen Weidenruten. Immer wenn Sie an eine Stelle kommen, an der bereits ein Stammende liegt, gilt es zu entscheiden, ob die neue Weidenrute besser davor oder danach nach hinten geführt werden soll.

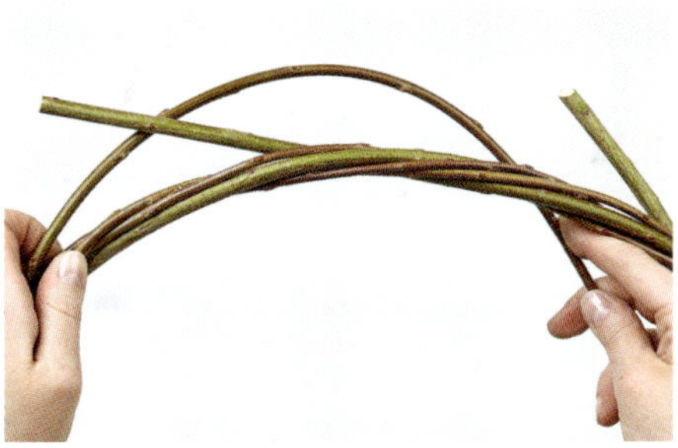

Probieren Sie im Zweifel beide Möglichkeiten aus und entscheiden sich für die Lösung, bei der sich die Weidenrute besser an die vorherigen Flechtruten anschmiegt und somit enger am Kranz anliegt.

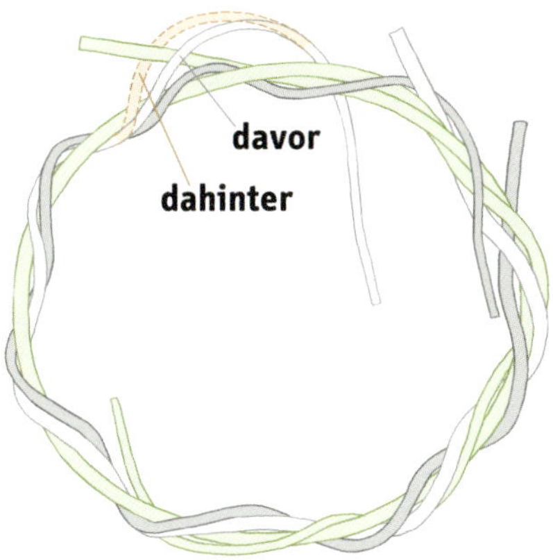

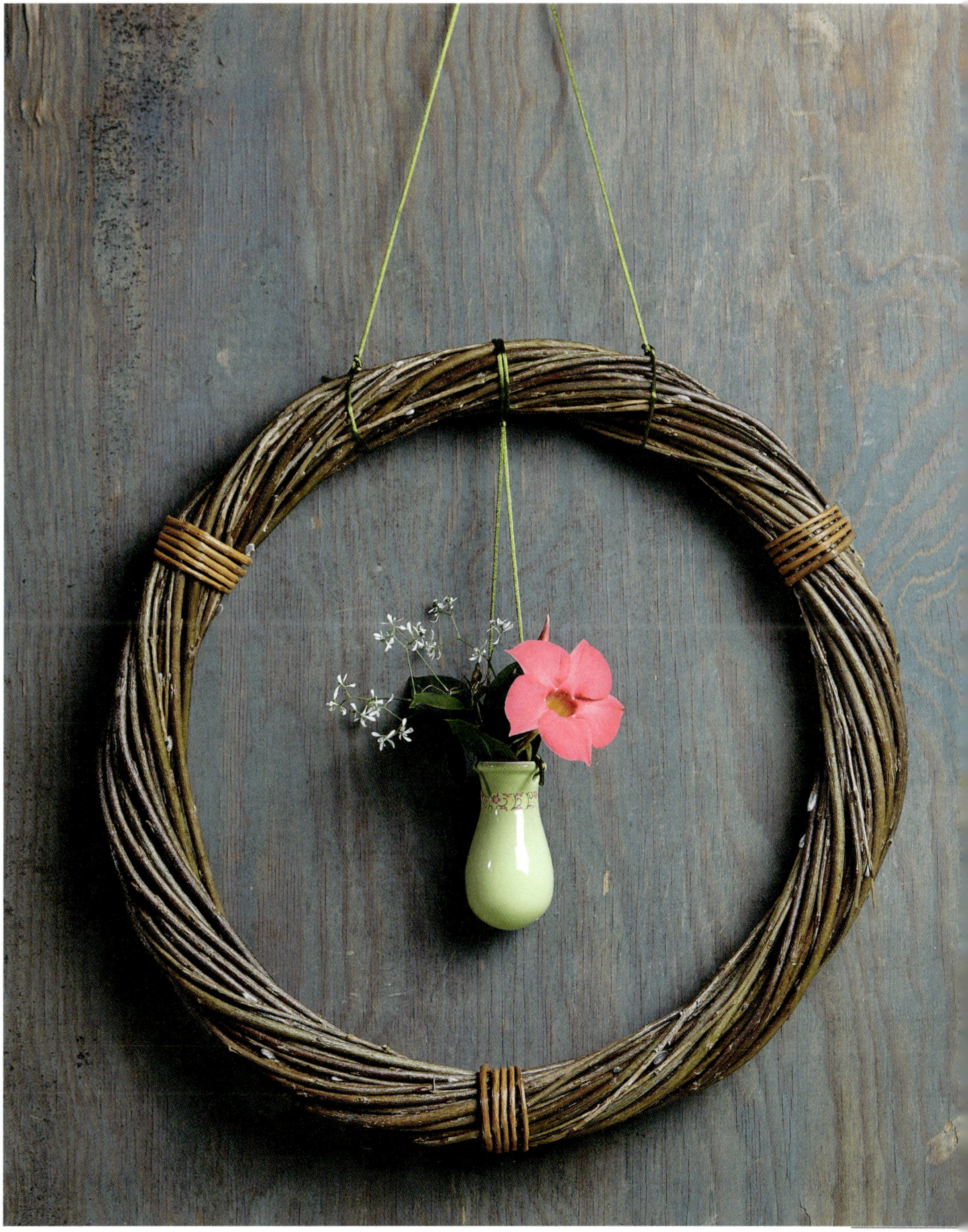

Ruten auffüllen

Die dünneren Weidenruten mit ca. 2 m Länge werden genau gleich verflochten. Verteilen Sie die Stammenden dabei gleichmäßig auf den ganzen Kranz. So wird der Kranz überall gleich breit.

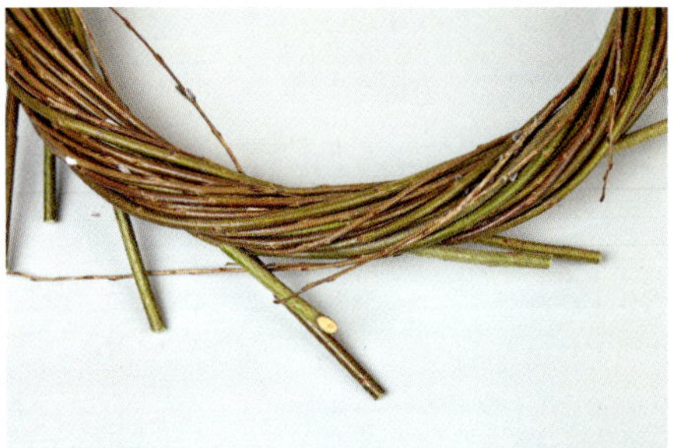

Die Wicklungen

Die Wicklungen stabilisieren den Kranz und sehen dabei richtig schön aus.

1 Legen Sie die erste Rute mit 1,20 m Länge schräg hinter dem Kranz an. Das Stammende zeigt nach links oben.

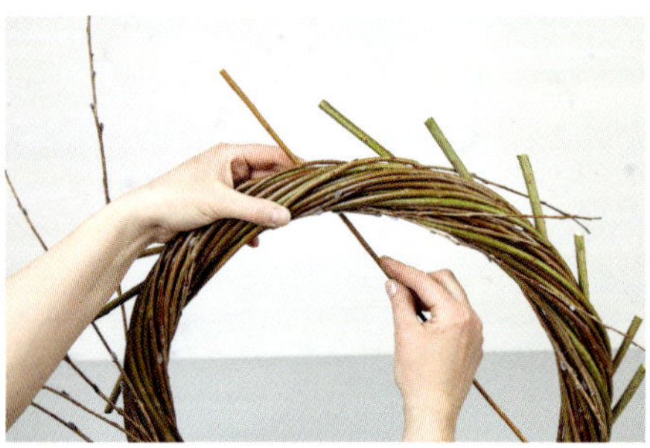

2 Umwickeln Sie den Kranz wie ab Seite 42 gezeigt.

3 Machen Sie mit den beiden anderen Ruten mit ca. 1,20 m Länge die zweite und dritte Wicklung genauso. Achten Sie dabei auf gleichmäßige Abstände.

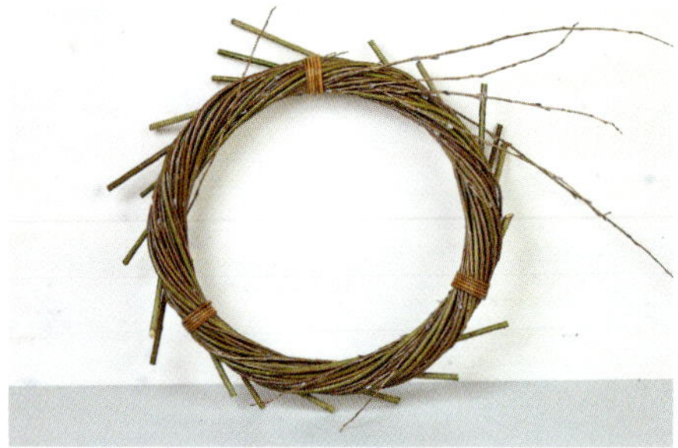

Ausputzen

1 Drehen Sie die Rückseite des Kranzes nach oben. Schneiden Sie zuerst alle Stammenden angeschrägt so ab, dass sie auf dem Kranz flach aufliegen und nicht nach vorne durchrutschen können.

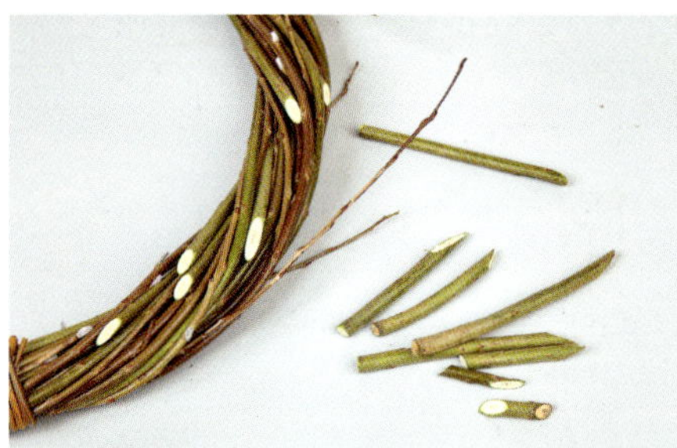

2 Wenn Sie die Weidenspitzen, die auf die Vorderseite des Kranzes zeigen, stören, können Sie diese zwischen den verflochtenen Ruten nach hinten durchziehen und alle Spitzen ebenfalls abschneiden.

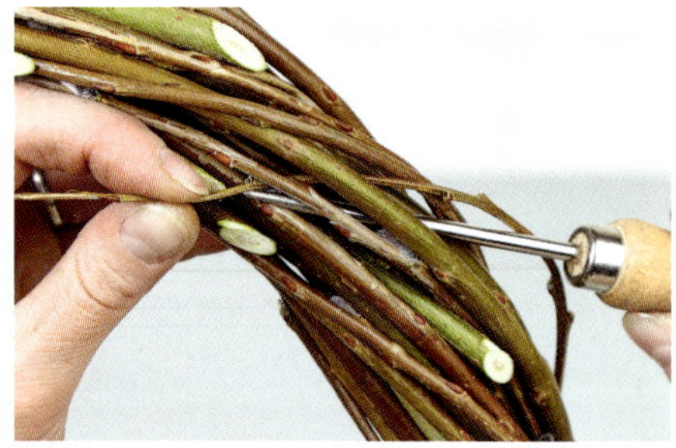

Der Weidenkranz ist fertig!

Für die Aufhängung knoten Sie einfach am Schluss ein Band oder eine Schnur an zwei Stellen am Kranz fest.
Der Kranz ist als Türkranz ein schöner Willkommensgruß, mit Dekoration oder ohne. Auch an anderen Orten sieht er beispielsweise mit einer kleinen Blumenvase hübsch aus, egal ob drinnen oder draußen!

Varianten

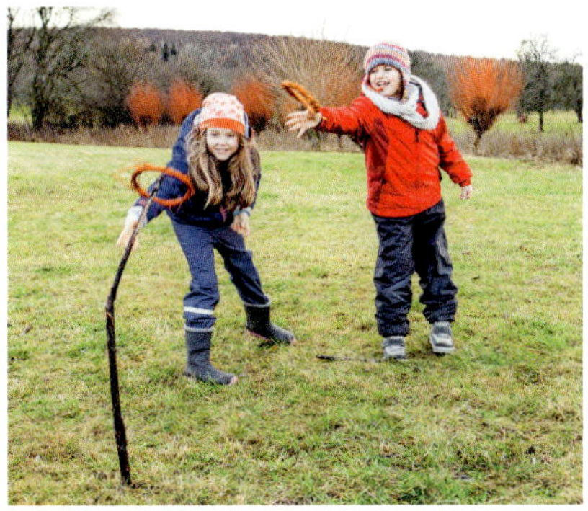

Der Kranz kann natürlich auch in anderen Größen angefertigt werden. Hierfür einfach entsprechend längere oder kürzere Weidenruten einplanen. Wenn Sie Ihren Kranz gerne breiter haben wollen, können Sie beliebig viele zusätzliche Ruten drum herum flechten. In etwas kleiner, mit wesentlich weniger Ruten und ohne Wicklungen angefertigt, ist er ein schnell hergestelltes Spielzeug: Einfach einen Stock in die Erde rammen und einen Abstand markieren. Von dieser Markierung aus probieren, den Ring auf den Stock zu werfen.

Der Türkranz mit dekorativem Steg

Der Weidenkranz

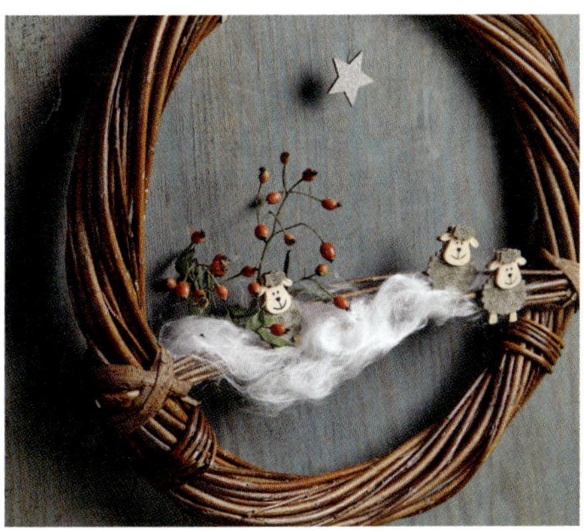

Fertigen Sie den Kranz wie zuvor beschrieben an. Legen Sie sich vorher für den Steg die vier dünnsten Ruten mit ca. 2 m Länge zur Seite.

Der Steg

1 Kürzen Sie die zur Seite gelegten Weidenruten vom Stammende her auf ca. 1,50 m.

2 Nehmen Sie die erste Rute. Sie wird mit dem Stammende mit etwas Überstand waagrecht hinter den Kranz auf der Höhe, an der Ihr Steg sein soll, gelegt. Die Weidenrute läuft durch den Kranz nach vorne.

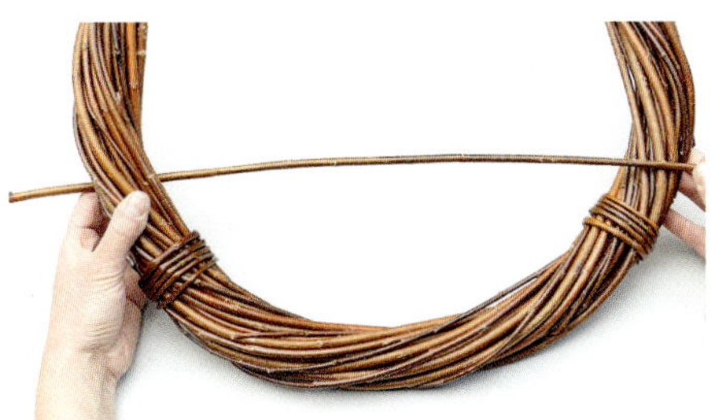

Damit die Rute etwas fixiert wird, können Sie sie auf der Rückseite des Kranzes durch ein oder zwei Runden Geflecht stecken.

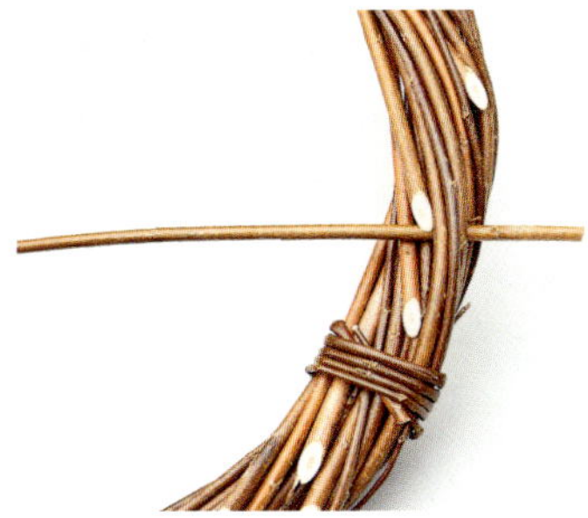

3 Umwickeln Sie den Kranz auf der gegenüberliegenden Seite von vorne nach hinten.

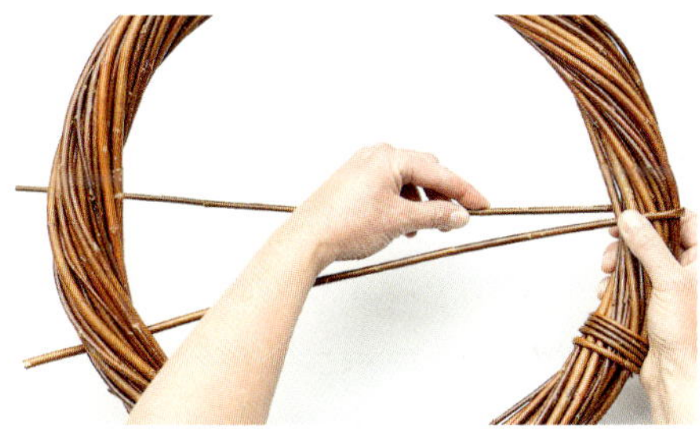

Nach dem Umwickeln geht es durch die Kranzmitte wieder nach vorne auf die andere Seite, wo die Weidenrute ebenfalls von vorne nach hinten um den Kranz geführt wird. Sie flechten also eine große Acht – solange, bis die Rute ausläuft.

Die Spitze je nach restlicher Länge entweder hinter dem Kranz ablegen oder in die geflochtene Acht stecken.

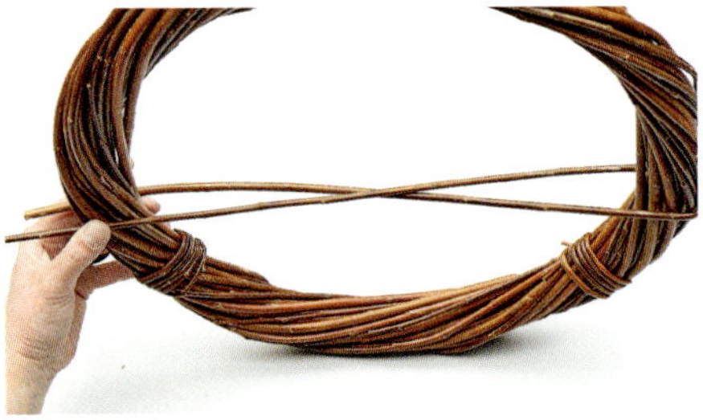

Tipp

Führen Sie mit dem Daumen die Weidenrute langsam und so eng wie möglich um den Kranz herum, damit keine unschönen, abstehenden Knicke entstehen.

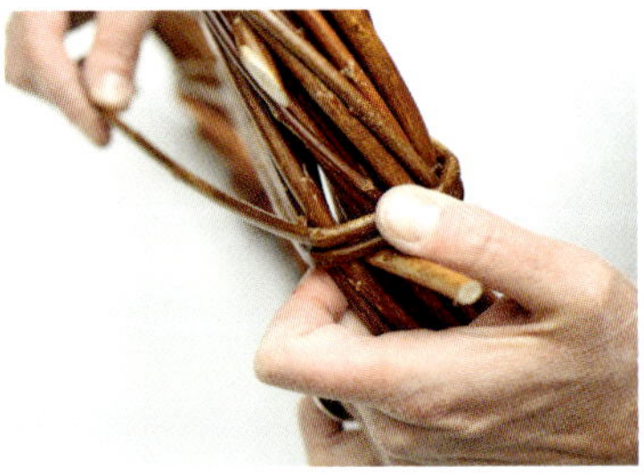

4 Nehmen Sie die zweite Rute und legen Sie ihr Stammende auf der gegenüberliegenden Seite des Kranzes an. Flechten Sie wieder eine Acht, bis die Rute ausläuft.

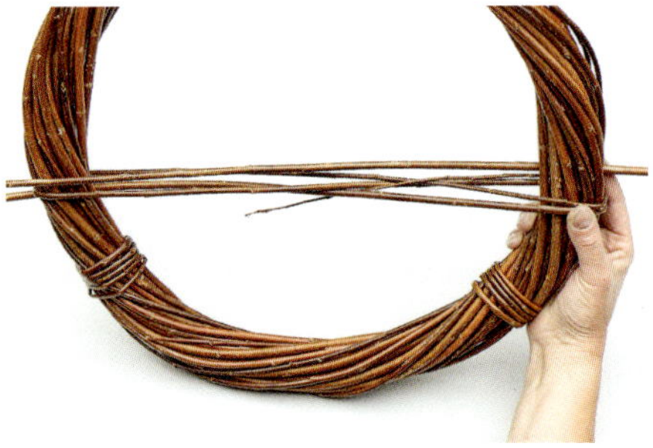

5 Das gleiche können Sie jetzt noch mit den restlichen Ruten machen. Je nachdem wie breit Sie Ihren Steg wollen.

6 Nehmen Sie das erste Stück Weidenrinde und legen den Anfang schräg hinter Steg und Kranz.

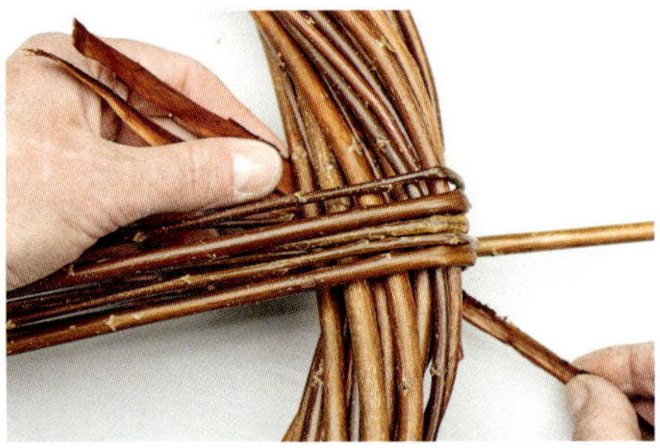

Achten Sie darauf, dass die raue Seite der Rinde nach außen zeigt. Umwickeln Sie Steg und Kranz so, dass vorne ein Kreuz entsteht. Hinten wird der Kranz abwechselnd oben und unten gerade umwickelt, vorne schräg. Der Anfang der Rinde wird mitumwickelt.

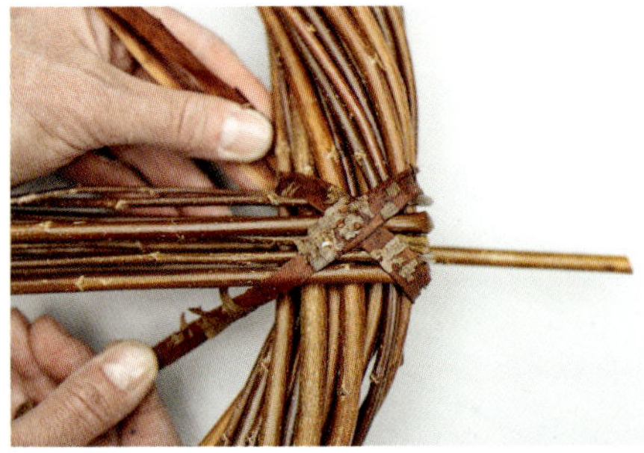

7 Wenn der Rindenstreifen ausläuft oder Ihnen die Umwicklung groß genug ist, wird das Ende auf der Rückseite des Kranzes durch die Wicklung gezogen. Falls nötig verwenden Sie dafür einen Pfriem.

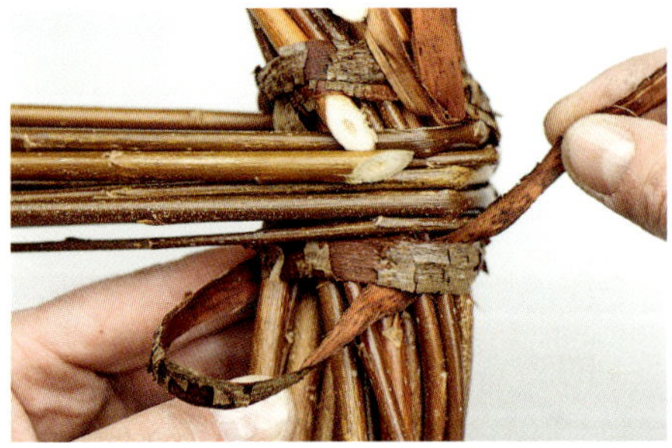

8 Beide Enden der Rinde mit etwas Sicherheitsabstand zur Wicklung abschneiden. Auch die Stammenden der Stegruten können jetzt abgeschnitten werden.

9 Machen Sie mit dem zweiten Rindenstreifen das Gleiche auf der anderen Seite.

Der Türkranz ist fertig!

Als Türkranz kann der Kranz mit Steg passend zur Jahreszeit ganz einfach immer wieder umdekoriert werden. Gefärbte Filzwolle, Watte, Blüten o. Ä. einfach zwischen die Weidenruten stecken. Es lassen sich an dem Steg auch ganz einfach Dekorationsartikel, die auf kleinen Wäscheklammern aufgeklebt sind, befestigen. Für die Aufhängung am Schluss ein Band oder eine Schnur am Kranz festknoten.

Der Weidenkranz mit extra Ruten

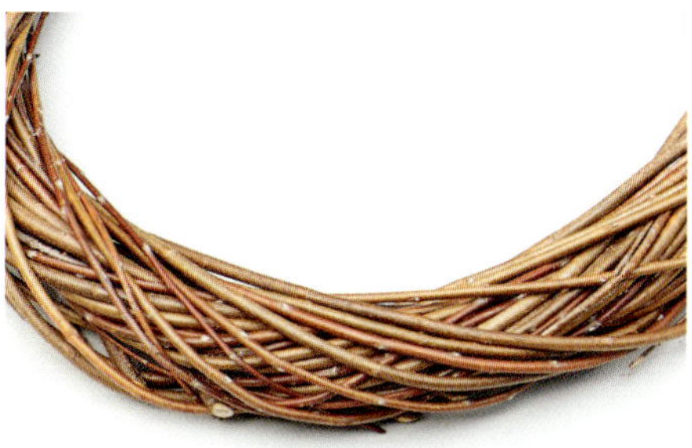

Der Kern des Kranzes

Fertigen Sie wie zuvor beschrieben den Kern des Kranzes an.

Ruten auffüllen

Jetzt benötigen Sie die dünneren Ruten mit ca. 2 m Länge. Diese werden in die Gegenrichtung eingeflochten.

1 Legen Sie das Stammende der ersten Weidenrute so hinter den Kranz, dass die Flechtrute nach links zeigt. Wickeln Sie die Rute jetzt nach links um den gesamten Kranz. Das ist am Anfang etwas ungewohnt und es dauert auch eine Weile, bis ein schönes Bild entsteht. Je mehr Ruten Sie aber eingelegt haben, desto leichter wird es Ihnen von der Hand gehen und desto schöner kommen die neu eingelegten Ruten zur Geltung.

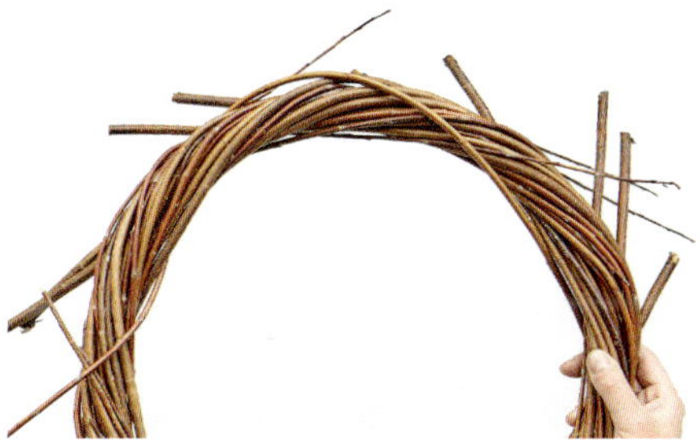

2 Die zweite Rute wird mit dem Stammende ein Stück nach links versetzt genau gleich verflochten.

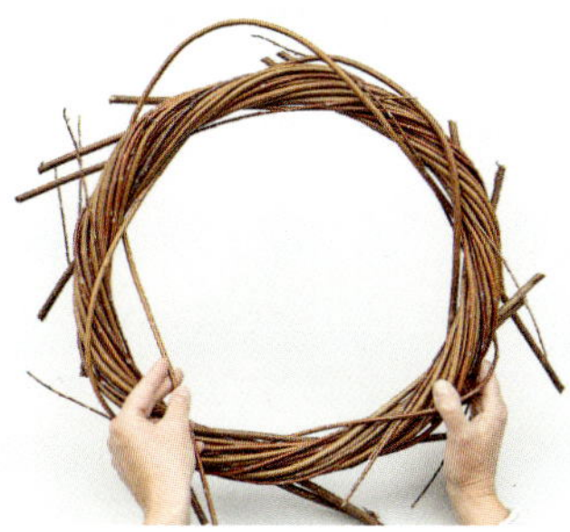

3 Fahren Sie auf diese Weise fort, bis Ihnen der Kranz gefällt. Verteilen Sie die Stammenden dabei gleichmäßig auf den ganzen Kranz. Es müssen nicht alle Ruten verflochten werden.

Ausputzen

Drehen Sie die Rückseite des Kranzes nach oben. Schneiden Sie die restlichen Stammenden wie beim Schlichten Kranz ab. Störende Weidenspitzen zwischen den verflochtenen Ruten nach hinten durchziehen und ebenfalls abschneiden.

Der Weidenkranz mit extra Ruten ist fertig!

Diesen Kranz verwende ich am liebsten als Türkranz oder Wandschmuck. Eine kleine Lichterkette steht ihm besonders gut!

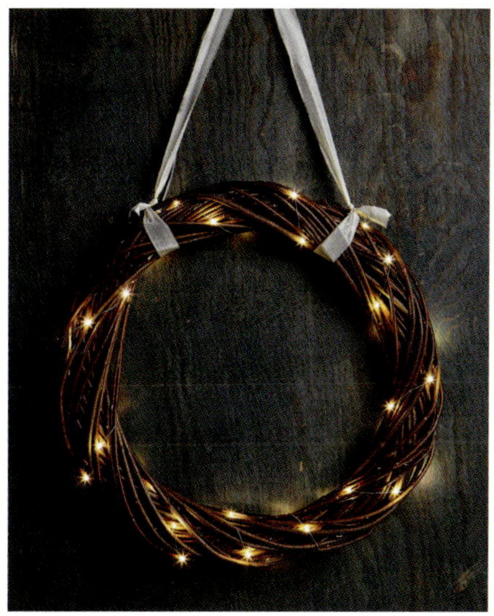

Korkenzieherstab

Größe

Höhe ca. 70 cm (ohne Stock)

Material

- 13 Ruten in Braun, ca. 1,20 m lang, mittlere Stärke
- Rute in Braun, ca. 1 m lang, mittlere Stärke
- 2 Drähte, ca. 15 cm lang, dünn
- 2 Blumenwickeldrähte, ø ca. 0,65 mm, ca. 40 cm lang
- Stock, ø ca. 1,5 cm, 1,50 m lang
- Gartenschere
- Pfriem
- Draht- oder Kombizange
- 2 Kabelbinder (optional)

Das Geflecht

Das spiralartige Geflecht wird zunächst frei Hand geflochten, beginnend bei den Spitzen. Sind die Ruten ausgeflochten oder ist die Wunschhöhe erreicht, wird das Geflecht um den Stock geschlungen und an ihm befestigt.

Das Geflecht mit 12 Ruten

1 Nehmen Sie 12 Ruten mit ca. 1,20 m Länge und schneiden diese – falls nötig – an den Stammenden so ab, dass sie gleich lang sind.

2 Umwickeln Sie die Weidenruten mit einem der kurzen, dünnen Drahtstücke etwa 20 cm unterhalb der Spitzen. Der Draht wird später wieder entfernt, er dient nur der Fixierung der Ruten. Um sich beim Flechten nicht zu verletzen, biegen Sie die Drahtenden, nachdem Sie sie ein paar Mal umeinander herum gedreht haben, zu den Spitzen hin.

3 Legen Sie sich die Weiden so auf den Schoß, dass die Stammenden nach rechts zeigen. Wenn die Weiden noch sehr feucht sind oder stark abfärben, am besten ein Handtuch über die Beine legen.

4 Nehmen Sie eine beliebige Weidenrute direkt neben dem Draht, Rute 1, und verdrehen diese mit einer oberhalb liegenden Weidenrute, Rute 2, zweimal im Uhrzeigersinn. Rute 1 wird zur Seite gelegt.

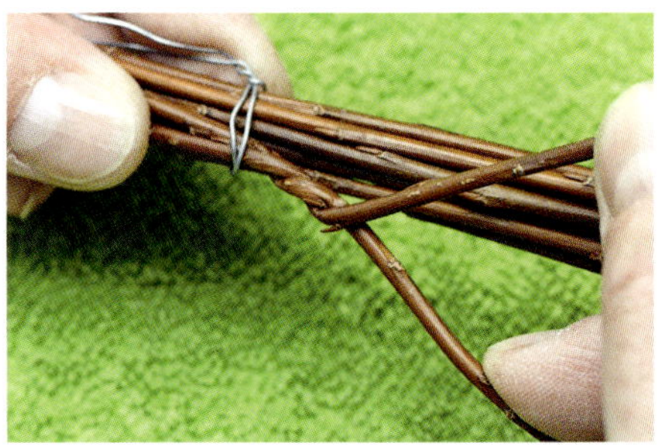

5 Rute 2 wird um die nächste oberhalb liegende, Rute 3, geschlungen. Rute 3 muss zuvor richtig positioniert werden, das heißt direkt hinter Rute 2 gelegt werden.

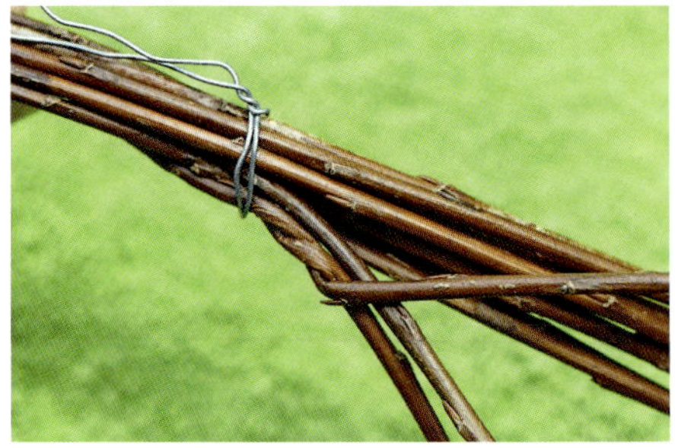

Rute 2 wird – genau wie alle nachfolgenden Ruten – nur einmal um die nächste Rute geschlungen und anschließend abgelegt.

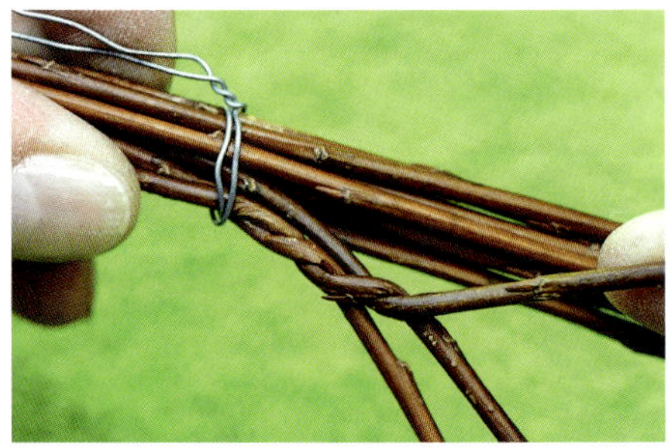

Dann wird Rute 3 mit Rute 4 verflochten und immer so weiter.

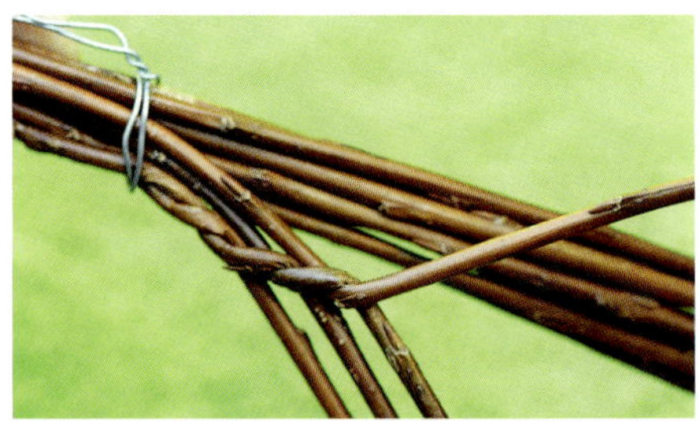

Tipp

Die Ruten sollten möglichst eng umeinander herum geschlungen werden, damit Sie ein gleichmäßiges Geflecht erhalten. Greifen Sie dafür am besten mit Daumen, Zeigefinger und Mittelfinger der rechten Hand an die Stelle, an der sich die beiden Weidenruten überkreuzen.

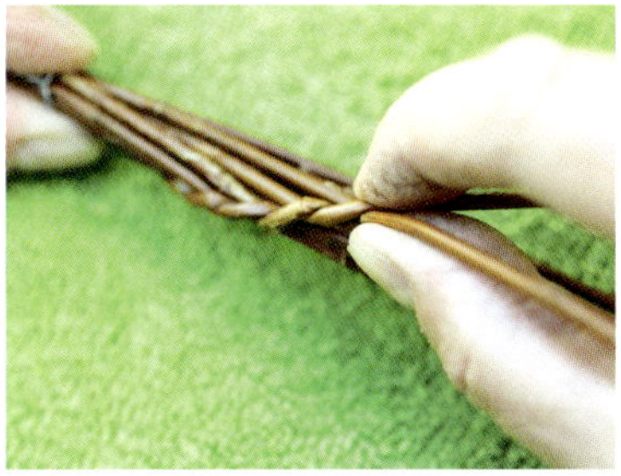

Drehen Sie dann den Knotenpunkt mit einer Bewegung im Uhrzeigersinn so weit, dass die beiden Ruten ihre Position getauscht haben.

6 Diesen Vorgang wiederholen Sie so oft, bis Sie alle Weidenruten einmal verflochten haben.

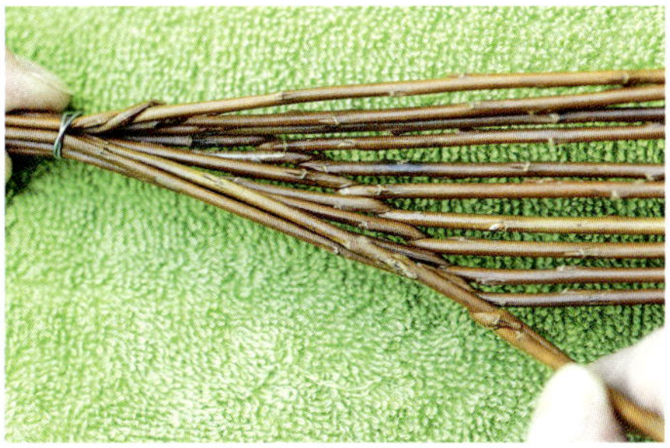

7 Damit sich die Spirale fortsetzen kann, wird Rute 12 mit Rute 1 verschlungen.

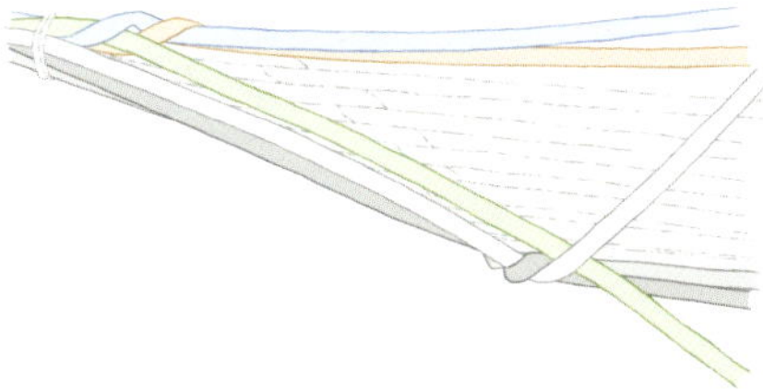

Danach geht alles wieder von vorne los: Rute 1 wird mit Rute 2, Rute 2 mit Rute 3 verflochten usw. In diesem Rhythmus flechten Sie solange weiter, bis von den Stammenden der Weiden noch ca. 15 cm übrig sind. Wenn Sie Ihre Wunschhöhe schon vorher erreicht haben oder die Weiden zu dick werden, um sie zu verarbeiten, können Sie das Geflecht auch schon früher beenden.

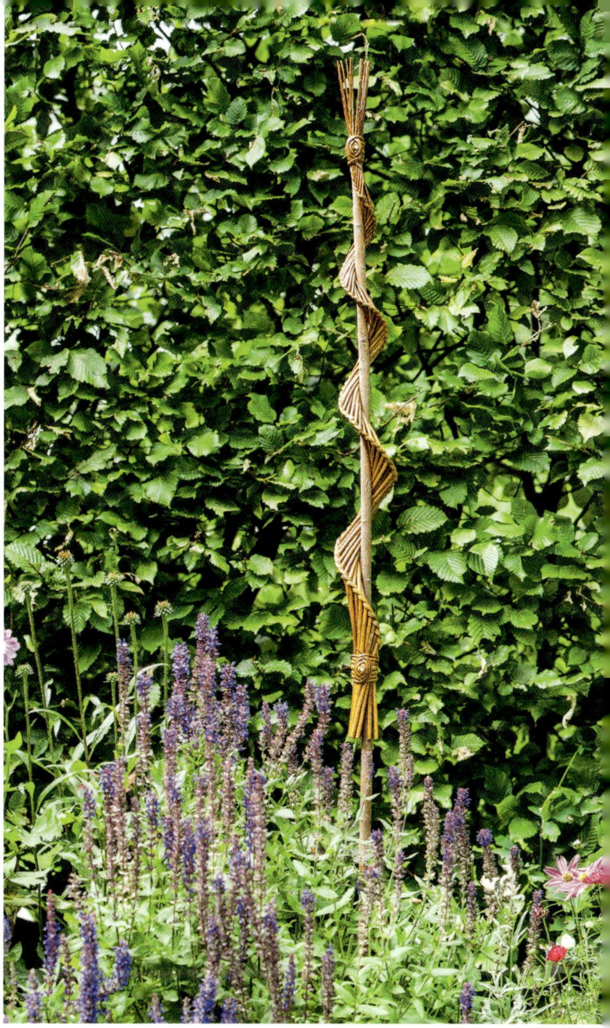

Tipp

Ob die Spirale weiter werden soll und sich in wenigen Umdrehungen um den Stock windet oder ob die Spirale enger sein soll und sich damit möglichst oft um den Stock windet, können Sie selbst entscheiden. Dafür ist die Richtung derjenigen Weidenrute entscheidend, die um die nächste Rute geschlungen wird.

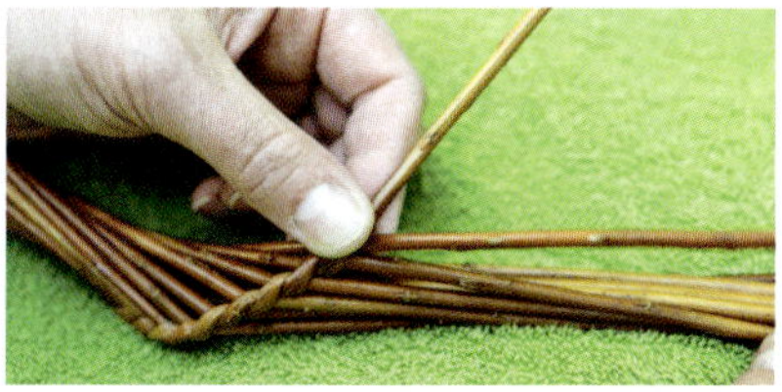

Zeigt sie weiter nach rechts, wird die Spirale weiter.

Zeigt diese Rute weiter nach links, während sie mit der nächsten Weide verflochten wird, wird die Spirale enger.

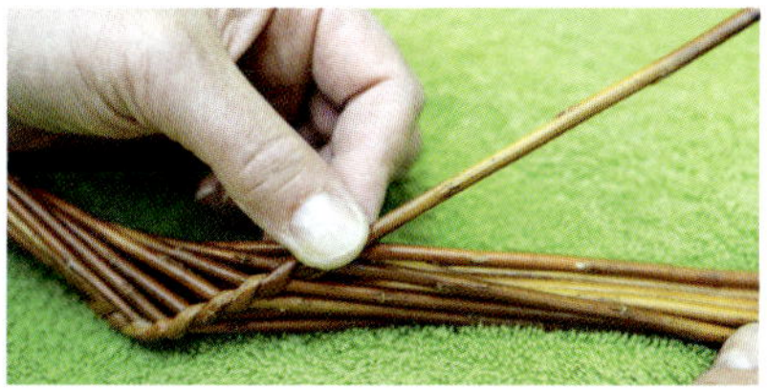

Tipp

Sollte Ihnen eine Weidenrute abbrechen, kann Sie ganz einfach ersetzt werden. Kürzen Sie eine neue Rute von der Spitze her so ein, dass sie etwas länger als die restlichen Weidenruten ist. Schneiden Sie dann die abgebrochene Rute so ab, dass sie gut in das Innere des Stabes gelegt werden kann.

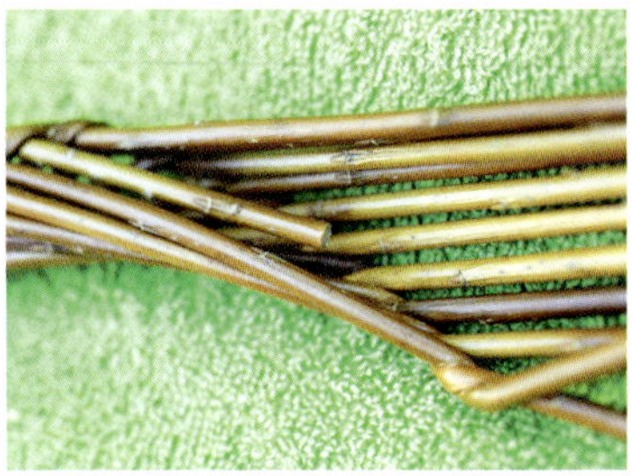

Die neue Rute wird nun parallel neben die Alte ins Geflecht geschoben.

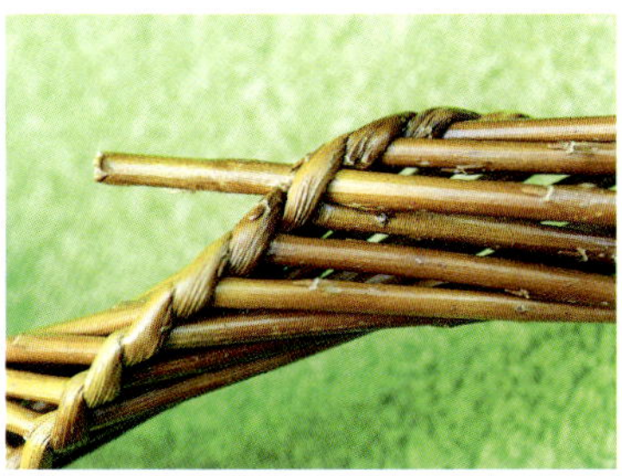

Dafür vorher Platz mit dem Pfriem schaffen. Mit ihr kann jetzt direkt weiter geflochten werden.

Wenn der Korkenzieherstab am Stock befestigt worden ist, kann der Überstand der angesetzten Rute bündig am Geflecht abgeschnitten werden.

8 Damit sich das Geflecht nicht wieder auflösen kann, während Sie es um den Stock schlingen, fixieren Sie die letzten beiden verflochtenen Weidenruten mit dem zweiten dünnen Drahtstück.

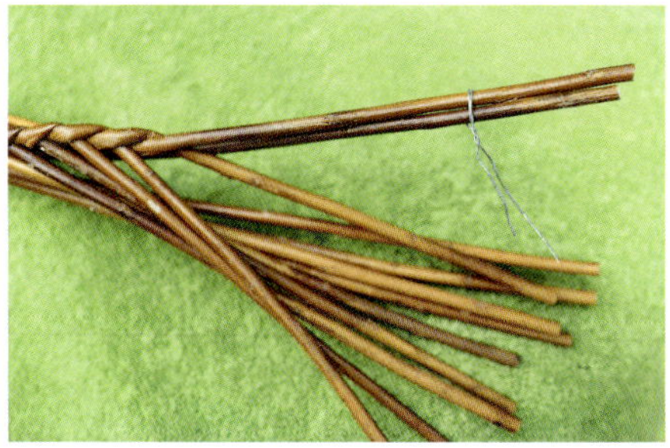

Befestigen am Stock

1 Nehmen Sie das Geflecht und legen die Stammenden um den Stock. Um zu testen auf welcher Höhe, wickeln Sie die ganze Spirale nach oben um den Stock herum. Die Stelle, an der Sie die Spitzen mit Draht umwickelt haben, sollte ein paar Zentimeter unterhalb des Stockendes liegen.

2 Wenn Sie die Spirale richtig positioniert haben, wird zunächst die untere Seite des Geflechts am Stock befestigt. Dafür entfernen Sie den Draht an den Stammenden. Verteilen Sie dann die Stammenden so gleichmäßig wie möglich um den Stock herum.

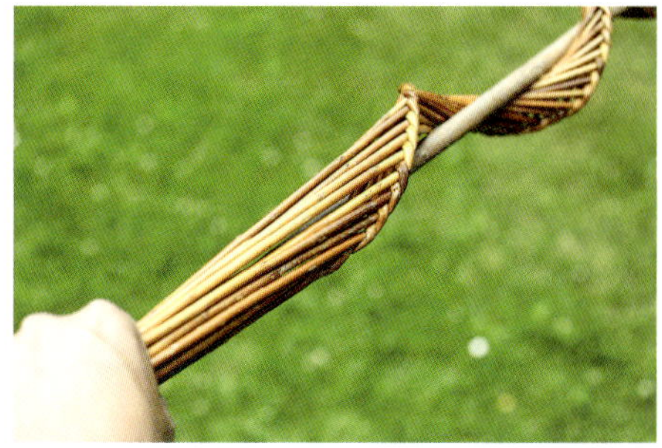

Wenn Sie einen Kabelbinder haben, können Sie ihn ein kleines Stück unterhalb der Stelle, an der das Geflecht zu Ende ist, anbringen und festziehen. Oberhalb davon wickeln Sie dann eines der längeren und dickeren Drahtstücke ein paar Mal fest um Stammenden und Stock.

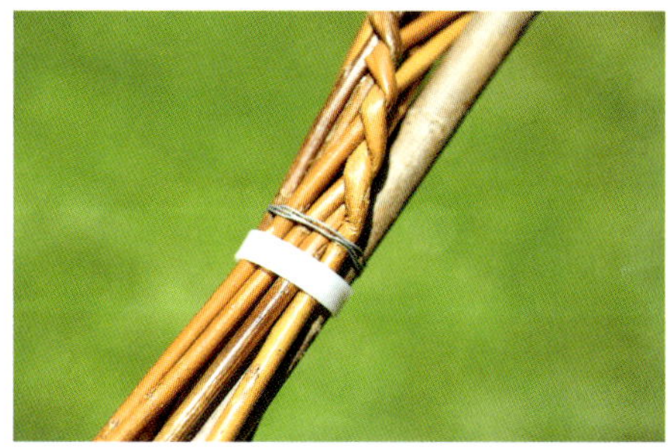

Auch ohne Kabelbinder ist das möglich, Sie müssen dann dafür etwas mehr Kraft aufwenden. Die Drahtenden werden einige Male miteinander verzwirbelt, wenn nötig mit der Zange abgeschnitten und so zur Seite gebogen, dass keine scharfkantigen Enden mehr abstehen.

3 Wiederholen Sie das Ganze an der oberen Seite des Geflechts. Entfernen Sie den Draht. Verteilen Sie dann die Spitzen gleichmäßig um den Stock und binden Sie sie mit dem zweiten dickeren Drahtstück an der Stelle, an der das Geflecht endet, fest.

Das japanische Auge

Um den Korkenzieherstab zu verschönern, wird auf die Drahtwicklungen jeweils ein japanisches Auge geflochten. Für das japanische Auge unten am Stab brauchen Sie die etwas längere Weidenrute mit ca. 1,20 m Länge. Das obere Auge wird mit der Weidenrute mit ca. 1 m Länge geflochten.

1 Fertigen Sie am unteren Ende ein japanisches Auge an, wie es ab Seite 43 beschrieben wird. Das japanische Auge wird direkt auf den Draht geflochten, sodass es diesen weitestgehend abdeckt. Ist der Kabelbinder beim Herstellen des Auges störend, können Sie ihn vorher schon entfernen. Ansonsten wird er danach abgeschnitten oder entfernt.

2 Machen Sie das Gleiche an den Spitzen des Stabes. Achten Sie darauf, dass das obere Auge in die gleiche Richtung zeigt, wie das untere.

Fertigstellung

1 Damit das Regenwasser ablaufen kann, ist es gut, das obere Ende des Stockes schräg abzuschneiden. Biegen Sie dafür die Spitzen vorsichtig zur Seite, um den Stock ein paar Zentimeter oberhalb des Japanischen Auges einkürzen zu können.

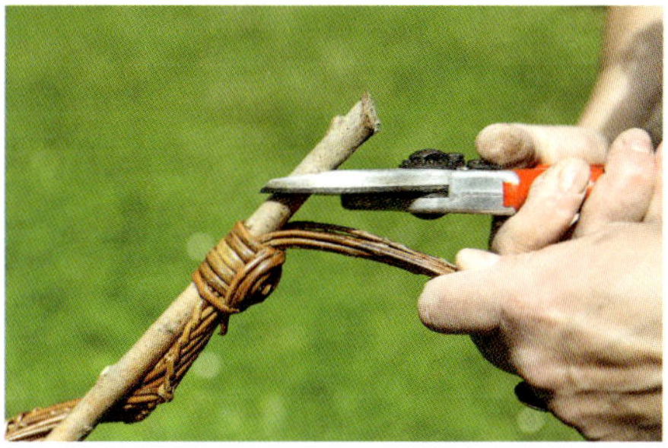

2 Wenn es Ihnen gefällt, können Sie abschließend die Weidenspitzen noch kürzen und vorsichtig nach außen biegen.

3 Auch die Stammenden können Sie je nach Gefallen noch etwas abschneiden.

Der Korkenzieherstab ist fertig!

Die Korkenzieherstäbe schmücken bei mir in unterschiedlichen Größen und Höhen verschiedene Beete und Ecken im Garten. Sie sehen im Sommer genauso hübsch aus wie im Winter!

Variante

Sie können auch größere Korkenzieherstäbe herstellen. Je mehr Ruten Sie nehmen, desto breiter wird das Geflecht, je länger die Ruten sind, desto länger wird das Geflecht. Desto länger sollte auch der Stock sein.

Für einen deutlich größeren Stab benötigen Sie beispielsweise 15 Ruten mit ca. 1,60 m Länge. Ob die Anzahl der Ruten gerade oder ungerade ist, spielt keine Rolle.

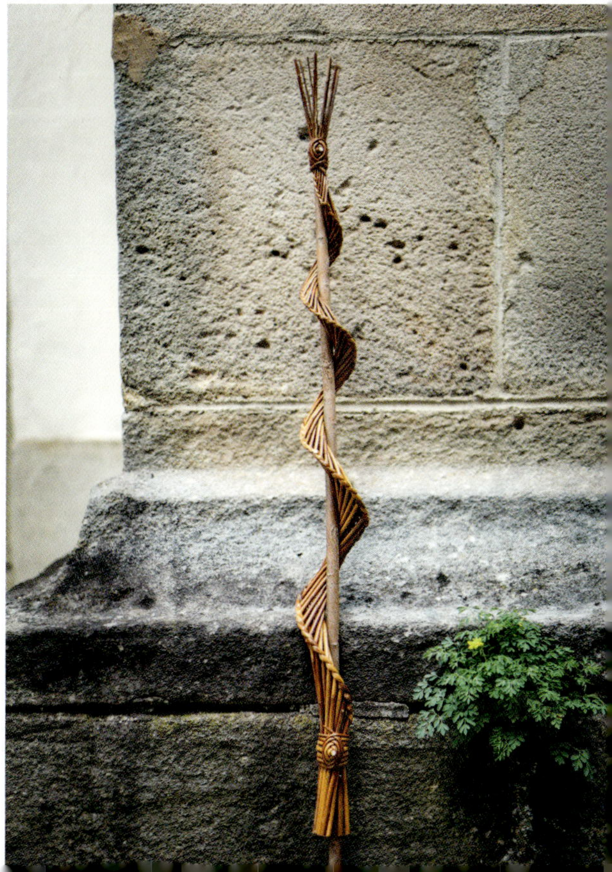

Bezugsquellen

Flechtmaterialien und Werkzeug

Hans Ender
Thelitz 12
96272 Hochstadt
Tel.: 09574 – 62320
www.hans-ender.de

Andreas Schardt KG
Neuenseer Str. 3
96247 Michelau
Tel.: 09571 – 980070
www.schardt-kg.de

Joachim Rhode
Allee 15
35104 Lichtenfels
Tel.: 05636 – 1202
www.flechtweiden.de

DICTUM
www.dictum.com

Rattanhouse
www.flechtmaterial.com

Wissenswertes rund ums Flechten

Verein Flechtwerk
www.flechtwerk-ev.de

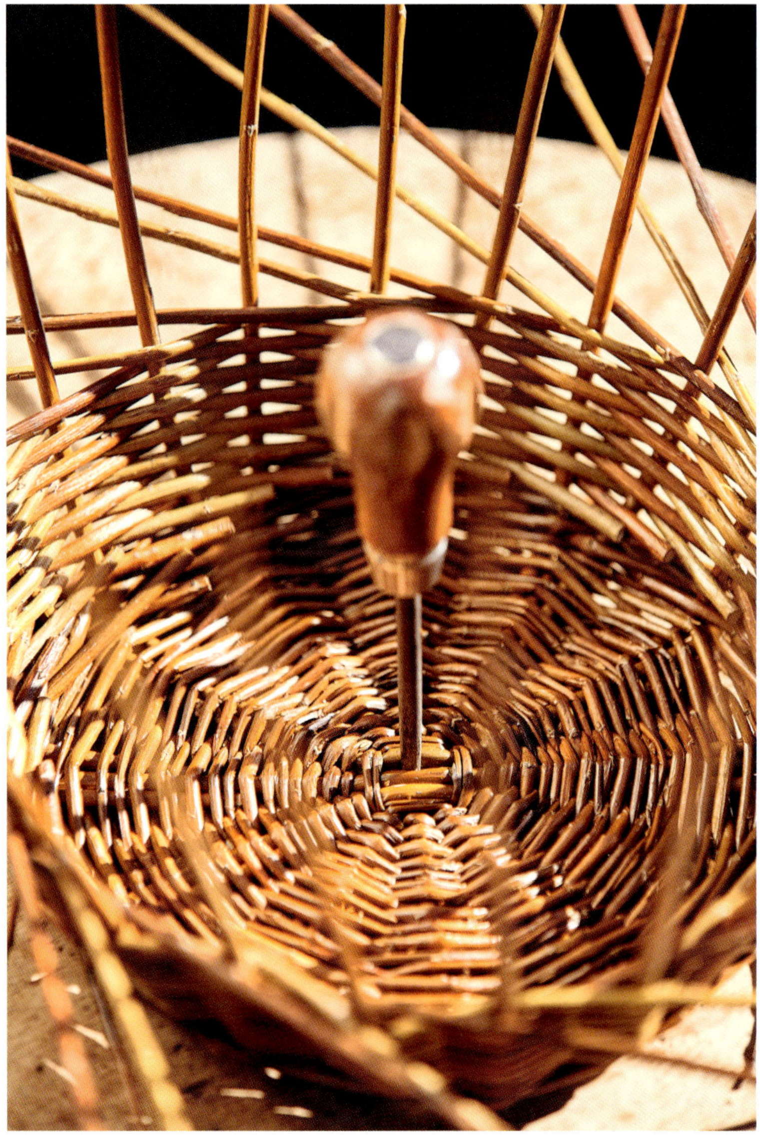

Die Autorin

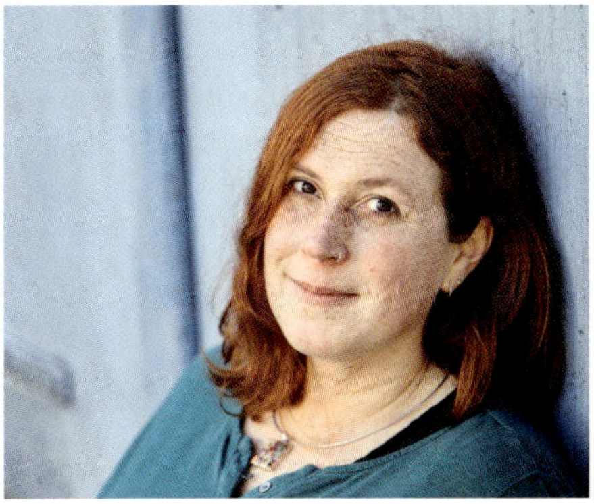

Anne Gokeler kam mit dem Flechten vor über zwanzig Jahren zum ersten Mal in Berührung. Damals ging sie für ein halbes Jahr nach Irland und hat dort in einer Einrichtung für Menschen mit Behinderung gearbeitet. Dass sie ausgerechnet in die Korbmacherwerkstatt eingeteilt wurde, war Zufall. Ein sehr schöner Zufall – das Korbflechten mit Weide hat sie sofort in ihren Bann gezogen und fasziniert. Zurück in Deutschland ging sie auf die Korbfachschule in Lichtenfels, um ihr Wissen zu vertiefen und weiterzuentwickeln. Aus verschiedenen Gründen hat sie die Ausbildung jedoch nicht zu Ende gemacht, hat stattdessen Musik studiert und zunächst einen musikalischen beruflichen Weg eingeschlagen. Das Flechten blieb Hobby. Irgendwann wurde sie von immer mehr Menschen darum gebeten, doch einmal einen Flechtkurs anzubieten. Und so gab sie 2008 ihren ersten Kurs im Freundes- und Bekanntenkreis. Es blieb nicht der letzte. Seit einigen Jahren übt sie das Weidenflechten hauptberuflich aus. Sie gibt mittlerweile zahlreiche Flechtkurse, verkauft außerdem Geflochtenes auf Märkten und fertigt Auftrags- und Reparaturarbeiten an. Erfahren Sie mehr auf ihrer Internetseite www.flechtschlag.de.

Danksagung

Als ich vom frechverlag gefragt wurde, ob ich dieses Buch schreibe, war ich zunächst skeptisch. Weil ich zum Beispiel nicht wusste, ob es (mir) gelingen kann, das komplexe Wissen um das Handwerk Flechten in einem Buch zu vermitteln. Und ob ich neben Arbeit und Familie genügend Zeit finden würde, ein so aufwändiges Buch zu schreiben.
So waren einige Gespräche mit dem Verlag vor der Entscheidung, das Buch zu schreiben und auch während des Entstehungsprozesses des Buches nötig. Vielen Dank dafür, insbesondere an meine beiden Lektorinnen Lara Schaufler und Nele Schlötzer.

Ich danke auch meinem Lieblingsfotografen Ralf Knöringer, der das Buch mit viel Wissen, Geduld und großem Ideenreichtum so wunderschön bebildert hat. Und den vielen fachlichen und seelischen Unterstützerinnen – insbesondere Conny Nipken und Franziska Marke-Nieder –, die mir sowohl in der Entscheidungsfindung als auch beim Schreiben immer wieder geholfen und mich gestärkt haben. Danken möchte ich auch Stephan Gokeler und Angelika Abramowitz, die mir so viele hilfreiche Tipps zum Schreiben gegeben haben. Und natürlich meinen zahlreichen KursteilnehmerInnen, deren Fragen ich beim Schreiben der Texte immer an den richtigen Stellen im Ohr hatte.

Außerdem danke ich der Firma Rayher für die kostenlose Bereitstellung der Kreidefarben.

Am allerallermeisten möchte ich mich aber bei meiner gesamten Familie bedanken – dabei ganz, ganz besonders bei Harry! Ihr habt mich bei der Entstehung des Buches unglaublich unterstützt. Danke für die Möglichkeit, tagelang in meine (Schreib)werkstatt abtauchen zu können, danke für's gemeinsame Erleben von Höhen und Tiefen im Entstehungsprozess, danke für diverse konstruktive Tipps und Korrekturlesungen – und das alles über einen Zeitraum von rund zwei Jahren!

Buchempfehlungen für Sie

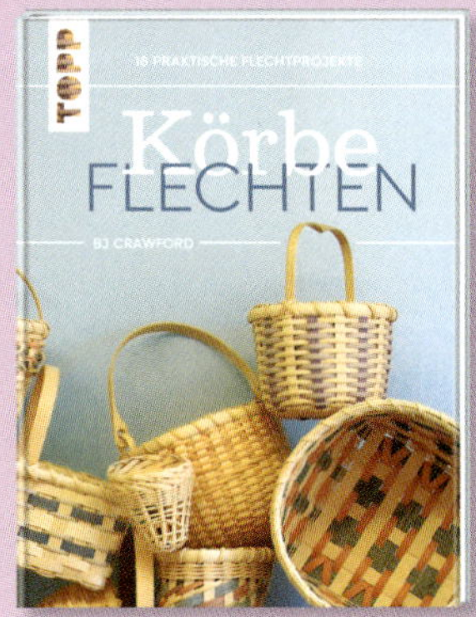

ISBN 978-3-7358-5154-3

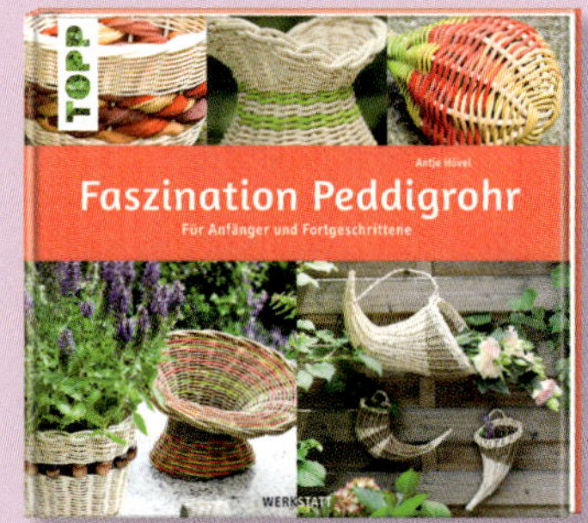

ISBN 978-3-7724-5510-0

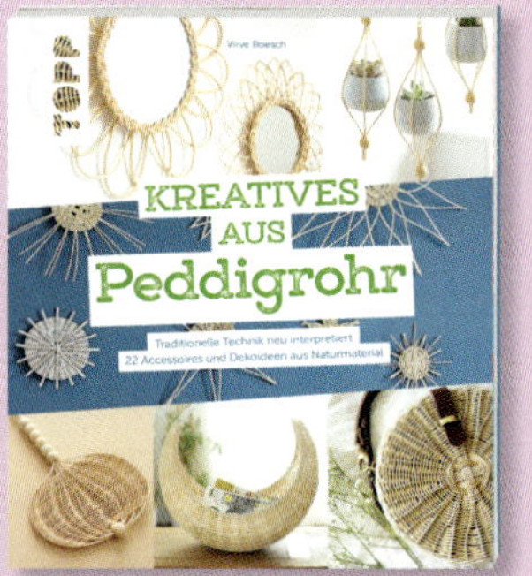

ISBN 978-3-7724-7198-8

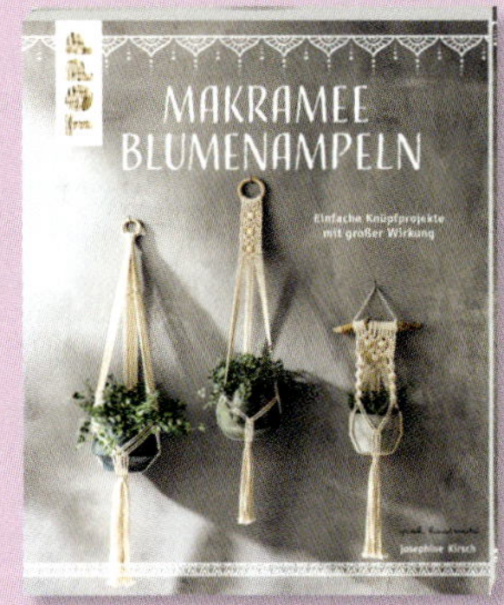

ISBN 978-3-7724-4629-0

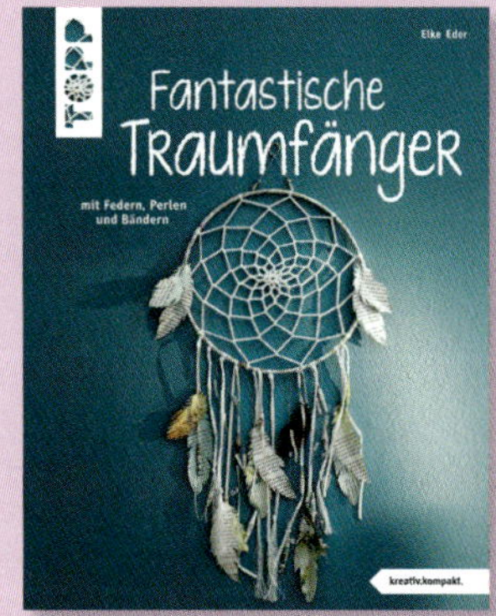

ISBN 978-3-7724-4212-4

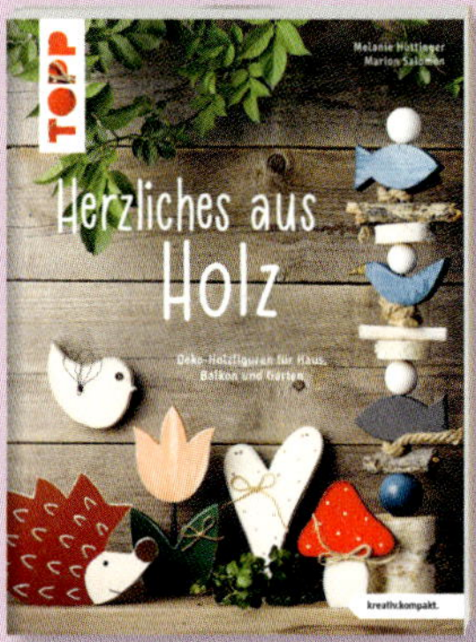

ISBN 978-3-7724-4639-9

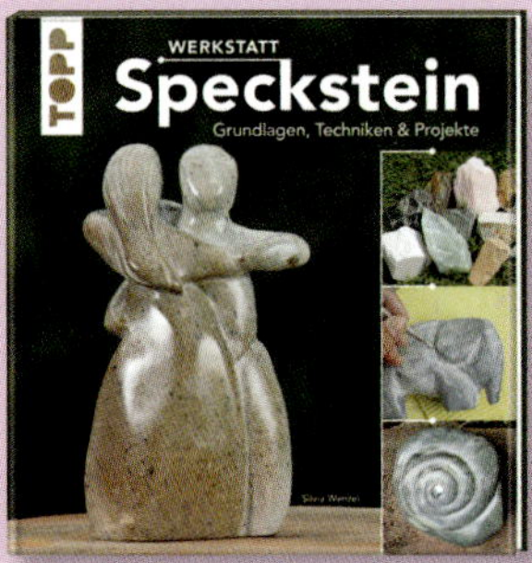

ISBN 978-3-7724-7786-7

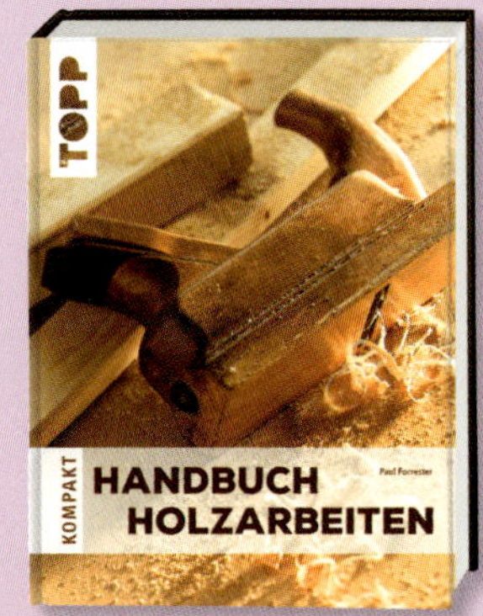

ISBN 978-3-7724-6077-7

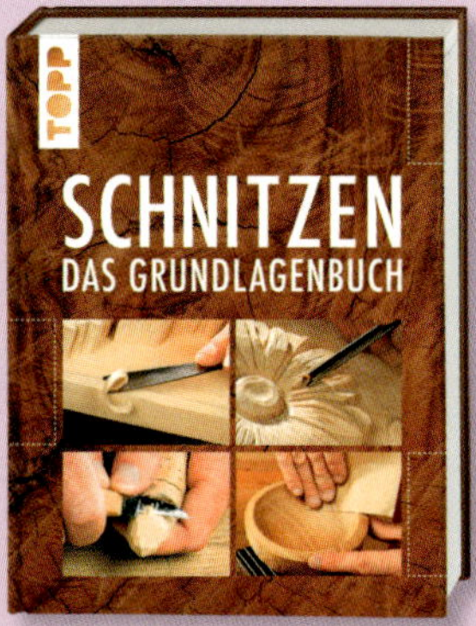

ISBN 978-3-7724-4513-2

Noch mehr Kreativ-Bücher finden Sie auf www.TOPP-kreativ.de

Entdecken Sie die Bücher aus unserer Kreativbuchreihe kreativ.startup.

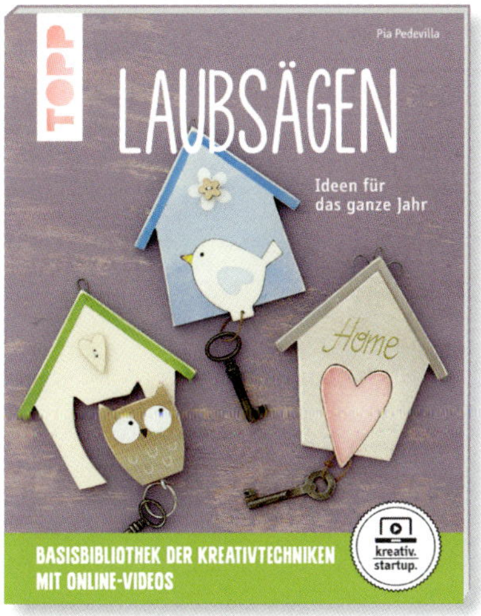

ISBN 978-3-7724-8189-5

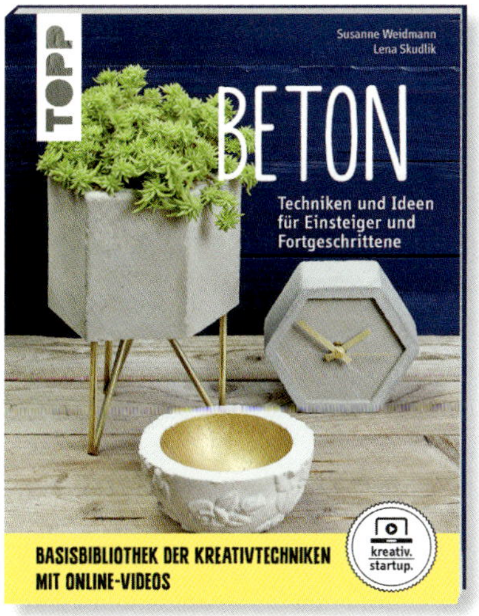

ISBN 978-3-7724-8190-1

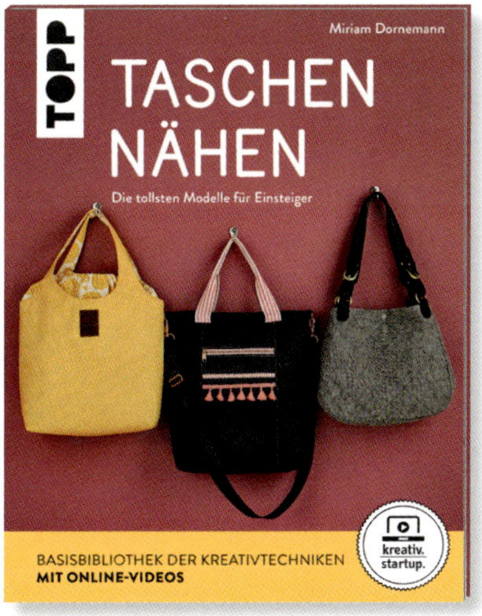

ISBN 978-3-7724-6887-2

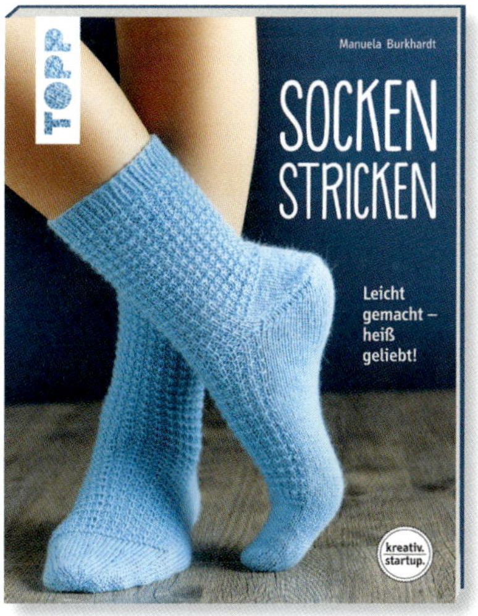

ISBN 978-3-7724-8182-6

Immer informiert, immer inspiriert – die ganze Welt von TOPP auch im Netz

Webseite

Die neuesten Trends, die schönsten Kreativbücher und die aktuellsten Informationen auf unserer Webseite
Schauen Sie mal vorbei und stöbern Sie in unserem riesigen Angebot von mehr als 1000 Kreativbüchern, Sets und mehr:

www.TOPP-kreativ.de

Newsletter

Bunt, überraschend und immer aktuell – immer auf dem Laufenden mit unserem Newsletter
Noch heute anmelden und regelmäßig Informationen, Tipps und Neuheiten erhalten:

www.TOPP-kreativ.de/Newsletter

Facebook

Werden Sie Teil unserer Communitys Mitstrickzentrale fürs Handarbeiten und Bastelzentrale für die Themen Basteln, Bauen, Dekorieren & DIY.
Sie finden uns unter:

www.facebook.com/Mitstrickzentrale
www.facebook.com/Bastelzentrale

Digitale Bibliothek

Tutorial-Videos, Plotter-Dateien, Vorlagen zum Ausdrucken, Übungsblätter etc.
Zu vielen TOPP-Büchern gibt es digitale Extras. Schauen Sie im Impressum nach (die letzte Seite des Buches): Wenn dort ein Freischaltcode abgedruckt ist, dann besuchen Sie die Digitale Bibliothek auf unserer Webseite, registrieren Sie sich einmalig und schalten Sie Ihre Zusatzmaterialien frei:

www.TOPP-kreativ.de/DigiBib

Instagram

Live dabei mit ständig aktuellen News aus dem frechverlag
Wollen Sie wissen, was bei uns gerade passiert und woran wir arbeiten? Dann folgen Sie uns auf Instagram. Möchten Sie uns an Ihren Kreativprojekten teilhaben lassen?Dann posten Sie doch gleich ein Foto mit dem Hashtag **#frechverlag** und wir stellen Ihr Werk gerne der Community vor:

www.Instagram.com/frechverlag

Pinterest

Neue Bücher, neue Ideen und die Menschen, die sie machen
Sie sind auf der Jagd nach den neuesten Ideen und aktuellen Trends im DIY-Bereich? All das gibt es auf den Pinnwänden des frechverlags unter:

www.Pinterest.com/frechverlag

Youtube

Ein Video sagt oft mehr als tausend Worte
Sie möchten neue Techniken ausprobieren, Autoren kennenlernen oder einmal hinter die Kulissen unserer Buchproduktionen schauen? Dann abonnieren Sie den Kanal des frechverlags unter:

www.YouTube.com/frechverlag

Wer wir sind, wie wir arbeiten, was wir lieben ...

Folge uns auf Instagram, Facebook und Pinterest, um mehr über uns und unsere Arbeit zu erfahren und immer mit den neuesten Informationen versorgt zu sein.

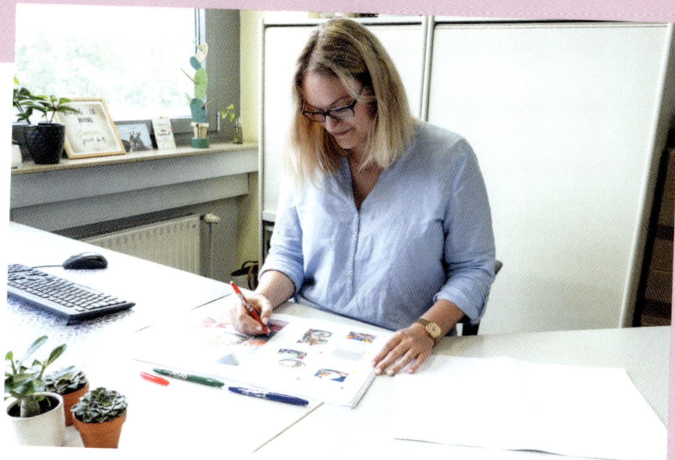

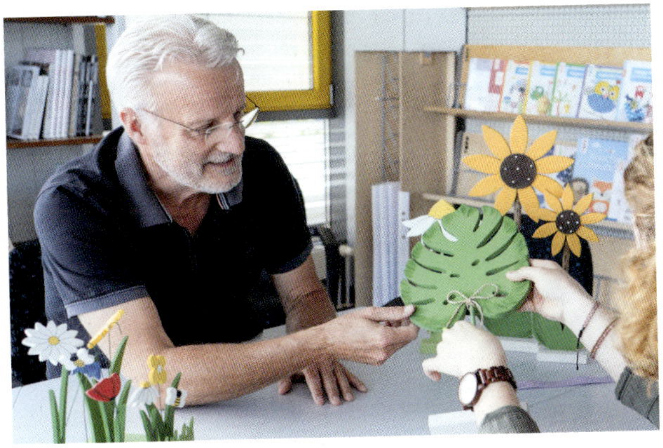

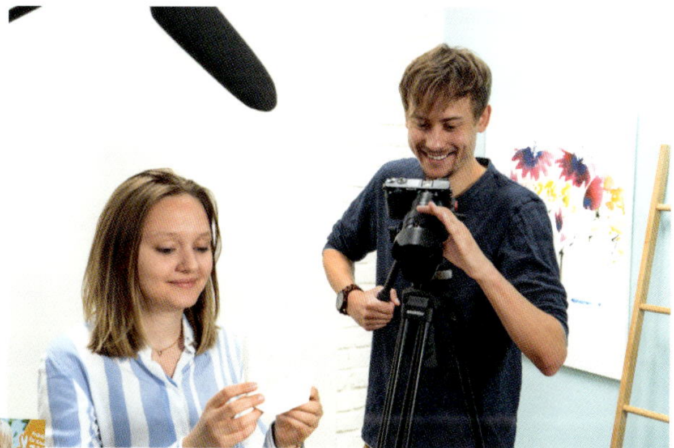

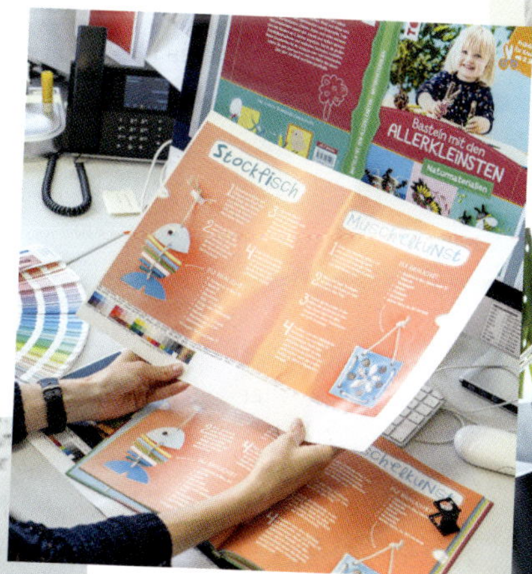

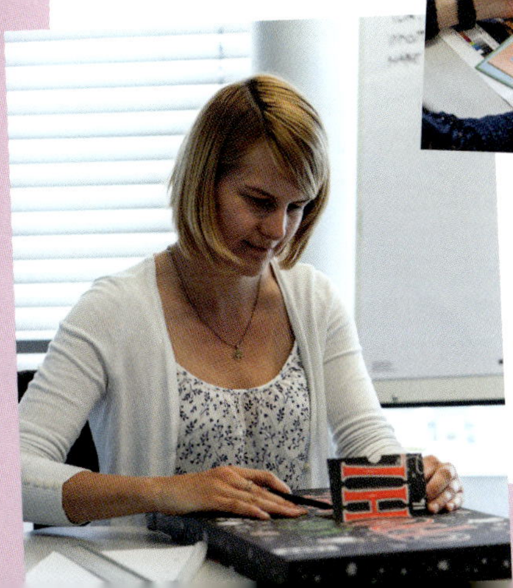

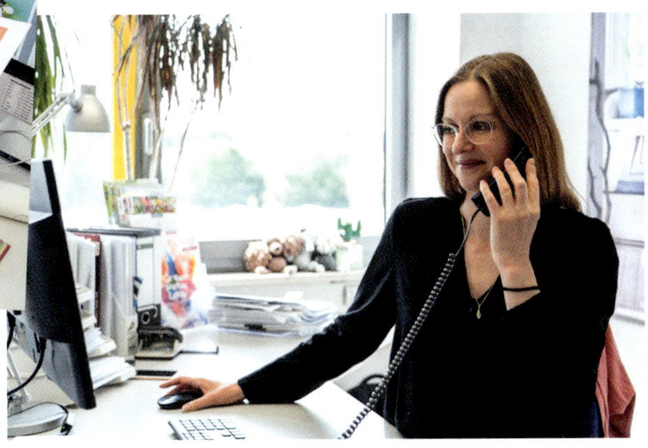

Alle News, alle Infos und alle Links finden Sie auf www.TOPP-kreativ.de

Service-Hotline
Haben Sie Fragen oder gibt es ein Problem? Wir helfen Ihnen gern. Rufen Sie uns an oder schreiben Sie eine E-Mail:
Telefon: 0711 / 123 757 20*
*normale Telefongebühren
E-Mail: hilfe@frechverlag.de
Weitere Informationen zum Verlag und zu unserem gesamten Programm finden Sie unter: www.topp-kreativ.de

Impressum

MODELLE: Anne Gokeler
FOTOS: frechverlag GmbH, 70839 Gerlingen; Ralf Knöringer Fotografie, Gomaringen
PRODUKTMANAGEMENT: Lara Schaufler, Nele Schlötzer
LEKTORAT: Nele Schlötzer, Tabea Wiesner
LAYOUT UND SATZ: Bachmann Design, Weinheim
DRUCK UND BINDUNG: GPS Group GmbH, Österreich

MIX
Papier | Fördert gute Waldnutzung
FSC® C118234
FSC www.fsc.org

Penguin Random House Verlagsgruppe
FSC® N001967

2. Auflage 2023

ISBN 978-3-7724-7812-3 • Best.-Nr. 7812